¡VENGA!

LEAVING CERTIFICATE SPANISH
HIGHER AND ORDINARY LEVEL

MARIA FENTON

The Educational Company of Ireland

First published 2020
The Educational Company of Ireland
Ballymount Road
Walkinstown
Dublin 12

www.edco.ie

A member of the Smurfit Kappa Group plc

© Maria Fenton, 2020

All rights reserved. No part of this publication may be reproduced, stored in a retrieval system, or transmitted in any form or by any means, electronic, mechanical, photocopying, recording or otherwise, without either the prior permission of the publishers or a licence permitting restricted copying in Ireland issued by the Irish Copyright Licensing Agency, 63 Patrick Street, Dún Laoghaire, Co. Dublin.

ISBN 978-1-84536-922-4

Copy editor: Tess Tattersall
Proofreaders: Jaime Veiga-Pérez, Kristin Jensen
Layout: Carole Lynch
Cover design: Slick Fish Design
Interior design: EMC Design Ltd
Illustrations: Maria Murray, Beehive Illustration (Clive Goodyer, Richard Jones, Nadene Naude, Andrew Pagram)
Photographs: Alamy, Getty Images, iStock, Rex Features, Shutterstock. See pages 378–379
Copyright acknowledgements (text): See pages 380–382

Author Acknowledgements
Many thanks to all involved in this project for their expertise, advice, and assistance and to the native speakers who took part in the audiovisual recordings. In particular I would like to thank Derek Hobbs and Assumpta Fenton for all their help, support and encouragement.

While every care has been taken to trace and acknowledge copyright, the publishers tender their apologies for any accidental infringement where copyright has proved untraceable. They would be pleased to come to a suitable arrangement with the rightful owner in each case. Web references in this book are intended as a guide for teachers. At the time of going to press, all web addresses were active and contained information relevant to the topics in this book. However, The Educational Company of Ireland and the authors do not accept responsibility for the views or information contained on these websites. Content and addresses may change beyond our control and pupils should be supervised when investigating websites.

05M23

Índice

Introducción	x

1 ¡Así soy yo! — 1

1A	Mi perfil	2
1B	La gramática: Los adjetivos 1	8
1C	Mi blog	13
1D	La gramática: El presente	18
1E	El examen oral	25
1F	El examen: Escribir un correo electrónico o una carta	31
1G	Los deberes de la Unidad 1	35

2 La vida familiar — 41

2A	Mi familia	42
2B	La gramática: Los adjetivos 2	48
2C	Las tareas domésticas	50
2D	La gramática: Ser y estar	58
2E	El examen: Escribir mi opinión	60
2F	La igualdad de género	64
2G	Los deberes de la Unidad 2	68

3 La cultura juvenil — 73

3A	Los amigos	74
3B	La gramática: El pretérito indefinido	82
3C	El fin de semana pasado	88
3D	El examen: Escribir un diario	92
3E	Los jóvenes	94
3F	El botellón	98
3G	Los deberes de la Unidad 3	103

4 Donde vivo — 107

4A	Mi casa	108
4B	La gramática: Las preposiciones	112
4C	Mi barrio	113
4D	La vida rural	121
4E	La vida urbana	125
4F	La gramática: El pretérito imperfecto	127
4G	Los deberes de la Unidad 4	130

5 El instituto — 135

5A	El colegio	136
5B	La gramática: Gustar	141
5C	Las reglas	143
5D	La rutina diaria	145
5E	El estrés en la vida de los estudiantes	148
5F	El acoso escolar	151
5G	Los deberes de la Unidad 5	152

6 Las vacaciones — 157

6A	Las vacaciones	158
6B	La gramática: El futuro y el condicional	161
6C	Viajar	167
6D	El turismo en el mundo hispanohablante	171
6E	El tiempo	176
6F	El medioambiente	180
6G	Los deberes de la Unidad 6	185

7 Los pasatiempos — 191

7A	Los deportes	192
7B	La lectura	200
7C	La gramática: El pretérito perfecto compuesto y el pluscuamperfecto	204
7D	La música	206
7E	El examen: Escribir un mensaje	212
7F	El cine y la televisión	214
7G	Los deberes de la Unidad 7	217

8 La tecnología — 223

8A	Internet	224
8B	La gramática: Para y por	229
8C	El poder de los influencers	232
8D	El examen: Escribir una carta formal	236
8E	El teléfono móvil	239
8F	La gramática: El imperativo 1	242
8G	Los deberes de la Unidad 8	243

9 La salud — 249

9A	¿Qué comes?	250
9B	La dieta	253
9C	La gramática: Los pronombres de objeto directo e indirecto	260
9D	El examen: El diálogo	265
9E	La salud mental	268
9F	El tabaco y otras drogas	270
9G	Los deberes de la Unidad 9	273

10 La moda — 277

10A	La ropa	278
10B	Ir de compras	282
10C	La moda	284
10D	La gramática: El presente del subjuntivo	288
10E	La publicidad	295
10F	La gramática: El imperativo 2	303
10G	Los deberes de la Unidad 10	304

11 El mundo laboral — 309

11A	Mi trabajo a tiempo parcial	310
11B	La práctica laboral	313
11C	Planes para el futuro	316
11D	La gramática: El imperfecto de subjuntivo	319
11E	El paro	324
11F	La emigración y la inmigración	328
11G	Los deberes de la Unidad 11	335

12 Temas de actualidad — 341

12A	En la carretera	342
12B	El crimen	346
12C	El terrorismo	349
12D	La gramática: La voz pasiva	352
12E	La pobreza	354
12F	Consejos para el examen escrito	358
12G	Los deberes de la Unidad 12	362

Los verbos — 367

UNIDAD	TEMAS	GRAMÁTICA	ESCRIBIR	ORAL
1 ¡Así soy yo!	› Describing yourself › Days › Months › Dates › Numbers	› The present tense 　— Regular verbs **p.18** 　— Common irregular verbs **p.19** 　— Radical-changing verbs **pp.20–2** 　— Reflexive verbs **p.23** › Present continuous **p.24** › Interrogatives **p.26** › Adjectives **pp.11, 12** › Nationalities **p.12**	› How to write informal letters or emails **pp.31–4**	› Oral exam tips › Pronunciation guide › Describing yourself
2 La vida familiar	› Describing the family › Family life › Relationships › Household chores › The role of women › Gender equality	› *Ser* and *estar* **pp.58–9** › Comparative adjectives **p.49** › Superlative adjectives **p.49** › Possessive adjectives **p.48**	› How to write your opinion **pp.60–2** › Practice: Informal letters and emails **pp.50, 71**	› Describing your family › Talking about chores
3 La cultura juvenil	› Friends and friendships › The weekend › Going out › Peer pressure › Stress › Alcohol	› Personal *a* **p.90** › The past tense 　— El pretérito indefinido **pp.82–6**	› How to write a diary entry **pp.92–3** › Practice: 　— Informal letters and emails **pp.91, 105** 　— Writing your opinion **pp.81, 97, 103**	› Describing your friends › Talking about the weekend › Conversations in the past tense (last weekend, last summer)
4 Donde vivo	› The house › Describing places › Urban versus rural life	› The past tense 　— El pretérito imperfecto **pp.127–9** › Prepositions **p.112** › Demonstrative adjectives **p.110**	› Practice: 　— Informal letters and emails **pp.117, 133** 　— Writing your opinion **pp.124, 126** 　— Diary entry **pp.111, 129**	› Describing your home › Describing your area, town or city
5 El instituto	› School and subjects › Daily routine › Uniforms › School rules › Bullying › Exam stress	› *Gustar* and verbs like *gustar* **p.141** › *Se debe / se puede* + infinitive **p.143**	› Practice: 　— Informal letters and emails **pp.137, 146** 　— Writing your opinion **pp.147, 150, 152** 　— Diary entry **pp.142, 147, 155**	› Talking about your school, subjects and uniform › Describing your daily routine
6 Las vacaciones	› Holidays › The benefits of travel › The weather › The environment	› The future tense **pp.161–3** › The conditional **p.166**	› Practice: 　— Informal letters and emails **pp.160, 173** 　— Writing your opinion **pp.170, 184, 189** 　— Diary entry **pp.161, 189**	› Describing your holidays and plans for next summer
7 Los pasatiempos	› Hobbies and interests › Types of films › Television › Music › Sports › Books and reading	› Past tenses 　— El pretérito perfecto compuesto **pp.204–5** 　— El pluscuamperfecto **p.206**	› How to write a note or message **pp.212–13** › Practice: 　— Informal letters and emails **p.211** 　— Writing your opinion **pp.199, 221** 　— Diary entry **p.221**	› Describing your hobbies and pastimes

UNIDAD	TEMAS	GRAMÁTICA	ESCRIBIR	ORAL
8 La tecnología	› Internet › Mobile phones › E-books › Video games › Technology › Cyberbullying › Influencers	› The imperative **pp.242–3** › *Para* and *por* **pp.229–31**	› How to write a formal letter **pp.236–7** › Practice: — Informal letters and emails **p.238** — Writing your opinion **pp.229, 233, 247** — Diary entry **p.247** — Note writing **pp.241, 247**	› Talking about your internet usage
9 La salud	› Food › Physical and mental health › Obesity › Drugs and tobacco	› Direct object pronouns **pp.260–1** › Indirect object pronouns **pp.260, 263–264**	› How to translate a dialogue **pp.265–6** › Practice: — Informal letters and emails **p.256** — Formal letters **pp.257, 271** — Writing your opinion **pp.269, 272** — Diary entry **p.252** — Note writing **p.275**	› Describing the food you like to eat
10 La moda	› Clothes › Fashion › Brands › Advertising › Media	› The present subjunctive **pp.288–93** › The imperative **pp.303–4**	› Practice: — Informal letters and emails **p.281** — Formal letters **p.297** — Writing your opinion **p.302** — Translating a dialogue **pp.281, 307** — Diary entry **p.307** — Note writing **p.283**	› Describing your clothes and style
11 El mundo laboral	› Part-time jobs › Work experience › Discussing future plans › Third-level education › Jobs and careers › Homelessness › Unemployment › Emigration and immigration	› The imperfect subjunctive **pp.319–20** › *Si* clauses **p.322**	› Practice: — Informal letters and emails **pp.315, 339** — Formal letters **pp.315, 327** — Writing your opinion **pp.310, 318, 331, 338** — Translating a dialogue **p.318** — Diary entry **pp.312, 334** — Note writing **pp.312, 338**	› Describing your part-time job › Talking about your plans for the future
12 Temas de actualidad	› Getting a driving licence › Traffic and accidents › Crime › Terrorism › Poverty › Volunteering	› The passive voice **pp.352–3** › Adverbs **p.360**	› Practice: — Informal letters and emails **p.345** — Formal letters **p.365** — Writing your opinion **pp.351, 357** — Translating a dialogue **p.356** — Diary entry **p.347** — Note writing **p.365**	› Debating current affairs issues › Talking about learning to drive

Lista de iconos

The following icons are used throughout the book to indicate the types of activity and the language skills being practised.

📝	Escribir	*Write your answers*
📖	Comprensión de lectura	*Reading comprehension*
📢	Comprensión auditiva	*Listening exercise*
👄	Expresión oral	*Oral work*
💬	Cuaderno oral	*Questions to prepare in your oral copy*
❤️	Información cultural	*Cultural information*
¡Ojo!	Importante	*Important information – pay special attention*
G	Gramática	*Key grammar points explained*
V	Vocabulario	*Key vocabulary that you should learn*
⭐	Consejos para el examen	*Exam tips*
HIGHER		*Higher Level only material*

Resources

FREE CDs

FREE script for the teacher

Digital resources

The ¡Venga! digital resources will enhance classroom learning by encouraging student participation and engagement. To provide guidance for the integration of digital resources in the classroom and to aid lesson planning, they are **referenced throughout the textbook** using the following icons:

 SEC role-play translations document

 Editable **PowerPoints** for the classroom

Students and teachers can also access **mock oral exam videos** and **role-play videos** to enhance and support oral communication. These are available online at **www.edcolearning.ie**:

Mock oral exam videos
Five unique videos show real students being examined on a multitude of topics, simulating the oral exam

 SEC role-play videos
Five separate videos show the role plays

Teachers can access the ¡Venga! digital resources – which also include end-of-unit **tests**, **worksheets** based on the oral exam videos, the **audio** CD tracks in digital format, **transcripts** for the audio material, **editable lesson plans** and **solutions** to activities – via the ¡Venga! interactive e-book, which is available online at **www.edcolearning.ie**.

Introducción

Bienvenidos a ¡Venga!

¡Venga! is a comprehensive two-year programme for Leaving Certificate Spanish, suitable for Higher and Ordinary Level and ideal for mixed-ability classes.

Complete exam preparation

- Extensive practice for the oral exam, including pronunciation practice, pair and group work, sample oral exam questions, key vocabulary and phrases.
- Sample oral exam videos and the new SEC role plays fully translated with videos online.
- Listening comprehension practice on relevant topics.
- Authentic texts from the Spanish-speaking world provide cultural insights and ample reading comprehension practice.
- Sample answers for all styles of written work, including sample diaries, notes, translations, formal and informal letters and sample opinion essays.
- Detailed grammar explanations and practice with twelve fully editable grammar PowerPoints to support teaching and learning.
- Complete exam preparation with hints and tips for all aspects of the Higher and Ordinary Level exams.

Cultural awareness

- Extensive audiovisual recordings of native Spanish speakers.
- Authentic texts on a variety of cultural topics give insights into life in Spain and the Spanish-speaking world.
- Journalistic texts and literary texts introduce learners to Hispanic writers and poets.
- Topical content relevant to students' lives introduces current affairs in the Spanish-speaking world.

Builds on skills developed in Junior Cycle

- A variety of activities and methodologies appeal to different learning styles.
- Success criteria are provided for written work questions and group activities to allow students to reach their full potential.
- Assessment for learning is part of every unit. Learning intentions at the beginning of each unit and an *autoevaluación* at the end of each unit help students to keep track of their learning and set personal learning targets.
- Printable end-of-unit tests provide assessment of learning for each unit.

¡Que lo disfrutes!

Unidad 1
¡Así soy yo!

Communicative objectives

By the end of this unit you will be able to:
- Describe yourself
- Discuss your personality
- Give your date of birth

Contesta a las preguntas en inglés.

1. Which of the learning intentions above do you already know quite well?
2. Which topics do you think you might find difficult?
3. Make a graphic organiser in your copy and write down as many words as you can that you would use to describe yourself.

La gramática
> The present tense
> Adjectives

El examen oral
> Pronunciation guidelines
> Hints and tips for oral exams
> Describe yourself

El examen escrito
> Write informal letters and emails

Habilidades de comprensión
> Listening and reading comprehension practice on the theme of describing people

A. Mi perfil

A.1 Lee los perfiles y contesta a las preguntas.

Nombre:	Leticia
Apellidos:	Sánchez Domínguez
Cumpleaños:	20 de noviembre
Signo del zodiaco:	Escorpio
Nacionalidad:	Española
Ciudad:	Badajoz
Profesión:	Camarera
Idiomas:	Castellano, francés
Pasatiempos:	Tocar la batería, jugar al ajedrez
Color favorito:	Azul

Nombre:	Juan
Apellidos:	Díaz Costa
Cumpleaños:	31 de marzo
Signo del zodiaco:	Aries
Nacionalidad:	Argentina
Ciudad:	Mendoza
Profesión:	Estudiante
Idiomas:	Español
Pasatiempos:	Jugar al fútbol, bailar
Color favorito:	Rojo

Nombre:	Carlos
Apellidos:	Machado Ruíz
Cumpleaños:	5 de agosto
Signo del zodiaco:	Leo
Nacionalidad:	Mexicana
Ciudad:	Acapulco
Profesión:	Peluquero
Idiomas:	Español, inglés
Pasatiempos:	Jugar al béisbol, montar a caballo
Color favorito:	Verde

Unidad 1   ¡Así soy yo!

Nombre:	Pilar
Apellidos:	Peña Herrero
Cumpleaños:	16 de enero
Signo del zodiaco:	Capricornio
Nacionalidad:	Española
Ciudad:	Málaga
Profesión:	Contable
Idiomas:	Castellano, francés, inglés
Pasatiempos:	Ver películas, leer
Color favorito:	Amarillo

1. **Contesta en inglés.**
   (a) What is Pilar's nationality?
   (b) What are Carlos's hobbies?
   (c) What is Leticia's star sign?
   (d) What are Juan's surnames?
   (e) What is Carlos's favourite colour?
   (f) What is Pilar's job?
   (g) Who was born in August?
   (h) Who plays chess?
   (i) Who likes dancing?
   (j) Who speaks three languages?
   (k) Who is a hairdresser?
   (l) Whose favourite colour is yellow?

2. **Busca los sinónimos en los perfiles de arriba.**
   (a) aficiones
   (b) la equitación
   (c) lenguas
   (d) español

3. **Contesta en español.**
   (a) ¿Cuándo es el cumpleaños de Pilar?
   (b) ¿Dónde vive Leticia?
   (c) ¿Cuántos idiomas habla Carlos?
   (d) ¿De dónde es Juan?
   (e) ¿Cuáles son las aficiones de Pilar?
   (f) ¿Cuándo es el cumpleaños de Leticia?
   (g) ¿Quién es camarera?
   (h) ¿Cuál es el color favorito de Juan?

Sinónimos (synonyms in English) are words with the same or very similar meaning. For example, 'couch' and 'sofa' are synonyms, 'woods' and 'forest' are synonyms. The Higher Level Leaving Certificate exam requires you to pick out synonyms in texts, so you will find lots of practice of this in each unit.

tres

¡Venga!

CD 1
Tracks
2–4

A.2 Escucha y rellena los perfiles en español.

Nombre:	
Apellidos:	
Cumpleaños:	
Signo del zodiaco:	
Nacionalidad:	
Ciudad:	
Profesión:	
Idiomas:	
Pasatiempos:	
Color favorito:	

Nombre:	
Apellidos:	
Cumpleaños:	
Signo del zodiaco:	
Nacionalidad:	
Ciudad:	
Profesión:	
Idiomas:	
Pasatiempos:	
Color favorito:	

A.3 Escribe tu perfil.

Nombre:	
Apellidos:	
Cumpleaños:	
Signo del zodiaco:	
Nacionalidad:	
Ciudad:	
Profesión:	
Idiomas:	
Pasatiempos:	
Color favorito:	

Unidad 1 ¡Así soy yo!

El DNI
All Spanish people over fourteen years old carry an ID card called the DNI (Documento Nacional de Identidad). The DNI is an official identity card and can be used instead of a passport when travelling within the European Union.

Repaso del vocabulario para decir las fechas.
Para decir la fecha de tu cumpleaños es esencial saber los números y los meses.

Los números cardinales

1	uno	14	catorce	27	veintisiete	101	ciento uno
2	dos	15	quince	28	veintiocho	102	ciento dos
3	tres	16	dieciséis	29	veintinueve	103	ciento tres
4	cuatro	17	diecisiete	30	treinta	200	doscientos
5	cinco	18	dieciocho	31	treinta y uno	300	trescientos
6	seis	19	diecinueve	32	treinta y dos	400	cuatrocientos
7	siete	20	veinte	40	cuarenta	500	quinientos
8	ocho	21	veintiuno	50	cincuenta	600	seiscientos
9	nueve	22	veintidós	60	sesenta	700	setecientos
10	diez	23	veintitrés	70	setenta	800	ochocientos
11	once	24	veinticuatro	80	ochenta	900	novecientos
12	doce	25	veinticinco	90	noventa	1.000	mil
13	trece	26	veintiséis	100	cien/ciento	2.000	dos mil
						1.000.000	un millón

Unas reglas

- Se dicen las fechas con números cardinales.
    ¿Cuándo es tu cumpleaños?
    Mi cumpleaños es el veintisiete de julio.
    Mi cumple es el cinco de octubre.

- Para decir el primer día del mes se puede decir 'primero' o 'uno'.
    ¿Qué fecha es hoy?
    Hoy es el primero de septiembre.
    Hoy es el uno de septiembre.

- Para decir el año se dice el número completo.
    ¿En qué año naciste?
    Nací en el año dos mil diez.
    Nací en el año mil novecientos noventa y nueve.

- Se escriben los meses con minúscula.
    ¿Qué fecha es hoy?
    Hoy es el dieciséis de enero.
    Hoy es martes, veinticuatro de abril.

- También se escriben los días con minúscula.
    ¿Qué día es hoy?
    Hoy es miércoles.
    Hoy es viernes, catorce de septiembre.

cinco 5

¡Venga!

 Los días de la semana

lunes	viernes
martes	sábado
miércoles	domingo
jueves	

 Los meses del año

enero	mayo	septiembre
febrero	junio	octubre
marzo	julio	noviembre
abril	agosto	diciembre

 A.4 ¿Qué fecha es? Escribe las fechas.

Ejemplo: 22/11   *Es el veintidós de noviembre.*
1. 06/12
2. 15/04
3. 01/06
4. 31/09
5. 27/02
6. 22/07
7. 11/01
8. 29/10
9. 14/11
10. 05/08

 A.5 ¿Qué año es? Expresa los años en letras.

Ejemplo: 2019   *Es el año dos mil diecinueve.*
1. 1998
2. 2002
3. 2025
4. 1853
5. 1792
6. 1945
7. 2018
8. 1980
9. 2011
10. 1996

 A.6 ¿Qué fecha es? Escucha y escribe las fechas en inglés.

CD 1 Track 5

Ejemplo: *11 March 2014*
1. _____
2. _____
3. _____
4. _____
5. _____
6. _____
7. _____
8. _____
9. _____
10. _____

seis

Unidad 1   ¡Así soy yo!

CD 1
Track
6

A.7 Escucha y contesta a las preguntas en inglés.

1. Where does Cristina live? _____
2. On what date is her birthday? _____
3. On what day will she celebrate her birthday?
   _____
4. In what year was she born? _____
5. How old are her siblings? _____
6. In what year was her grandfather born? _____
7. How many students are in her school? _____
8. On what days do they have basketball training? _____
9. In what month will she play in a basketball tournament? _____
10. What is her phone number? _____

Any time you see this icon you will find questions for which answers should be prepared for the oral exam. It is not a good idea to over-rely on rote-learned answers. However, it is a good idea to prepare sample answers for commonly asked questions so that you have plenty of practice in formulating answers to questions about yourself and your interests. You might consider keeping a copy or notebook just for oral work and any time you see this icon you can note the questions and your sample answers in it. Use these questions and your sample answers to practise in pairs during class time or you can practise at home by recording yourself reading the questions and then listen back and try to answer them.

A.8 Escribe en tu cuaderno las preguntas y las respuestas con frases completas.
1. ¿Cómo te llamas?
2. ¿Cómo se escribe tu nombre?
3. ¿Cuántos años tienes?
4. ¿Cuándo es tu cumpleaños?
5. ¿En qué año naciste?

Practica las preguntas con tu compañero/a.

Log on to **www.edcolearning.ie** to access mock oral exam videos.

¿Cuántos años tienes?

Tengo diecisiete años.

¡Ojo!
Don't forget to use the verb **TENER** to express age.

siete 7

B. La gramática: Los adjetivos 1

La descripción física

SER
alto/a	tall
bajo/a	short
pequeño/a	small
delgado/a	thin
flaco/a	slim
guapo/a	good-looking
rubio/a	blonde
moreno/a	dark
pelirrojo/a	red-haired
calvo/a	bald
grande	big
gordo/a	overweight

SER
soy
eres
es
somos
sois
son

TENER
los ojos azules	blue eyes
los ojos marrones	brown eyes
los ojos grises	grey eyes
los ojos verdes	green eyes
el pelo moreno	dark brown hair
el pelo castaño	light brown hair
el pelo negro	black hair
el pelo rubio	blonde hair
el pelo gris	grey hair
el pelo corto	short hair
el pelo largo	long hair
el pelo liso	straight hair
el pelo rizado	curly hair
el pelo ondulado	wavy hair

TENER
tengo
tienes
tiene
tenemos
tenéis
tienen

Soy de estatura media.
 I'm average height.
Llevo gafas.
 I wear glasses.
Tengo pecas en la cara.
 I've freckles.
Llevo barba/bigote.
 I've a beard/moustache.
Me parezco mucho a mi hermano.
 I look like my brother.

B.1 Mira las fotos y escribe una descripción de estas personas en tu cuaderno.

1

Ejemplo: Miguel es de estatura media y es muy guapo. Tiene el pelo rubio y corto y los ojos marrones. Tiene la cara pecosa.

2

3

4

5

6

La personalidad

SER

abierto/a	open/extroverted
aburrido/a	boring
activo/a	active
amable	polite/nice
amistoso/a	friendly
antipático/a	mean/unpleasant
artístico/a	artistic
atlético/a	athletic
cabezota	stubborn/obstinate
callado/a	quiet/reserved
cariñoso/a	loving/affectionate
celoso/a	jealous
comprensivo/a	understanding
de confianza/de fiar	trustworthy
creativo/a	creative
desorganizado/a	disorganised
despistado/a	scatterbrained
deportista	sporty
débil	weak
divertido/a	funny
educado/a	well-mannered/polite
egoísta	selfish
estricto/a	strict
estudioso/a	studious
extrovertido/a	extroverted
fiable	reliable/trustworthy
fiel	faithful/loyal
fuerte	strong
generoso/a	generous
hablador/a	chatty
honesto/a	honest
inteligente	intelligent
interesante	interesting
leal	faithful/loyal
maduro/a	mature
maleducado/a	rude/impolite
majo/a	nice/attractive
mimado/a	spoilt
molesto/a	annoying
obstinado/a	stubborn
organizado/a	organised
paciente	patient
perezoso/a	lazy
pesado/a	annoying/tiresome
presumido/a	arrogant/boastful
sensato/a	sensible
sensible	sensitive
serio/a	serious
simpático/a	kind/nice
tímido/a	shy
tonto/a	stupid
trabajador/a	hardworking
vago/a	lazy
valiente	brave

B.2 En tu cuaderno escribe dos listas con los adjetivos de arriba – una con los adjetivos positivos y la otra con los adjetivos negativos.

CD 1
Tracks
7–12

B.3 Escucha y rellena el cuadro en inglés.

	NAME	AGE	BIRTHDAY	PHYSICAL DESCRIPTION	PERSONALITY
A.	Javier				
B.	María				
C.	Felipe				
D.	Sara				
E.	Miguel				

Unidad 1   ¡Así soy yo!

Los adjetivos

Adjetivos (adjectives in English) are describing words. For example, a car can be described as shiny, blue or fast. 'Shiny', 'blue' and 'fast' are all adjectives. Similarly, a person can be tall, slim and intelligent. 'Tall', 'slim' and 'intelligent' are all adjectives. In Spanish, adjectives agree in number and in gender with the noun or nouns they describe.

- Adjectives ending in **-o** in the masculine singular change their ending to **-a** in the feminine singular and to **-os** in the masculine plural and **-as** in the feminine plural.

  el chico alt**o**   la chica alt**a**
  los chicos alt**os**   las chicas alt**as**

- Adjectives ending in **-e**, **-ista** or a consonant have the same ending for both masculine and feminine and can be singular and plural.

  el jardín grande   la casa grande
  los jardines grande**s**   las casas grande**s**

  Raúl es deportista.   Puri es deportista.
  Ellos son deportista**s**.   Ellas son deportista**s**.

  el chico popular   la chica popular
  los chicos popular**es**   las chicas popular**es**

- Adjectives ending in **-ón**, **-án**, **-ín** or **-or** in the masculine singular form form their feminine singular by removing the accent and adding an **-a**. These adjectives have a plural ending in **-es** for masculine and **-as** for feminine. In both masculine and feminine plural they lose the accent.

  el chico trabajad**or**   la chica trabajador**a**
  los chicos trabajador**es** las chicas trabajador**as**

B.4 Rellena los espacios con la forma correcta del adjetivo entre paréntesis.

Ejemplo: Carolina es _alta_ (alto).

1. Los coches son _____ (rojo).
2. Mi hermana es muy _____ (hablador).
3. El padre de Elena es bastante _____ (joven).
4. Tiene dos tías _____ (francés).
5. Nuestro piso es _____ (grande).
6. Las chicas _____ (guapo) viven allí.
7. Mis amigos son _____ (leal).
8. Su primo es muy _____ (deportista).
9. Son unas naranjas _____ (dulce).
10. Susana es una chica muy _____ (artístico).
11. Juan y Pablo son _____ (español).
12. Ese chico es bastante _____ (trabajador).
13. Todas mis amigas son muy _____ (amistoso).
14. No me gustan los pimientos _____ (verde).
15. La hermana de Igor es muy _____ (maleducado).

once 11

Las nacionalidades

irland**é**s	irlandes**a**	irlandes**es**	irlandes**as**
ingl**é**s	ingles**a**	ingles**es**	ingles**as**
franc**é**s	frances**a**	frances**es**	frances**as**
japon**é**s	japones**a**	japones**es**	japones**as**
español	español**a**	español**es**	español**as**
alem**á**n	aleman**a**	aleman**es**	aleman**as**
polaco	polac**a**	polac**os**	polac**as**
ruso	rus**a**	rus**os**	rus**as**
chino	chin**a**	chin**os**	chin**as**

B.5 Escribe las frases en español.
1. Her brother is studious, quite serious and very hardworking. He has green eyes and brown hair.
2. My friend Emily has freckles and wears glasses. She is funny, trustworthy and intelligent.
3. Carlos is good-looking but quite spoilt and rude. He has short black hair and brown eyes.
4. The German girls are tall, slim and pretty. They have long blonde hair and they are very sporty.
5. Tom looks like his father. They are average height and have beards. They are friendly and generous.

Apocopation

- Some adjectives are shortened when they appear before a masculine singular noun.

Adjective	Shortened form	Meaning	Example
bueno	buen	good	Santi es un buen amigo.
malo	mal	bad	No seas un mal chico.
primero	primer	first	Viven en el primer piso.
tercero	tercer	third	Es el tercer libro que ha leído.
alguno	algún	some	Algún día voy a ser veterinario.
ninguno	ningún	none	No tengo ningún problema.

- **Ciento** is shortened to **cien** before nouns of either gender.

    Cien lápices................................... *Cien* gomas

- **Grande** is shortened to **gran** before nouns of either gender. When **grande** is placed before the noun, it means great.

    Es un *gran* escritor............................ Tiene una *gran* casa.

- When **alguno** and **ninguno** are shortened, an accent is added.

    Algún día voy a ser millonario............. No tiene *ningún* problema.

C. Mi blog

C.1 Lee los blogs y contesta a las preguntas.

Soy Diego. Tengo dieciséis años. Cumpliré diecisiete años el catorce de febrero. Soy español. Vivo con mis padres y mi hermana pequeña en un piso en Noja, un pueblo en la costa de Cantabria. Soy alto y bastante delgado. Tengo el pelo moreno y corto y los ojos marrones. Soy muy deportista. Me encantan el fútbol y el baloncesto. Soy tímido y serio y mis amigos dicen que soy inteligente y bastante trabajador porque suelo sacar buenas notas en el instituto, sobre todo en inglés. El inglés me interesa mucho porque los fines de semana paso mucho tiempo viendo partidos de fútbol de la liga inglesa en la tele. Mi equipo favorito es el Chelsea y en el futuro me gustaría ir a Londres para visitar su estadio y ver un partido en directo.

1. **Contesta en español.**
   (a) ¿Cuántos años tiene Diego?
   (b) ¿Cuándo es su cumpleaños?
   (c) ¿Dónde vive?
   (d) ¿Cuáles son sus pasatiempos?

2. **Contesta en inglés.**
   (a) How does Diego describe himself?
   (b) How do his friends describe him? Why?
   (c) What is his best subject at school?
   (d) Why would he like to go to London in the future?

3. **Busca en el blog una palabra o frase que tenga el mismo sentido (más o menos) que las siguientes:**
   (a) el litoral cantábrico
   (b) listo
   (c) especialmente
   (d) preferido

4. **Busca las siguientes expresiones en el blog de arriba.**
   (a) I'll turn seventeen on the 14th.
   (b) I usually get good grades at school.
   (c) I spend a lot of time watching football matches.
   (d) A live match.

¡Venga!

Hola, me llamo Ana. Soy española. Tengo diecisiete años. Cumplí los diecisiete el martes pasado, veintiuno de septiembre. Vivo en Lanzarote, una de las Islas Canarias. Mi madre es escocesa y mi padre es de Madrid. Soy hija única. Tenemos un perro que se llama Chispas. Soy pelirroja. Tengo los ojos azules y la cara pecosa. Llevo gafas para leer y ver la tele. Soy de estatura media. Mi novio dice que soy muy guapa 😍 . Soy habladora y divertida. Creo que soy una persona en la que se puede confiar y también soy leal. Tengo un grupo de amigos que vive en la misma urbanización que yo. Pasamos mucho tiempo juntos charlando y jugando al vóleibol en la playa del barrio. Mi mejor amiga se llama Maider. La conozco desde hace once años. Vive en el piso de al lado del mío.

1. **Contesta en español.**
   (a) ¿De dónde es la madre de Ana?
   (b) ¿Tiene hermanos?
   (c) ¿Tiene alguna mascota?
   (d) ¿Qué deporte practica?

2. **Contesta en inglés.**
   (a) How does Ana describe herself (physically and personality)?
   (b) When does she wear glasses?
   (c) Who thinks she is gorgeous?
   (d) How long has she known her best friend?

3. **Busca en el blog una palabra o frase que tenga el mismo sentido (más o menos) que las siguientes:**
   (a) es madrileño
   (b) de altura mediana
   (c) hermosa
   (d) fiel

4. **Busca las siguientes expresiones en el blog de arriba.**
   (a) I turned seventeen last Tuesday.
   (b) They live in the same estate as me.
   (c) The local beach.
   (d) She lives in the flat beside mine.

C.2 Escribe tu blog.

C.2 – Criterios de éxito
- Say your name, nationality, age and date of birth.
- Include a physical description and a description of your personality.
- Give three other facts about yourself (hobbies, interests, friends, family, etc.).
- Check your work for spellings, accents and agreement of adjectives.

CD 1
Tracks
13–15

C.3 Escucha las descripciones y contesta a las preguntas en inglés.

A. Enrique
1. What are Enrique's surnames?
   _____
2. In what year was he born?
   _____
3. Where does he live? (Give full details.) _____
4. How does he describe his girlfriend? _____
5. What are Enrique's hobbies? _____
6. How does he travel to work? _____

B. Susana
1. What is Susana's date of birth?
   _____
2. What does she do for a living?
   _____
3. Why does she love her job? _____
4. What does her best friend Ainhoa look like? _____
5. Why does she think they get along so well together? _____
6. What are her plans with Ainhoa for tonight? _____

Los apellidos
Remember that Spanish names always have two surnames: their father's first surname and their mother's first surname.

C.4 Lee el texto y contesta a las preguntas. HIGHER

FELIPE VI DE ESPAÑA

1. Felipe VI es el actual Rey de España tras la abdicación en 2014 de su padre Don Juan Carlos I, Rey Emérito. Es el hijo menor de los monarcas: Don Juan Carlos y doña Sofía de Grecia, y hermano de la infanta Elena y la infanta Cristina…

2. Nació el 30 de enero de 1968, y posteriormente fue bautizado con los nombres de Felipe, Juan, Pablo y Alfonso de Todos los Santos en honor a sus abuelos… El rey Felipe VI realizó sus estudios en el colegio de Santa María de los Rosales, hasta 1984. Posteriormente, cursó su último año escolar en Canadá, en el Lakefield College School, donde completó su formación y perfeccionó la lengua inglesa en pro de su futuro como monarca.

3. A su regreso, realizó la formación militar en la Academia General Militar de Zaragoza y juró bandera el 11 de octubre de 1985. Fue ahí donde encontró su pasión castrense y autentica vocación, algo que le llevó a continuar con dicho aprendizaje en la escuela Naval Militar de Marín y, seguidamente, en la academia General del Aire de San Javier…

4. En 1988 ingresó en la Universidad Autónoma de Madrid donde se licenció en Derecho, además de completar su formación postobligatoria con diversas clases de ciencias económicas. En 1993 perfeccionó su curriculum con un máster en Relaciones Internacionales en la Edmund Walsh School of Foreign Service por la Universidad de Georgetown en Washington D.C.…

5. Don Felipe VI es un hombre discreto y reservado en todos los aspectos de su vida… En 2002 conoció a doña Letizia Rocasolano, periodista de los informativos de TVE, durante una comida en la casa de su compañero de profesión, Pedro Erquicia… El enlace matrimonial se celebró, el 22 de mayo de 2004, en la Catedral de Santa María la Real de la Almudena de Madrid.

6. El 31 de octubre de 2005 nació, en Madrid, la primogénita de sus Majestades, doña Leonor Borbón y Ortiz, quien ostenta los cargos de princesa de Asturias, princesa de Girona y princesa de Viana, así como el de futura Reina de España, entre otros. Posteriormente, el 29 de abril de 2007, nació su segunda hija, Sofía de Borbón y Ortiz, quien posee el título de infanta de España.

7. **Aficiones** 
   - En general don Felipe VI es un amante de los deportes. Su pasión por la vela, le llevó a ser miembro, en 1992, del equipo olímpico en Soling durante los Juegos Olímpicos de Barcelona, en los que quedó en sexto lugar…
   - Gran cinéfilo desde joven, pero no ha sido hasta su relación con la reina Letizia, cuando hemos podido ver a ambos disfrutando de esta afición. Es habitual ver a la pareja visitando las salas de cine de la capital, los fines de semana.

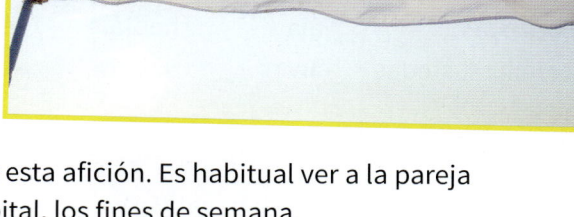

Source: *Love*/revistalove.es

1. **Answer the following questions in English.**
   (a) Who was King Felipe named after? (para 2)
   (b) What did Felipe do in Canada? (para 2)
   (c) What was Felipe doing when he first met his wife? (para 5)
   (d) Where and when was his first daughter born? (para 6)
   (e) Why are the 1992 Olympic Games mentioned? (para 7)

2. **Busca en el texto una palabra o frase que tenga el mismo sentido (más o menos) que las siguientes:**
   (a) los reyes (para 1)
   (b) después (para 2)
   (c) seguir (para 3)
   (d) privado (para 5)
   (e) la boda (para 5)

3. **Explain in English the meaning of the following in their context:**
   (a) … se licenció en Derecho (para 4)
   (b) … es un amante de los deportes (para 7)
   (c) Gran cinéfilo desde joven… (para 7)

D. La gramática: El presente

Later in this chapter we will learn how to describe ourselves in more detail (both orally and in writing). In order to be able to describe ourselves, we need to use the present tense.

El presente: Los verbos regulares

There are three types of regular verbs in Spanish: verbs ending in -AR, -ER or -IR. To conjugate these verbs in the present tense, simply remove the -AR, -ER or -IR from the infinitive and add the following endings.

	-AR	HABLAR	-ER	COMER	-IR	VIVIR
yo	-o	hablo	-o	como	-o	vivo
tú	-as	hablas	-es	comes	-es	vives
él/ella/usted	-a	habla	-e	come	-e	vive
nosotros/as	-amos	hablamos	-emos	comemos	-imos	vivimos
vosotros/as	-áis	habláis	-éis	coméis	-ís	vivís
ellos/ellas/ustedes	-an	hablan	-en	comen	-en	viven

¡Ojo!

Remember: to make a verb negative, we simply put *no* before it.

Habla alemán. She speaks German./She is speaking German.
No habla alemán. She doesn't speak German./She isn't speaking German.

To form a question, simply place an inverted question mark before the verb or sentence and a question mark after the verb or at the end of the sentence.

¿Habla alemán? Does she speak German?/Is she speaking German?

D.1 Rellena los espacios con el presente del verbo entre paréntesis.

Ejemplo: Yo _como_ (comer) helado cuando hace calor.

1. Los padres _____ (hablar) con los profesores.
2. Yo _____ (comer) mucha fruta.
3. Mi amiga Laura _____ (vivir) en Londres.
4. ¿Vosotros _____ (cenar) en casa?
5. Nosotras _____ (beber) té de vez en cuando.
6. Las mujeres _____ (dividir) el pastel entre ellas.
7. Mi padre _____ (enseñar) música.
8. ¿Tú _____ (vender) la moto?
9. Yo _____ (enviar) unas fotos a mi amigo por correspondencia.
10. Los zorros _____ (esconder) la comida en el bosque.

El presente: Los verbos irregulares

There are a number of verbs that are irregular in the present tense. The following commonly used irregular verbs should be learned off by heart.

	SER	ESTAR	TENER	IR	VENIR	DECIR
	to be	*to be*	*to have*	*to go*	*to come*	*to say*
yo	soy	estoy	tengo	voy	vengo	digo
tú	eres	estás	tienes	vas	vienes	dices
él/ella/usted	es	está	tiene	va	viene	dice
nosotros/as	somos	estamos	tenemos	vamos	venimos	decimos
vosotros/as	sois	estáis	tenéis	vais	venís	decís
ellos/ellas/ustedes	son	están	tienen	van	vienen	dicen

See the other commonly used irregular verbs on pages 370–377.

Some verbs are irregular in the **yo** form only.

CAER	*to fall*	yo caigo
COGER	*to catch*	yo cojo
CONOCER	*to know (person or place)*	yo conozco
DAR	*to give*	yo doy
HACER	*to do/make*	yo hago
PONER	*to put*	yo pongo
SABER	*to know (fact)*	yo sé
SALIR	*to go out*	yo salgo
TRAER	*to bring*	yo traigo
VER	*to see*	yo veo

 D.2 Rellena los espacios con el presente del verbo entre paréntesis.

1. ¿Tú _____ (ser) médico?
2. Yo _____ (ver) la tele a menudo.
3. Nosotras _____ (tener) muchos deberes.
4. Los estudiantes _____ (decir) la verdad.
5. Yo _____ (hacer) los ejercicios en casa.
6. Ella _____ (poner) los platos en la mesa.
7. Mi prima _____ (estar) de vacaciones.
8. Joaquín _____ (ir) al teatro con Nuria.
9. Yo _____ (saber) que tiene razón.
10. ¿Vosotros _____ (venir) a la fiesta?

¡Venga!

El presente: Los verbos que cambian de raíz

Stem-changing verbs have a vowel change in the second last syllable for every person except the **nosotros** and **vosotros** forms of the verb. There are four different types of stem-changing (or radical-changing) verbs: verbs that change **o–ue**, verbs that change **e–ie**, verbs that change **e–i** and *jugar*, which changes **u–ue**.

O–UE
Example: **PODER** (to be able to)

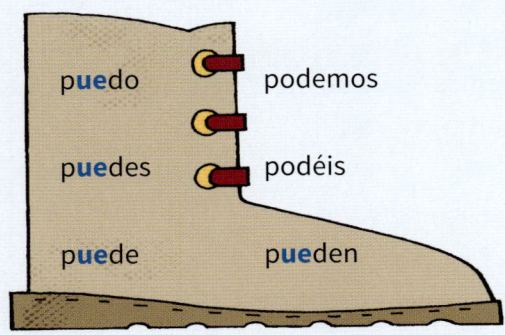

Other verbs that follow the same pattern, o–ue:

ACORDARSE*	to remember
ACOSTARSE*	to go to bed
ALMORZAR	to have lunch
COLGAR	to hang
CONTAR	to tell
COSTAR	to cost
DORMIR	to sleep
ENCONTRAR	to find
LLOVER	to rain
MOSTRAR	to show
PROBAR	to try/taste
RECORDAR	to remember
SOLER	to usually do something
SONAR	to ring
SOÑAR	to dream
VOLVER	to return

*These verbs are also reflexive verbs. Reflexive verbs are explained on page 23.

D.3 Rellena los espacios con el presente del verbo entre paréntesis.

1. Los sábados mi tío _____ (dormir) en la casa de mi abuela.
2. Yo no _____ (recordar) el día en el que llegaron.
3. Nosotros _____ (soler) ir a la playa en julio.
4. Los chicos _____ (almorzar) en el comedor del colegio.
5. ¿A qué hora _____ (volver) vosotros?
6. El bistec _____ (costar) mucho ¿no?

El presente: Los verbos que cambian de raíz (E–IE)

Example: **PENSAR** (to think)

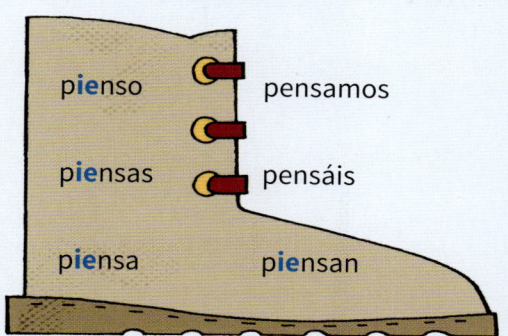

pienso — pensamos
piensas — pensáis
piensa — piensan

Other verbs that follow the same pattern, e–ie:
CERRAR .... to close
COMENZAR .... to start
DESPERTARSE* .... to wake up
DIVERTIRSE* .... to enjoy oneself
ENCENDER .... to light/switch on
ENTENDER .... to understand
EMPEZAR .... to begin
MERENDAR .... to have an afternoon snack
NEGAR .... to deny
NEVAR .... to snow
PERDER .... to lose
PREFERIR .... to prefer
RECOMENDAR .... to recommend
SENTARSE* .... to sit down
SENTIRSE* .... to feel
SUGERIR .... to suggest

*These verbs are also reflexive verbs. Reflexive verbs are explained on page 23.

D.4 Rellena los espacios con el presente del verbo entre paréntesis.

1. ¿Vosotros _____ (pensar) que es la verdad?
2. Miguel y Nuria _____ (entender) la pregunta.
3. Nosotros no _____ (recomendar) aquel restaurante.
4. ¿Tú _____ (preferir) chocolate o café?
5. Las clases _____ (empezar) a las nueve en punto.
6. El profesor _____ (cerrar) la puerta.
7. Todos los días yo _____ (merendar) un bollo con chocolate.

El presente: Los verbos que cambian de raíz (E–I)

Example: **PEDIR** (to ask for)

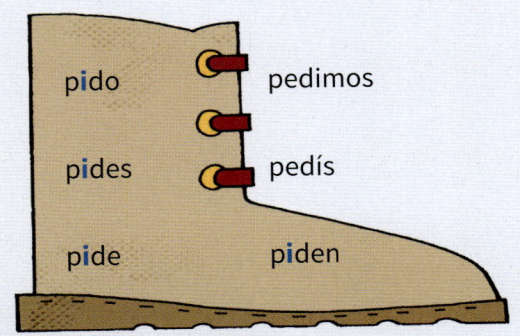

p**i**do   pedimos
p**i**des   pedís
p**i**de   p**i**den

Other verbs that follow the same pattern, e–i:
CORREGIR......................... *to correct*
DESPEDIR .... *to sack/fire*
DESPEDIRSE* .... *to say goodbye*
IMPEDIR .... *to prevent*
REÍR................................... *to laugh*
REPETIR .... *to repeat*
SEGUIR .... *to continue/follow*
SERVIR.............................. *to serve*
SONREÍR .... *to smile*

*Despedirse is also a reflexive verb. Reflexive verbs are explained on page 23.

D.5 Rellena los espacios con el presente del verbo entre paréntesis.

1. Yo _____ (servir) a los clientes en el restaurante.
2. El profesor nunca _____ (corregir) los ejercicios.
3. Nosotros _____ (repetir) los verbos para aprenderlos.
4. Mis primos _____ (seguir) el camino.
5. ¿Vosotros _____ (poder) reparar el motor?

D.6 Rellena los espacios con el presente del verbo entre paréntesis.

1. ¿A qué hora _____ (volver) tu padre?
2. Las clases _____ (empezar) a las nueve menos cuarto.
3. Mis padres y yo _____ (soler) jugar al golf los fines de semana.
4. El supermercado _____ (cerrar) a las ocho y media.
5. Mi abuela _____ (dormir) en el sillón.
6. ¿Cuándo _____ (comenzar) los exámenes?
7. La niña _____ (sonreír) muy a menudo.
8. Esos zapatos _____ (costar) mucho.
9. Yo _____ (sentarse) al lado de Enrique.
10. ¿Vosotros _____ (seguir) las instrucciones?

El presente: Los verbos reflexivos

Reflexive verbs are recognised by the reflexive pronoun *se* at the end of the infinitive. To conjugate a reflexive verb, the pronouns **me, te, se, nos, os, se** (meaning myself, yourself, himself/herself, ourselves, yourselves, themselves) are put before the verb.

	LAVARSE
yo	**me** lavo
tú	**te** lavas
él/ella/usted	**se** lava
nosotros/as	**nos** lavamos
vosotros/as	**os** laváis
ellos/ellas/ustedes	**se** lavan

D.7 Rellena los espacios con el presente del verbo entre paréntesis.

1. Mi madre _____ (levantarse) temprano todos los días.
2. Yo _____ (lavarse) en el cuarto de baño.
3. ¿Tú _____ (despertarse) antes que tu mujer?
4. Antonio _____ (ponerse) la chaqueta.
5. Nosotros _____ (acostarse) a las once de la noche.
6. Los chicos _____ (ducharse) después del partido.
7. ¿Vosotros _____ (relajarse) en la terraza?
8. Yo _____ (divertirse) mucho con mis amigos.
9. Mi padre _____ (afeitarse) antes de ir a la oficina.
10. Sara y Alba _____ (maquillarse) para ir a la fiesta.

¡Venga!

El presente continuo

The present progressive in Spanish is formed using the present tense of the verb *estar* with the present participle. Remember, to form the present participle of -AR verbs, we change the -AR to *-ando*, and for -ER and -IR verbs we change to *-iendo*.

Examples:

Estoy habl**ando**. .... I am speaking.
Irene está com**iendo**. .... Irene is eating.
Los niños están escrib**iendo**. .... The children are writing.

¡Ojo!

Note the following irregular present participles:

LEER	→	le**y**endo
DORMIR	→	d**u**rmiendo
MORIR	→	m**u**riendo
PEDIR	→	p**i**diendo
SENTIR	→	s**i**ntiendo

With reflexive verbs, the reflexive pronoun is attached directly to the end of the present participle. When this happens, we add an accent to the 'a' or 'e' of *-ando* and *-iendo*.

Está lav**á**ndo**se**.   He is washing himself.
Estamos diverti**é**ndo**nos**.   We are having fun.

D.8 Rellena los espacios con el presente continuo del verbo entre paréntesis.

Ejemplo: Yo _estoy bebiendo_ (beber) té.

1. Yo _____ (bailar) con mi novia Belén.
2. Miguel _____ (salir) con Julia.
3. Susana _____ (cantar) en el teatro.
4. ¿Tú _____ (leer) esa novela?
5. Yo _____ (ducharse) en el cuarto de baño.
6. Nosotros _____ (vivir) en una casa grande.
7. Su primo _____ (morir).
8. Las niñas _____ (jugar) al fútbol.
9. Su hija _____ (dormir) en el coche.
10. Ellos _____ (lavarse) antes de salir.

E. El examen oral

E.1 Escucha el examen oral de Sophie y contesta a las preguntas.

CD 1 Track 16

¿Cómo te llamas?
Me llamo Sophie O'Connor.

¿Cómo se escribe tu nombre?
Se escribe S-O-P-H-I-E.

¿Cuántos años tienes?
Tengo diecisiete años.

¿Cuándo cumpliste los diecisiete años?
Los cumplí hace dos meses. Mi cumpleaños es el veintitrés de julio.

¿Cómo eres?
Soy alta y bastante delgada. Tengo la cara pecosa y llevo gafas para leer. Mis amigos dicen que me parezco mucho a mi madre pero ella es más baja que yo.

¿Cómo es tu pelo?
Tengo el pelo castaño, largo y liso.

¿De qué color son tus ojos?
Tengo los ojos marrones.

¿Qué tipo de persona eres?
Pues creo que soy una persona amable y de fiar. Mi profesora de biología dice que soy un poco perezosa y la verdad es que no soy muy estudiosa. Soy alumna del St Aidan's College. Soy habladora y divertida y me llevo bien con mis compañeros de clase.

¿Dónde vives?
Vivo en una casa adosada en una urbanización a las afueras de Limerick. Es un barrio bastante tranquilo y tengo muchos amigos en el barrio. Mi casa no es muy grande pero tengo una familia pequeña; mi madre, mi hermana y yo. Lo que más me gusta es que la casa está cerca del instituto así que no tengo que levantarme muy temprano por la mañana.

¿Cuáles son tus aficiones?
Me gusta salir con mis amigos los fines de semana. Solemos ir a una discoteca o al cine. Me encanta ir de compras los sábados. Gasto todo mi dinero en ropa y maquillaje. Juego al fútbol con el equipo del instituto. Entrenamos los martes después de clase y jugamos partidos contra otros institutos los sábados por la mañana. Hace dos años ganamos la liga pero este año hemos perdido muchos partidos.

¡Venga!

1. Contesta en inglés.
   (a) What does Sophie look like? (Give full details.) _____
   (b) How does she describe her personality? _____
   (c) What does Sophie like to spend her money on? _____
   (d) What success did her football team recently have? _____

2. Busca una palabra o frase que tenga el mismo sentido (más o menos) que las siguientes:
   (a) flaca _____
   (b) pienso que _____
   (c) maestra _____
   (d) estudiante _____

3. Busca las siguientes expresiones en la entrevista.
   (a) I get on well with. _____
   (b) What I like most is. _____
   (c) We usually go. _____
   (d) Two years ago. _____

Las interrogaciones

¿Cómo? .... How?
¿Cuál? .... Which? What?
¿Cuáles? .... Which ones? What? (before plural nouns)
¿Cuándo? .... When?
¿Cuánto?* .... How much?
¿Dónde? .... Where?
¿Por qué? .... Why?
¿Para qué? .... Why? (for what purpose?)
¿Qué? .... What?
¿Quién? .... Who? (asking about one person)
¿Quiénes? .... Who? (assuming the answer is more than one person)

*¿Cuánto must show concordance with the noun it modifies.
¿Cuánto dinero?
¿Cuánta gente?
¿Cuántos libros?
¿Cuántas chicas?

veintiséis

Unidad 1 ¡Así soy yo!

E.2 Escribe las preguntas a estas respuestas usando las interrogaciones de arriba.

Ejemplo: Me llamo María   ¿Cómo te llamas?
1. Tengo dieciséis años.
2. Cumpliré los diecisiete el ocho de noviembre.
3. Tengo el pelo moreno y los ojos verdes.
4. Tengo tres hermanos.
5. Me gusta el hockey y ver películas.
6. Soy amable y paciente.

E.3 Escribe en tu cuaderno las preguntas y las respuestas con frases completas.

1. ¿Cuándo cumplirás (dieciséis/diecisiete/dieciocho) años?
2. ¿Cómo eres?
3. ¿Cómo es tu pelo?
4. ¿De qué color son tus ojos?
5. ¿Qué tipo de persona eres?
6. ¿Dónde vives?
7. ¿Cuáles son tus aficiones?

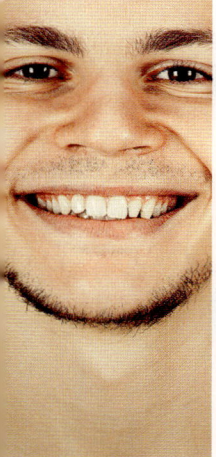

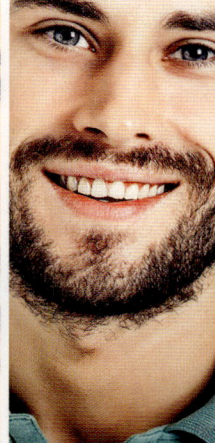

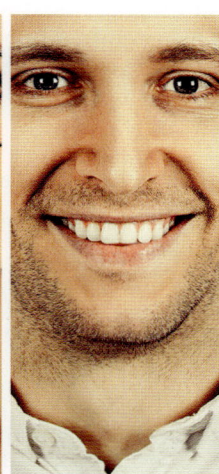

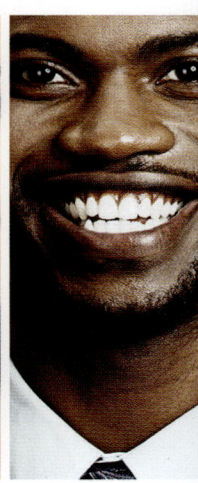

Practica las preguntas con tu compañero/a.

¿Cuándo cumplirás los dieciocho años?

Los cumpliré en marzo.

¡Ojo!

Remember to listen carefully to the tenses used by the oral examiner and to answer in the correct tense. Don't be tempted to just repeat the verb used in the question.

¿Cuándo **cumpliste** los diecisiete años?
  Los **cumplí**…
¿Cuándo **cumplirás** los dieciocho años?
  Los **cumpliré**…

Log on to www.edcolearning.ie to access mock oral exam videos.

¡Venga!

Pronunciation guide

Every time you speak Spanish you should make an effort to pronounce words accurately and use the correct intonation. Accurate pronunciation and intonation are very important in your oral exam. Think of the difference between the pronunciation of **está** (he/she is) and **esta** (this). Try to pronounce the words correctly as you read the following sentence aloud:

Esta mesa está en la sala de estar.

Now think of the difference between **hablo** (I speak) and **habló** (he/she spoke). Both forms of the verb look similar, but the accent on *habló* indicates that the last syllable should be stressed. The way the word is pronounced indicates the person who is the subject of the verb and also the tense of the verb!

Hablo con la directora. .... I'm speaking to the principal.
Habló con la directora. .... He spoke to the principal.

Many letters in the Spanish alphabet are pronounced similarly to English sounds. Here are some sounds you should be careful with:

- **c** is pronounced like c in *cat*
- **c** followed by e or i has a soft sound like th in *the*
- **g** is pronounced like g in *garden*
- **g** followed by e or i has a sound like the end of the word *loch* in English
- **h** is always silent
- **i** is pronounced like ee in *feet* or *sleet*
- **j** is also pronounced like the end of the word *loch* in English
- **l** is pronounced like l in *love*
- **ll** is often pronounced like y in *yo-yo*
- **ñ** is pronounced like n with a y sound after it
- **rr** is always rolled
- **v** is pronounced similarly to b
- **z** is usually pronounced like a soft th in *the*

E.4 Escucha y repite las palabras con la pronunciación correcta.

CD 1 Track 17

c	casa	clase	cristal
c	cerdo	cinco	cesta
g	gato	gratis	globo
g	gente	gitano	genial
h	hoy	helado	hablar
i	ilegal	piso	termino
j	jirafa	jabón	jersey
l	lobo	lima	lado
ll	llave	llegar	pollo
ñ	niño	caña	años
rr	cerrar	borrar	perrito
v	viaje	vaca	vecino
z	zeta	zorro	zanahoria

veintiocho

Unos consejos para el examen oral

The following hints and tips will give you an idea of what is expected in your oral exam. Keep these points in mind as you practise oral work throughout fifth and sixth year to help you to maximise your marks when it comes to the exam.

- The oral exam is worth 100 marks. This represents 25% of the overall marks for the Higher Level exam and 20% of the marks for the Ordinary Level exam.
- The 100 marks for the oral are broken down into 70 marks for general conversation and 30 marks for the role play.
- There are five role plays to prepare for the exam, but you will only have to perform one in the exam.
- It is important to fully prepare all five role plays and to know exactly how to convey the information required.
- Try not to rely on rote-learned passages in your conversation with the examiner. The examiner does not want to hear memorised speeches, but wants to engage in a conversation with you and you will be marked on your communicative ability.
- It is a good idea to maintain eye contact with the examiner to look confident and interested in the conversation.
- Avoid answering questions with *Sí* or *No*. Try to expand on your answers to show all the language you know. Consider the differences between the following answers, all answering 'yes' to the same question:

¿Te gusta ir al cine?

Sí.

Sí, me gusta ir al cine.

Sí. El cine me interesa mucho. Voy al cine muy a menudo con mi novia.

Pues sí. Mi madre y yo vamos al cine una vez al mes. Me encantan las películas de terror o de acción pero mi madre prefiere las comedias así que de vez en cuando discutimos sobre qué peli ver. El fin de semana pasado fuimos a ver la película Sin tiempo para morir. Merece la pena verla. Es una película de acción. Trata de la misión para rescatar a un científico que ha sido secuestrado. El actor Daniel Craig tiene un papel destacado. Es uno de mis actores favoritos.

¡Venga!

Make sure to listen carefully for the tense the examiner is using. Many common topics such as holidays, weekend activities or daily routine can be asked in the past, present or future tenses.

¿Qué **hiciste** el fin de semana pasado?
¿Qué **haces** los fines de semana?
¿Qué **vas a hacer** este fin de semana?

Remember not to answer using the infinitive and avoid repeating the exact verb used by the examiner. This is a common mistake made by Leaving Certificate students. See if you can correct the mistake in the following interaction:

— ¿En qué año naciste?
— Naciste en el año dos mil cinco.

Don't worry if you get stuck during a conversation. The following phrases can be used to buy time or get yourself out of difficulty. Remember to avoid saying anything in English!

- *Pues…* …………………………………………………………Well… (use this to give you thinking time)
- *A ver…* …………………………………………………………Let's see… (similar to *pues*)
- *Bueno, vamos a ver…* ………………………………Well, let's see… (similar to above)
- *¿Puede repetir la pregunta por favor?* …………Can you repeat the question please?
- *¿Puede hablar más despacio por favor?* ………Can you speak a little slower please?
- *No entiendo la palabra…* …………………………I don't understand the word…

Digital resources

Log on to **www.edcolearning.ie** to access five **mock oral exam videos** as well as the five **SEC role plays**.

You can also access the five **SEC role-play translations**.

F. Escribir un correo electrónico o una carta

F.1 Lee el correo electrónico y contesta a las preguntas.

De:	niallryan2156@gmail.com
Para:	sergiog777@yahoo.es
Asunto:	Saludos

Querido Sergio:

Soy Niall, tu nuevo amigo por correspondencia. Mi profesora de español me dio tu dirección. Tengo muchas ganas de ir a Segovia de intercambio y de conocerte.

Tengo diecisiete años. Mi cumpleaños es el veintisiete de agosto. Soy de altura mediana. Tengo el pelo negro y los ojos azules. Adjunto una foto abajo. Te enviaré unas fotos de mi casa y mi familia más tarde. Creo que soy una persona seria y trabajadora. Soy alumno del St Cuan's College en el condado de Galway. Es un instituto mixto de doscientos alumnos que está en un pueblo pequeño que se llama Castleblakeney. Vivo en Castleblakeney con mis padres y mi hermana Lauren. Me parezco mucho a Lauren porque somos gemelos. Estamos en la misma clase en el instituto y todo el mundo dice que somos como dos gotas de agua aunque yo soy un poco tímido y Lauren es muy abierta y extrovertida. Mi padre es agricultor y mi madre es dependienta de una boutique de moda en Galway. Mis padres son simpáticos, habladores y cariñosos pero a veces son estrictos. En general nos llevamos bien.

En mi tiempo libre me encanta jugar al hurling. Es un deporte irlandés. Te enseñaré el juego cuando vengas a Galway. Soy muy deportista y atlético. Juego al hurling tres veces a la semana. Además, dos veces a la semana voy al gimnasio para hacer pesas. Lauren es también muy deportista. Ella juega al baloncesto. ¿Y tú? ¿Cómo eres? ¿Cuáles son tus aficiones? En cuanto lo sepas dime la hora de tu vuelo a Dublín. Mi familia te recogerá en el aeropuerto.

Escríbeme pronto
Un abrazo
Niall

¡Ojo! Remember, after *soy una persona* you must use the feminine form of the adjectives, even if you are male, as the adjectives are agreeing with *una persona*.

1. **Contesta en inglés.**
   (a) How did Niall get in touch with Sergio?
   (b) What information does Niall give about his school?
   (c) In what way does Niall think he is different to Lauren?
   (d) How does Niall describe his parents?
   (e) What exercise does Niall do every week? (Give full details.)
   (f) What sport does Lauren play?

2. **Busca en el correo electrónico una palabra o frase que tenga el mismo sentido (más o menos) que las siguientes:**
   (a) espero con mucha ilusión
   (b) mandaré
   (c) somos muy parecidos
   (d) una tienda de ropa

¡Venga!

> ### La carta informal
> Writing an informal letter or email is a compulsory question on the Ordinary Level paper. It is worthwhile using the correct letter structure and learning one or two nice phrases that you can use to start and end your letter. There are five points to be communicated in the informal letter or email and you MUST include all points. Each point is worth 8 marks for a total of 40 marks. You should structure an email similar to the one on page 31 and structure an informal letter similar to the example on page 33.

Sample informal letter (Leaving Certificate Ordinary Level 2018):

Your Spanish friend María lives in the city of Toledo, where you visited her last Easter. Write a LETTER/EMAIL to her in SPANISH. Use all of the points mentioned below:

- Thank her for the great holiday in April.
- Say two things you like about Toledo.
- Say that you loved the Spanish sunshine and describe the weather in Ireland.
- Explain that your exams finished last week and say how you are going to celebrate.
- Say that you want to find a job for the summer and why you need one.

Unidad 1 ¡Así soy yo!

> In the top right corner write the town/city where you are writing from and the date. Don't forget to use a small letter for the month.

Dublín, 23 de junio

> Start your letter with *Querido* if you are writing to a boy and *Querida* if you are writing to a girl. Don't forget the colon after the name!

Querida María:

Siento no haberte escrito antes pero he estado muy ocupado con los exámenes. Gracias por invitarme a Toledo en abril, lo pasé genial contigo. Fueron unas vacaciones estupendas.

Tengo muchas ganas de volver a Toledo algún día, es una ciudad muy bonita. Me encantan las calles pequeñas del casco histórico y la catedral es impresionante. También me gusta mucho la comida típica toledana que se sirve en los bares. ¡Qué rica! Me divertí mucho con tus amigos el día en que dimos un paseo por el centro.

Disfruté del sol de España comiendo en las terrazas. En Irlanda no es posible comer al aire libre estos días. Hace mucho frío y está lloviendo a cántaros. Según el pronóstico meterológico habrá tormenta mañana.

Los exámenes terminaron la semana pasada. Esta noche hay una fiesta en la casa de mi amiga Rachel para celebrar el fin de los exámenes. Iremos a una discoteca más tarde.

Estoy buscando un trabajo para el verano. Tengo que trabajar porque en septiembre voy a ir a Grecia con mis compañeras de clase y necesito ahorrar dinero para pagar el viaje. ¿Qué vas a hacer este verano? ¿Cómo están tus padres? Saludos de mi parte a toda tu familia.

Escríbeme pronto,
Un abrazo,
Amelia

> Learn a nice opening phrase from the suggestions on page 34.

> Write each point in a new paragraph so that the examiner can clearly see that you have covered all points.

> Try to write at least two to three sentences per point.

> Learn a nice closing phrase from the suggestions on page 34.

¡Venga!

Useful opening phrases

¿Qué tal por allí?	How are things there?
Siento no haberte escrito antes.	Sorry for not writing sooner.
Gracias por el correo electrónico que me mandaste ayer.	Thanks for the email you sent me yesterday.
Muchas gracias por el regalo que recibí la semana pasada.	Thanks for the present I got last week.
¡Feliz cumpleaños!	Happy Birthday!
¡Feliz Navidad!	Happy Christmas!

Useful closing phrases

Escríbeme pronto.	Write back soon.
Sígueme en Instagram.	Follow me on Instagram.
Te mandaré un mensaje luego.	I'll send you a message later.
Dile hola a tu hermana.	Say hi to your sister.
Saludos de mi parte a tus padres.	Give my regards to your parents.
¡Hasta pronto!	See you soon!
Un abrazo…	Love from…

F.2 Escribe una carta o un correo electrónico a Alba, tu nueva amiga por correspondencia.
- Introduce yourself to Alba.
- Describe yourself – give as much information as you can.
- Tell Alba about your interests.
- Tell Alba that you are looking forward to your exchange in Madrid.
- Describe three things that you would like to do in Madrid.

F.2 – Criterios de éxito
- Start and end your letter or email appropriately.
- Make sure you include all the points and write at least two sentences per point.
- Use the structure and phrases from page 33 and this page.
- Make sure you are using the correct verb tenses.
- Check your work for spellings, accents and agreement of adjectives.

G. Los deberes de la Unidad 1

La gramática

G.1 Rellena los espacios con la forma correcta del adjetivo entre paréntesis.

1. Su vecina es _____ (tímido).
2. Nuestros compañeros de clase son _____ (trabajador).
3. Mis mejores amigas son _____ (fiel).
4. Ella es _____ (irlandés).
5. El señor Nadal es un hombre _____ (interesante).
6. Los chicos son _____ (abierto).
7. Lucía y Susana son unas amigas _____ (leal).
8. Juan y Santi son _____ (popular).
9. Son unas manzanas muy _____ (grande).
10. Creo que mi novia es muy _____ (guapo).

G.2 Rellena los espacios con el presente del verbo entre paréntesis.

1. Yo _____ (tener) que ir al dentista.
2. Mi hermana _____ (vivir) en Inglaterra.
3. ¿Vosotros siempre _____ (levantarse) temprano?
4. Todos los estudiantes _____ (ir) a la fiesta.
5. ¿Tú _____ (vender) tu coche?
6. Nosotros _____ (comprar) pan cada mañana.
7. Ana no _____ (poder) venir conmigo.
8. Las chicas _____ (jugar) al fútbol.
9. El alumno no _____ (entender) la pregunta.
10. Yo _____ (salir) con Elena esta noche.

El vocabulario

G.3 Expresa los números en letras.

Ejemplo: 16   *Dieciséis*

1. 50
2. 248
3. 123
4. 2,015
5. 42
6. 75
7. 591
8. 1,999
9. 712
10. 14
11. 1,836
12. 967

G.4 Escribe las frases en español.

1. I get on well with my cousin Rachel. She is chatty, extroverted and understanding. She is red-haired and she has blue eyes.
2. My parents are French and I was born in Paris on 12 July 2005.
3. My boyfriend Thomas is handsome and intelligent. We usually go out at weekends. Last Friday we went to the cinema.
4. Sheena is average height. She has brown hair and green eyes. I think she is very pretty. She wears glasses and she is friendly and chatty.
5. My friend Raúl is tall and dark with brown eyes. He is funny, sporty and kind. What I like most is that he is very intelligent, so I always do my homework with him.

La comprensión lectora

G.5 Lee el texto y contesta a las preguntas.

SALE COMO PAN CALIENTE:
el precio de la camiseta de Cristiano con Juventus, que ya se vende en Turín

Para empezar a pagar el fichaje, Juventus ya puso a la venta la camiseta de Cristiano Ronaldo, con su habitual número 7 en la espalda… Decenas de hinchas acudieron a la tienda oficial de la Juventus para tener en sus manos la camiseta de Cristiano Ronaldo. El precio oficial de la prenda es de 144 euros…

Cristiano Ronaldo se va del Real Madrid a la Juventus, de la liga italiana, poniendo fin a un ciclo de nueve años en España en el que abundaron los éxitos. Juventus dijo que pagó 112 millones de euros (131,5 millones de dólares) por Cristiano Ronaldo, quien firmó un contrato a cuatro años con los defensores del título de la Serie A.

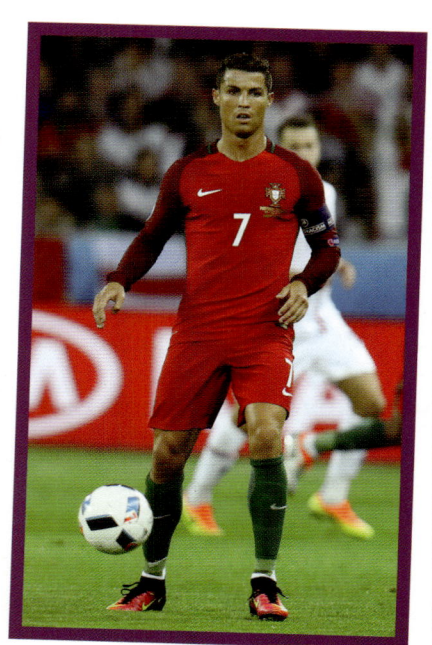

…Cristiano Ronaldo está de vacaciones en Grecia tras la eliminación de Portugal de la Copa del Mundo. El presidente de Juventus, Andrea Agnelli, viajó el martes para conocer al cinco veces ganador del Balón de Oro.

Source: depor.com

1. Contesta en inglés.
   (a) Why did many fans go to the Juventus official store?
   (b) How long will Ronaldo's contract in Juventus last?
   (c) What was Ronaldo doing just before his holiday in Greece?
   (d) What happened last Tuesday?

2. Busca las siguientes expresiones en el artículo.
   (a) Dozens of fans
   (b) He signed a contract
   (c) To meet
   (d) The five times winner

G.6 Lee el texto y contesta a las preguntas en inglés.

MILLIE BOBBY BROWN

Millie Bobby Brown nació el 19 de febrero de 2004 en Marbella, Málaga, España. Fue la tercera de los cuatro hijos de Kelly y Robert Brown, ambos británicos. Nació con un grave problema de audición en uno de sus oídos. Tras años de tratamiento, acabó perdiendo la capacidad auditiva.

La familia se trasladó a Bournemouth (Dorset) cuando ella tenía cuatro años de edad. Cuatro años después, se mudaron a Orlando (Florida), donde su padre, un gestor inmobiliario, la inscribió en una escuela de fin de semana para practicar actuación, baile y canto. Allí fue descubierta por un cazatalentos de Hollywood…

Acabó convertida en uno de los protagonistas de una serie de Netflix, *Stranger Things*, actuando como Eleven (Once), una niña con poderes telequinésicos. Por este trabajo, fue reconocida internacionalmente y obtuvo una nominación al Premio Primetime Emmy a la Mejor Actriz de Reparto en una Serie de Drama a los 13 años…

Source: buscabiografias.com

1. How many siblings does Millie Bobby Brown have?
2. What nationality are her parents?
3. What problem did she have when she was born?
4. What happened when she was four years old?
5. What is her father's job?
6. Where was she discovered by a casting agent?
7. For what role was she nominated for an Emmy award?

G.7 Lee el texto y contesta a las preguntas. HIGHER

GALICIA JUEGA AL FÚTBOL IRLANDÉS

La selección gallega protagoniza el primer partido internacional del juego gaélico.

1. … Hace dos años un grupo de jóvenes brigantinos* descubrían… una parte fundamental de la vieja Irlanda: el fútbol gaélico. Ahora… estos chavales juegan al deporte más seguido de toda Irlanda.

2. Fillos de Breogán. Así se hacen llamar. El nombre del equipo, el primero en jugar a este deporte en Galicia, hace referencia precisamente al mito fundacional irlandés que conecta los dos finisterres europeos. El fútbol gaélico, cuya práctica se podría resumir como una mezcla de fútbol y rugby, es el deporte más seguido en Irlanda, con las mayores cuotas de pantalla del país, del 34%. Se puede tirar el balón a portería o a palos, para moverlo se combinan los pies con las manos y los pases se hacen con la bota. Es uno de los deportes tradicionales irlandeses federados en la Gaelic Athletic Association (GAA). Este organismo funciona como una cooperativa, que cuenta con más de 80.000 socios en toda Irlanda. A pesar de todo, ningún jugador cobra nada. La mañana siguiente a una final, todos están trabajando. Su gasolina es la pasión deportiva y la importancia cultural e identitaria que estos juegos tienen en toda la isla.

3. … Hay muchos equipos de fútbol gaélico en la Europa continental, organizados en la European County Board (ECB) – dependiente de la GAA – pero casi todos ellos están formados por irlandeses emigrados. Bretaña, que cuenta con una liga propia, era la excepción. Hasta que aparecieron los Fillos…

4. La Selección Nacional de Fútbol Gaélico de Galicia, como la reconoce oficialmente la GAA, acaba de debutar contra Bretaña. Y los gallegos salieron victoriosos. El partido que el pasado 20 de julio organizaron en Narón Siareiros Galegos y la Fundaçom Artábria fue el primero en los 128 años de historia de fútbol gaélico en el que se enfrentaban dos combinados nacionales, lo que sorprendió agradablemente en Irlanda. Solo los países del Benelux habían jugado antes un torneo, pero con selecciones formadas por irlandeses emigrados.

5. Fillos de Breogán es el único equipo de España formado sin apenas irlandeses. Hay varios equipos de fútbol gaélico en España, pero el único compuesto por jugadores nativos es el gallego, los del resto son irlandeses… Los historiadores siguen discutiendo acerca de la propia existencia de la estirpe celta y quizá nunca dejen de hacerlo, pero Galicia e Irlanda tienen un nuevo lazo sanguíneo, el deporte de Breogán.

Source: *El País*

brigantino = a person from La Coruña

1. Answer the following questions in English according to the information given in the text.
   (a) What is said about Gaelic football in paragraph 2? (Give full details.)
   (b) GAA players in Ireland don't get paid, so what motivates them to play? (para 2)
   (c) Who make up the membership of most GAA teams in Europe? (para 3)
   (d) Why was the game played on 20 July a historic occasion? (para 4)
   (e) What is unique about the Gaelic football team in Galicia? (para 5)

2. Busca en el texto una palabra o frase que tenga el mismo sentido (más o menos) que las siguientes:
   (a) esencial (para 1)
   (b) una combinación de (para 2)
   (c) pese a (para 2)
   (d) ganaron (para 4)
   (e) tal vez (para 5)

3. Explain in English the meaning of the following in their context:
   (a) … el deporte más seguido de toda Irlanda (para 1)
   (b) … cuya práctica se podría resumir como (para 2)
   (c) … lo que sorprendió agradablemente en Irlanda (para 4)

¡Venga!

Unidad 1

Autoevaluación

		😊	😐	😠
🗣️	I can answer questions about myself.			
	I can describe my personality and character.			
	I can describe my appearance.			
	I can say the days of the week and dates.			
	I can pronounce Spanish words accurately.			
✏️	I can write a personal blog.			
	I can write an informal letter or email.			
📖	I can follow personal blogs.			
	I can pick out simple synonyms in texts.			
🔤	I can use numbers accurately.			
	I can make adjectives agree with the nouns they modify.			
	I can use the present tense of regular, irregular and reflexive verbs.			
	I can use the present continuous tense.			
🔊	I can understand personal descriptions of appearances and personalities.			

✏️ **After completing the *autoevaluación* above, write your own simple learning targets for the next few weeks. Think about what you know well and what you need to revise. What topic or topics do you need to revisit? Fill in the chart below.**

Lo que ya sé de la Unidad 1	Lo que tengo que repasar de la Unidad 1

Unidad 2
La vida familiar

Communicative objectives

By the end of this unit you will be able to:
- Describe your family
- Discuss family relationships
- Discuss household chores
- Discuss gender equality and the role of women

Contesta a las preguntas en inglés.

1. Which of the topics above do you already know quite well?
2. Which topics are you not really able to talk or write about in Spanish?
3. Make a graphic organiser about the topic of family in your copy and fill in all the vocabulary you already know related to the topic.

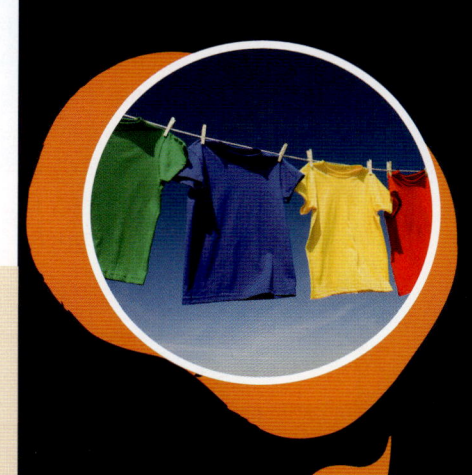

La gramática

› Possessive adjectives
› Comparative and superlative adjectives
› *Ser* and *estar*

El examen oral

› An interview about your family
› An interview about the chores you do

El examen escrito

› Write an informal letter or email about your family
› Write your opinion on:
  – Housework and chores
  – Gender divisions
  – The modern family

Habilidades de comprensión

› Listening and reading comprehension practice on the theme of family

A. Mi familia

A.1 Cuatro jóvenes hablan sobre sus familias. Lee los textos y contesta a las preguntas.

RACHEL

Somos tres en mi familia – mis padres y yo. Soy hija única. Mi madre se llama Isabel. Es de talla mediana, tiene el pelo rubio y los ojos azules. Es dentista. Mi padre se llama Brian. Tiene cuarenta y nueve años. Es calvo y lleva bigote. Es profesor de biología. Me llevo bastante bien con mis padres pero creo que me sobreprotegen. Mi madre se interesa mucho por mis notas y quiere que estudie todas las noches. Me gustaría tener un poco más de libertad para salir con mis amigas. Cuando me quejo, mis padres me tratan como a una niña y no me escuchan. Siempre me dicen que los estudios son más importantes que las discotecas y las fiestas y no me permiten salir durante el año escolar. En mi opinión son demasiado estrictos pero sé que me quieren mucho y quieren que tenga éxito en la vida.

OISÍN

Tengo una familia numerosa. Somos seis – mis padres, mi hermana, mis dos hermanos y yo. Mi padre se llama Michael. Es alto y delgado. Tiene el pelo moreno y los ojos verdes. Lleva gafas y barba. Está en paro y por eso pasa mucho tiempo en casa con mis hermanos y conmigo. Mi madre es dependienta de una ferretería en Naas. Mi hermana Amelia estudia Informática en la universidad. Es pelirroja y tiene pecas en la cara. Amelia y yo nos llevamos súper bien porque nos encanta el fútbol gaélico. Somos socios del mismo club. Tiene veinte años. Mis hermanos Jack y Conor tienen catorce años. Son gemelos. No me llevo bien con ellos porque siempre cogen mis cosas. Discutimos a menudo lo que molesta mucho a mi padre. Mi padre es bastante estricto y hay muchas reglas en casa, por ejemplo todos tenemos que echar una mano con las tareas domésticas.

TOMÁS

Hay cuatro personas en mi familia, mi padre, su novia, mi hermano Manolo y yo. Mi padre es camarero en un restaurante de cerca de la playa de Alicante. Su novia también trabaja en el restaurante. Es cocinera. Me llevo muy bien con los dos y casi nunca nos peleamos. Todo el mundo dice que me parezco mucho a mi padre. Tenemos el pelo moreno, los ojos azules y somos de la misma estatura. Mis padres están divorciados y no veo a mi madre. Mi hermano Manolo es menor que yo. Tiene once años. Es perezoso y está muy mimado. Manolo y yo compartimos un dormitorio y de vez en cuando discutimos porque a Manolo no le gusta arreglar el dormitorio. Deja sus cosas por todas partes. ¡Estoy harto de compartirlo con él! Las peleas hacen incómodo el ambiente en casa. Me gustaría tener mi propio dormitorio pero no es posible porque nuestro piso es de dos dormitorios.

CARMEN

Somos tres en mi familia – mi madre, mi hermana y yo. Soy la mayor de la familia. Tengo diecisiete años y mi hermana Elena tiene trece años. Es baja y gordita. Tiene el pelo negro y los ojos marrones. Nos llevamos bastante bien. A veces me molesta, sobre todo cuando quiere pasar todo el tiempo jugando a videojuegos y yo quiero ver una peli. Mi madre y yo nos llevamos muy bien. Es cariñosa y simpática y estamos muy unidas. Es madre soltera pero no es muy estricta. Confía en mí y sabe que soy responsable. Me permite salir los sábados por la noche con mi novio. Mi madre es muy trabajadora y está entregada a su trabajo. Es contable en una compañia de seguros. En general hay un buen ambiente en casa porque tengo una muy buena relación con ella y con Elena.

1. **Contesta en inglés.**
   (a) Who has a sibling who is lazy and spoilt?
   (b) Who feels very overprotected?
   (c) Who has an unemployed parent?
   (d) Whose mother is an accountant?
   (e) Who has twin brothers?

2. **Contesta en español.**
   (a) ¿Cómo es el padre de Rachel?
   (b) ¿Cuál es el empleo de la madre de Oisín?
   (c) ¿A quién de su familia se parece Tomás?
   (d) ¿Cómo es la hermana de Carmen?
   (e) ¿Cuál es el pasatiempo de Oisín y de su hermana?

3. **Busca en los textos una palabra o frase que tenga el mismo sentido (más o menos) que las siguientes:**
   (a) cada noche (Rachel)
   (b) no tiene trabajo (Oisín)
   (c) rara vez discutimos (Tomás)
   (d) una empresa (Carmen)
   (e) a mi modo de ver (Rachel)

4. **Busca las siguientes expresiones en los textos de arriba.**
   (a) I'm an only child. (Rachel)
   (b) They want me to be successful. (Rachel)
   (c) I have a big family. (Oisín)
   (d) We argue a lot, which annoys my dad. (Oisín)
   (e) Everyone says I look like my dad. (Tomás)
   (f) I'm fed up with… (Tomás)
   (g) The arguments make the atmosphere at home uncomfortable. (Tomás)
   (h) We're very close. (Carmen)
   (i) She trusts me and knows I'm responsible. (Carmen)
   (j) There is generally a good atmosphere at home. (Carmen)

¡Venga!

La familia

un buen ambiente	a good atmosphere	los gemelos	twins
casarse	to get married	los hermanos	siblings
echar una mano	to lend a hand	quejarse	to complain
discutir	to argue	madre soltera	single mother
el/la mayor	the oldest	padre soltero	single father
el/la menor	the youngest	sobreproteger	to over-protect
estar divorciado/a	to be divorced	tener éxito	to be successful
estar en paro	to be unemployed	una familia numerosa	a large family
estar separado/a	to be separated	una pareja	a couple
hijo/a único/a	an only child	una pelea	a fight
llevarse bien con	to get on well with	una viuda	a widow

A.2 En tu cuaderno, escribe seis frases utilizando el vocabulario de arriba.

A.3 Dos jóvenes hablan sobre su vida familiar. Escucha y contesta a las preguntas en inglés.

CD 1 Tracks 18–20

A. Nora

1. When did Nora's parents divorce? _____

2. Why does she not like staying at her father's house? (Give two details.) _____

3. How does Nora describe the atmosphere in her mother's house? _____

4. Describe Nora and Ana's appearance. _____

5. Why do Nora and Ana sometimes argue? _____

B. Carlos

1. Why does Carlos often feel lonely? _____

2. What are the problems between Carlos and his older brother? _____

3. Describe Carlos's relationship with his grandmother. _____

4. Why does Carlos's grandmother have to live with his family? _____

5. How does Carlos describe his girlfriend Montse? _____

Unidad 2 La vida familiar

A.4 Escucha el examen oral de Seán y contesta a las preguntas.

¿Cuántos sois en tu familia?
Somos cinco en mi familia, mi padre, mi madre, mi hermano, mi hermana y yo. Mi padre se llama Robert. Es fontanero. Es bajo y moreno. Tiene el pelo negro y los ojos marrones. Tiene cuarenta y cinco años. Mi madre Eileen es taxista. Tiene el pelo rubio y los ojos verdes. Mi hermano es mayor que yo y mi hermana es menor. Yo soy el hijo del medio. Tenemos dos perros y un gato.

¿Cómo son tus hermanos?
Mi hermana Lucy tiene quince años. Es alta y delgada. Tiene el pelo rubio y ondulado. Es deportista y muy divertida. Le encanta jugar al baloncesto. Mi hermano Ryan tiene diecinueve años. Es un estudiante de la universidad de Cork. Tiene el pelo castaño y corto y los ojos verdes. Es inteligente, trabajador, y serio. Siempre saca buenas notas en los exámenes.

¿Qué estudia tu hermano?
Estudia Ciencias. Dice que su curso es interesante pero difícil. Se pasa muchas horas estudiando. Hay muchos laboratorios de empresas científicas aquí en Cork y en el futuro, a Ryan le gustaría encontrar un empleo en uno de esos laboratorios.

¿Sigue viviendo en casa?
Pues no. La universidad está bastante lejos de nuestra casa así que comparte un piso en Cork con dos amigos. Le echo de menos entre semana pero pasa todos los fines de semana con nosotros y solemos salir juntos los sábados por la noche.

¿Te llevas bien con toda tu familia?
Me llevo bien con Ryan y Lucy. Tenemos muchas cosas en común y casi nunca nos peleamos. Lo malo es que no tengo una buena relación con mis padres.

¿Piensas que tus padres son estrictos?
Sí. No confían en mí. Son muy estrictos y quieren que vaya a la universidad. A mí no me interesan tanto los estudios y me gustaría ser taxista como mi madre. Por eso no quiero ir a la universidad. Otro de los problemas entre mis padres y yo, es mi novia Zoe. Mis padres creen que paso demasiado tiempo con ella porque estoy todos mis ratos libres en su casa. Discuto mucho con mis padres y hay un mal ambiente en casa.

1. **Contesta en inglés.**
   (a) What information is given about Seán's father?_____
   (b) How does Seán describe his sister?_____
   (c) What would Ryan like to do in the future?_____
   (d) What do Seán and his parents argue about? (Give two details.)_____

2. **Busca en la entrevista una palabra o frase que tenga el mismo sentido (más o menos) que las siguientes:**
   (a) la facultad_____
   (b) un trabajo_____
   (c) no está muy cerca_____
   (d) tiempo libre_____

3. **Busca las siguientes expresiones en la entrevista.**
   (a) My brother is older than me._____
   (b) I'm the middle child._____
   (c) We have lots in common._____
   (d) They don't trust me._____

Unas expresiones para hablar de mi familia

- Somos tres/cuatro/cinco en mi familia.
- Tengo **un** herman**o**/**una** herman**a** mayor.
- Tengo dos herman**os**/herman**as** mayor**es**.
- Tengo **un** herman**o**/**una** herman**a** menor.
- Tengo dos herman**os**/herman**as** menor**es**.
- Mi hermano mayor es estudiante. Estudia Letras/Derecho/Medicina/Bellas Artes.
- Mi madre es dentista/periodista/ingeniera/peluquera/dependienta/veterinaria.
- Soy **el**/**la** mayor.
- Soy **el**/**la** menor.
- Soy el hijo/la hija del medio.
- Soy hij**o** únic**o**/hij**a** únic**a**.
- Me llevo muy bien con mis hermanos.
- Casi nunca nos peleamos.
- Mis padres confían en mí y saben que soy responsable.
- Mi madre es estricta y no me da mucha libertad.
- Hay un buen ambiente en nuestra familia.
- Hay un mal ambiente en casa.

A.5 Escribe en tu cuaderno las preguntas y las respuestas con frases completas.
1. Háblame de tu familia.
2. ¿Cómo es tu hermano?/¿Cómo son tus hermanos?
3. ¿Te llevas bien con tu familia?

Practica las preguntas con tu compañero/a.

¿Te llevas bien con tu hermana?

Pues sí. Tenemos los mismos gustos. ¡Somos uña y carne!

Log on to **www.edcolearning.ie** to access mock oral exam videos.

¡Ojo!
Remember to make your verbs agree with the subjects of the sentence.
Mi hermano **se llama** *John.*
Mis hermanos **se llaman** *John y Patrick.*

A.6 Lee el texto y contesta a las preguntas. HIGHER

BIOGRAFÍA DE ENRIQUE IGLESIAS

1. Su nombre completo es Enrique Iglesias Preysler, nacido el 8 de mayo de 1975 en Madrid, España, es cantante, compositor, productor discográfico y actor. Es el hijo menor del cantante Julio Iglesias y la reconocida Isabel Preysler…
2. En 1981, un hecho atemoriza a sus padres. Su abuelo: el doctor Julio Iglesias Puga, es secuestrado por la organización terrorista ETA, así que Enrique y sus hermanos son obligados

a partir del lado de su madre y van a vivir a la casa de su padre en Miami, un año después del incidente… Ya en 1993, Enrique Iglesias termina sus estudios secundarios en el Gulliver Preparatory School e inicia sus estudios de Administración de Empresas en la Universidad de Miami. Tiempo durante el cual, empieza a sentir verdadera curiosidad por dedicarse profesionalmente a la música, al descubrir que la composición de canciones se le da bien y, además, con gran facilidad.

3. Sin embargo, Enrique da sus primeros pasos en la música a escondidas de su familia, ya que sabía que lo más probable era que le prohibieran adentrarse en ese mundo. De manera que, opta por pedirle ayuda a su niñera, quien ya tenía sospechas sobre los deseos del adolescente, y quien le apoya, entregándole 500 dólares para que grabe el demo con el que posteriormente se da a conocer en las discográficas. Entonces en un intento de no ser juzgado por su apellido y de que no pensaran que pretendía aprovecharse de la fama de su padre, Enrique se da a conocer en las discográficas latinoamericanas con el apellido Martínez y asegurando ser originario de Guatemala.

4. Así, en 1994 consigue su primer contrato discográfico por tres años con el sello discográfico Fonovisa, siendo aún un total desconocido en el mundo musical. De esta manera, graba su primer disco en Toronto, teniendo que dejar inconclusa su carrera universitaria para adentrarse de lleno en la música. En 1995 sale su álbum debut titulado: *Enrique Iglesias*… Con su álbum debut, Enrique Iglesias logra vender casi seis millones de copias y realiza su primera gira de conciertos… Con este álbum, en 1997, Enrique es además galardonado por primera vez en los premios Grammy en la categoría de mejor intérprete de pop latino…

5. En 1999, Enrique Iglesias graba 'Bailamos', la primera de sus canciones en inglés y su primer gran éxito internacional. Canción que además es incluida en la banda sonora de la película *Wild Wild West* por petición realizada en un concierto por el protagonista de la misma: Will Smith. Así, tras el éxito mundial de ésta, firma un contrato con el sello Interscope Records para introducirse en el mercado musical anglosajón… En 2002, vuelve al mercado latino tras lanzar su cuarto álbum en español: *Quizás*. En la canción que da nombre al álbum ('Quizás'), Enrique Iglesias habla de su compleja relación con su padre.

Source: historia-biografia.com

1. **Answer the following questions in English according to the information given in the text.**
   (a) What incident resulted in Enrique and his siblings moving to Miami? (para 2)
   (b) Why did Enrique not tell his family he was interested in a career in music? (para 3)
   (c) Why did he tell record companies that his surname was Martínez? (para 3)
   (d) What did Enrique do in 1994? (Give two details.) (para 4)
   (e) What is said about the song 'Bailamos'? (Give three details.) (para 5)

2. **Busca en el texto una palabra o frase que tenga el mismo sentido (más o menos) que las siguientes:**
   (a) el benjamín (para 1)
   (b) comienza (para 2)
   (c) muy facilmente (para 2)
   (d) no le permitieran (para 3)
   (e) después de (para 5)

3. **Explain in English the meaning of the following in their context:**
   (a) … la composición de canciones se le da bien (para 2)
   (b) … quien ya tenía sospechas sobre los deseos del adolescente (para 3)
   (c) … siendo aún un total desconocido en el mundo musical (para 4)

B. La gramática: Los adjetivos 2

Los adjetivos posesivos

The following possessive adjectives are used to indicate possession:

	MASCULINE	FEMININE	MASCULINE PLURAL	FEMININE PLURAL
My	mi		mis	
Your	tu		tus	
His	su		sus	
Her	su		sus	
Your (usted)	su		sus	
Our	nuestro	nuestra	nuestros	nuestras
Your (plural)	vuestro	vuestra	vuestros	vuestras
Their	su		sus	
Your (ustedes)	su		sus	

¡Ojo!

Possessive adjectives always agree with the noun **after** them.

Nuestra abuela es francesa. .... Our grandmother is French.
Nuestros primos viven en Madrid. .... Our cousins live in Madrid.

Su perro se llama Rover. .... His dog is called Rover.
Sus perros se llaman Rover y Spot. .... His dogs are called Rover and Spot.

B.1 Rellena los espacios con la forma correcta del adjetivo posesivo entre paréntesis.

Ejemplo: *(My)* _mis_ padres son muy simpáticos.

1. (My) _____ hermana se llama Paula.
2. (Our) _____ padres son bastante estrictos.
3. (Their) _____ piso no es muy grande.
4. (Your – tú) _____ juguetes están por todas partes.
5. (My) _____ abuelos viven en Inglaterra.
6. ¿(Your – vosotros) _____ padre trabaja en una oficina?
7. (His) _____ libro está en la mesa.
8. (Our) _____ tía es profesora de matemáticas.
9. ¿(Your – vosotros) _____ amigas vienen al cine?
10. (Her) _____ caballos son muy fuertes.

B.2 Escribe las frases en español.

1. My little sister is very spoilt and I don't get on well with her.
2. Do you know our grandparents? They live near the school.
3. Her cousins are quite studious. They always get good grades in the exams.
4. Their nephew is three years old. He is the youngest in their family.
5. His granddaughter is very pretty. She is John's girlfriend.

6. I'm fed up with my siblings. We argue a lot.
7. Do you have much in common with your older brother?
8. There are two bedrooms in the apartment, so his brothers share a room.

Los adjetivos comparativos y superlativos

To make a comparison in Spanish, for example to say if someone is taller or something is more interesting, we use adjectives and the following structures:

más + adjective + que .... *more… than*
menos + adjective + que .... *less… than*
tan + adjective + como .... *as… as*

Examples:

Ignacio es más alto que Álvaro.

Álvaro es menos alto que Ignacio.

Leticia es tan alta como Susana.

To make the superlative form, for example to say someone is the *tallest* or something is the *most interesting*:

el/la/los/las + (noun) + más + adjective

Examples:

La chica más alta

El libro más interesante

¡Ojo!

Note the following irregular comparative and superlative forms:

viejo/a .... old	**mayor** .... older	**el/la mayor** ....the oldest
joven .... young	**menor** .... younger	**el/la menor** ....the youngest
bueno/a .... good	**mejor** .... better	**el/la mejor** ....the best
malo/a .... bad	**peor** .... worse	**el/la peor** ....the worst

B.3 Escribe las frases en español.
1. My brother is taller than me but he's not as tall as my dad.
2. The smallest boy in my class is the oldest in the class.
3. Geography is as difficult as History.
4. My best friend is more hardworking than me.
5. He is the worst footballer on the team!
6. Spanish class is much more interesting than French class.
7. Ms Murphy is the best neighbour. We never argue!
8. Athena is the funniest girl in the class.

B.4 Escucha y contesta a las preguntas en inglés.

1. Who does Liam live with?
   (a) His parents ☐   (b) His grandparents ☐   (c) His aunt and uncle ☐
2. How does he describe his older sister? _____
3. What is her job?
   (a) Journalist ☐   (b) Hair stylist ☐   (c) Shop assistant ☐
4. Why does he not see her very often? _____
5. Who is Karen?
   (a) Liam's neighbour ☐   (b) Liam's girlfriend ☐   (c) Liam's cousin ☐
6. What does he tell us about Karen? _____

B.5 Escribe una carta o un correo electrónico a Antonio, tu amigo por correspondencia.
- Say how many people are in your family.
- Describe your family – personalities and appearances.
- Tell Antonio whether or not you get on with your family and give reasons why.
- Tell Antonio about an upcoming family celebration and how you are going to celebrate.
- Ask Antonio two questions about his family.

B.5 – Criterios de éxito
- Start and end your letter or email appropriately.
- Make sure you include all the points and write at least two sentences per point.
- Use the structure and phrases from pages 33 and 34.
- Make sure you are using the correct verb tenses.
- Check your work for spellings, accents and agreement of adjectives.

C. Las tareas domésticas

C.1 Cuatro jóvenes hablan de las tareas que hacen en casa. Lee los textos y contesta a las preguntas.

ALBA

En mi familia todos compartimos las tareas domésticas. Mi madre pasa la aspiradora y hace la colada. Mi hermano corta el césped y quita la mesa después de la cena. Mi padre plancha la ropa y tira la basura y yo limpio el cuarto de baño y pongo la mesa antes de cenar. Lo que a nadie le gusta hacer es cocinar por eso cocinamos por turnos y los domingos solemos cenar en un restaurante.

Unidad 2 La vida familiar

BRIAN

No me gusta hacer las tareas pero si no las hago mi madre no me da la paga semanal. Recibo 25€ a la semana por sacar la basura dos veces a la semana, pasar la aspiradora todos los sábados y poner los platos en el lavavajillas cada noche. Lo que menos me gusta hacer es sacar la basura. ¡Qué asco! Mi hermana Nadine también tiene que ayudar en casa. Ella arregla la cocina después de la cena y plancha la ropa los sábados.

DIEGO

Tengo mucha suerte porque mi madre hace todos los quehaceres en la casa así que yo no tengo que hacer nada. Lo único que hago es ordenar mi dormitorio. Creo que es justo porque mis profesores me ponen muchos deberes y tengo que estudiar para los exámenes, y como mi madre es ama de casa, ella tiene más tiempo que yo para hacer las tareas. Mis amigos dicen que estoy muy mimado pero sé que mi madre me quiere mucho y quiere lo mejor para mí.

ORLAITH

A mi modo de ver es importante que todos los miembros de la familia echen una mano con las tareas. Creo que hay un buen ambiente en casa cuando compartimos los quehaceres del hogar. Ayudo a fregar los platos y a tender la ropa. Mi hermano pequeño pasea al perro, y vacia el lavaplatos. Mi padre cocina y da de comer al perro. Su novia quita el polvo, cambia las sábanas y barre el suelo.

1. **Contesta en inglés.**
   - (a) What does Alba do to help out at home?
   - (b) What happens if Brian doesn't do his chores?
   - (c) What are Diego's reasons for not helping much at home?
   - (d) What does Orlaith think is important and why?

2. **Contesta en español.**
   - (a) ¿Cuáles son las tareas que hacen los padres de Alba?
   - (b) ¿Cuál es la tarea que no le gusta a Brian?
   - (c) ¿Qué hace Diego para ayudar en casa?
   - (d) ¿Qué hace Orlaith para ayudar en casa?

¡Venga!

3. Busca en los textos una palabra o frase que tenga el mismo sentido (más o menos) que las siguientes:
   (a) lava la ropa
   (b) desde mi punto de vista
   (c) lavar
   (d) el lavavajillas

4. Busca las siguientes expresiones en los textos de arriba.
   (a) We take turns to cook.
   (b) What I like doing least is…
   (c) The only thing I do is tidy my room.
   (d) My friends say I'm very spoilt.

Las tareas domésticas

Arreglar la cocina	Barrer el suelo	Cambiar las sábanas
Cocinar	Cortar el césped	Dar de comer a las mascotas
Fregar los platos	Hacer la cama	Hacer la colada

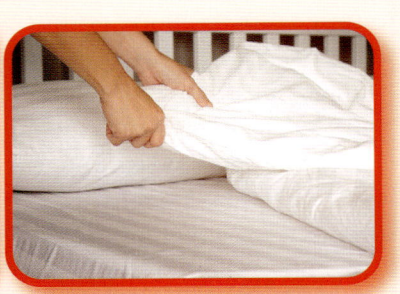

cincuenta y dos

Llenar el lavaplatos 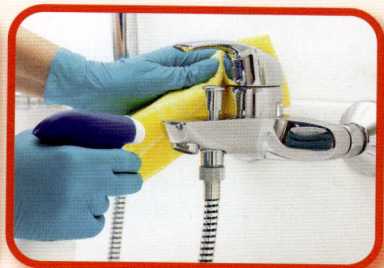 — **Limpiar el cuarto de baño**  — **Pasar la aspiradora**

Pasear al perro  — **Planchar**  — **Poner la mesa**

Quitar el polvo  — **Quitar la mesa**  — **Sacar la basura**

Tender la ropa  — **Vaciar el lavaplatos**

C.2 Un informe sobre las tareas domésticas. Escucha y contesta a las preguntas en inglés.

CD 1 Track 23

1. What is said about the traditional division of chores in households? _____
2. In what way is the traditional way changing? _____
3. What are the reasons for the changes? _____
4. Why do psychologists believe children should be involved in chores from an early age? _____
5. What are the benefits of doing chores? _____
6. Which chores are considered suitable for very young children? _____

cincuenta y tres

C.3 Escucha el examen oral de Eleanor y contesta a las preguntas.

¿Ayudas mucho en casa con las tareas domésticas?
Pues sí. Entre semana no tengo mucho tiempo porque después de las clases tengo que hacer los deberes pero los fines de semana ayudo con las tareas.

¿Qué haces para ayudar?
Paso la aspiradora por toda la casa, quito el polvo, limpio el cuarto de baño y arreglo mi dormitorio. Mi madre me da veinte euros a la semana por hacer las tareas.

¿Ayudan también tus hermanos?
Mi hermano hace la colada y a veces cocina pero mi hermana pequeña no hace nada. Creo que está muy mimada. Mi madre dice que es demasiado joven para hacer las tareas pero tiene nueve años y cuando yo tenía nueve años ya arreglaba mi dormitorio y quitaba el polvo en el salón.

¿Hay alguna tarea que no te guste hacer?
No me gusta limpiar el cuarto de baño pero es mejor que hacer la colada. Odio lavar y tender la ropa.

¿Crees que es importante que los jóvenes echen una mano con las tareas?
Claro que sí. Cuando los jóvenes hacen las tareas aprenden a ser maduros y responsables. Yo me siento más independiente porque gano mi propio dinero haciendo las tareas de casa y por eso no tengo que depender de mis padres para comprar las cosas que quiero.

¿Piensas que los hombres dedican tanto tiempo a las tareas domésticas como las mujeres?
No sé. Hace cincuenta años no había tantas mujeres trabajando fuera del hogar así que las mujeres hacían la mayoría de las tareas de la casa, pero hoy en día hay igualdad de género en el mundo laboral y las madres trabajan tanto como los padres. Lo más justo es compartir las tareas entre todos y eso es lo que hacemos en mi casa.

Unidad 2 La vida familiar

1. **Contesta en inglés.**
   (a) How does Eleanor help out at home?_____
   (b) Why does Eleanor disagree that her sister is too young to help out?_____
   (c) Why does Eleanor think young people should help with chores?_____
   (d) According to Eleanor, what has changed in the past fifty years?_____

2. **Busca en la entrevista una palabra o frase que tenga el mismo sentido (más o menos) que las siguientes:**
   (a) menor_____
   (b) los adolescentes_____
   (c) por supuesto_____
   (d) se encargaban de la mayor parte de los quehaceres_____

3. **Busca las siguientes expresiones en la entrevista.**
   (a) I earn my own money._____
   (b) I don't have to depend on my parents._____
   (c) Nowadays there is gender equality in the labour market._____
   (d) The fairest thing to do is to share chores between everybody._____

C.4 Escribe en tu cuaderno las preguntas y las respuestas con frases completas.

1. ¿Ayudas mucho en casa con las tareas domésticas?
2. ¿Qué haces para ayudar?
3. ¿Ayudan también tus hermanos?
4. ¿Hay alguna tarea que no te guste hacer?
5. ¿Crees que es importante que los jóvenes echen una mano con las tareas?
6. ¿Piensas que los hombres dedican tanto tiempo a las tareas domésticas como las mujeres?

Practica las preguntas con tu compañero/a.

¿Ayudas mucho en casa con las tareas domésticas?

Hago la cama todas las mañanas antes de ir al instituto y pongo los platos en el lavavajillas después de la cena. Todos los sábados arreglo mi dormitorio, paseo al perro y corto el césped.

Log on to www.edcolearning.ie to access mock oral exam videos.

C.5 Lee el texto y contesta a las preguntas. HIGHER

LAS TAREAS DOMÉSTICAS Y LOS MÁS JÓVENES

1. Mantener la casa limpia y en orden es tarea de toda la familia. No existen excusas de edad y mucho menos de sexo. El trabajo doméstico es muy frustrante y más si sólo lo asume un solo miembro de la familia. Por eso, es imprescindible que toda la familia se encargue de las tareas de la casa. Además, ayudará a que los hijos aprendan conceptos como: responsabilidad, justicia y a tener una mejor relación con sus padres.

2. Las tareas de casa abruman. Son un trabajo tedioso, que muchas veces es motivo de conflicto en la familia. Causan estrés y el trabajo y el esfuerzo puesto para realizarlas casi nunca es recompensado ni reconocido. Para que resulten más amenas y llevaderas, todos los miembros de la familia deben de colaborar.

3. Es importante que tu hijo colabore en las tareas de la casa, ya no solo por descargar algo de trabajo de nuestros hombros, sino porque es bueno para su desarrollo psicosocial. Las tareas ayudan a fomentar la responsabilidad, la colaboración y el sentido de la obligación.

4. **Cómo contribuyen las tareas al desarrollo personal de los niños**
   - **Responsabilidad.** Al depender de ellos en ciertos aspectos para el buen funcionamiento de la casa, se sentirán más responsables.
   - **Independencia.** Al no darles todo hecho, fomentamos que lo realicen por sí mismos, que maduren antes y que sean más autónomos.
   - **Autoestima.** Ver que en casa confías en su trabajo, ayuda a que se sienta necesitado en la familia.
   - **Adaptación social.** Adquirir un cierto compromiso en la familia con las tareas del hogar, les ayudará a incorporarse a una sociedad en la que tendrán que trabajar, acatar órdenes y ser organizados.
   - **Valoración de la cooperación.** En el hogar se puede aprender bien las ventajas de colaborar y fomentar el compañerismo, aprenden a respetar y a trabajar en equipo.

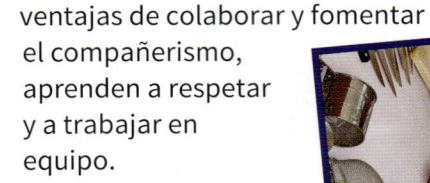

5. Claves para conseguir que ayuden en casa los adolescentes

- Cuanta más edad mayor debe de ser la responsabilidad. Realizar su cama a diario, recoger la mesa de estudio y ropa, realizar su colada, o tirar la basura, son tareas que pueden realizar sin problemas.
- El grado de madurez. Es un factor a tener en cuenta, ya que no podemos pedirles tareas que les puedan hacer fracasar. De esta forma cuidaremos su autoestima y le enseñaremos como realizar bien las tareas.
- Tener un refuerzo positivo. Cada vez que realice las tareas es importante tener un refuerzo positivo con él o un reconocimiento para agradecer su participación.
- No quiere hacer las tareas. Si se niega a ayudar, lo mejor es que vean que no realizar las tareas conllevará una consecuencia negativa, como privarles de aquello que menos desean perder.
- Lo mejor es dar ejemplo desde un principio. Siempre intenta razonar con ellos y hacerles entender que la familia es un equipo en el que todos deben colaborar en la medida que puedan.

Source: hacerfamilia.com

1. Answer the following questions in English according to the information given in the text.
   (a) According to the article, which family members should or shouldn't carry out household chores? (para 1)
   (b) How can household chores have a negative impact on family life? (para 2)
   (c) Why is it important for young people to participate in household chores? (para 3)
   (d) As well as learning responsibility, mention three other ways that carrying out chores can contribute to the personal development of a child. (para 4)
   (e) What is the best way to get young people involved in doing chores? (para 5)

2. Busca en el texto una palabra o frase que tenga el mismo sentido (más o menos) que las siguientes:
   (a) de género (para 1)
   (b) por lo tanto (para 1)
   (c) una faena aburrida (para 2)
   (d) promover la madurez (para 3)
   (e) independientes (para 4)

3. Explain in English the meaning of the following in their context:
   (a) No existen excusas de edad y mucho menos de sexo (para 1)
   (b) Cada vez que realice las tareas es importante tener un refuerzo positivo con él (para 5)
   (c) … hacerles entender que la familia es un equipo en el que todos deben colaborar en la medida que puedan (para 5)

¡Venga!

D. La gramática: Ser y estar

¿Ser o estar?   PowerPoint

Throughout this unit you have already come across many examples of the verbs *ser* and *estar* in use: 'Mis padres **están** divorciados… mi madre **es** profesora.'

Both verbs *ser* and *estar* mean 'to be' and can be used to describe people, but it is important to know the differences between these verbs.

SER

1. **SER is used to describe the IDENTITY of someone or something.**
   — Nationality .... ¿**Eres** irlandés?
   — Gender .... **Soy** mujer.
   — Profession .... Mis padres **son** periodistas.
   — Origin .... **Somos** de Irlanda.
   — Physical description .... La profesora **es** alta y rubia.
   — Personality .... El director **es** muy simpático.
   — Relationship .... Elena y Tomás **son** mis primos.

2. **SER is used to show POSSESSION.**
   — Este libro **es** mío.
   — ¿De quien **es** este bolí? .... **Es** de Elena.

3. **SER is used with TIME.**
   — Days .... **Es** martes.
   — Dates .... Hoy **es** el seis de octubre.
   — Times .... **Son** las tres y media.
   — Events 'taking place' .... El partido **es** a las cinco.
   .... El examen **es** el viernes.

ESTAR

1. **ESTAR is used to describe LOCATION.**
   — El instituto no **está** muy lejos de mi casa. **Está** al lado del parque.
   — ¿Dónde **estáis**? .... **Estamos** en el patio.
   — La biblioteca **está** al lado de la sala de ordenadores.

2. **ESTAR is used to describe PHYSICAL, EMOTIONAL and CIVIL STATES.**
   — Physical feeling .... **Estoy** cansado.
   — Emotional feeling .... Pepe **está** contento.
   — Civil state (married, divorced, single) .... Ella **está** casada.

3. **ESTAR is used with *vivo* and *muerto*.**
   — The dog is dead. .... El perro **está** muerto.

4. **ESTAR is used to form the PRESENT CONTINUOUS.**
   — ¿Qué **estás** haciendo? .... **Estoy** estudiando la gramática.

5. **ESTAR is used with past participles to describe the result of an action.**
   — La ventana **está** cerrada.
   — El gimnasio **está** abierto.

¡Ojo!

Use the acronyms DOCTOR and PLACE to remind you of the uses of *ser* and *estar*.

SER – DOCTOR	ESTAR – PLACE
Description	**P**osition
Occupation	**L**ocation
Characteristic	**A**ction
Time	**C**ondition
Origin	**E**motion
Relationship	

cincuenta y ocho

Unidad 2 La vida familiar

¿SER O ESTAR?

Some adjectives have different meanings depending on whether they are used with **ser** or **estar**. In general, **ser** is used to describe a permanent characteristic, but **estar** is used to describe a temporary mood or feeling.

Compare:

Miguel **es** aburrido. .... Miguel is boring.
Miguel **está** aburrido. .... Miguel is bored.

Pilar **es** guapa. .... Pilar is pretty.
Pilar **está** muy guapa hoy............ Pilar is looking pretty today.

FRASES CON ESTAR

ESTAR de vacaciones........... *to be on holidays* .... Mi tío **está** de vacaciones en Chile.
ESTAR seguro/a..................... *to be sure* .... **Estoy** seguro de que viene.
ESTAR de acuerdo .... *to agree* .... **Estoy** de acuerdo con él.

D.1 Rellena los espacios con la forma adecuada de SER o ESTAR.

Ejemplo: *Su madre __está__ en la oficina.*

A.
1. Los tomates que _____ en la mesa _____ del jardín.
2. Rafa _____ de Madrid pero hoy _____ en Valencia.
3. ¡Qué guapa _____ Elena hoy! Me gusta su vestido nuevo.
4. La catedral _____ enfrente del ayuntamiento.
5. Santi _____ colombiano. Su madre _____ española.
6. Yo _____ enfadado por los resultados.
7. _____ las siete y cuarto de la tarde.
8. Nosotros _____ médicos.
9. El partido _____ mañana a las tres.
10. Ellos _____ comiendo la paella.

B.
1. Este libro _____ mío ¿no?
2. El reloj _____ roto.
3. La oficina _____ en la segunda planta y _____ abierta hoy.
4. ¿Quién _____ el profesor?
5. ¿Tú _____ triste?
6. Ella _____ en Sevilla porque su hijo _____ estudiando ahí.
7. Laura y Juana _____ muy altas.
8. La paella _____ muy popular en Valencia.
9. La capital de Perú _____ Lima.
10. Mis padres _____ divorciados.

D.2 Cuatro jóvenes hablan sobre sus familias. Escucha y decide si las siguientes afirmaciones son verdaderas o falsas.

CD 1 Tracks 25–29

			VERDADERO	FALSO
A.	Roberto	Roberto no se lleva bien con su familia.		
B.	Mariona	Todos echan una mano con las tareas en la casa de Mariona.		
C.	Diego	Los padres de Diego no están divorciados pero no viven juntos.		
D.	Elena	Elena es la menor de su familia.		

cincuenta y nueve

E. Escribir mi opinión

Como escribir tu opinión HIGHER

The link question on the Higher Level paper requires you to express your opinion on one of two statements linked to a reading comprehension. To be well prepared for this question, you should practise writing your opinion on a variety of different general topics. It is not advisable to learn any essays off by heart, but rather develop a good level of vocabulary and the ability to structure a clear argument. You should structure your answer as follows:

- **Introduction** – State your opinion. Say whether or not you agree with the statement given and briefly outline why. Introduce your three main points.

- **Development** – Aim to make at least three points. The points must argue your opinion of the statement and not wander off topic. It should be your own personal opinion so there is no need to lift chunks of text from the reading comprehension, but rather base your arguments on your own thoughts and experiences.

- **Conclusion** – Finish your answer by summing up your argument and restating your stance on the statement.

The exam paper suggests you write 80–150 words. However, high-achieving students always write 150 words or more, so aim for the higher end of the recommended word count and even try to fill an A4 page.

Write in paragraphs, with separate paragraphs for the introduction, the conclusion and each of the points.

The link question is marked out of 50. Twenty-five marks are awarded for content, so you must stick to the title and not stray from the topic. Students who achieve the highest marks in this category are able to clearly and coherently argue their opinion. The other 25 marks are awarded for language, so it is important to always check back over spellings, verb endings and adjective agreement after writing your piece.

✓ En mi opinión…

The following phrases are useful to help you to express your opinion.

Introducing a topic

Para empezar…	To begin with…
Estoy de acuerdo con esa afirmación.	I agree with that statement.
No estoy de acuerdo con la afirmación de arriba.	I disagree with the above statement.
Es un hecho comprobado que…	It is a proven fact that…

Giving your opinion

Yo soy de la opinión de que…	I am of the opinion that…
Yo no comparto esa opinión.	I don't share that opinion.
Desde mi punto de vista…	From my point of view…
A mí me parece que…	It seems to me that…
Tengo que admitir que…	I have to admit that…
Estoy convencido/a de que…	I'm convinced that…

Developing the topic

En primer lugar…	Firstly…
En segundo lugar…	Secondly…
Además…	In addition…/furthermore…
Por una parte…	On one hand…
Por otra parte…	On the other hand…
Vamos a considerar dos aspectos del problema.	Let's consider two aspects of the problem.
Debemos considerar las ventajas y las desventajas.	We have to weigh up the pros and cons.
Yo estoy convencido de que…	I am convinced that…
No cabe duda de que…	There is no doubt that…
No se puede negar que…	It cannot be denied that…
No olvidemos que…	Let's not forget that…
Sin embargo…	However…
Por lo tanto…	Thus…
Por esta razón…	For this reason…
Está es la razón por la que…	That's why…
De hecho…	In fact…

Concluding your argument

Por eso yo creo que…	Therefore, I believe that…
En resumen…	To sum up…
Para concluir…	In conclusion…
Para terminar…	Finally…

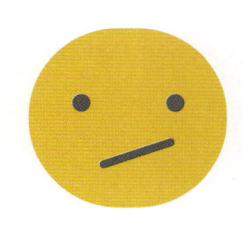

¡Venga!

E.1 Lee la opinión sobre la siguiente afirmación.

LOS JÓVENES DE HOY EN DÍA CONFUNDEN EL HOGAR CON UN HOTEL (LEAVING CERTIFICATE HIGHER LEVEL 2002)

No estoy de acuerdo con esta afirmación de que los jóvenes de hoy confunden el hogar con un hotel. Para algunos jóvenes puede ser la verdad. Tratan su cocina como un restaurante y su casa como un hotel, no ayudan con las tareas ni contribuyen en casa, pero creo que la mayoría de los jóvenes no se comportan así. Voy a dar tres razones que explican por qué estoy en desacuerdo con esta afirmación. **Primero,** no trato la cocina de mi casa como el restaurante de un hotel, **segundo** tengo que ayudar con las tareas – algo que nunca tendría que hacer en un hotel, y **tercero** voy a hablar del amor y apoyo que recibo en el hogar que nunca recibiría en un hotel. *(Introductory paragraph)*

Para empezar, mis hermanos y yo siempre echamos una mano con la preparación de las comidas. Mis padres trabajan todo el día y no sería justo si ellos hicieran todo. Cada noche yo pelo las patatas y mi hermana menor prepara las verduras o una ensalada. ¡Si estuviéramos en un hotel nunca tendríamos que preparar una cena! *(First point)*

En segundo lugar estoy convencido de que la mayoría de los jóvenes ayudan en casa de una manera u otra. Mis hermanos y yo compartimos las tareas con nuestros padres. Yo lleno el lavaplatos después de la cena, mi hermana hace la colada y mi hermano mayor pasa la aspiradora por toda la casa los sábados. En un hotel no tendríamos ni que cambiar las sábanas. **No creo que sea justo decir que** tratamos nuestro hogar como un hotel. *(Second point)*

Vamos a considerar otro aspecto de un hogar. Lo que más me gusta de mi hogar es el apoyo y la ayuda que recibo de toda mi familia. ¡No existiría eso en un hotel! **Claro que** discutimos de vez en cuando pero en general nos llevamos bien y mis padres están dispuestos a ayudarme con cualquier cosa. El amor de mis padres y la amistad de mis hermanos es algo inestimable para mí. Mi familia está para los buenos y los malos momentos, y hace cosas para mí sin esperar nada a cambio. *(Third point)*

Para terminar reconozco que quizás algunos jóvenes traten el hogar como un hotel porque están mimados, pero no creo que sea verdad para la mayoría. En nuestro hogar mis hermanos y yo compartimos las tareas y ayudamos con la preparación de las comidas. **Pienso que eso** es justo porque mis padres hacen muchísimo por nosotros. Me encanta poder conribuir en casa y mi contribución muestra a mis padres que no doy por hecho su cuidado y su apoyo. *(Conclusion)*

E.2 Escribe tu opinión sobre una de las siguientes afirmaciones. HIGHER

(a) La familia tradicional ya no existe.
(b) Todos los miembros de la familia deben echar una mano con las tareas domésticas.

E.2 – Criterios de éxito
- Write 150 words or more.
- Structure your answer with an introduction, at least three points and a conclusion.
- Use the words and phrases from pages 61 and 63.
- Check your work for spellings, accents and agreement of adjectives.

Unidad 2 La vida familiar

La familia ha cambiado mucho en los últimos años.

Hoy la familia nuclear de madre, padre e hijos no es tan común.

Hay madres solteras, padres solteros, bebés fuera del matrimonio, parejas homosexuales que pueden adoptar y familias separadas con padres divorciados.

La Estructura de la Familia

Hace cincuenta años era normal tener cinco o seis hijos pero hoy la tasa de natalidad es bastante baja.

En el pasado había más influencia de la iglesia. El divorcio y los anticonceptivos eran ilegales.

Opinión: La estructura de la familia

la familia nuclear	the nuclear family	el divorcio	divorce
el matrimonio	marriage	los anticonceptivos	contraceptives
adoptar	to adopt	la tasa de natalidad	the birth rate

Es importante que toda la familia ayude con las tareas domésticas para que haya un buen ambiente en casa.

Si no hay igualdad, puede haber peleas y discusiones.

Hacer las tareas domésticas contribuye al desarrollo personal de los niños. Fomentan la responsabilidad, la independencia y el autoestima.

Las Tareas Domésticas

Ahora hay más mujeres que trabajan fuera de casa que antes así que las faenas de la casa ya no son un trabajo de mujer.

No es justo que los padres hagan todo. En nuestra casa compartimos todas las tareas.

Opinión: Las tareas domésticas

la igualdad	equality	la independencia	independence
una discusión	an argument	el autoestima	self-esteem
fomentar	to encourage	justo	fair
el desarrollo	development	compartir	to share
la responsabilidad	responsibility	fuera de casa	outside the home

sesenta y tres

F. La igualdad de género

F.1 Lee el texto y contesta a las preguntas. **HIGHER**

LAS TAREAS DEL HOGAR SIGUEN SIENDO COSA DE MUJERES

1. Las tareas del hogar siguen siendo cosa de mujeres. Así lo revela un estudio realizado por la Fundación UADE, donde se comparan en diversos ítems los roles entre ambos sexos. El hombre, en tanto, le da más importancia a las actividades lúdicas y el disfrute. Según un estudio, las mujeres dedican el doble de tiempo que los hombres a los hijos y a las tareas del hogar (como hacer la cama, barrer, cocinar o lavar los platos), en tanto que los hombres le dan más importancia a las actividades lúdicas y al disfrute (como ver la tele, jugar en la compu y hacer deporte). Además, el trabajo reveló que ellas son más gastadoras y ellos más propensos al ahorro…

2. La encuesta mostró asimismo que las tareas del hogar son realizadas por las mujeres en mucha mayor medida que los hombres. Las diferencias son significativas entre unos y otros:
   - Hacer la cama (92% de las mujeres contra 38% de los hombres),
   - Lavar los baños (75% contra 20%),
   - Lavar la vajilla (92% contra 38%),
   - Barrer (88% de las mujeres contra 42%),
   - Hacer las compras (85% contra 62%),
   - Cuidado de niños (el 63% contra el 32%).

3. Incluso en el rubro 'actividades del hogar', las mujeres que trabajan también realizan más tareas que los hombres. 'Esto muestra que aun ingresando al mercado laboral las mujeres mantienen su rol tradicional de "ama de casa",' indicó el trabajo. Esta visión desigual entre hombre y mujer se debe según Constanza Cilley, directora Ejecutiva del CIS, a que 'pese a que en las últimas décadas se detecta un ingreso de las mujeres al mercado laboral, lo que supone una mejora en términos de igualdad, hay una persistencia de estereotipos de género en la distribución de las tareas domésticas y de crianza de los hijos'. 'Estos estereotipos son muy resistentes al cambio y constituyen todavía hoy un tema de reflexión y de análisis,' señaló la especialista…

4. La encuesta revela que en promedio los padres les dedican 7 horas al cuidado de los hijos y cerca de 4 horas al cuidado del hogar. Pero también en este aspecto los resultados muestran notables variaciones cuando se considera el género. Así, las mujeres les dedican el doble de tiempo que los hombres al cuidado de los hijos y del hogar y en lo que hace al cuidado de los hijos más pequeños, las diferencias por género son más marcadas aún.

5. En referencia a los más pequeños, el estudio revela que las mujeres realizan más que los hombres tareas vinculadas con el quehacer diario y rutinario, tales como llevarlos a la escuela, ayudarlos en la tarea o acompañarlos a comer, bañarse, lavarse los dientes.

6. Los hombres, en cambio, declaran realizar más que las mujeres tareas lúdicas o recreativas como ver TV, estar con la computadora, jugar o compartir actividades deportivas. Estas diferencias se mantienen aún si se consideran las mujeres que trabajan.

Source: diariopopular.com

1. Answer the following questions in English according to the information given in the text.
   (a) What was the main finding of the study? (para 1)
   (b) Give four examples of chores that are more often done by women rather than men. (para 2)
   (c) According to Constanza Cilley, what has happened in recent decades? (para 3)
   (d) Give four examples of tasks related to childcare that women do more often than men. (para 5)
   (e) Men spend more time than women doing what? (Give three examples.) (para 6)

2. Busca en el texto una palabra o frase que tenga el mismo sentido (más o menos) que las siguientes:
   (a) al ocio y la diversión (para 1)
   (b) hacen (para 3)
   (c) su papel (para 3)
   (d) el sondeo (para 4)
   (e) el ordenador (para 6)

3. Explain in English the meaning of the following in their context:
   (a) … los roles entre ambos sexos (para 1)
   (b) … en mucha mayor medida que los hombres (para 2)
   (c) … las diferencias por género son más marcadas aún (para 4)

F.2 Un informe sobre la educación de las niñas. Escucha y contesta a las preguntas en inglés.

CD 1 Track 30

1. When was this study carried out? _____
2. What was the main finding of the study? _____
3. What is the United Nations doing to improve the situation? _____
4. Name three countries where the programme has been introduced. _____
5. How are Irish school children getting involved? _____
6. Where can you get more information on the initiative? _____

F.3 Lee el texto y contesta a las preguntas en inglés.

LOS DERECHOS DE LAS MUJERES

1. A lo largo de la historia, la lucha por los derechos humanos ha estado muy presente. Y, aunque se ha logrado una mejoría en la equiparación de estos a nivel mundial, no ocurre lo mismo en el caso de los derechos de la mujer… Lamentablemente, las oportunidades laborales siguen siendo dispares, y aunque hoy en día en algunos países hay más mujeres universitarias que hombres, esto no se ve reflejado en la dirección de las empresas, tanto públicas como privadas.

2. Además, a excepción de Islandia, el único país del mundo que ha aprobado recientemente una Ley de Igualdad Salarial entre mujeres y hombres; en el resto del planeta, las mujeres sufren discriminación salarial; también política y social por su condición de mujer. Esta discriminación está agravada en algunos lugares por la discriminación racial, como en el caso de las mujeres afrodescendientes en América Latina. Pero estos no son los únicos problemas que existen en la lucha por alcanzar los derechos de la mujer a nivel mundial.

3. Si hacemos un balance de los datos sobre los derechos de las mujeres alrededor del mundo, este es realmente escalofriante. Existen países, en la actualidad, donde la mujer se encuentra supeditada al deseo y control masculino. Es el caso de Yemen, donde además, no existe ninguna mujer con cargo gubernamental. O en Irán, donde la mujer necesita autorización por parte de su padre, marido o hijo para estudiar, trabajar o incluso practicar deporte.

4. En Somalia, la mujer no tiene ni voz ni voto. Ni siquiera derechos, como ser humano. En Arabia Saudí, la mujer solo puede estar en la calle en compañía de un hombre, bien sea su padre, esposo o hijo. Asimismo, también tiene restringido el voto… viajar o trabajar sin supervisión masculina. En Irak, por ejemplo, la mujer debe usar una vestimenta que le cubra totalmente el cuerpo, a excepción solo de los ojos. Las niñas de 9 años ya están disponibles para contraer matrimonio.

5. En Líbano, se permite el crimen de honor. Este consiste en poder asesinar a una mujer si se sospecha que ha cometido adulterio, aunque este no se haya comprobado. En Marruecos, la tasa de analfabetismo de las mujeres ronda el 75%. En Chad, solo sabe leer el 28% de las mujeres adultas. Y en Pakistán, solo el 25% de las mujeres ha accedido a un puesto de trabajo.

6. En América Latina, la desigualdad también es una realidad, que se traduce en el peor de los casos en el asesinato de las mujeres por el simple hecho de serlo. Es lo que se conoce como feminicidio. En México, por ejemplo, más de 10.000 mujeres han sido asesinadas desde 2012, pero más del 80% de los casos han quedado impunes. Sin duda, son datos y situaciones que, en pleno siglo XXI, deberían erradicarse por completo…

Source: ayudaenaccion.org

1. What inequality exists between men and women, according to the first paragraph?
2. Describe the law that was recently introduced in Iceland. (para 2)
3. What is said about women in Iran? (para 3)
4. In which two countries is it said that women are not allowed to vote? (para 4)
5. In which country can girls be married at nine years old? (para 4)
6. In which country are 75% of women illiterate? (para 5)
7. What statistic is given about women in Pakistan? (para 5)
8. What major problem for women in Latin America is discussed in the last paragraph?

La Igualdad de Género

- El papel de la mujer ha cambiado mucho en las últimas décadas. Las mujeres tienen más derechos, más posibilidades y más libertad que antes.

- Creo que todavía hay desigualdad de género en el mundo laboral porque los hombres ganan más que las mujeres en algunos empleos.

- Es una lástima que casi nunca echen partidos de mujeres en la tele.

- Las mujeres dedican más tiempo a las tareas del hogar. Se habla de la igualdad de género pero no creo que realmente exista.

- Hay desigualdad de género en los institutos, por ejemplo, la mayoría de institutos de chicas no enseñan ni carpintería ni tecnología.

Opinión: El papel de la mujer y la igualdad de género

el papel de la mujer	the role of women	la desigualdad	inequality
los derechos	rights	el mundo laboral	the working world
la libertad	freedom	la igualdad de salarios	equal salaries
la elección	choice	la desigualdad de género	gender inequality
el aborto	abortion	el cuidado de los niños	the care of children

F.4 Escribe tu opinión sobre una de las siguientes afirmaciones. **HIGHER**

(a) Las tareas del hogar siguen siendo cosa de mujeres.
(b) El mundo sigue siendo un lugar de hombres.

F.4 – Criterios de éxito
- Write 150 words or more.
- Structure your answer with an introduction, at least three points and a conclusion.
- Use the words and phrases from pages 61, 63 and 67.
- Check your work for spellings, accents and agreement of adjectives.

G. Los deberes de la Unidad 2

La gramática

G.1 Rellena los espacios con la forma correcta de SER o ESTAR.

1. ¿Quién es? ¡_____ yo!
2. Aquel hombre _____ muy antipático.
3. Yo _____ muy triste después de oír las noticias.
4. Ellos _____ de vacaciones esta semana.
5. Nosotras _____ de Nueva York.
6. ¿Qué día _____ hoy?
7. La plaza de toros no _____ cerca de su casa.
8. El concierto _____ en el estadio de fútbol.
9. Nosotros _____ casados.
10. Mi abuelo _____ arquitecto.

G.2 Escribe las frases en español.

1. Our grandmother is shorter than us.
2. That film is funnier than the film I saw last week.
3. Their cousins live in the biggest house on the street.
4. His brothers are on holiday in Mallorca.
5. Is your sister bored?
6. Her uncle is as tall as my father.
7. It is the best book in the library.
8. My uncle is from France. He is married to a Spanish woman.

El vocabulario

G.3 Empareja el vocabulario con las definiciones de más abajo.

> las tareas domésticas   los gemelos   el divorcio   la viuda   la tasa de natalidad
> sobreproteger   los anticonceptivos   el lavavajillas   la autoestima   barrer

1. El número promedio de bebés nacidos en un año.
2. Cosas que impiden el embarazo de una mujer.
3. Limpiar el suelo con la escoba.
4. Máquina que sirve para lavar los platos, los vasos y la cubertería.
5. Hermanos nacidos al mismo tiempo.
6. La valoración o aprecio de uno mismo.
7. El trabajo que debe hacerse en el hogar.
8. Proteger demasiado.
9. Persona a quien se le ha muerto su esposo.
10. La disolución legal de un matrimonio.

G.4 Escribe las frases en español.

1. I don't like hoovering or ironing.
2. She is an only child and her mother is unemployed.
3. In my house we share the chores.
4. There is a good atmosphere at home because I get on well with my siblings.
5. My little brother walks the dog and sets the table before dinner.
6. My parents trust me and they know that I am responsible.
7. His parents are divorced and he doesn't get on with his dad's partner.
8. I believe gender inequality still exists today.

La comprensión lectora

G.5 Lee el texto y contesta a las preguntas en inglés.

LA SORPRESA DE UNA FAMILIA DE ALCALÁ DE HENARES AL VOLVER A SU CHALET EN TORREVIEJA

Además de comprobar que les habían robado, descubrieron un enjambre de abejas de 25 kilos de peso.

Una familia de Alcalá de Henares quedó estupefacta al encontrar este pasado jueves un enjambre de abejas de 25 kilos de peso al llegar a su chalet en Torrevieja (Alicante), al que llevaban un año sin ir, según informa el Consorcio Provincial de Bomberos de Alicante.

Llegaron para pasar sus vacaciones cuando, además de comprobar que les habían robado en la vivienda, descubrieron entre dos sofás situados en el porche, volcados uno encima del otro, un enorme enjambre de abejas, por lo que dieron rápidamente aviso a los Bomberos.

Los Bomberos llegaron sobre las 20 horas al lugar, un chalet de la urbanización Largo Jardín de la localidad, y procedieron a retirar el enjambre con ayuda de un apicultor.

Tras colocar la colmena en un arcón, se la entregaron al apicultor, sin que hubiera que lamentar daños personales, ya que uno de los moradores de la casa es alérgico a las picaduras de este tipo de insectos.

Source: miracorredor.tv

1. What two things did the family discover when they went to Torrevieja?
2. Why did they travel to Torrevieja?
3. Who did the family call to help them?
4. At what time did help arrive?

G.6 Lee la guía y contesta a las preguntas en inglés.

GUÍA ORIENTATIVA DE ACTIVIDADES QUE EL NIÑO ES CAPAZ DE REALIZAR POR EDADES

- **2 y 3 años:** Guardar sus juguetes en cajas y en su estantería, limpiar su mesita y su muebles, tirar las cosas a la basura, ayudar a recoger a lavavajillas, estirar el edredón de su camita.
- **4 y 5 años:** Ordenar su cuarto, recoger el lavavajillas, doblar la ropa, poner la mesa.
- **6 y 7 años:** Recoger la basura, hacer ensaladas, preparar sencillos platos de cocina.
- **8 y 9 años:** Poner la lavavajillas, aspirar la alfombra, cambiar bombillas de lámparas bajitas.
- **10 y 11 años:** Limpiar el baño en profundidad, hacer costuras sencillas, comenzar a planchar la ropa.
- **A partir de 12 años:** Planchar la ropa, pintar las paredes, realizar reparaciones sencillas en casa.

Source: elmetodomontessori.com

1. Name four chores that are suitable for 2 to 3-year-olds.
2. At what age should children *start* to iron clothes?
3. What chores can be started at 6 to 7 years old?
4. At what age can children change light bulbs?
5. From what age are children capable of tidying their own bedrooms?

G.7 Lee el texto y contesta a las preguntas. HIGHER

EFECTOS SECUNDARIOS DE UNOS PADRES SOBREPROTECTORES

1. En muchos hogares actuales los hijos se han convertido en el centro del universo, donde los padres orbitan alrededor de ellos. Cuando esto ocurre y existe sobreprotección por parte de los padres a los hijos, a la larga los niños se convierten en tiranos, narcisistas, vagos y piensan que todo se tiene que hacer por ellos, porque tienen derecho a ser atendidos como reyes autoritarios.

2. Los niños con padres que les sobreprotegen no aprenderán las habilidades necesarias para desarrollarse con éxito e incluso, pensarán que no merece la pena el esfuerzo porque es mejor que otros se ocupen de sus responsabilidades. Hacen los deberes con sus padres, no saben cómo hacer las cosas, el 'no sé' es lo primero que dicen para evitar la frustración ante cualquier actividad académica o cotidiana, tienen rabietas si no se cumplen sus deseos… Siempre necesitan que otros satisfagan sus deseos y necesidades. Pero la crianza sobreprotectora tiene efectos secundarios.

3. La crianza de los hijos a menudo significa siempre encontrar un término medio entre un estilo permisivo o excesivamente protector. Los posibles resultados de una crianza estricta o sobreprotectora podrían ser negativos para los niños, tanto en la infancia como en la vida adulta. Un estilo de crianza restrictiva y controladora podría crear un estilo de conducta negativo por parte de los niños.

4. A medida que los niños crecen deben progresar desde la dependencia total de los padres hacia una independencia, cuando empiezan a sentir que deben crear su propia identidad. Los padres pueden sentirse excesivamente protectores de los hijos y quieren controlar todos los aspectos de sus vidas solo por protegerles de cualquier peligro, algo que hará que no tengan habilidades suficientes para desarrollarse en la vida.

Falta de confianza en uno mismo

5. Los padres sobreprotectores envían el mensaje de que sus hijos no pueden manejar los desafíos de la vida por su cuenta. Esto solo hará que los niños tengan una falta de confianza en sí mismos, sintiendo que sus padres no confían en ellos y que cometer errores es un problema. No serán capaces de hacer frente a los problemas por su cuenta y no tendrán capacidad suficiente para tener éxito en la vida.

Exceso de dependencia

6. Un padre/madre estricto/a y sobreprotector/a impondrá altas exigencias a los niños sin darse cuenta que estará creando una situación en la que los niños se vuelven demasiado dependientes de los padres. El padre se mantiene involucrado y comprometido en todas las actividades y decisiones de los hijos. Los niños sentirán que los padres deben tomar todas sus decisiones siempre anulando su identidad.

Unidad 2 La vida familiar

Problemas de autoestima

7. Unos padres sobreprotectores puede hacer que exista una falta de desarrollo en la autoestima de los niños. Esto se debe a que los niños no hacen frente a los retos sin la intervención de los padres. Parte del desarrollo de la autoestima en los niños proviene de la superación de retos por su propia cuenta, y los padres sobreprotectores no dan esta oportunidad a sus hijos.

8. La sobreprotección no prepara a los niños para la vida. El éxito 'fácil' es peligroso para el desarrollo de los niños. Todo lo bueno SIEMPRE cuesta esfuerzo. No se trata de obligar a los niños a esforzarse demasiado o ponerle las cosas demasiado complicadas, sino de que valoren el esfuerzo para conseguir las cosas, porque la vida es así. Un niño sobreprotegido tendrá más probabilidades de caer en depresión o de padecer problemas de estrés, ansiedad o agresividad. Sobreproteger es desproteger y deja a los hijos 'desnudos' ante una sociedad cada vez más complicada y difícil. El secreto es encontrar el equilibrio en la crianza.

Source: etapainfantil.com

1. Answer the following questions in English according to the information given in the text.
   (a) How are overprotected children described in paragraph 1? (Give full details.)
   (b) What negative effects can overprotective parenting have on children? (Give full details.)
   (c) What mental health problems mentioned in the last paragraph are more likely to occur in overprotected children?

2. Busca en el texto una palabra o frase que tenga el mismo sentido (más o menos) que las siguientes:
   (a) egocéntricos (para 1)
   (b) competencias imprescindibles (para 2)
   (c) con frecuencia (para 3)
   (d) comportamiento (para 3)
   (e) mandan (para 5)

3. Explain in English the meaning of the following in their context:
   (a) … los hijos se han convertido en el centro del universo (para 1)
   (b) … tanto en la infancia como en la vida adulta (para 3)
   (c) … ante una sociedad cada vez más complicada y difícil (para 8)

Escribir

G.8 Escribe una carta o un correo electrónico a un amigo.

You have just arrived in Valencia on an exchange with Jorge. Write a letter or email to your best friend Peter at home.
- Thank him for the present he gave you.
- Describe the family you are staying with – appearances and personalities.
- Tell Peter you get on really well with Jorge and give reasons why.
- Say you are going to school with Jorge tomorrow and describe how you feel.
- Tell Peter your plans with Jorge for this weekend.

G.8 – Criterios de éxito
- Start and end your letter or email appropriately.
- Make sure you include all the points and write at least two sentences per point.
- Use the structure and phrases from pages 33 and 34.
- Make sure you are using the correct verb tenses.
- Check your work for spellings, accents and agreement of adjectives.

¡Venga!

Unidad 2

Autoevaluación

		😊	😐	😠
🗣️	I can answer questions about my family.			
	I can describe the members of my family.			
	I can say what chores I do at home.			
✏️	**H** I know how to structure an opinion essay on a topic of interest.			
📖	I can understand the main points of a variety of texts.			
	I can pick out specific information in texts.			
🔤	I can use possessive adjectives accurately.			
	I can use comparative and superlative adjectives.			
	I understand the differences between *ser* and *estar*.			
🔊	I can understand descriptions of families and relationships.			
	I can follow conversations about household chores.			

✏️ After completing the *autoevaluación* above, write your own simple learning targets for the next few weeks. Think about what you know well and what you need to revise. What topic or topics do you need to revisit? Fill in the chart below.

Lo que ya sé de la Unidad 2	Lo que tengo que repasar de la Unidad 2

72 setenta y dos

Unidad 3 — La cultura juvenil

Communicative objectives

By the end of this unit you will be able to:
- Describe your friends
- Discuss the importance of friendships
- Describe past activities – last weekend and last summer
- Discuss peer pressure and stress
- Discuss alcohol consumption among young people

Contesta a las preguntas en inglés.

1. Which of the topics above do you already know quite well?
2. Which topics are you not really able to talk or write about in Spanish?
3. Make a graphic organiser about the topic of youth culture in your copy and fill in all the vocabulary you already know related to the topic.

La gramática
› The preterite tense
› Personal *a*

El examen oral
› An interview about your best friend
› A conversation about past activities

El examen escrito
› Write an informal letter or email about last weekend
› How to write a diary entry
› Write your opinion on:
  — Friendships
  — Young people and stress
  — Alcohol

Habilidades de comprensión
› Listening and reading comprehension practice on the theme of youth culture

setenta y tres

A. Los amigos

A.1 Dos jóvenes hablan sobre sus amigos. Lee los textos y contesta a las preguntas.

ZACK

Mi mejor amigo se llama Luke. Le conozco desde hace diez años. Vive en la misma urbanización que yo y estamos en la misma clase en el instituto. Luke es alto y gordito. Tiene el pelo castaño y los ojos marrones y lleva gafas para leer. Tenemos muchas cosas en común, por ejemplo nos encanta ver películas y nos interesa mucho la música. Los fines de semana solemos ir al cine y de vez en cuando vamos a conciertos de nuestros grupos favoritos. Yo toco la batería y Luke toca la guitarra. Estamos en un grupo de música rock con otros dos compañeros del instituto. Pasamos mucho tiempo juntos pero nunca nos peleamos porque somos muy parecidos. Nos llevamos súper bien. Además de siempre divertirnos juntos, Luke es un buen amigo. Siempre me escucha cuando hablo de mis problemas y sé que puedo confiar en él. Es una persona de fiar e inteligente y me ayuda mucho con los deberes. Es como un hermano para mí.

FREYA

Soy hija única y no me llevo muy bien con mis padres por eso mis amigos son muy importantes en mi vida. Mi mejor amiga se llama Sarah. Tiene el pelo rubio y largo y los ojos azules. Es baja y delgada y muy deportista como yo. La conozco de mi club de camogie desde hace seis años. Jugamos en el mismo equipo. Entrenamos dos veces por semana en el club y jugamos partidos los sábados. Cada sábado voy a su casa después del partido y cenamos juntas. Solemos salir los sábados por la noche a una discoteca con Emma y Laura, otras dos jugadoras de nuestro equipo de camogie. Somos una pandilla de cuatro chicas pero con la que me llevo mejor es con Sarah. Es una persona leal, sincera y generosa. Cuando estoy estresada me hace reír y durante los momentos difíciles es un apoyo y me da consejos. Tenemos una relación de confianza y me presta su ropa y su maquillaje a menudo. No sé que haría sin Sarah en mi vida.

Unidad 3 La cultura juvenil

1. **Contesta en inglés.**
   (a) How does Zack know Luke?
   (b) What interests do Zack and Luke share?
   (c) What instrument does Zack play?
   (d) Why does Zack think Luke is such a good friend?
   (e) Why does Freya think her friends are particularly important in her life?
   (f) How long has she known Sarah?
   (g) How does Freya describe Sarah's personality?
   (h) What does Freya often borrow from Sarah?

2. **Busca las siguientes expresiones en los textos de arriba.**
   (a) I've known him for ten years.
   (b) He lives in the same estate as me.
   (c) We have lots of things in common.
   (d) We never fight because we're very alike.
   (e) He's like a brother to me.
   (f) There are four girls in our group.
   (g) When I feel stressed, she makes me laugh.
   (h) She's supportive and she gives me advice.

CD 1 Tracks 31–33

A.2 Pilar y Gonzalo hablan sobre la amistad. Escucha y contesta a las preguntas en inglés.

A. Pilar
1. Why does Pilar say her friends are so important to her? _____
2. How long has she known her best friend? _____
3. Where did she meet her best friend? _____
4. What qualities does Pilar think a friend should have? _____
5. Why did Pilar fall out with her friend last year? _____

B. Gonzalo
1. How does Gonzalo describe his best friend? _____
2. What interests do Gonzalo and his best friend have in common? _____
3. In what way are they very different? _____
4. What does Gonzalo think is most important in a friendship? _____
5. Why does Gonzalo find it difficult to make friends? _____

setenta y cinco

¡Venga!

A.3 Escucha el examen oral de Eoin y contesta a las preguntas.

CD 1 Track 34

¿Tienes un mejor amigo o una mejor amiga?
Somos seis en mi pandilla pero mi mejor amiga se llama Ruth. Tiene diecisiete años como yo. Estamos en la misma clase del instituto y nuestros padres son muy buenos amigos.

¿Cómo es?
Es alta y morena con el pelo negro y liso y los ojos marrones. Es de estatura media y tiene pecas en la cara. Se parece mucho a su madre Linda. Es una gemela pero no me llevo muy bien con su hermano gemelo.

¿La conoces desde hace mucho tiempo?
La conozco desde hace trece años. La conocí por primera vez en la escuela primaria. Siempre ha estado en la misma clase que yo y queremos ir a la misma universidad el año que viene.

¿Qué tipo de persona es?
Es muy divertida. Siempre lo paso genial con ella. Me hace reír. Es también trabajadora y estudiosa. Saca buenas notas y nunca tiene problemas en el instituto. Es una persona abierta y extrovertida. Tiene un montón de amigos. Es una amiga muy leal. Siempre está ahí para escucharme y me da consejos sin juzgarme cuando necesito apoyo.

¿Tenéis muchos intereses en común?
Nos interesa la moda y la fotografía. Nos gustan los mismos cantantes y nos encanta ir a conciertos. Hace dos años fuimos a Dublín a un concierto de Taylor Swift en Croke Park y el año pasado vimos a Shawn Mendes.

¿Qué os gusta hacer los fines de semana?
Pues todos los sábados cogemos el autobús al centro de la ciudad. Vamos de compras o, si no tenemos dinero, vamos de escaparates. Comemos en un restaurante de comida rápida en el centro y por la tarde solemos ir al parque a sacar fotos. Publicamos las mejores fotos en mi página de Instagram. El sábado por la noche Ruth viene a mi casa y cenamos con mi familia. Después de la cena solemos ver programas en Netflix. Nuestros programas favoritos son *Friends* y *Stranger Things*. Los domingos hacemos los deberes. A veces voy a su casa para hacer los deberes. Ella me ayuda con los deberes de irlandés y yo la ayudo con la contabilidad.

¿Vive cerca de ti?
No. Lo malo es que no vive cerca. Su casa está a unos cuatro kilómetros de mi casa pero tenemos suerte porque hay un autobús directo entre mi barrio y su barrio así que es bastante fácil ir a su casa.

1. **Contesta en inglés.**
   (a) Where and when did Eoin meet Ruth?
   (b) What type of person is Ruth? (Give four details.)
   (c) What interests do Eoin and Ruth share?
   (d) What do Eoin and Ruth usually do on Saturdays? (Give four details.)

2. **Contesta en español.**
   (a) ¿Cuántos años tiene Ruth?
   (b) ¿Cómo es?
   (c) ¿Qué suelen hacer los domingos?
   (d) ¿Eoin vive lejos de Ruth?

3. **Busca las siguientes expresiones en la entrevista.**
   (a) I always have a great time with her.
   (b) She has loads of friends.
   (c) We go window shopping.
   (d) The bad thing is that…

A.4 Escribe en tu cuaderno las preguntas y las respuestas con frases completas.
   1. ¿Tienes un mejor amigo o una mejor amiga?
   2. ¿Cómo es?
   3. ¿Le/La conoces desde hace mucho tiempo?
   4. ¿Qué tipo de persona es?
   5. ¿Tenéis muchos intereses en común?
   6. ¿Vive cerca de ti?
   7. ¿Qué os gusta hacer los fines de semana?

Practica las preguntas con tu compañero/a.

¿Le conoces desde hace mucho tiempo?

Le conozco desde hace cinco años.

Log on to **www.edcolearning.ie** to access mock oral exam videos.

¡Ojo!
To say how long you have known somebody, we use *desde hace* with the present tense. Remember to use *le* to refer to a boy and *la* to refer to a girl.
*Le conozco **desde hace** cuatro años.*
*La conozco **desde hace** siete años.*

A.5 Lee el poema sobre lo que es un amigo.

ESE ES UN AMIGO, POEMA PARA UN AMIGO SINCERO

Aquel quien, cuando te vas, te extraña con tristeza
Aquel quien, a tu retorno, te recibe con alegría
Aquel cuya irritación jamás se deja notar
Ese es a quien yo llamo un amigo.

Aquel quien más pronto da que pide
Aquel quien es el mismo hoy y mañana
Aquel quien compartirá tu pena igual que tu alegría
Ese es a quien yo llamo un amigo.

Aquel quien siempre está dispuesto a ayudar
Aquel cuyos consejos siempre fueron buenos
Aquel quien no teme defenderte cuando te atacan
Ese es a quien yo llamo un amigo.

Extracto de un poema de John Burroughs (1837–1921)

A.6 ¿Qué significa ser un buen amigo?

UN BUEN AMIGO…	
• Está siempre a mi lado en los buenos y en los malos momentos.	
• Se queda cuando lo necesito.	
• Siempre está ahí para escucharme.	
• Me da consejos.	
• Escucha sin juzgarme.	
• Hace cosas para mí sin esperar nada a cambio.	
• Se preocupa por mí.	
• Siempre me apoya.	
• Me presta dinero sin acumular intereses.	
• Me defiende cuando otros hablan mal de mí.	

¿Cuáles son las cualidades más importantes de un buen amigo? Hablad en parejas de las cualidades de la lista de arriba. Ordenadlas de 1 (la más importante) a 10 (la menos importante).

A.7 Escribe un poema sencillo sobre lo que significa un buen amigo para tí.

A.8 Lee el texto y contesta a las preguntas. HIGHER

CÓMO SE DEFINE LA AMISTAD EN LA ERA DE LAS REDES SOCIALES

¿Son realmente amigos los contactos que tenemos en Facebook, Twitter y otras redes sociales?

1. … A diario interactuamos con muchas personas a las que llamamos 'amigos', en una relación que consiste en saber de su vida por lo que publican en sus redes sociales, los comentarios que comparten y los 'me gusta' de las fotos y videos que difunden. Incluso hay quienes llaman 'amigos' a las personas que son 'contactos' virtuales y a los que jamás han visto cara a cara. ¿Las personas con las cuales hablamos exclusivamente a través de las redes sociales pueden ser tan amigas como aquellas con quienes compartimos momentos de la vida real?

2. Según explica Liliana Nieri, profesora de la Licenciatura en Psicología de la Fundación UADE, el significado y el valor que se le atribuye a la amistad sigue siendo el de siempre. 'Un amigo se define como un par con el cual uno se identifica, comparte las mismas características y valores… Sobre este punto, un estudio reciente publicado en el medio científico PLOS encontró que sólo la mitad de las parejas de amigos sondeados sentían ese sentimiento de manera mutua, es decir, que alguien que cree que su amigo podría estar interesado en él, en realidad no lo está.

3. Según el psicólogo evolucionista británico Robin Dunbar, un individuo puede tener solo una o dos personas que funcionen como amigos íntimos, con las cuales hay interacción a diario… Más abajo se encuentra el resto de los amigos, en los cuales se invierte menos tiempo en la relación, la conexión es más superficial y el contacto no es constante…

4. Con respecto a las amistades basadas exclusivamente a través de medios de comunicación digitales, Arturo Fitz Herbert, profesor de sociología de la Facultad de Comunicación de la Universidad Austral, explica… que la mayoría de los mensajes relacionales no se dan a través del lenguaje, sino a través de la comunicación no verbal, como los gestos, la postura, el tono y el ritmo de la voz, entre otros. 'Decimos "te quiero" mucho más con la cara y el sonido de la voz que con el lenguaje… Por lo tanto, es difícil que la relación de amistad pueda construirse con la misma intensidad a través de WhatsApp o Facebook ya que son medios emocionalmente más distantes,' explica… Concluye: 'Las redes sociales pueden ayudar como medios adicionales, pero no como reemplazos.'…

5. Pero para Nieri, las cosas son diferentes: ella afirma que se puede mantener una 'amistad verdadera' sin que haya contacto cara a cara, como alguna vez se tuvo por carta (los *amigos por correspondencia*, y antes también). 'Hay que tener en cuenta que el contacto presencial fue perdiendo su significado a través de distintas generaciones. Hoy, los jóvenes miden la amistad en contacto y sostén, pero no en la manera de cómo es dicho contacto. Asimismo, estas nuevas generaciones consideran que una videollamada es similar o igual al contacto realizado cara a cara'…

Source: lanacion.com

1. Answer the following questions in English according to the information given in the text.
   (a) What is said about social media 'friends' in paragraph 1? (Give full details.)
   (b) What was the finding of the PLOS study? (para 2)
   (c) What does psychologist Robin Dunbar say about friends? (para 3)
   (d) Why does Fitz Herbert believe that relationships developed on WhatsApp or Facebook are not as strong as other friendships? (para 4)
   (e) What does Neiri say about the friendships of young people today? (para 5)

2. Busca en el texto una palabra o frase que tenga el mismo sentido (más o menos) que las siguientes:
   (a) todos los días (para 1)
   (b) nunca (para 1)
   (c) rasgos (para 2)
   (d) de hecho (para 2)
   (e) por medio de (para 4)

3. Explain in English the meaning of the following in their context:
   (a) … el significado y el valor que se le atribuye a la amistad sigue siendo el de siempre (para 2)
   (b) … con las cuales hay interacción a diario (para 3)
   (c) … se puede mantener una 'amistad verdadera' sin que haya contacto cara a cara (para 5)

A.9 Escribe tu opinión sobre una de las siguientes afirmaciones. **HIGHER**

(a) Los amigos son como las estrellas, no siempre los puedes ver pero sabes que están ahí.
(b) Un buen amigo nunca te dice lo que tú quieres escuchar, te dice la verdad y lo que es mejor para tí.

A.9 – Criterios de éxito
- Write 150 words or more.
- Structure your answer with an introduction, at least three points and a conclusion.
- Use the words and phrases from pages 61 and 79.
- Check your work for spellings, accents and agreement of adjectives.

B. La gramática: El pretérito indefinido

The *pretérito indefinido* is a past tense used to describe actions completed in the past.

El pretérito indefinido: Los verbos regulares

To conjugate regular verbs in the preterite, simply remove the -AR, -ER or -IR from the infinitive and add the endings from the tables below. There are just two sets of endings for regular verbs in the preterite tense: one for -AR verbs and one for both -ER and -IR verbs.

	-AR VERBS	HABLAR
yo	**-é**	habl**é**
tú	**-aste**	habl**aste**
él/ella/usted	**-ó**	habl**ó**
nosotros/as	**-amos**	habl**amos**
vosotros/as	**-asteis**	habl**asteis**
ellos/ellas/ustedes	**-aron**	habl**aron**

	-ER/-IR VERBS	COMER	VIVIR
yo	**-í**	com**í**	viv**í**
tú	**-iste**	com**iste**	viv**iste**
él/ella/usted	**-ió**	com**ió**	viv**ió**
nosotros/as	**-imos**	com**imos**	viv**imos**
vosotros/as	**-isteis**	com**isteis**	viv**isteis**
ellos/ellas/ustedes	**-ieron**	com**ieron**	viv**ieron**

¡Ojo!

Remember, to make a verb negative we simply put *no* before it.

Habló con la directora. ……………… He spoke to the principal.
***No** habló con la directora.* ………… He didn't speak to the principal.

To form a question, simply place an inverted question mark before the verb or sentence and a question mark after the verb or at the end of the sentence.

¿Habló con la directora? …………… Did he speak to the principal?

Reflexive verbs in **el pretérito indefinido** need a reflexive pronoun before the verb, just like in other tenses.

***Me** levanté.* ……………… I got up.   ***Se** duchó.* ……………… He had a shower.

B.1 Rellena los espacios con el pretérito indefinido del verbo entre paréntesis.

1. El año pasado mi hermano _compró_ una moto.
2. Mis padres no _____ (comprar) mucha ropa.
3. ¿Vosotras _____ (escribir) cartas al director?
4. ¿Usted _____ (salir) con Adrián el sábado pasado?
5. ¿Tú _____ (hablar) con Joaquín anoche?
6. Yo _____ (aprender) los verbos para el examen de alemán.
7. Yo no _____ (levantarse) temprano ayer.
8. Su primo _____ (comer) los bocadillos de jamón.
9. Miriam y yo no _____ (beber) el agua.
10. ¿Ustedes _____ (viajar) a Londres el mes pasado?
11. La chica _____ (ducharse) en el cuarto de baño.
12. Enrique y Julia _____ (vivir) en Argentina.
13. Mi novio _____ (afeitarse) la semana pasada.
14. Carlos no _____ (trabajar) en el banco.
15. Nosotros _____ (abrir) la puerta del aula.

Hablando del pasado

ayer	yesterday
anoche	last night
anteayer	the day before yesterday
el martes pasado	last Tuesday
el viernes pasado por la mañana	last Friday morning
el sábado pasado por la tarde	last Saturday afternoon/evening
el fin de semana pasado	last weekend
la semana pasada	last week
el verano pasado	last summer
el año pasado	last year
hace dos días	two days ago
hace una semana	a week ago

B.2 Escribe las frases en español.

1. My aunt bought a house beside the sea yesterday.
2. Last weekend Ana and Iker got married in the cathedral.
3. Did you have dinner in Raúl's house last night?
4. The day before yesterday I sold my mobile phone to buy a tablet.
5. Last summer his father wrote a book about his life.
6. I got up at eleven o'clock last Sunday morning.
7. We visited our grandparents in England four months ago.
8. Javi ate the fish and the potatoes but he didn't drink the apple juice.

El pretérito indefinido: Los verbos irregulares

	IR (to go)	SER (to be)	VENIR (to come)
yo	fui	fui	vine
tú	fuiste	fuiste	viniste
él/ella/usted	fue	fue	vino
nosotros/nosotras	fuimos	fuimos	vinimos
vosotros/vosotras	fuisteis	fuisteis	vinisteis
ellos/ellas/ustedes	fueron	fueron	vinieron

	ANDAR (to walk)	ESTAR (to be)	TENER (to have)
yo	anduve	estuve	tuve
tú	anduviste	estuviste	tuviste
él/ella/usted	anduvo	estuvo	tuvo
nosotros/nosotras	anduvimos	estuvimos	tuvimos
vosotros/vosotras	anduvisteis	estuvisteis	tuvisteis
ellos/ellas/ustedes	anduvieron	estuvieron	tuvieron

	DECIR (to say)	DAR (to give)	VER (to see)
yo	dije	di	vi
tú	dijiste	diste	viste
él/ella/usted	dijo	dio	vio
nosotros/nosotras	dijimos	dimos	vimos
vosotros/vosotras	dijisteis	disteis	visteis
ellos/ellas/ustedes	dijeron	dieron	vieron

	HACER (to do)	QUERER (to want)	PONER (to put)
yo	hice	quise	puse
tú	hiciste	quisiste	pusiste
él/ella/usted	hizo	quiso	puso
nosotros/nosotras	hicimos	quisimos	pusimos
vosotros/vosotras	hicisteis	quisisteis	pusisteis
ellos/ellas/ustedes	hicieron	quisieron	pusieron

	PODER (to be able to)	LEER (to read)	SABER (to know)
yo	pude	leí	supe
tú	pudiste	leíste	supiste
él/ella/usted	pudo	leyó	supo
nosotros/nosotras	pudimos	leímos	supimos
vosotros/vosotras	pudisteis	leísteis	supisteis
ellos/ellas/ustedes	pudieron	leyeron	supieron

B.3 Rellena los espacios con el pretérito indefinido de los verbos entre paréntesis.

1. Elena _____ (ir) a Nueva York la semana pasada.
2. ¿Vosotros _____ (hacer) el examen de historia ayer?
3. Yo _____ (ver) una película sobre los Juegos Olímpicos.
4. El sábado pasado ellas _____ (dar) un paseo por el parque.
5. Mi padre y yo _____ (decir) que iríamos a su fiesta.
6. Mikel _____ (estar) en el hospital anoche.
7. Nosotros _____ (venir) al partido de baloncesto.
8. ¿Tú _____ (hacer) surf el fin de semana pasado?
9. Jorge y Santiago _____ (ir) a Mallorca hace cinco días.
10. Yo _____ (ser) periodista antes de jubilarme.

El pretérito indefinido: Los verbos que terminan con -GAR, -CAR o -ZAR

Verbs ending in -GAR, -CAR and -ZAR have a spelling change in the *yo* form.

- Verbs ending in -GAR, change -GAR to **-gué**:

    JUGAR   →   yo ju**gué**
    LLEGAR   →   yo lle**gué**

- Verbs ending in -CAR, change -CAR to **-qué**:

    BUSCAR   →   yo bus**qué**
    SACAR   →   yo sa**qué**

- Verbs ending in -ZAR, change -ZAR to **-cé**:

    EMPEZAR   →   yo empe**cé**

B.4 Rellena los espacios con el pretérito indefinido de los verbos entre paréntesis.

1. Pedro no _____ (jugar) al tenis anoche.
2. Yo _____ (tocar) el piano en el bar.
3. ¿Tú _____ (sacar) buenas notas en el examen?
4. Ellas _____ (buscar) un buen hotel.
5. Durante las vacaciones yo _____ (sacar) muchas fotos.
6. Yo _____ (jugar) al fútbol con el equipo del cole.
7. ¿Vosotros _____ (llegar) a su casa antes de la cena?
8. Yo _____ (empezar) a tocar la flauta hace un año.

El pretérito indefinido: Los verbos que cambian de raíz

Stem-changing verbs ending in -AR and -ER do not have a vowel change in the *pretérito indefinido*.

-AR and -ER verbs

CERRAR (to close)
cerré
cerraste
cerró
cerramos
cerrasteis
cerraron

VOLVER (to return)
volví
volviste
volvió
volvimos
volvisteis
volvieron

Stem-changing verbs in -IR have a vowel change in the third person singular (*él/ella/usted*) and third person plural forms (*ellos/ellas/ustedes*).

- **e changes to i**

PEDIR (to order/ask for)
pedí
pediste
pidió
pedimos
pedisteis
pidieron

SENTIR (to feel)
sentí
sentiste
sintió
sentimos
sentisteis
sintieron

- **o changes to u**

DORMIR (to sleep)
dormí
dormiste
durmió
dormimos
dormisteis
durmieron

B.5 Rellena los espacios con el pretérito indefinido de los verbos entre paréntesis.

1. Pedro no _____ (dormir) en el avión.
2. ¿Tú _____ (levantarse) temprano ayer?
3. Ellas _____ (ir) de vacaciones a Grecia.
4. Su padre no _____ (sentir) el dolor.
5. Nosotros no _____ (poder) ir a la discoteca anoche.
6. Mis tíos _____ (pedir) una paella en el restaurante.
7. Ellos _____ (dormir) después del largo día.
8. ¿Vosotros _____ (estar) en la casa de Alba el lunes pasado?
9. Nuestro vecino no _____ (ir) al supermercado ayer.
10. Yo _____ (pedir) un agua al camarero.

B.6 Cuatro jóvenes hablan sobre el pasado. Escucha y contesta a las preguntas en inglés.

A. Paula
1. What did Paula do last weekend? _____
2. Why is she upset? _____
3. What did she do yesterday? _____

B. Javi
1. Mention three things Javi did on Saturday. _____
2. What did he do on Sunday? _____
3. Why does he not like Sunday evenings? _____

C. Adriana
1. Mention two things Adriana did last July. _____
2. When did she go to Tarragona and who did she go with? _____
3. Mention two things she did while in Tarragona. _____

D. Paco
1. Mention three things Paco did this morning before school. _____
2. Why was he late for school? _____
3. What did the principal say to him? _____

C. El fin de semana pasado

C.1 Dos jóvenes hablan sobre el fin de semana pasado. Lee los textos y contesta a las preguntas.

MAITE

El fin de semana pasado lo pasé bomba. El viernes por la noche fui al cine con mi novio Miguel. Fuimos al centro de la ciudad a ver una película de acción. Después de la película cenamos en un restaurante de comida rápida al lado del cine. El sábado por la mañana jugué un partido de baloncesto. Mi hermana y yo fuimos a la casa de nuestra prima Carla el sábado por la tarde. Salimos de marcha con Carla y nuestro grupo de amigos del instituto. Primero fuimos de tapeo en unos bares del centro de la ciudad. Más tarde fuimos a una discoteca donde nos encontramos con Miguel y sus amigos. Tomamos unas copas y bailamos hasta muy tarde. El domingo por la mañana no me sentía muy bien y tuve que quedarme en la cama hasta tarde.

TOMÁS

Pasé casi todo el fin de semana pasado estudiando porque este año hago los exámenes de Selectividad. Mis padres esperan que vaya a la universidad así que no me permiten salir ni entre semana ni los fines de semana. Tengo que centrarme en los estudios. Me cuesta pasar tanto tiempo estudiando porque no soy muy estudioso. El viernes por la noche no hice nada porque estaba cansado después de una larga semana en el insti. El sábado repasé los verbos ingleses y dos unidades del libro de historia. El domingo escribí un ensayo para la clase de lengua española e hice los deberes de matemáticas. ¡Qué fin de semana más aburrido! La única cosa interesante que hice fue ver un partido de fútbol por la tele con mi padre el sábado a la noche.

1. **Contesta en inglés.**
   (a) What did Maite do on Friday night? (Give full details.)
   (b) Where did she go on Saturday night? (Give full details.)
   (c) What did she do on Sunday morning?
   (d) Why did Tomás not study on Friday?
   (e) What did Tomás do on Sunday? (Give full details.)
   (f) What does he say is the only interesting thing he did all weekend?

2. **Contesta en español.**
   - (a) ¿Quién es Miguel?
   - (b) ¿Qué deporte practica Maite?
   - (c) ¿Quién es Carla?
   - (d) ¿Por qué no le permiten salir a Tomás?
   - (e) ¿Qué hizo Tomás el sábado?
   - (f) ¿Cuándo vio el partido de fútbol?

3. **Busca las siguientes expresiones en los textos de arriba.**
   - (a) I had a great time.
   - (b) We went out partying.
   - (c) We had a few drinks.
   - (d) My parents hope I go to college.
   - (e) I find it hard to spend so much time studying.
   - (f) What a boring weekend!

Una conversación sobre el pasado

¿Qué hiciste el fin de semana pasado?
- El viernes por la noche me quedé en casa y me relajé porque estaba muy cansada después de una larga semana en el cole.
- Vi una película en Netflix y escuché música en mi dormitorio.
- Charlé con mis amigos por Snapchat y colgué unas fotos en Instagram.
- El sábado pasado por la mañana jugué un partido de rugby con el equipo del instituto.
- Fui de escaparates con mis amigas el sábado por la tarde. Me encanta ir al centro de la ciudad con mis amigas. Pasamos horas enteras en las tiendas y las boutiques.
- El sábado por la noche quedé con mis amigos en una discoteca. Nos gusta mucho bailar. ¡Lo pasé bomba!
- Fui al cine con mi novio para ver la nueva película de Elle Fanning.
- Cené en un restaurante de comida rápida con mis amigos.
- El domingo por la mañana me quedé en la cama hasta tarde.
- Visité a mis abuelos, que viven cerca de mi casa, el domingo por la tarde.
- Fui a la fiesta de cumpleaños de mi amigo Mark. Tuvo lugar en su casa. Comimos tarta de cumpleaños y escuchamos música. Disfruté de la fiesta porque conocí a una chica muy guapa y saldré con ella este finde.

¿Cómo lo celebraste cuando cumpliste dieciocho años?
- Tuve una fiesta en casa con mis amigos. Escuchamos música y bailamos.
- Cenamos pizza y patatas fritas y mi madre hizo una tarta de chocolate.
- Mis padres me regalaron dinero, mi hermano me regaló unas botas de fútbol y mis amigos me regalaron un videojuego.
- El fin de semana fui con mi familia a un restaurante de comida tailandesa y más tarde quedé con mis amigos en una discoteca.
- No hice mucho porque este año tengo que estudiar así que no quise salir a celebrar mi cumple.

¿Qué hiciste el verano pasado?

- En junio hice un curso en un colegio de irlandés. Fui con un compañero de colegio. Nos alojamos en una casa en el condado de Galway. Íbamos a clases de gaelico por las mañanas y por las tardes hacíamos todo tipo de actividades.
- En julio fui de vacaciones a Portugal con mi familia. ¡Lo pasé fenomenal! Fuimos a la playa, nos bañamos en la piscina y comimos comida típica. Pasé mucho tiempo tomando el sol y jugando al voleibol con mi padre en la playa. Nos alojamos en un hotel de cuatro estrellas.
- En agosto visité a mis primos que viven en Kerry. Hicimos senderismo por la montaña, nadamos en el río y montamos a caballo.
- Tuve un trabajo de verano. Trabajé en un supermercado pequeño. Tuve que trabajar en la caja y rellenar las estanterías. No me gustó el trabajo pero gané mucho dinero y con el dinero que gané me compré un ordenador portátil.
- Hice un intercambio con una chica española de Sevilla. Pasé dos semanas en su casa en julio y ella vino a mi casa en agosto. Lo pasé muy bien y aprendí mucho español. Estoy todavía en contacto con María y espero volver a Sevilla el verano que viene.

Glosario

colgar/subir fotos en Instagram	to upload photos to Instagram
hacer senderismo	to go hiking
ir de escaparates	to go window shopping
quedarse en casa	to stay at home
rellenar las estanterías	to stack the shelves
salir de copas	to go out for drinks
trabajar en la caja	to work at the cash register

C.2 En tu cuaderno escribe las preguntas y las respuestas con frases completas.
1. ¿Qué hiciste el fin de semana pasado?
2. ¿Cómo lo celebraste cuando cumpliste dieciocho años?
3. ¿Qué hiciste el verano pasado?

Practica las preguntas con tu compañero/a.

¿Qué hiciste el fin de semana pasado?

El sábado visité a mi abuela.

¡Ojo!

The personal *a*
If the object of a sentence is a person, we must put *a* before the person.
*Visité **a** mi abuela.* I visited my grandmother.
Visité el museo de historia. I visited the history museum.

*Veo **a** la chica.* I see the girl.
Veo la casa. I see the house.

Log on to **www.edcolearning.ie** to access mock oral exam videos.

C.3 Amaia habla sobre el fin de semana pasado. Escucha y escribe diez verbos que oigas en pretérito indefinido.

CD 1 Track 40

C.4 Rellena los cuadros con los verbos en el pretérito indefinido.

	¿Qué haces los fines de semana?	¿Qué hiciste el fin de semana pasado?
1.	Ceno en la casa de mis abuelos.	*Cené en la casa de mis abuelos.*
2.	Voy al cine con mi novio.	
3.	Juego al fútbol con el equipo del colegio.	
4.	Veo unas películas en Netflix.	
5.	Hago los deberes en casa.	
6.	Salgo de copas con mis amigos.	
7.	Practico karate en el gimnasio de mi barrio.	
8.	Doy un paseo por el parque.	
9.	Saco fotos y las cuelgo en Instagram.	
10.	Estudio en mi dormitorio.	

	¿Qué haces durante el verano?	¿Qué hiciste el verano pasado?
1.	Hago un intercambio con un chico español.	
2.	Voy de vacaciones a Francia.	
3.	Me baño en el mar.	
4.	Juego al voleibol en la playa.	
5.	Voy a un colegio de irlandés.	
6.	Hago senderismo en la montaña.	
7.	Me divierto en un campamento de verano.	
8.	Veo películas en la tele.	
9.	Duermo hasta tarde.	
10.	Trabajo a tiempo parcial en una tienda.	

C.5 Escribe una carta o un correo electrónico a una amiga.

Write a letter or email to your Spanish pen-pal Alba.
- Thank her for the email you received last night.
- Tell her three things you did last summer.
- Say it was your sister's birthday last weekend.
- Say what present you bought your sister and where you bought it.
- Tell her three things about how you celebrated your sister's birthday.

C.5 – Criterios de éxito
- Start and end your letter or email appropriately.
- Make sure you include all the points and write at least two sentences per point.
- Use the structure and phrases from pages 33 and 34.
- Make sure you are using the correct verb tenses.
- Check your work for spellings, accents and agreement of adjectives.

D. Escribir un diario

El diario

Writing a diary entry is an optional question on both the Higher Level and Ordinary Level papers. On both papers, candidates have a choice of writing a diary entry or writing a note. There are four points to be communicated in the diary and you MUST include all points. Each point is worth 5 marks, for a total of 20 marks. It is worthwhile learning one or two nice phrases that you can use to start and end your diary entry. However, there is no need to expand on the four points. Students often lose marks for overcomplicating their diary entries by attempting to write too much. Sticking to the minimum can get you full marks once you have covered all points in clear and accurate Spanish. It is good practice to start each new point on a new line so that the examiner can clearly see the start and end of each point. Be careful with the verb tenses because your verbs must be correct to get full marks.

Sample diary entry (Leaving Certificate Higher Level 2018):

You are working in Salamanca for the summer.
Write a DIARY ENTRY in SPANISH mentioning all of the following points:
- Say that you have started your new job and what it is like.
- Describe two things you have to do at work.
- Mention one problem at work.
- Explain what you will do with the money you earn.

Sábado, 3 de julio

Querido diario:

¡Soy yo! Estoy escribiendo estas líneas en la cama después de un largo día. Acabo de empezar un trabajo de camarero en un restaurante en el centro de Salamanca y el primer día me ha ido bien. Me gusta el trabajo porque es muy variado y estoy aprendiendo mucho español.

Tengo que apuntar lo que piden los clientes y servir los platos.

El único problema es que el horario es muy largo y estoy todo el día de pie así que estoy hecho polvo.

Estoy ahorrando el dinero que gano porque voy a comprar un ordenador portátil antes de ir a la universidad. Bueno, tengo mucho sueño, no puedo escribir más.

Buenas noches.

Tom

Algunas expresiones para escribir un diario

Querido diario	*Dear diary*
¡Soy yo!	*It's me!*
Escribo estas líneas antes de acostarme.	*I'm writing these lines before going to bed.*
¡Qué día más emocionante!	*What an exciting day!*
¡Qué suerte!	*How lucky!*
¡Qué pesadilla!	*What a nightmare!*
¡Qué lastima!	*What a shame!*
¡Qué raro!	*How strange!*
¡Vaya noche!	*What a night!*
¡Vaya desastre!	*What a disaster!*
Estoy hecho/a polvo.	*I'm exhausted.*
Estoy agotado/a.	*I'm exhausted.*
Estoy emocionado/a.	*I'm excited.*
Estoy harto/a de…	*I'm fed up with…*
Estoy enamorado/a.	*I'm in love.*
Estoy deprimido/a.	*I'm depressed.*
Estoy ilusionado/a.	*I'm thrilled.*
Echo de menos a mi familia.	*I miss my family.*
Extraño mucho a mi novio/a.	*I miss my boyfriend/girlfriend.*
No me encuentro bien.	*I'm not feeling well.*
No es justo.	*It's not fair.*
¡No aguanto más!	*I can't bear any more!*
Bueno me voy a dormir.	*Well, I'm going to sleep.*
No puedo escribir más.	*I can't write any more.*
Estoy cansadísimo/a.	*I'm really tired.*
Eso es todo.	*That's all.*
Buenas noches.	*Goodnight.*

D.1 Escribe un diario.

You have just arrived on an exchange in Spain.
Write a diary entry in Spanish mentioning all of the following points:
- Say that you met your host family at the airport and describe them.
- Mention two things about the apartment you are staying in.
- Describe one thing that you are finding difficult.
- Explain what you will do tomorrow.

D.1 – Criterios de éxito
- Make sure you include all four points.
- Start each point on a new line.
- Use the structure and phrases from page 92 and above.
- Make sure you are using the correct verb tenses.
- Check your work for spellings, accents and agreement of adjectives.

E. Los jóvenes

E.1 Lee el texto y contesta a las preguntas. HIGHER

EL ESTRÉS ADOLESCENTE

1. Según muchos estudios psicológicos, una de las épocas en la vida de los humanos en las que más estamos sometidos a situaciones de estrés es durante la adolescencia, y es que la transición desde la infancia al ser adulto es muy complicada. Sobre todo porque empiezan a vivir situaciones propias de una persona mayor, sin tener todavía los recursos necesarios para superarlas con éxito.

2. Según un estudio llevado a cabo por un grupo de científicos de la Universidad de Michigan Ann Arbor, una tercera parte de los adolescentes norteamericanos experimentan estrés motivado por 'las enormes expectativas de sus padres y la sociedad' y dos tercios experimentan síntomas del estrés al menos una vez a la semana.

3. Es muy importante saber reconocer los síntomas de estrés en nuestros hijos adolescentes para que no se convierta en un problema mayor. Convivir y gestionar el estrés forma parte de la vida de cualquier adulto. Pero un adolescente que todavía carece de la capacidad de vencer su estrés corre el riesgo de sufrir depresión o ansiedad u otra enfermedad, o de intentar paliarlo con métodos peligrosos como las drogas…

Motivos de estrés en los adolescentes

4. Por muy seguros de sí mismos que nos quieran hacer creer que son nuestros hijos adolescentes, en el fondo se mueven muchas veces en un gran mar de dudas e inseguridades. Estos son algunos de ellos:
   Exigencias y fracasos académicos, pensamientos negativos sobre ellos mismos, cambios en su cuerpo, problemas con compañeros del instituto o acoso escolar, vivir en un barrio problemático, problemas de pareja de sus padres – peleas, separación o abusos, la muerte de un ser querido o una mascota, una mudanza o un cambio de centro escolar, la realización de demasiadas actividades, problemas económicos en la familia.

Cómo reconocer el estrés adolescente

5. … Debemos estar alertos ante la presencia de algunos de los siguientes síntomas del estrés:
   - Agotamiento crónico con sensación de malestar
   - Excesiva autocrítica
   - Sensación de persecución
   - Cinismo, irritabilidad y negatividad
   - Brotes de furia por motivos aparentemente triviales
   - Enfado cuanto les exigimos algo
   - Insomnio
   - Dificultad respiratoria
   - Sensación de ser inútil
   - Tendencia a correr mayores riesgos

Cómo ayudar a un adolescente estresado

6. Lo primero es ayudarle a reconocer que necesita ayuda…

Intentar ayudarles a identificar la causa de su estrés y hablar sobre cómo aliviar la situación. Si se sienten abrumados por sus deberes, les ayudaremos ordenar su trabajo y hacer un buen plan.

7. Una forma de combatir el estrés es a través de la diversión. Buscar alguna actividad familiar, ir al cine o alquilar una película y comprar unas pizzas, un partido de fútbol, una cena especial… cualquier cosa que le pueda hacer ilusión y le ayude a olvidar durante un ratito sus problemas. Aprender juntos maneras de combatir el estrés. Existen muchísimos recursos en internet con consejos y ejercicios. Si es preciso, buscar la ayuda de un experto, pero no sin antes intentar recabar información y datos juntos. El deporte es una magnifica manera de luchar contra el estrés. Tal vez le podemos animar a ir a un gimnasio o participar en un deporte de equipo, clases de tenis, natación, footing…

Sobre todo, apoyarle.

Source: euroresidentes.com

1. Escribe las frases del texto que sean equivalentes (más o menos) a las siguientes:
   (a) comienzan (para 1)
   (b) realizado por (para 2)
   (c) cansancio (para 5)
   (d) un muy buen modo (para 7)
   (e) quizás (para 7)

2. Write in English the meaning (in the context) of the following phrases:
   (a) … los recursos necesarios para superarlas con éxito (para 1)
   (b) … dos tercios experimentan síntomas del estrés al menos una vez a la semana (para 2)
   (c) … se mueven muchas veces en un gran mar de dudas e inseguridades (para 4)

3. Busca en el texto una palabra o frase que tenga el mismo sentido (más o menos) que las siguientes:
   (a) los períodos (para 1)
   (b) como mínimo (para 2)
   (c) una situación más grave (para 3)
   (d) un animal doméstico (para 4)
   (e) del ocio (para 7)

4. As a partial summary of the content of the article, write in English the information requested.
   (a) What are the causes of stress among young people?
   (b) Name five symptoms of stress in adolescents.
   (c) What practical ideas are suggested to help a stressed teenager?

¡Venga!

E.2 El estrés entre los jóvenes. Escucha el reportaje y contesta a las preguntas en inglés.

1. What are the three main causes of stress among young people? _____
2. What does the 15% statistic refer to? _____
3. Why do young people sometimes do things they don't want to do? _____
4. What three things does psychologist Eva Hernandez suggest young people should do to reduce stress levels? _____
5. What should be avoided? _____
6. How can parents help? _____

CD 1 Track 41

E.3 Trabajad en parejas. Traducid las frases de abajo con la ayuda del vocabulario.
- ¡Hay tanta presión sobre los jóvenes hoy en día! De los padres, los profesores, los exámenes e incluso los amigos.
- Los jóvenes quieren independizarse y hacer cosas por sí mismos.
- Quieren ser populares a los ojos de sus amigos y a veces hacen cosas que no quieren hacer.
- Cuestionar la autoridad es una parte natural del desarrollo de un joven.
- El conflicto generacional siempre ha sido un problema.
- Los adultos deben dejar a sus niños adolescentes en paz para que puedan experimentar la vida por ellos mismos.
- Los padres quieren que sus hijos vayan a la universidad y que tengan éxito en la vida pero la salud mental es más importante que sacar buenas notas.

Los jóvenes

crecer	to grow
cuestionar la autoridad	to question authority
dejar en paz	to leave in peace/to leave alone
estar a dieta	to be on a diet
experimentar	to experience
hacer cosas por sí mismos	to do things for themselves
independizarse	to become independent
mostrar falta de respeto	to show a lack of respect
rebelarse contra	to rebel against
ser aceptado	to be accepted
ser menor de edad	to be underage
ser rebelde	to be rebellious
ser vulnerable	to be vulnerable
sentirse inseguro	to feel insecure
hay tanta presión	there is so much pressure
a los ojos de sus amigos	in their friend's eyes
el conflicto generacional	conflict between generations
el cuerpo ideal	the ideal body
el desarrollo	development
una imagen irreal	an unrealistic image
la inseguridad	insecurity
la juventud	youth
la presión del grupo	peer pressure
la salud mental	mental health

Unidad 3 La cultura juvenil

E.4 Escribe tu opinión sobre una de las siguientes afirmaciones. HIGHER

(a) Hay demasiado estrés en la vida de los jóvenes.
(b) La juventud es la época más difícil de la vida.

E.4 – Criterios de éxito

- Write 150 words or more.
- Structure your answer with an introduction, at least three points and a conclusion.
- Use words and phrases from pages 61, 96 and below.
- Check your work for spellings, accents and agreement of adjectives.

Los jóvenes se sienten vulnerables e inseguros.

La adolescencia es una época en la que hay muchos cambios.

Hay mucha presión social entre los jóvenes.

LOS JÓVENES

Lo más importante en la vida de un joven es ser aceptado por el grupo.

No es de sorprender que tantos jóvenes estén a dieta para estar más delgados porque la sociedad siempre nos muestra una imagen irreal del cuerpo ideal.

noventa y siete

F. El botellón

F.1 Lee el texto y contesta a las preguntas en inglés.

EL CONSUMO DE ALCOHOL ENTRE MENORES EN ESPAÑA

las borracheras

El 22,2% de los jóvenes de 14 a 18 años se ha emborrachado en el último mes.

22,2%

el botellón

El 57,6% ha hecho botellón en el último año.

57,6%

consumo en atracón

El 32,2% de los jóvenes de 14 a 18 años ha consumido cinco o más vasos, cañas o copas de bebidas alcohólicas en un corto espacio de tiempo.

32,2%

consumo de riesgo el fin de semana

El 31,9% de los jóvenes de 14 a 18 años tiene un consumo de riesgo durante los fines de semana.

31,9%

los consumos

El 78,9% de los jóvenes de 14 a 18 años ha consumido alcohol alguna vez, el 76,8% ha consumido alcohol en el último año y el 68,2% en el último mes.

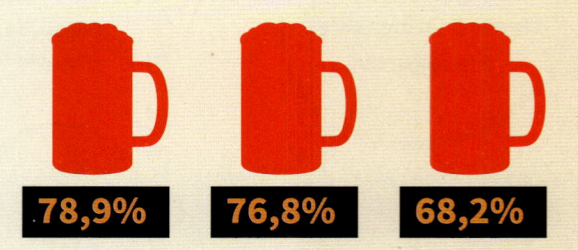

78,9% **76,8%** **68,2%**

Los jóvenes no piensan que el consumo de alcohol produzca tantos problemas como los adultos.

15–22 años
| peligroso | sin peligro |

31–65 años
| peligroso | sin peligro |

El 42,5% de los jóvenes de 15 a 22 años piensa que el alcohol es peligroso, mientras que el 59,2% de los adultos de 31 a 65 años piensa que es peligroso.

Las estadísticas demuestran que hoy el consumo de alcohol por parte de los menores es un problema y que los jóvenes no entienden los riesgos asociados con beber alcohol.

Source: Elaborado por: FAD (fundación de Ayuda contra la Drogadicción) – www.fad.es

1. What percentage of young people between fourteen and eighteen have been drunk in the past month?
2. What does the figure 32,2% refer to?
3. What percentage of young people have consumed alcohol at some time in their lives?
4. In what way is young people's attitude to alcohol different to the attitude of older people?

F.2 Lola habla sobre el alcohol. Escucha y contesta a las preguntas en inglés.

CD 1 Track 42

1. How often does Lola drink alcohol?
   (a) Once a month ☐
   (b) Once a fortnight ☐
   (c) Every few months ☐

2. On what occasions does she celebrate with her family? _____

3. Why does she believe many young people drink too much? _____

4. What will she be celebrating this weekend?
   (a) Her graduation ☐
   (b) Her twenty-first birthday ☐
   (c) The end of her exams ☐

5. Where will the celebration take place? _____

F.3 Lee el texto y contesta a las preguntas. HIGHER

¿QUÉ ES EL BOTELLÓN?

1. El botellón es un término que se utiliza para referirse a la concentración de grupos de personas, generalmente jóvenes, que se citan en calles, plazas y otros espacios públicos para pasar el rato bebiendo, generalmente alcohol que han comprado en los supermercados, con amigos… El estudio *El botellón entre los jóvenes de la ciudad de Zaragoza. Análisis y propuestas alternativas,* elaborado conjuntamente por el Ayuntamiento y la Universidad de Zaragoza, destaca que los jóvenes que acuden a estos eventos tienen entre 13 y 19 años de media…

2. Según el informe, los principales factores que motivan a los jóvenes a acudir a estos encuentros son:

   Búsqueda de un espacio propio

   … El joven relaciona el botellón con pasar el tiempo con amigos, pero también con un espacio donde escuchar su música, hablar sobre temas que le interesan y practicar hábitos mal vistos o prohibidos por la ley y por su entorno familiar…

   Bajo precio del alcohol

   La mayoría de los jóvenes encuestados… destaca la diferencia entre el coste de hacer un botellón y el de beber en bares y otros espacios de consumo…

   Consecuencias del botellón para la salud

3. Beber grandes cantidades de alcohol en poco tiempo provoca que al hígado no le dé tiempo a eliminar el etanol (agente tóxico que contiene el alcohol), por lo que sus efectos nocivos empiezan a hacer efecto en el tejido neuronal y aparecen los síntomas de intoxicación (falta de coordinación, euforia, agresividad, mareo, vómitos, dolor de cabeza, pérdida de la consciencia, etcétera) que, llevada al extremo puede provocar la muerte. También hay que tener en cuenta la posibilidad que tiene el adolescente de desarrollar adicción al alcohol…

4. Madrid Salud destaca que el consumo abusivo puede acarrear consecuencias indirectas como peleas y enfrentamientos, comportamientos de riesgo (como la práctica de relaciones sexuales sin protección, que puede traer consecuencias como embarazos no deseados o contagio del VIH), accidentes de tráfico, etcétera.

   ¿Cómo frenar el consumo de alcohol entre los jóvenes?

5. …

   (a) Educar a los jóvenes en un consumo responsable.

   El estudio… propone alternativas como educar bien a los adolescentes para que aprendan a controlarse.

Unidad 3 La cultura juvenil

> **(b)** Concienciar de las consecuencias negativas del alcohol.
>
> … Es muy importante mostrarles los efectos perjudiciales del alcohol, sobre todo cuando su consumo comienza en edades muy tempranas.
>
> **(c)** Proponer alternativas al botellón.
>
> … Proponer alternativas de socialización e intentar habilitar y recuperar espacios para los jóvenes podría reducir esta práctica y el consumo excesivo de alcohol que conlleva.
>
> **(d)** Limitar la publicidad de bebidas alcohólicas.
>
> El estudio también recoge que la publicidad promueve el consumo de alcohol entre los jóvenes. Muchos bares organizan eventos y promociones relacionadas con la ingesta de alcohol con el objetivo de atraer el mayor número de personas para que consuman…
>
> **(e)** Controlar la venta de alcohol a menores.
>
> … A pesar de que en España está prohibida la venta de alcohol a los menores de edad, los jóvenes encuestados admiten adquirir el alcohol en supermercados y gasolineras, bien de forma directa o a través de una persona mayor de edad.
>
> Source: cuidateplus.marca.com

1. **Escribe las frases del texto que sean equivalents (más o menos) a las siguientes:**
   (a) una palabra (para 1)
   (b) enseñarles (para 5)
   (c) bajar (para 5)
   (d) promociona (para 5)
   (e) el consumo (para 5)

2. **Write in English the meaning (in the context) of the following phrases:**
   (a) … practicar hábitos mal vistos o prohibidos por la ley (para 2)
   (b) También hay que tener en cuenta (para 3)
   (c) … que puede traer consecuencias como embarazos no deseados (para 4)

3. **Busca en el texto una palabra o frase que tenga el mismo sentido (más o menos) que las siguientes:**
   (a) se usa (para 1)
   (b) incentivan (para 2)
   (c) consecuencias perjudiciales (para 3)
   (d) provocar (para 4)
   (e) no está permitida (para 5)

4. **As a partial summary of the content of the article, write in English the information requested.**
   (a) What is *el botellón*, according to the text?
   (b) What reasons are given for why young people participate in *el botellón*? (Give full details.)
   (c) What are the five suggested solutions to resolve the problem of *el botellón*?

¡Venga!

F.4 ¿Por qué hay tantos menores de edad que toman alcohol? ¿Debemos cambiar nuestra actitud hacia el alcohol? Discutidlo en parejas.

> Yo creo que muchos jóvenes toman alcohol porque se sienten deprimidos y piensan que el alcohol puede liberarles de sus problemas. No entienden cuáles son los peligros asociados al alcohol.

> Es por causa de la presión social – nada más. La mayoría de los jóvenes no quieren tomar alcohol pero quieren ser populares a los ojos de sus amigos.

> Los jóvenes que son cohibidos toman alcohol para tener más confianza. Se sienten menos tímidos después de tomar unas copas pero no se dan cuenta de que las terribles consecuencias del consumo excesivo de alcohol incluyen borracheras, peleas y dificultades para estudiar.

> Mis amigos beben alcohol porque quieren ser rebeldes. Tomar copas es su manera de rebelarse contra sus padres.

> Hay una falta de educación sobre cuáles son los peligros reales de tomar alcohol. La mayoría de los jóvenes no son conscientes de esos peligros.

> Los adolescentes son curiosos y quieren experimentar. Es una parte natural del crecimiento ¿no? Es la responsabilidad de los padres educar a sus hijos sobre cuáles son las consecuencias de tomar alcohol.

> Es una vergüenza que beber para emborracharse sea parte de la cultura irlandesa. Los españoles suelen tomar alcohol con la comida.

> Tengo miedo de tomar alcohol. Sé que abusar del alcohol puede causar cáncer de estómago, afectar a la memoria, producir trastornos de sueño y afectar a las emociones. ¡Hay demasiados peligros!

> No tomo alcohol porque no me gusta estar borracho. Pierdo el control después de unas copas. Tampoco me gusta tener resaca.

Los peligros de tomar alcohol

emborracharse	to get drunk
estar borracho	to be drunk
ser consciente de	to be aware of
deprimido	depressed
la confianza	confidence
liberarse	to free yourself
el crecimiento	growth
la falta de	the lack of
los peligros	dangers
una resaca	a hangover
un trastorno	a disorder

ciento dos

F.5 Escribe tu opinión sobre una de las siguientes afirmaciones. **HIGHER**

(a) El alcohol es una droga muy integrada dentro de nuestra sociedad.
(b) A los jóvenes no les importa que el alcohol sea malo para la salud.

> **F.5 – Criterios de éxito**
> - Write 150 words or more.
> - Structure your answer with an introduction, at least three points and a conclusion.
> - Use the words and phrases from pages 61 and 102.
> - Check your work for spellings, accents and agreement of adjectives

G. Los deberes de la Unidad 3

La gramática

G.1 Rellena los espacios con el pretérito indefinido de los verbos entre paréntesis.

1. Yo _____ (llegar) a casa a las nueve y media.
2. Héctor y sus primos _____ (dormir) en el hotel.
3. Mi padre _____ (perder) el partido de tenis.
4. Nosotras no _____ (tener) éxito en los exámenes.
5. Mis hermanas _____ (despertarse) a las siete ayer.
6. ¿Vosotros _____ (ver) a Miguel ayer por la tarde?
7. Raquel no _____ (hablar) conmigo anoche.
8. ¿Adónde _____ (ir) (vosotros) ayer?
9. Yo _____ (divertirse) mucho el fin de semana pasado.
10. ¿Tú _____ (poner) la chaqueta en el armario?

G.2 Escribe las frases en español.

1. I went out with my best friend Luke last Saturday night.
2. We took a taxi into the city centre and met Rachel and Anna.
3. We all went to a bar and had a drink.
4. Rachel didn't feel well so she called her dad.
5. Rachel's dad came in his car and brought Rachel home.
6. Luke, Anna and I went to a concert. I had a brilliant time.
7. After the concert we got chips and walked home.
8. I didn't wake up until after midday today. I'm still exhausted!

El vocabulario

G.3 ¿Cómo se dice en inglés?

1. Confía en mí
2. Me da consejos
3. Me apoya
4. Colgar fotos
5. Ir de escaparates
6. Salir de copas
7. Estar borracho
8. Emborracharse
9. El botellón
10. La presión del grupo
11. Crecer
12. El desarrollo

G.4 ¿Cómo se dice en español?

1. A good friend
2. She helps me
3. We get on well
4. My best friend
5. My gang
6. Young people
7. Stress
8. To feel depressed
9. Dangerous
10. Alcohol abuse
11. To have a hangover
12. To be rebellious

La comprensión lectora

G.5 Lee el texto y contesta a las preguntas en inglés.

DOS OSOS TIBETANOS SE COMEN A UN JOVEN BORRACHO

El joven serbio entró en la jaula y se desnudó antes de ser atacado y comido por los osos.

Los cuidadores de dos osos del zoo de Belgrado hallaron este fin de semana a un joven de 23 años parcialmente devorado en el rincón de la comida de los osos. Cuando los empleados del zoo intentaron recuperar el cadáver del joven, los osos reaccionaron con rabia.

La víctima volvía ebrio del festival anual de la cerveza que se celebró en Belgrado el fin de semana pasado. Entró por su propio pie en la jaula de los osos y se desnudó. La policía serbia encontró las ropas del joven intactas en la puerta de la jaula. También encontró su documento de identidad, un teléfono móvil, unas piedras y unas latas de cerveza.

Los animales mordieron y se comieron la pierna derecha del joven. El cadáver fue hallado en la madrugada del domingo por los guardianes del zoo.

'¡Fue horroroso!' dijo el director del parque zoológico que sospecha que la víctima estuviera borracho o drogado porque 'sólo a un idiota se le ocurriría entrar en la jaula de los osos'.

1. How did the young Serbian man die?
2. What event was taking place in Belgrade this weekend?
3. What did the police find inside the cage?
4. What did the director of the zoo say about the incident?

G.6 Lee el texto y contesta a las preguntas en inglés.

WHATSAPP: EL GENIAL TRUCO PARA DESCUBRIR QUIÉN ES TU MEJOR AMIGO

WhatsApp es una de las formas de comunicación más habituales que usamos para ponernos en contacto con muchos de nuestros amigos, familiares, compañeros de trabajo y conocidos. Es el medio de comunicación favorito de 900 millones de usuarios cada mes.

¿Alguna vez te has preguntado con quién te comunicas más? Lo que no saben muchos de los usuarios es que existe una función en WhatsApp que no sólo nos dice cuántos mensajes, videos y fotos hemos recibido y enviado, sino que también nos dice a quién los hemos enviado. Esta información es muy fácil de encontrar si se siguen los siguientes pasos:

1. Haz clic en el menú de WhatsApp e ingresa en la opción 'Ajustes'.
2. Selecciona 'Datos y Almacenamiento'.
3. Haz clic en 'Uso de Almacenamiento' y sabrás cuantos megas ocupa cada uno de tus contactos. Así descubrirás quién es tu mejor amigo virtual.

Si no tienes mucho espacio en tu dispositivo, puedes eliminar fotos, videos y notas de voz. Antes de borrar cualquier cosa, no te olvides de guardar una copia de todos los videos y las fotos que quieras conservar en un PC o en la nube.

1. According to the article, what groups of people do WhatsApp users communicate with?
2. What information can you find out by following the steps in the article?
3. What suggestion is made for anyone with limited space?
4. What should you do before deleting anything?

G.7 Escribe una carta o un correo electrónico a un amigo.

Write a letter or email to your Spanish pen-pal Javier.
- Thank him for the present he sent you last week.
- Tell him you spent the weekend at your best friend's house.
- Describe three things you did over the weekend.
- Describe your best friend and say how you know him/her.
- Tell him you are going on holiday with your friend's family this summer.

G.7 – Criterios de éxito
- Start and end your letter or email appropriately.
- Make sure you include all the points and write at least two sentences per point.
- Use the structure and phrases from pages 33 and 34.
- Make sure you are using the correct verb tenses.
- Check your work for spellings, accents and agreement of adjectives.

G.8 Escribe un diario.

You have just come back from a night out with your friends.
Write a diary entry entry in Spanish mentioning all of the following points:
- Say how you are feeling and why.
- Describe what you did on your night out and who you were with.
- Describe one problem that you encountered while you were out.
- Explain how you resolved the problem.

G.8 – Criterios de éxito
- Make sure you include all four points.
- Start each point on a new line.
- Use the structure and phrases from pages 92 and 93.
- Make sure you are using the correct verb tenses.
- Check your work for spellings, accents and agreement of adjectives.

Unidad 3 Autoevaluación

		😊	😐	😠
	I can describe my best friend.			
	I can answer questions about what I did last weekend.			
	I can write a diary entry.			
	I can describe the importance of friendships.			
	I can discuss stress among young people.			
	H I can express my opinion on alcohol consumption among young people.			
	I can understand texts on the topics of friendships, young people and alcohol.			
	I can use the *pretérito indefinido* of regular, irregular and reflexive verbs to express the past tense.			
	I understand when to insert a personal *a*.			
	I can follow descriptions of friends and friendships.			
	I can understand descriptions in the past tense.			

After completing the *autoevaluación* above, write your own simple learning targets for the next few weeks. Think about what you know well and what you need to revise. What topic or topics do you need to revisit? Fill in the chart below.

Lo que ya sé de la Unidad 3	Lo que tengo que repasar de la Unidad 3

Unidad 4
Donde vivo

Communicative objectives

By the end of this unit you will be able to:
- Describe your home
- Describe your area and nearest city
- Discuss the advantages and disadvantages of urban life versus rural life

Contesta a las preguntas en inglés.

1. Which of the topics above do you already know quite well?
2. Which topics are you not really able to talk or write about in Spanish?
3. Make a graphic organiser about where you live in your copy and fill in all the vocabulary you already know related to the topic.

La gramática

- Demonstrative adjectives
- Prepositions
- The imperfect tense

El examen oral

- An interview about your home
- An interview about the area where you live

El examen escrito

- Write an informal letter or email about your area
- Write a diary entry describing a new house
- Write your opinion on:
  — Where you live
  — City life
  — Life in the countryside

Habilidades de comprensión

- Listening and reading comprehension practice on the theme of homes and places

A. Mi casa

A.1 Cinco personas hablan sobre donde viven. Lee los textos y empareja los textos con las imágenes.

(a)

(b)

(c)

(d)

(e)

1. **Senan:** Vivo en un bungaló, en un pueblo pequeño, a veinte kilómetros de Galway. Tenemos un bonito jardín con muchas flores. Lo mejor es que mis amigos viven en la casa de al lado.

2. **Mia:** Vivo con mi madre en un piso pequeño. El piso está en la tercera planta del edificio y tiene dos dormitorios, un salón, una cocina y un cuarto de baño. No es muy grande pero está cerca del centro de la ciudad.

3. **Sinéad:** Vivo en una casa adosada de dos pisos en una urbanización a las afueras de Dublín. En la casa hay tres dormitorios, un cuarto de baño, un salón y una cocina.

4. **Cian:** Vivo en el campo, en una casa grande con seis dormitorios. La casa es muy cómoda pero está lejos del pueblo más cercano y no tenemos vecinos.

5. **Jordan:** Vivo en un piso de lujo en el centro de Limerick. Está en la quinta planta y tiene bonitas vistas de la ciudad. Lo que no me gusta del piso es que no tenemos jardín. Hay una terraza pero es pequeñísima.

A.2 Una entrevista sobre mi casa. Escribe en tu cuaderno las preguntas y las respuestas con frases completas.

1. **¿Dónde vives?**

   Vivo en…   una casa adosada a las afueras de Dublín.
   un piso en el centro de Cork.
   un bungaló en el campo, en el condado de Wicklow.
   Kerry, en un chalet en las montañas.
   un apartamento en Sligo.

2. **¿Cómo es tu casa?**
   — Mi casa es grande/muy pequeñ**a**/modern**a**/bastante viej**a**.
   — Es un piso bastante pequeñ**o**/modern**o** en la cuarta planta del edificio.
   — Es una casa adosada en una urbanización grande.
   — Es una casa de dos pisos.

3. **¿Cuántos dormitorios hay?**
   En mi casa hay dos/tres/cuatro/cinco dormitorios.

4. **¿Qué hay en la planta baja?**

   Abajo hay…   una cocina   un comedor
   un salón   un cuarto de baño
   una oficina   un lavadero

5. **¿Qué hay arriba?**

   En la primera planta hay…   un cuarto de baño.
   dos cuartos de baño.
   mi dormitorio.
   el dormitorio de los huéspedes.
   el dormitorio de mis padres.
   el desván.

6. **¿Cómo es tu dormitorio?**
   — Mi dormitorio es grande/pequeño/cómodo.
   — En mi dormitorio hay…   una estantería con todos mis libros.
   una cama grande.
   un armario donde guardo la ropa.
   una mesita de noche con una lámpara y un despertador.
   un pupitre con mi ordenador.
   un**as** cortin**as** blanc**as**/roj**as**/azules/verdes.
   una alfombra gris/verde/azul/de color crema.
   — En la pared hay…   un espejo y unos cuadros.
   unas fotos de mis amigos.
   un póster de mi grupo favorito.
   — Las paredes estan pintadas de color amarillo.
   — Tengo suerte porque tengo mi propio dormitorio.
   — Tengo que compartir mi dormitorio con mi hermana menor.

7. **¿Hay jardín?**
   — No tenemos jardín porque nuestro piso está en la tercera planta.
   — Sí. Hay un jardín pequeño delante de la casa y otro más grande detrás de la casa.
   — Nuestro jardín está lleno de flores y árboles.
   — Tenemos unos columpios y una cama elástica en el jardín.
   — Mi dormitorio da al jardín.
   — Tenemos una terraza donde colgamos la ropa.
   — Mis hermanos menores pasan mucho tiempo jugando al fútbol en nuestro jardín.

¡Venga!

8. **¿Cómo son los vecinos?**
   — Tenemos mucha suerte porque nuestros vecinos son muy simpáticos.
   — No conozco muy bien a mis vecinos.
   — Cuidan de nuestro gato cuando vamos de vacaciones.

9. **¿Qué es lo que más te gusta de tu casa?**
   — Lo que más me gusta es la sala de juegos que tenemos en el desván.
   — Me encantan las vistas desde el balcón de nuestro piso.
   — Me encanta el salón porque tenemos un sofá muy cómodo y una televisión enorme.

10. **¿Llevas mucho tiempo viviendo allí?**
    — Vivo en esta casa desde hace cinco años.
    — Llevo toda la vida viviendo en el mismo piso.
    — Me gustaría vivir más cerca de mis amigos.

Practica las preguntas con tu compañero/a.

¿Llevas mucho tiempo viviendo en tu piso?

Pues sí. Llevo once años viviendo en este piso.

¡Ojo!
The demonstrative adjective agrees in number and in gender with the noun it modifies.
este piso   *estos* pisos
esta casa   *estas* casas

Log on to www.edcolearning.ie to access mock oral exam videos.

Los adjetivos demostrativos

	MASCULINE	FEMININE
This	este	esta
These	estos	estas
That	ese	esa
Those	esos	esas

Demonstrative adjectives agree in number and gender with the nouns <u>after</u> them.
Por ejemplo: **estos** perros (these dogs), **esa** chica (that girl)

Unidad 4 Donde vivo

A.3 Andrea habla sobre donde vive. Escucha y contesta a las preguntas en inglés.

CD 1 Track 43

1. Where *exactly* does Andrea live? _____
2. How does she describe her home? _____
3. Describe her bedroom. _____
   _____
   _____
4. What are her neighbours like?
   (a) Friendly and helpful ☐
   (b) Nosy and unfriendly ☐
   (c) Noisy but friendly ☐
5. What does she like most about her home? _____
6. What problems does she mention in her area?
   (a) Violence and noise ☐
   (b) Drugs and alcohol ☐
   (c) Traffic and litter ☐
7. Where would she like to live in the future? _____
8. Mention two reasons why she thinks it won't be possible to live there. _____
   _____

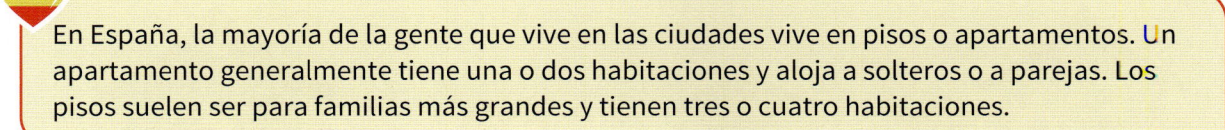

> En España, la mayoría de la gente que vive en las ciudades vive en pisos o apartamentos. Un apartamento generalmente tiene una o dos habitaciones y aloja a solteros o a parejas. Los pisos suelen ser para familias más grandes y tienen tres o cuatro habitaciones.

A.4 Escribe un diario.

You and your family have just moved house. Write a diary entry in Spanish mentioning all of the following points:
- Say where you have moved to and how you feel about your new home.
- Describe your new home.
- Describe one of your new neighbours.
- Say that you miss your best friend and you hope to visit him/her this summer.

A.4 – Criterios de éxito
- Make sure you include all four points.
- Start each point on a new line.
- Use the structure and phrases from pages 92 and 93.
- Make sure you are using the correct verb tenses.
- Check your work for spellings, accents and agreement of adjectives.

ciento once 111

B. La gramática: Las preposiciones

Las preposiciones de lugar

El gato está **encima de** la casa.

El gato está **delante de** la casa.

El gato está **detrás de** la casa.

El gato está **enfrente de** la casa.

El gato está **debajo de** la casa.

El gato está **al lado de** la casa.

El gato está **cerca de** la casa.

El gato está **lejos de** la casa.

El gato está **dentro de** la casa.

El gato está **a la derecha de** la casa.

El gato está **a la izquierda de** la casa.

El gato está **entre** la casa y el árbol.

B.1 ¿Cómo se dice? Escribe las frases en español.
1. The shop is beside the church.
2. My house is opposite a large supermarket.
3. The guest bedroom is to the left of the bathroom.
4. Her desk is between the wardrobe and the window.
5. I like the area because it is near the centre.
6. The garden is behind the garage.
7. My best friend lives far from my house.
8. The mirror is above the shelves.

Unidad 4   Donde vivo

C. Mi barrio

C.1 Lee el blog y contesta a las preguntas.

Me llamo Adrián. Vivo con mi madre y mi hermana en un piso en un barrio del norte de Bilbao. Nuestro piso es bastante grande, luminoso y cómodo. Tenemos tres dormitorios, un cuarto de baño, una cocina y un salón-comedor. Está en la planta baja de un edificio de cinco plantas. Tenemos suerte porque como estamos en la planta baja, tenemos una terraza grande donde podemos colgar la ropa y guardar nuestras bicicletas. En el verano nos encanta comer en la terraza. Los pisos de las plantas de más arriba no tienen más que balcones pequeños. Nuestro barrio es muy animado. Hay bares, restaurantes de todo tipo y muchas tiendas como una panadería, una carnicería, una pescadería, una ferretería, unas boutiques y un supermercado. Hay un buen bar de pintxos en la esquina de nuestra calle y nos encanta comer ahí los fines de semana. Hay un muy buen servicio de transporte público que sirve bien a nuestro barrio. La estación de metro más cercana está a solo cinco minutos andando de mi piso y tardo diez minutos en llegar al centro de la ciudad. No hay muchos problemas en mi barrio. Lo que menos me gusta es que a veces es un poco ruidoso, sobre todo durante las horas punta.

1. **Contesta en español.**
   (a) ¿Dónde vive Adrián?
   (b) ¿Cómo es su piso?
   (c) ¿Cuántas plantas hay en su edificio?
   (d) ¿Dónde come Adrián los fines de semana?

2. **Contesta en inglés.**
   (a) What is the advantage of having an apartment on the ground floor?
   (b) Describe Adrián's neighbourhood. (Give full details.)
   (c) What is said about public transport?
   (d) What problem in his area is mentioned?

3. **Busca las frases en el texto de arriba.**
   (a) On the ground floor.
   (b) Our area is very lively.
   (c) The nearest metro station.
   (d) Especially during rush hour.

¿Qué hay en tu barrio?

un polideportivo	*a sports centre*
un estadio	*a stadium*
un gimnasio	*a gym*
un campo de fútbol	*a football pitch*
un club de tenis	*a tennis club*
un parque	*a park*
un salón de conciertos	*a concert hall*
un colegio	*a secondary school*
una escuela primaria	*a primary school*
una universidad	*a university*
un castillo	*a castle*
una catedral	*a cathedral*
una iglesia	*a church*
un museo	*a museum*
una galería de arte	*an art gallery*
un teatro	*a theatre*
un cine	*a cinema*
un restaurante	*a restaurant*
un bar	*a bar*
una discoteca	*a nightclub*
una fábrica	*a factory*
unas oficinas	*some offices*
un supermercado	*a supermarket*
una tienda	*a shop*
una carnicería	*a butcher's*
una pescadería	*a fishmonger's*
una panadería	*a bakery*
una floristería	*a florist's*
una farmacia	*a pharmacy*
una ferretería	*a hardware store*
un hotel	*a hotel*
un albergue juvenil	*a youth hostel*
un aeropuerto	*an airport*
una estación de tren	*a train station*
una parada de autobús	*a bus stop*

C.2 Raúl describe su barrio. Escucha y contesta a las preguntas en inglés.

CD 1 Track 44

1. Where exactly does Raúl live? _____
2. Describe his apartment. _____
3. How does he describe his area? _____
4. What services are in his neighbourhood? _____
5. What does his town offer young people? _____
6. What tourist attractions are in his town? _____
7. What does he like best about his area? _____
8. What problems has he noticed in the area? _____

Unidad 4   Donde vivo

C.3 Una entrevista sobre donde vivo. Escribe en tu cuaderno las preguntas y las respuestas con frases completas.

1. **¿Cómo es tu barrio?**

   Mi barrio es…   tranquilo.
   animado.
   ruidoso.
   residencial.
   industrial.

2. **¿Qué hay en tu barrio?**

   En mi barrio hay…   un supermercado pequeño, una panadería y una farmacia.
   un club de fútbol, un polideportivo y unas pistas de tenis.
   un cine, unos parques, unas tiendas y una oficina de correos.
   muchas casas, unos colegios, una iglesia y una biblioteca.

3. **¿Cuáles son las instalaciones de tu pueblo/tu ciudad?**

   — Hay un montón de instalaciones en mi ciudad.
   — Tenemos…   un aeropuerto y una estación de ferrocarril.
   un hospital grande y una universidad.
   un teatro, un cine y una sala de conciertos.
   muchas fábricas, oficinas y empresas.
   bares, discotecas y restaurantes.

4. **¿Qué hay para los jóvenes en tu pueblo/tu ciudad?**

   — Hay mucho que hacer para los jóvenes. Es una ciudad muy animada.
   — Hay discotecas, parques, cines, teatros, clubes de deporte y mucho más.
   — Pues la verdad es que no hay mucho para los jóvenes porque es un pueblo pequeño.
   — Tenemos un polideportivo y un club de fútbol, pero no hay discotecas ni bares.

5. **¿Hay muchas atracciones turísticas en tu pueblo/tu ciudad?**

   — Claro que sí. Es una ciudad muy turística.
   — Mi pueblo es conocido por su historia. Hay una catedral impresionante, un museo de historia y una iglesia gótica.
   — Es una ciudad cultural. Tenemos dos galerías de arte, una sala de conciertos y muchos museos.
   — Hay hoteles, pensiones y un albergue juvenil en el centro de la ciudad.
   — La vida nocturna es muy animada. Hay un teatro y muchos restaurantes y bares.

6. **¿Cuántos habitantes hay?**

   No estoy seguro/a pero creo que hay unos…   quinientos mil habitantes.
   doscientos mil habitantes.
   diez mil habitantes.

¡Venga!

7. ¿Hay un sistema de transporte público?
- Claro. Como es la capital hay un muy buen sistema de transporte público.
- Hay autobuses que van al centro de la ciudad desde las afueras, hay trenes para llegar a otras ciudades y por supuesto tenemos el aeropuerto internacional para viajar al extranjero.
- Por desgracia no tenemos ningún sistema de transporte público. Vivo en el campo y hay que ir en coche a todas partes.
- Tenemos un bus escolar pero no hay otro servicio de autobús que sirva a mi barrio.

8. ¿Te gusta tu barrio? ¿Por qué? ¿Por qué no?
- Me encanta mi barrio porque tengo muchos amigos que viven en los alrededores. Somos una pandilla de cinco y pasamos mucho tiempo juntos.
- Sí, me gusta mi barrio porque es bastante tranquilo y no hay muchos problemas.
- No me gusta mi barrio. Es un poco rural y me siento muy aislado. Todos mis amigos viven en el pueblo que está a unos diez kilómetros de mi aldea.
- No me gusta mi barrio porque es muy industrial. Las calles están muy sucias y siempre hay mucho ruido por culpa del tráfico.

9. ¿Hay problemas en tu barrio?
- Hay algunos problemas pero no son muy serios. El problema que más me molesta es el de la circulación. Siempre hay atascos durante las horas punta.
- Sí, hay problemas sociales. Los sábados por la noche muchos jóvenes de mi barrio salen a tomar alcohol. El barrio puede ser un poco ruidoso los sábados por la noche.
- La delincuencia juvenil es el problema más destacado. Las bandas callejeras luchan entre sí. Echan basura por la calle, consumen drogas y alcohol y escriben grafitis en las paredes. No les echo la culpa a ellos porque en realidad, los jóvenes de mi barrio no tienen nada que hacer.

10. ¿Hay otros problemas en tu pueblo/tu ciudad?
- Pues sí. Creo que hay problemas sociales en todos los pueblos de Irlanda.
- La pobreza es un gran problema. Me entristece ver a gente sin hogar durmiendo en la calle y a los mendigos pidiendo dinero al lado de la iglesia.
- El crimen es otro problema que afecta a mi pueblo. Casi cada mes oigo de que ha habido un robo en algún domicilio o algún atraco. Necesitamos más policía.
- Otro problema es el tráfico. Mi padre se pasa mucho tiempo en embotellamientos cuando va a la oficina por las mañanas.

Unidad 4   Donde vivo

Practica las preguntas con tu compañero/a.

¿Hay algo que no te guste de tu ciudad?

No me gusta el tráfico. Cojo el autobús para ir al cole pero me paso horas enteras en embotellamientos todas las semanas.

¡Ojo!

There are many words in Spanish that are commonly shortened in the spoken language. Here are a few examples:

el cole	el colegio
el boli	el bolígrafo
el insti	el instituto
el finde	el fin de semana
el profe	el profesor
el cumple	el cumpleaños
la bici	la bicicleta
la tele	la televisión
las mates	las matemáticas

Log on to **www.edcolearning.ie** to access mock oral exam videos.

C.4 Escribe una carta o un correo electrónico a un amigo.

Write a letter or email to your Spanish pen-pal Pablo.
- Describe your home and your bedroom.
- Describe your area, town or city.
- Tell him about the problems in your area.
- Say how long you've lived there and describe what you like about it.
- Ask him if he would like to come visit your area this summer.

C.4 – Criterios de éxito
- Start and end your letter or email appropriately.
- Make sure you include all the points and write at least two sentences per point.
- Use the structure and phrases from pages 33 and 34.
- Make sure you are using the correct verb tenses.
- Check your work for spellings, accents and agreement of adjectives.

ciento diecisiete

C.5 Lee el texto y contesta a las preguntas en inglés.

LOS PAÍSES DONDE MEJOR SE VIVE DEL MUNDO

El portal económico *Vesti Finance* ha divulgado los resultados del análisis que ha realizado de distintos 'rankings' sobre el bienestar de la población en varios países del mundo.

Tras evaluar diferentes índices y clasificaciones, los periodistas del portal han presentado el 'top 6' de países donde los Gobiernos hacen lo máximo para mejorar los factores que determinan el bienestar de su población, como la calidad de la educación, las prestaciones sociales, el rendimiento del sistema sanitario y la disminución del nivel de la corrupción, entre otros…

1. Dinamarca. En este país nórdico, con una economía industrial-agraria y un alto nivel de desarrollo, la participación de la industria en los ingresos nacionales es de más del 40%. Dinamarca ocupa el primer lugar en el mundo en términos de volumen del comercio internacional per cápita.

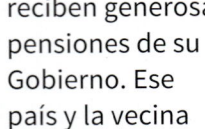

2. Nueva Zelanda. Los ciudadanos de Nueva Zelanda mayores de 65 años reciben generosas pensiones de su Gobierno. Ese país y la vecina Australia ocupan regularmente los primeros lugares en las clasificaciones, pero Nueva Zelanda obtiene una puntuación más alta gracias a su estabilidad política, el respeto a los derechos humanos básicos y un bajo nivel de violencia y terrorismo. Además, el Gobierno neozelandés apoya económicamente a padres solteros, niños, estudiantes y las personas mayores.

3. Canadá. Tanto EEUU como Canadá reciben puntuajes altos en prácticamente todos los índices, pero Canadá muestra mejores resultados en términos de estabilidad política y ausencia de violencia y terrorismo… Desarrollado tecnológica e industrialmente, Canadá tiene una economía diversificada basada en el comercio y en sus ricos recursos naturales.

4. Japón. Este país ocupa el lugar más alto en el 'ranking' del Banco Mundial en cuanto a calidad de la gobernanza y la estabilidad política… Otro punto fuerte del país asiático es su sistema educativo, puesto que en Japón la educación primaria y secundaria son obligatorias y de gran prestigio en todo el mundo.

Unidad 4 Donde vivo

5. Chile... El país sudamericano tiene índices altos en transparencia de la administración pública, el control de la corrupción, el acceso a la educación básica y los servicios de salud. Además, algunos expertos señalan que Chile es uno de los países más estables políticamente de la región latinoamericana...

6. Botsuana. La nación surafricana actualmente ocupa lugares altos en los 'rankings' como uno de los países mejor administrados de África, especialmente en términos de lucha contra la corrupción. Después de que una serie de escándalos estallaran en el país a principios de los 90, el Gobierno creó un mecanismo contra la corrupción y los crímenes económicos que sigue vigente hoy en día. Además, Botsuana también es conocida por apoyar las libertades democráticas y los derechos humanos lo que también incluye la libertad de prensa.

Source: periodistadigital.com

Glosario

alcanzar	to reach	la disminución	decrease
amigable	friendly	los derechos humanos	human rights
el escándalo	scandal	los ingresos	income
el rendimiento	efficiency	los periodistas	journalists
la ausencia	absence	mejorar	to improve
la calidad	quality	seguro médico	health insurance

1. What factors were considered when deciding on the best countries to live in?
2. Why is New Zealand considered a good place to live? (Give full details.)
3. In what way does Canada score higher than the United States?
4. What is said about education in Japan? (Give full details.)
5. According to the text, how does Chile compare with other Latin American countries?
6. What happened in Botswana in the early 1990s and what was the consequence?
7. Find the following phrases in the text:
    - (a) Wellbeing
    - (b) A high level of development
    - (c) Political stability
    - (d) A low level of violence
    - (e) Natural resources
    - (f) Health services
    - (g) The government
    - (h) Corruption
    - (i) Human rights
    - (j) Freedom of the press

C.6 ¿Crees que Irlanda es un buen país donde vivir? Escribe un párrafo corto explicando tus razones.

ciento diecinueve 119

C.7 Lee el blog y contesta a las preguntas. HIGHER

MI BARRIO

1. Vivo en el barrio de Valdeacederas, un barrio antiguo, pero que se está renovando. Ahora el precio de la vivienda nueva alcanza los 5000 €/m², pero en mi barrio, según acabo de ver en la televisión, hay gente que vive en el umbral de la pobreza.

2. En mi barrio, como es un barrio antiguo, aunque lo están renovando, las aceras no son lo suficientemente anchas como para caminar por ellas. Habitualmente, por aquello de que yo soy joven y la mayoría de mis vecinos tiene una edad, suelo bajar a caminar por la calzada – con el riesgo que eso supone – porque no hay espacio para que dos personas se crucen. Si llevas un carro de la compra o un cochecito de bebé, un traslado de unos pocos metros puede convertirse en una verdadera gincana…

3. Los jovencitos… rompen los cristales de los coches aparcados, hacen reuniones con la música a todo volumen y tiran petardos. Como mi barrio pretende ser nuevo, las casas no tienen más de 4 alturas, y la música y los petardos te acompañan hasta que decides ponerte tapones antes de irte a dormir.

4. Tenemos un parque, el parque Rodríguez Sahagún, cortado en algunos tramos por las maravillosas obras (ojo, que yo no me quejo de las obras), que también han renovado recientemente, pero claro, para entrar en el parque hay que llegar a las entradas y las entradas están al otro lado de una carretera con muchísimo tráfico. Tampoco hay aceras y las pocas que hay están lejos de donde te dejan los pasos de cebra. O te la juegas para cruzar cerca de la acera/entrada o cruzas por el paso de cebra y haces otra gincana para poder llegar al parque.

5. Una vez que consigues entrar, te encuentras con que el que de lejos podría parecer uno de los parques más grandes y limpios de Madrid, está lleno de porquería, cristales de botellas rotas – el caso es que hay muchas papeleras, restos de comida y cosas similares por todas partes…

6. Pues bien, hoy en mi barrio me han insultado. He ido a la tintorería a dejar un traje y he aprovechado para sacar a la perra. Alguien se ha puesto a gritarme en medio de la calle – a gritarme de verdad.
   – '¿Eso no lo dejarás ahiiiii?'
   La perra estaba haciendo sus necesidades, tal y como yo la he enseñado, en un lugar con arena – también vale hierba, las aceras no valen para eso y ella lo sabe – y yo ya tenía mi bolsita en la mano para recogerlo.

7. Me pregunto porqué alguien tiene que asumir que yo soy una persona mal educada que no cumple con sus responsabilidades, de lejos, a gritos y sin conocerme de nada. Pienso que igual tiene que ver con la educación de las personas que viven en mi barrio, las que ponen la música a todo volumen y tiran los cristales rotos al suelo. Me ha hervido la sangre, lo reconozco, me he girado, le he enseñado la bolsa a la señora… y me he quedado con ganas de soltarle unas cuantas barbaridades. Nadie tiene derecho a asumir que nadie es un mal ciudadano, pero todos somos responsables del espacio que nos rodea, sobre todo si éste es compartido…

Source: unidadeditorial.es

Unidad 4   Donde vivo

1. Escribe las frases del texto que sean equivalentes (más o menos) a las siguientes:
   (a) son demasiado estrechas (para 2)
   (b) un viaje muy corto (para 2)
   (c) se juntan (para 3)
   (d) acostarte (para 3)
   (e) de nuestro entorno (para 7)

2. Write in English the meaning (in the context) of the following phrases:
   (a) … hay gente que vive en el umbral de la pobreza (para 1)
   (b) … he aprovechado para sacar a la perra (para 6)
   (c) … todos somos responsables del espacio que nos rodea (para 7)

3. Busca en el texto una palabra o frase que tenga el mismo sentido (más o menos) que las siguientes:
   (a) con frecuencia (para 2)
   (b) circulación (para 4)
   (c) basura (para 5)
   (d) bolsa pequeña (para 6)
   (e) echan (para 7)

4. As a partial summary of the content of the article, write in English the information requested.
   (a) What is the problem with the footpaths in the blogger's neighbourhood?
   (b) What problems does the blogger highlight with regard to the neighbourhood park?
   (c) Why did the blogger get angry with the woman?

D. La vida rural

D.1 El abandono rural en España. Escucha el informe y contesta a las preguntas en inglés.

CD 1 Track 45

1. What percentage of the population of Spain lives in big cities? _____
2. How many rural communities are currently at risk of disappearing? _____
3. When will the rural reactivation event take place? _____
4. Name three things that will be promoted at the event. _____

D.2 ¿Por qué existe el problema del abandono rural? ¿Qué pensáis? Hablad en grupos.

La mayoría de las grandes empresas están en la ciudad por eso no hay muchos empleos en el campo.

Los jóvenes se van a las ciudades para estudiar porque no hay universidades en el campo.

¡Venga!

D.3 ¿Cuáles son las ventajas y las desventajas de vivir en el campo? Poned en común vuestras ideas.

Las ventajas
- El campo es muy tranquilo y el ritmo de vida es más relajado.

Las desventajas
- Puede ser un poco aburrido para los jóvenes porque no hay mucho que hacer.

D.4. Lee el texto y contesta a las preguntas. HIGHER

VIVIR EN EL CAMPO, SUEÑO PARA ALGUNOS, PESADILLA PARA OTROS.

En todo el mundo 1300 millones de personas, la mayoría en zonas rurales, no tienen energía eléctrica.

1. ¿Alguna vez ha soñado con mudarse al campo, lejos de la contaminación, el ruido y el tráfico de la ciudad? Para muchos es un sueño, pero para otros que ya viven allí puede ser una pesadilla. Imagínese levantarse una mañana fría, y verse obligado a tomar una ducha de agua helada, poder hacer las tareas básicas – como estudiar o trabajar – únicamente durante las horas de luz, depender del queroseno, la leña o el carbón para cocinar, estar prácticamente aislado del mundo exterior, sin telefonía celular, ni acceso a radio o televisión.

2. Aunque parezca una escena salida de una serie apocalíptica, esto es el día a día de más del 18% de la población mundial, quienes, en pleno siglo 21, aún no cuentan con electricidad en sus hogares. De acuerdo con la Agencia Internacional de Energía, en todo el mundo 1300 millones de personas – el equivalente a toda la población de la OCDE – siguen viviendo sin acceso a energía eléctrica. Esta realidad, aunque viene cambiando, aqueja a gran parte de las familias de Latinoamérica dónde la falta del recurso es un enorme obstáculo para la tecnología, la educación y la salud, especialmente en las zonas rurales.

¿Cómo se lleva energía al campo?

3. En diversos países de la región son dos los modos más comunes para acrecentar el acceso rural a la electricidad. El primero es a través de la extensión de las redes eléctricas de las empresas distribuidoras, es decir, ampliar las redes de cables. La segunda es a través de sistemas solares fotovoltaicos (paneles solares). Estos se conectan a la red brindando energía a los hogares en los sitios más remotos.

Unidad 4 Donde vivo

4. El acceso a electricidad contribuye, por ejemplo, a disminuir el uso de lámparas de queroseno que tanto afectan las vías respiratorias y a reducir el uso de velas y los problemas de seguridad que estas conllevan. Contar con iluminación durante las noches también amplía las horas que las mujeres tienen para completar el trabajo del hogar y el tiempo que los hijos tienen para estudiar, incrementando su posibilidad de educarse y desarrollar actividades económicas.

5. La utilidad de la electricidad no sólo queda en casa. En diversos centros de salud de zonas alejadas, tener energía eléctrica permite contar con refrigeración adecuada para medicamentos y vacunas y para la esterilización del instrumental médico. Adicionalmente, el alumbrado en las calles contribuye a la seguridad de la comunidad…

Más energía limpia

6. Los sistemas solares que brindan energía limpia y segura son cada vez más utilizados. Según WWF Latinoamérica, 19 de los 26 países latinoamericanos cuentan con programas que buscan electrificar zonas rurales con energía limpia. Un ejemplo es el proyecto que existe en Argentina y que ha permitido que más de 150 mil familias tengan acceso a electricidad gracias a paneles solares, elevando así su calidad de vida…

7. De acuerdo a datos del Banco Mundial, aún 1 de cada 7 personas vive sin electricidad. Buscar nuevas fuentes de energía no solo permitirá que otras personas también disfruten de ver la televisión o escuchar la radio, sino que puedan emprender o mejorar sus negocios e incluso salir de la pobreza.

Source: *El País*

1. Answer the following questions in English according to the information given in the text.
   (a) What are the disadvantages of living in a rural area without electricity? (para 1)
   (b) Name three advantages of having electricity. (para 4)
   (c) Why is electricity particularly important in health centres? (para 5)
   (d) Describe the effect of the project that has been introduced in Argentina. (para 6)
   (e) In what way could finding new sources of energy improve people's lives? (para 7)

2. Escribe en español las frases del texto que tengan el mismo sentido (más o menos) que las siguientes:
   (a) guisar (para 1)
   (b) disminuir (para 4)
   (c) mejorando (para 6)

3. Explain in English the meaning of the following in their context:
   (a) … siguen viviendo sin acceso a energía eléctrica (para 2)
   (b) … la falta del recurso (para 2)
   (c) … son cada vez más utilizados (para 6)

4. Explica (o expresa de otro modo) en español una de las frases siguientes (see the next page for tips on how to answer this question):
   … buscan electrificar zonas rurales (para 6)
   o
   … salir de la pobreza (para 7)

ciento veintitrés 123

¡Venga!

Rewording a sentence in Spanish — HIGHER

In the Higher Level Leaving Certificate exam you have a choice either to answer questions based on a novel you may have studied or to answer questions based on an unseen journalistic text. Most students opt to answer on the unseen journalistic text. Question 4 on the journalistic text requires you to rephrase a sentence or phrase IN SPANISH. Be careful not to translate the phrase into English – rather, you should try to reword it in Spanish using synonyms. In the exam, you have a choice of two phrases to reword. It is a good idea to attempt both phrases because there may be a difference in marks and the examiner will choose your higher score. Make sure you rephrase in the same tense as the original expression. The rephrasing is worth 6 marks and you get marks for every part of the phrase that you change, so remember to change every word!

Unos ejemplos:

La maestra describe los deberes. → *La profesora explica la tarea.*
Regresaron por causa de la circulación. → *Volvieron debido al tráfico.*

D.5 Explica o expresa de otro modo en español las frases siguientes. HIGHER

1. La joven brasileña falleció.
2. Me divertí en la clase.
3. Lleva mucho tiempo aprendiendo castellano.
4. La pensión donde nos alojaremos.
5. Se lleva bien con sus parientes.
6. Los alumnos prestan atención al profesor.

D.6 Escribe tu opinión sobre una de las siguientes afirmaciones. HIGHER

(a) La vida rural no ofrece nada a los jóvenes.
(b) Para no estar estresado es mejor vivir en el campo.

D.6 – Criterios de éxito

- Write 150 words or more.
- Structure your answer with an introduction, at least three points and a conclusion.
- Use the words and phrases from page 61.
- Check your work for spellings, accents and agreement of adjectives.

E. La vida urbana

E.1 La ciudad de México. Escucha el informe y contesta a las preguntas en inglés.

1. What is the estimated population of Mexico City?
   _____

2. Why is the exact number unknown?
   _____

3. Apart from traffic, name three social problems that occur in Mexico City.
   _____

4. What policy is in place to combat the traffic? (Give full details.)
   _____
   _____
   _____

5. What is said about the metro in Mexico City? (Give full details.)
   _____
   _____

6. Name three tourist attractions in the city. _____
   _____

7. Who was Diego Rivera? _____

E.2 Debate: En grupos de tres o cuatro personas, debatid sobre la siguiente afirmación.
La vida es mejor en la ciudad que en el campo.

E.2 – Criterios de éxito
- Divide the class into 'for' and 'against' the motion.
- In groups, brainstorm your ideas on the title.
- Work in groups to write speeches for or against the motion.
- Use words and phrases from pages 61, 125 and 126.
- Appoint one group member to perform the speech.

La proposición: La vida es mejor en la ciudad

- La ciudad ofrece oportunidades de ocio y de trabajo que no existen en el campo. Sin duda es mucho más facil encontrar un empleo en la ciudad.
- La vida urbana nunca es aburrida. Hay mucho que hacer en cualquier momento del día y todo está a mano.
- La mayoría de las grandes ciudades ofrecen un buen sistema de transporte público así que es fácil moverse por la ciudad.
- Hay más cosas que ver y hacer en la ciudad. Nos ofrece servicios, instalaciones y distracciones de todo tipo, tales como, centros comerciales, discotecas, teatros, galerías de arte, cines, y mucho más.
- En la esfera de educación se puede encontrar institutos tecnológicos, universidades y colegios.

La oposición: La vida es mejor en el campo

- Las ciudades son demasiado ruidosas. Siempre hay mucho movimiento en las calles, problemas de circulación y atascos en las horas punta. En mi opinión los habitantes de las ciudades sufren más de estrés y de agotamiento.
- Hay más problemas sociales como la delincuencia y la violencia en las ciudades. Las calles pueden ser peligrosas por la noche por causa de las bandas callejeras que se encuentran en muchos barrios de la ciudad. El campo es más tranquilo y más seguro.
- La pobreza es un gran problema en las ciudades. Me entristece ver a la gente sin hogar durmiendo en las calles y a los mendigos pasando hambre.
- Vivir en la ciudad es mucho más caro que vivir en el campo. Todo cuesta más en la ciudad – las casas, la comida, salir por la noche. Es menos caro vivir en un pueblito en el campo.
- Creo que la vida urbana no es saludable. Hay demasiado tráfico, el aire no es puro y siempre se ve basura por la calle.

E.3 Escribe tu opinión sobre una de las siguientes afirmaciones. HIGHER

(a) No importa donde uno viva.
(b) El silencio no existe en la ciudad.

E.3 – Criterios de éxito

- Write 150 words or more.
- Structure your answer with an introduction, at least three points and a conclusion.
- Use the words and phrases from page 61.
- Check your work for spellings, accents and agreement of adjectives.

F. La gramática: El pretérito imperfecto

El pretérito imperfecto

The *pretérito imperfecto*, or imperfect tense, is a past tense.
To form the *pretérito imperfecto* of regular verbs, remove the -AR, -ER or -IR and add the following endings:

-AR verbs
-aba
-abas
-aba
-ábamos
-abais
-aban

-ER/-IR verbs
-ía
-ías
-ía
-íamos
-íais
-ían

For example:

HABLAR
hablaba
hablabas
hablaba
hablábamos
hablabais
hablaban

COMER
comía
comías
comía
comíamos
comíais
comían

There are three verbs that are irregular in the imperfect:

SER	IR	VER
era	iba	veía
eras	ibas	veías
era	iba	veía
éramos	íbamos	veíamos
erais	ibais	veíais
eran	iban	veían

The imperfect is used in the following ways:

1. **To describe things you used to do or repeated actions in the past.**

    Nos acostábamos tarde los sábados. ....We used to go to bed late on Saturdays.
    Nerea tocaba el piano. ....Nerea used to play the piano.
    Visitaba a mis abuelos a menudo. ....I often visited my grandparents.

2. **To describe actions that were in progress in the past (was/were + -ing in English).**

    Mis padres cenaban cuando llegó Juan. ......My parents were having dinner when Juan arrived.
    Veían la tele cuando sonó el teléfono. ....They were watching television when the phone rang.
    Raúl daba un paseo cuando se cayó. ....Raúl was going for a walk when he fell.

3. To describe feelings, emotions, characteristics and conditions in the past, including any description that sets the scene.

Irene estaba muy cansada. ....Irene was very tired.
Los chicos eran altos y delgados. ....The boys were tall and thin.
Quería vivir en Londres. ....I wanted to live in London.

4. To say the day, date, time or age in the past.

Cuando tenía ocho años… ....When I was eight years old…
Eran las seis de la tarde. ....It was six o'clock in the evening.
Era martes. ....It was Tuesday.

F.1 Rellena los cuadros con el pretérito imperfecto de los verbos.

	BAILAR	VIVIR	IR
yo			*iba*
tú	*bailabas*		
él/ella/usted		*vivía*	
nosotros/nosotras			*íbamos*
vosotros/vosotras	*bailabais*		
ellos/ellas/ustedes		*vivían*	

F.2 Rellena los espacios con el pretérito imperfecto de los verbos entre paréntesis.

1. Mi hermano pequeño _____ (aprender) árabe en el colegio.
2. Sus amigos _____ (cantar) en el coro.
3. Cuando yo _____ (ser) niña quería ser dentista.
4. Compró su piso cuando _____ (tener) veintitrés años.
5. Los domingos _____ (ir) a misa con mi madre.
6. Mis tíos _____ (vivir) en las afueras de Buenos Aires.
7. Mientras nosotros _____ (almorzar), Elena hizo el examen.
8. ¿Tu _____ (ver) películas muy a menudo?
9. Yo _____ (leer) una novela cuando sonó el teléfono.
10. Su abuela _____ (comprar) caramelos cada fin de semana.

F.3 Escribe las frases en español.

1. When I was a child, I used to watch cartoons.
2. She was having dinner when the phone rang.
3. We used to play football on Fridays.
4. It was nine o'clock in the morning.
5. My mother was cooking when I arrived.
6. They were four years old when they went to France.
7. It was 25th November.
8. My grandfather was short and overweight and he had blue eyes.

Unidad 4 Donde vivo

¿Pretérito indefinido o pretérito imperfecto?   **PowerPoint**

It can sometimes be confusing to understand when to use the preterite and when to use the imperfect when referring to the past. Consider the following examples:

Fue al cine ayer. .... He went to the cinema yesterday.
Iba al cine a menudo. .... He often used to go to the cinema.

Leí la novela anoche. .... I read the novel last night.
Leía la novela cuando entró Pablo. .... I was reading the novel when Pablo came in.

El sábado pasado cené en el restaurante. .... Last Saturday I ate in the restaurant.
Los sábados cenaba en el restaurante. .... I used to eat in the restaurant on Saturdays.

Phrases that indicate the use of the *pretérito imperfecto*	Phrases that indicate the use of the *pretérito indefinido*
siempre	ayer
con frecuencia	anteayer
frecuentemente	anoche
a menudo	hace dos días
a veces	hace tres semanas
de vez en cuando	hace cinco años
muchas veces	hace cuatro siglos
cada año/cada mes	la semana pasada
cada semana/cada día	el mes pasado
todos los días	el año pasado
cada lunes/cada martes	

F.4 Elige la forma correcta de los verbos.

Cuando *fui/(era)* niño cada año en el mes de julio *fui/iba* a visitar a mis tíos. *Vivieron/Vivían* en una granja en el campo bastante lejos de mi casa. Mi hermano mayor y yo siempre *tuvimos/teníamos* que pasar tres horas en el autobús para llegar a su casa. Me *gustó/gustaba* ir a la casa de mis tíos porque *tuvieron/tenían* muchos animales y yo siempre *ayudé/ayudaba* con las vacas y las ovejas y les *di/daba* de comer a los perros y los gatos. Una noche, cuando yo *tuve/tenía* seis años *pasó/pasaba* algo terrible. Un lobo *entró/entraba* en la granja. Mi hermano y yo lo *vimos/veíamos* desde la ventana. *Fue/Era* grande y *tuvimos/teníamos* miedo. Mi tío y mi hermano *salieron/salían* a asustar al lobo pero *fue/era* demasiado tarde. *Encontraron/encontraban* dos ovejas muertas. El resto del verano no *quise/quería* salir de la casa porque *tuve/tenía* mucho miedo del lobo. Hoy todavía tengo miedo de los lobos.

F.5 Escribe un diario.

You are just back from a holiday in Spain.
Write a diary entry in Spanish mentioning all of the following points:
- Describe the area you stayed in and the apartment you rented.
- Say that you met a Spanish girl called María and describe her.
- Describe what you used to do every day during the holiday.
- Describe what you did last night.

F.5 – Criterios de éxito
- Make sure you include all four points.
- Start each point on a new line.
- Use the structure and phrases from pages 92 and 93.
- Make sure you are using the correct verb tenses.
- Check your work for spellings, accents and agreement of adjectives.

G. Los deberes de la Unidad 4

La gramática

G.1 Rellena los espacios con <u>el pretérito indefinido</u> del verbo entre paréntesis.

1. Ayer mi madre _____ (comprar) una tarta de queso.
2. Los chicos no _____ (salir) con Alba y Sara.
3. El fin de semana pasado nosotros _____ (vender) nuestra casa.
4. Jorge _____ (tener) que ir al dentista después de las clases.
5. ¿Vosotros _____ (ir) a la discoteca anoche?
6. ¿Tu no _____ (estar) en Mallorca con tu familia?
7. Yo _____ (jugar) al baloncesto con el equipo del cole hace dos días.
8. Mi padre _____ (despertarse) a las siete para coger el tren.
9. La semana pasada yo _____ (ver) una película de terror en el cine.
10. ¿Vosotras _____ (acostarse) temprano anoche?

G.2 Rellena los espacios con <u>el pretérito imperfecto</u> del verbo entre paréntesis.

1. Nosotras _____ (tomar) el sol cuando oímos las campanas.
2. Tú _____ (comer) muchas veces en aquel restaurante, pero ahora no.
3. Cuando ella _____ (ser) niña iba al parque muy a menudo.
4. ¿Vosotros _____ (vivir) en el centro de Buenos Aires?
5. Cuando yo _____ (tener) diez años tuve un accidente.
6. Mis abuelos _____ (ir) a misa todos los domingos.
7. _____ (hacer) mucho calor.
8. _____ (ser) las once de la noche.
9. Yo _____ (ver) la tele cuando entró Raúl.
10. La chica _____ (tener) los ojos verdes y el pelo negro.

G.3 Escribe las frases en español.

1. They went to the supermarket last Saturday.
2. They used to go to the supermarket on Saturdays.
3. When David arrived, I was making a cake.
4. When David arrived, I made a cake.
5. When I was eight years old, I went on holiday to Spain.
6. When I was a child, I used to go on holiday to Spain.
7. My dad got angry because I arrived late.
8. My dad was angry because I always arrived late.

El vocabulario

G.4 Empareja el vocabulario con las definiciones de más abajo.

> un chalet   una urbanización   un pupitre   una cama elástica   los vecinos
> la ferretería   el gobierno   el desarrollo   los derechos   el barrio

1. Un mueble. Hacemos los deberes y escribimos sobre uno.
2. La organización y las personas que dirigen la nación.
3. La gente que vive al lado de nosotros.
4. Los principios y las reglas que rigen la sociedad y protegen a los ciudadanos.
5. Vivienda unifamiliar. Casa independiente con jardín.
6. Una zona de una ciudad o un pueblo.
7. El progreso y crecimiento de algo.
8. Una tienda de herramientas.
9. Un juguete de niños que se encuentra en el jardín.
10. Suele encontrarse en las afueras de la ciudad. Un grupo de casas o pisos del mismo estilo.

La comprensión lectora

G.5 Lee el texto y contesta a las preguntas en inglés.

MADRID: UNO DE LOS MEJORES LUGARES DEL MUNDO EN LOS QUE VIVIR

Madrid ocupa el lugar 23 entre las 25 ciudades con mejor calidad de vida. De acuerdo a un informe elaborado por unos economistas del Deutsche Bank en el cual se examinaron factores tales como la seguridad, el transporte, la salud, la educación, el ambiente político, el entretenimiento o el clima de varias ciudades del mundo, Madrid se sitúa por delante de grandes ciudades como París, Londres o Nueva York.

El estudio comparó el precio de una entrada de cine, un iPhone, un abono transporte y de una vivienda en más de 50 ciudades del mundo. Aunque Madrid sigue siendo uno de los mejores lugares del mundo donde vivir, ha perdido puestos en relación al año pasado cuando ocupó el lugar 16 en la clasificación.

1. What is said about Madrid in the first paragraph?
2. Who carried out the report?
3. What did the study analyse?
4. What items are mentioned whose prices were compared as part of the study?
5. How does Madrid's ranking this year compare with its ranking last year?

¡Venga!

G.6 Lee el texto y contesta a las preguntas en inglés.

Un perro persigue el taxi en el que viaja su dueña después de que ésta lo abandonara en Medellín

El animal fue adoptado tras hacerse viral el vídeo en el que se ve su desesperada carrera por las calles de la ciudad colombiana.

El vídeo es conmovedor y se ha hecho viral en las redes sociales, y por eso mismo la historia ha tenido final feliz.

Un perro abandonado en Medellín (Colombia) persiguió a su dueña, que iba a bordo de un taxi. Bajo la lluvia, el animal se desgañitó para que le escucharan los ocupantes del automóvil. Sin embargo, estos hicieron caso omiso.

Afortunadamente para el perro, cuando el coche se detuvo, unos agentes de policía se acercaron e hicieron notar la presencia del can. Este, pegando saltos, se abalanzó sobre la ventanilla, en un intento desesperado de que su dueña se arrepintiese de haberle abandonado. Sin embargo, nadie en el taxi reconoció que el perro fuera suyo. La señora aseguró en un primer momento que era un animal callejero, aunque este llevaba collar y se le veía en buen estado de salud, para más tarde cambiar su versión y decir que era de una amiga suya.

Para el perro, su persecución tuvo final feliz, ya que una persona decidió adoptarlo, al parecer alguien que de manera voluntaria, al ver la escena, se acercó a los agentes, según confirmó la policía. Ahora, el animal vive en una finca en Remedios, un pequeño municipio al noreste de Medellín.

Source: *El País*

1. Contesta en inglés.
   (a) What did the dog do and why?
   (b) What did the woman initially say about the dog?
   (c) What did she change her story to?
   (d) What was the happy ending to this story?
   (e) Where does the dog live now?

2. **Contesta en español.**
   - (a) ¿Dónde ocurrió el evento?
   - (b) ¿Cómo viajaba la mujer?
   - (c) ¿Qué tiempo hacía aquel día?
   - (d) ¿Cómo estaba el perro?
   - (e) ¿Dónde está Remedios?

Escribir

G.7 Escribe una carta o un correo electrónico a una amiga.

Write a letter or email to your Spanish pen-pal Lucía.
- Tell her that when you were a child, you used to live in a house in the countryside near Galway.
- Describe the house you used to live in.
- Say you came to Dublin five years ago and now you live in an apartment in the suburbs of the city.
- Describe what you like and what you don't like about your new area.
- Tell Lucía about the differences between living in the country and living in the city that you've experienced.

G.7 – Criterios de éxito
- Start and end your letter or email appropriately.
- Make sure you include all the points and write at least two sentences per point.
- Use the structure and phrases from pages 33 and 34.
- Make sure you are using the correct verb tenses.
- Check your work for spellings, accents and agreement of adjectives.

Unidad 4 Autoevaluación

		😊	😐	😠
🗣️	I can describe my home and area.			
	I can answer questions about where I live.			
	I can express my opinion on the advantages and disadvantages of the city versus the countryside.			
✏️	I can write letters and diary entries describing places.			
	I can describe the differences between city life and country life.			
📗	I can understand texts on the topics of homes, cities and places.			
G	I can use the *pretérito imperfecto* of regular, irregular and reflexive verbs to express the past tense.			
	I can use prepositions of place.			
	I can use demonstrative adjectives.			
🔊	I can understand conversations about homes and neighbourhoods.			
	I can follow reports about towns and places.			

✏️ **After completing the *autoevaluación* above, write your own simple learning targets for the next few weeks. Think about what you know well and what you need to revise. What topic or topics do you need to revisit? Fill in the chart below.**

Lo que ya sé de la Unidad 4	Lo que tengo que repasar de la Unidad 4

Unidad 5 — El instituto

Communicative objectives

By the end of this unit you will be able to:
- Describe your school, subjects, teachers, rules and uniform
- Describe your daily routine
- Give your opinion on topics such as bullying and exam stress

Contesta a las preguntas en inglés.

1. Which of the topics above do you already know quite well?
2. Which topics are you not really able to talk or write about in Spanish?
3. Make a graphic organiser about the topic of school in your copy and fill in all the vocabulary you already know related to the topic.

La gramática

- *Gustar*
- *Se debe/se puede* + infinitive

El examen oral

- An interview about your school, subjects and uniform
- An interview about your daily routine during the week

El examen escrito

- Write an informal letter or email about your routine at school
- Write a diary entry describing a new school and exams
- Write your opinion on:
  - Exam stress
  - Bullying
  - School uniforms

Habilidades de comprensión

- Listening and reading comprehension practice on the theme of school

ciento treinta y cinco

A. El colegio

A.1 Lee el texto.

EL SISTEMA EDUCATIVO EN ESPAÑA

Curso		Años	
EDUCACIÓN INFANTIL			
Primer ciclo		0–3	Voluntario
Segundo ciclo		3–6	
EDUCACIÓN PRIMARIA			
1º	Primer ciclo	6–7	Obligatorio
2º		7–8	
3º	Segundo ciclo	8–9	
4º		9–10	
5º	Tercer ciclo	10–11	
6º		11–12	
ESO (EDUCACIÓN SECUNDARIA OBLIGATORIA)			
1º		12–13	Obligatorio
2º		13–14	
3º		14–15	
4º		15–16	
BACHILLERATO			
1º		16–17	Voluntario
2º		17–18	

La educación en España empieza con la educación infantil para niños menores de seis años y es opcional o voluntaria. La educación primaria comprende seis años académicos para niños entre seis y doce años. Está organizada en tres ciclos de dos años cada uno. Es una etapa educativa obligatoria y gratuita en instituciones públicas. Luego viene la Educación Secundaria Obligatoria (ESO) que también es gratuita para estudiantes entre doce y dieciséis años. Después del título de Graduado en Educación Secundaria, termina la obligatoriedad y el estudiante puede elegir si continúa estudiando o finaliza ahí sus estudios. Si opta por seguir con ellos puede elegir entre el Bachillerato o la Formación Profesional. El Bachillerato tiene tres modalidades distintas que son: Artes, Humanidades y Ciencias Sociales o Ciencias y Tecnologías. Estos estudios no son obligatorios. La Formación Profesional tiene como finalidad la preparación de los alumnos para la actividad en un campo profesional específico, como mecánico o electricista. Los estudiantes que deseen acceder a estudios universitarios en universidades públicas o privadas en España tienen que realizar una prueba escrita que se llama La Selectividad después de aprobar el Bachillerato.

¿VERDADERO O FALSO?

	Verdadero	Falso
1. La escuela es obligatoria a partir de los cinco años.	☐	☐
2. ESO es enseñanza obligatoria.	☐	☐
3. La educación primaria son seis años.	☐	☐
4. Existen seis tipos distintos de Bachillerato.	☐	☐
5. Para ser mecánico hay que hacer la Selectividad.	☐	☐
6. No se pueden dejar los estudios hasta los dieciséis años.	☐	☐

Unidad 5   El instituto

A.2 Mi colegio. Escucha y rellena los espacios con la palabra adecuada.

De: Eusebio-Mayans505@hotmail.es
Para: andrea4798@gmail.com

¡Hola! Por fin hoy puedo escribirte un correo. Me has preguntado acerca de mi instituto, pues en este correo voy a describirte como es: Mi instituto se llama Instituto de Educación (1)_____ Villa de Alguazas. Está situado en la (2)_____ de América en Alguazas, Murcia. No está muy lejos de mi casa y por eso voy andando cada día. Es un edificio (3)_____ moderno con veintidós (4)_____, dos aulas de informática, dos laboratorios, un gimnasio, una biblioteca, un comedor, la sala de música, dos salas de (5)_____ y unas oficinas. Es un instituto (6)_____ de unos cuatrocientos alumnos y cincuenta profesores. La (7)_____ de los profesores nos tratan bien pero el profe de biología y geología es muy (8)_____. ¡Por dios! No puedo aguantar uno más de sus castigos. Cada vez que nos portamos mal nos da (9)_____ para copiar. Lo peor es que a veces nos dice que nos quedemos una hora después de clase. Menos (10)_____ que los otros profesores son simpáticos.

Las clases empiezan a las ocho y media de la mañana y terminan a las dos y media de la tarde. Mi (11)_____ favorita es dibujo técnico. Lo (12)_____ bastante fácil y voy a seguir estudiándolo el año que viene. Me cuesta sacar buenas notas en lengua castellana y literatura. Es aburrido leer tantos libros y estoy (13)_____ de la poesía. Casi nunca le presto atención a la profesora y el libro de poesía parece un ladrillo. Lo que más me gusta de mi instituto es que hay muy buenas (14)_____ deportivas. Tenemos dos campos de fútbol, un gimnasio y tres canchas de (15)_____. Entre las clases y el entrenamiento con el equipo de fútbol no me queda mucho tiempo libre. ¿Y tú? ¿Cómo es tu colegio?

Bueno, ya me voy porque tengo que estudiar un montón para mañana. Espero (16)_____ buenas notas en el examen de matemáticas de este viernes. No te olvides de escribirme pronto.

Besos

Eusebio

A.3 Un correo. Escríbele una respuesta a Eusebio con la siguiente información.
- Describe your school and its facilities.
- Tell him one thing you like about the school and one thing you don't like.
- Tell Eusebio what subjects you study.
- Mention your favourite subject and say why it is your favourite subject.
- Tell him that you spent last weekend studying for an exam and that you hope to get good results.

A.3 – Criterios de éxito
- Start and end your email appropriately.
- Make sure you include all the points and write at least two sentences per point.
- Use the structure and phrases from pages 33 and 34.
- Make sure you are using the correct verb tenses.
- Check your work for spellings, accents and agreement of adjectives.

ciento treinta y siete

¡Venga!

A.4 Una entrevista sobre mi instituto. Escribe en tu cuaderno las preguntas y las respuestas con frases completas.

1. **¿Cómo es tu instituto?**

   Mi instituto es…   grande   moderno
                      pequeño   de dos pisos

2. **¿Qué hay en la planta baja?**

   En la planta baja está/están…   la recepción   la sala de profesores
                                   los laboratorios   la sala de ordenadores
                                   el salón de actos   el gimnasio

3. **¿Qué hay en la segunda planta?**

   Arriba hay…   una sala de arte   un comedor
                 unos aseos   muchas aulas
                 una biblioteca   la oficina del director

4. **¿Hay muchas instalaciones deportivas?**

   Claro que sí. Tenemos…   un campo de fútbol.
                            una cancha de baloncesto.
                            dos pistas de tenis.
                            una piscina.
                            un gimnasio con vestuarios y duchas.

5. **¿Cuáles son las actividades extraescolares que se pueden hacer?**
   — Se puede escoger entre varios deportes.
   — Tenemos equipos de fútbol, de baloncesto y de tenis.
   — Se puede hacer atletismo o pertenecer a la orquesta o al coro.
   — También tenemos un club de debate y un club de ajedrez.

6. **¿Cómo son los profesores?**
   — Me llevo bien con la mayoría de los profesores. Son muy abiertos y justos.
   — Se esfuerzan mucho y son trabajadores. Nos tratan bien y nos ayudan mucho.
   — Algunos son estrictos y nos dan un montón de deberes todos los días.
   — A veces nos riñen por no hacer los deberes.

7. **¿Cuántos/as alumnos/as hay en tu instituto?**

   Hay unos   trescient**os**/**as**   alumn**os**/**as**, veinticinco en cada clase.
              cuatrocient**os**/**as**
              quinient**os**/**as**
              seiscient**os**/**as**

8. **¿Cuántas asignaturas estudias?**

   Estudio siete asignaturas…

   el irlandés   las matemáticas   el inglés
   la historia   la geografía   el italiano
   el francés   el alemán   el español
   la física   la biología   la química
   la economía   la contabilidad   las ciencias empresariales
   el dibujo   la religión   las matemáticas aplicadas
   la música   la informática   la educación física
   la tecnología   el hogar   las ciencias agrarias
   la carpintería   la metalurgia   la política
   el dibujo técnico

Unidad 5 El instituto

9. **¿Cuál es tu asignatura favorita? ¿Por qué?**
   — Me encanta **la** historia porque **la** encuentro interesante.
   — Me gusta mucho **el** francés porque **lo** encuentro bastante útil.

10. **¿Hay alguna asignatura que no te gusta? ¿Por qué?**
    — No me gust**an las** matemáticas. Son muy aburrid**as** y difícil**es**.
    — Lo que menos me gusta es el inglés. Me cuesta aprender tantos poemas.

11. **¿Tienes que llevar uniforme? ¿Cómo es?**
    — Pues sí. No es ni bonito ni feo, o sea, es normal.
    — Llevo…

zapatos negros	una camisa blanca
un jersey azul marino	calcetines verdes
una falda de cuadros	medias negras
una corbata roja	una chaqueta gris
un pantalón gris	una blusa blanca

    — A mí no me importa llevar uniforme. Es práctico saber qué es lo que me voy a poner cada mañana.
    — No me gusta nada mi uniforme. Está pasado de moda y no me deja expresarme. Es una lástima que no podamos llevar lo que queremos.
    — A mí me parece que es una buena idea llevar uniforme porque todo el mundo se ve igual y así no es obvio si se tiene mucho dinero o no.

Practica las preguntas con tu compañero/a.

Log on to **www.edcolearning.ie** to access mock oral exam videos.

¿Te gustan **las** matemáticas?

¡Que va! **Las** encuentro muy aburrid**as**.

¡Ojo!
When you are talking about the subjects you study, don't forget their gender. The sciences are all feminine and languages are all masculine!
el inglés .... **los** idiomas
la química .... **las** matemáticas

A.5 Escucha y contesta a las preguntas en inglés.

CD 1 Track 48

1. How does Ángela describe her school? _____
2. What facilities does she mention? _____
3. What extracurricular activities are offered? _____
4. What is her favourite subject? Why? _____
5. What does she say about her English teacher? _____
6. Why does she not like her school? _____
7. What does she hope to do next year? _____

ciento treinta y nueve

¡Venga!

A.6 Completa el crucigrama. Si no sabes la respuesta usa el diccionario.

Across
3. Lo que estudiamos en la sala de arte
5. Un descanso de clases por la mañana
6. Donde tenemos clases de educación física
8. La historia, la contabilidad, la música
11. En esta clase usamos el ordenador
12. Donde nos prestan libros y estudiamos
16. Necesario para la clase de matemáticas
18. Inglés, francés, alemán
19. Donde comemos a la hora de comer

Down
1. Escribo con uno
2. Estudio del mundo – países, ríos, lagos…
4. Biología, Física, Química
7. Donde guardo mis lápices y bolígrafos
9. Examen de ingreso a la universidad
10. El estudio del pasado
13. Es lo contrario de suspender
14. Sinónimo de universidad
15. Guardo mis hojas y apuntes en una
17. Salimos allí durante el recreo

A.7 Lee las 6 razones por las que debes aprender un nuevo idioma.

1. Saber otro idioma te permitirá ser competitivo en el mundo laboral. Encontrarías un empleo más fácilmente si hablases más de un idioma.
2. Te ayudará a mejorar tu carrera profesional. Puedes recibir clientes del extranjero, atraer más posibilidades de negocio y aprovecharte de viajes internacionales de negocio.
3. Si viajas al extranjero podrías conocer más sobre la cultura y tradiciones de otros países y podrías apreciar más las diferencias culturales.
4. Aprender un idioma extranjero mejorará tu memoria y te motivará a pensar de una manera distinta.
5. Al poder entender noticias de otros países podrás apreciar el mundo desde otro punto de vista.
6. Podrás hacer amigos extranjeros más fácilmente.

¿Cuáles son las razones más importantes por las que debes aprender un nuevo idioma? Hablad en grupos de tres o cuatro personas. Intentad introducir nuevos argumentos.

B. La gramática: Gustar

El verbo GUSTAR

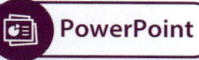

To say which subjects you like or dislike, we use the verb *gustar*. With the verb *gustar* (to like), the subject of the sentence is what is being liked.

Me gusta la historia literally means 'History is pleasing to me', so History is the subject of the sentence.

We use just two forms of the verb *gustar* in the present tense: *gusta* and *gustan*. When the subject of the sentence (what is being liked) is singular or a verb, we use *gusta*, but if the subject of the sentence is plural, we use *gustan*. So the verb *gusta* or *gustan* always agrees with what comes after it in a sentence.

GUSTA	+	singular noun/infinitive	*Me gusta el fútbol* .... I like football.
GUSTAN	+	plural noun	*Me gustan los perros* .... I like dogs.

When *gustar* is followed by a verb, that second verb must be in the infinitive form. For example, *Me gusta aprender idiomas*.

The verb *gustar* is always preceded by an indirect object pronoun (*me, te, le, nos, os, les*).
If a person or people are named before the indirect object pronoun, the name of the person or people must be preceded by *a*.

Indirect object pronoun	+	gusta/gustan	+	The thing or things being liked
Me Te (a Juan/a mi madre) Le Nos Os (a las chicas/a mis primos) Les	+	gusta	+	**SINGULAR NOUN** • el irlandés • la historia **INFINITIVE** • aprender idiomas • tocar el piano
		gustan	+	**PLURAL NOUN** • las ciencias • los idiomas

Me gustan las películas de terror. .... I like horror films.
¿Te gusta el queso? .... Do you like cheese?
Nos gusta bailar. .... We like dancing.
A las chicas les gusta jugar al tenis. .... The girls like playing tennis.
A Lucía le gustan los caballos. .... Lucía likes horses.

¡Ojo!

The following verbs work the same way as *gustar*:

Doler (o-ue)	to hurt/have pain	*Le duelen las orejas.*	His ears are sore.
Encantar	to love	*Les encanta bailar.*	They love dancing.
Hacer falta	to need	*Me hace falta un diccionario.*	I need a dictionary.
Interesar	to be interested in	*¿Te interesa el golf?*	Are you interested in golf?

¡Venga!

B.1 Escribe las frases en español.
1. I am interested in history.
2. Do you like strawberries?
3. My sister loves action films.
4. Her cousins need new books.
5. We like playing football at the weekends.
6. They are interested in learning Chinese.
7. I really like apples and bananas.
8. We need a car to go to the concert.
9. His feet are sore.
10. My father loves reading the newspaper.

B.2 Sample exam question: Lee el diario.
Read the sample answer to the following diary question:
You have just moved to another town with your parents and started a new school. Write a DIARY ENTRY in SPANISH mentioning all of the following points:
- How you are feeling at the moment
- Some good luck you had today
- What you don't like about your new school
- You are missing your friends

miércoles, 15 de enero

Querido diario:

¡Hola! Soy yo.

Estoy hecho polvo después de un día largo en el cole y un montón de deberes. ¡Qué rollo! Tuve mucha suerte en la clase de francés, aprobé el examen sin saber ni jota. Me gusta el instituto pero me parece que hay muchas reglas y lo peor de todo es que aquí las clases empiezan a las siete y media de la mañana, ¡y odio madrugar! Echo de menos a mis amigos, sobre todo a mi amiga Teresa. Bueno, a partir de hoy la llamaré cada día.

Me voy a acostar. ¡Hasta mañana!

Javi

B.3 Escribe un diario.
You have just started in a new school.
Write a diary entry in Spanish mentioning all of the following points:
- Why you really like your new school
- What the teachers are like
- One problem you encountered today
- What you did to solve this problem

B.3 – Criterios de éxito
- Make sure you include all four points.
- Start each point on a new line.
- Use the structure and phrases from pages 92 and 93.
- Make sure you are using the correct verb tenses.
- Check your work for spellings, accents and agreement of adjectives.

Unidad 5   El instituto

C. Las reglas

C.1 Las normas del instituto: Une las frases con las imágenes.

(a)	4	(f)	
(b)		(g)	
(c)		(h)	
(d)		(i)	
(e)		(j)	

1. Está prohibido llevar joyas y piercings.
2. Está prohibido masticar chicle.
3. Está prohibido charlar en clase.
4. No se debe fumar.
5. No se debe escuchar música en clase.
6. No se debe correr por los pasillos.
7. Se debe apagar el teléfono móvil.
8. Se debe llevar uniforme.
9. Se debe llegar a tiempo a clase.
10. Solo se puede comer en el comedor.

Las reglas

To express the school rules, use the following structures:

Está prohibido
Se debe
No se debe   + **infinitivo**
Se puede
No se puede

Se debe and *se puede* are examples of the passive voice. You will learn more about the passive in Spanish on page 352.

C.2 ¿Cuáles son las reglas de tu instituto? En tu cuaderno escribe cinco frases con las estructuras de arriba.

ciento cuarenta y tres

¡Venga!

C.3 Lee este artículo sobre las infantas Leonor y Sofía y contesta a las preguntas en español.

LOS REYES LLEVAN A SUS HIJAS DE VUELTA AL COLE

Felipe conducía el coche en el que Leonor y Sofía han regresado a las clases.

La princesa de Asturias y su hermana, la infanta Sofía, han empezado hoy las clases en el colegio Santa María de los Rosales de Madrid, donde han llegado con sus padres, los reyes, en un automóvil que conducía el monarca.

Don Felipe y doña Letizia han saludado desde el vehículo con las ventanillas delanteras bajadas – y también sus hijas, a través de los cristales – a los reporteros gráficos que les aguardaban tanto a la llegada como a la salida del centro, donde los reyes han permanecido una media hora.

El Santa María de los Rosales es un colegio privado ubicado en la zona residencial de Aravaca, en el que la princesa Leonor, que pronto cumplirá catorce años, comienza tercer curso de Educación Secundaria Obligatoria (ESO) y su hermana Sofía, de doce años, primer curso de ESO.

Después de este reencuentro con las clases, las hijas de los reyes tendrán ocasión de celebrar con sus padres dentro de cuatro días, el próximo sábado, el cuarenta y siete cumpleaños de doña Letizia, en una jornada sin actividad oficial, tras un viernes en el que don Felipe inaugurará una fábrica en Sevilla mientras la reina concede dos audiencias en el Palacio de la Zarzuela…

Source: elplural.com

1. ¿Cómo se llama el colegio adónde van Leonor y Sofía?
2. ¿Quién conducía el coche al colegio?
3. ¿Quién estaba esperándoles fuera del colegio?
4. ¿Cuánto tiempo pasaron los Reyes dentro del colegio?
5. ¿Cuántos años cumplirá Leonor dentro de poco?
6. ¿Qué curso comienza la princesa Sofía?
7. ¿Cuándo es el cumpleaños de doña Letizia?
8. ¿Cuántos años tendrá doña Letizia?
9. ¿Qué hará don Felipe el viernes que viene?
10. ¿Qué hará Letizia el viernes?

D. La rutina diaria

D.1 Una entrevista sobre mi rutina diaria. Escucha la conversación y rellena los espacios con las palabras adecuadas.

¿A qué hora te levantas durante la semana?
Mi madre me despierta a las (1)_____ y me levanto a eso de las siete. Tengo que levantarme temprano porque vivo bastante (2)_____ del instituto.

¿Qué haces después de levantarte?
Me ducho y me visto en un santiamén y bajo a la cocina para (3)_____. Después del desayuno voy al cuarto de baño para cepillarme los dientes y lavarme la cara. Salgo muy (4)_____ y voy al colegio andando.

¿Qué desayunas?
Desayuno poco porque nunca tengo (5)_____ por la mañana. Desayuno cereales o tostadas con (6)_____ y un té. A mi hermano le gusta tomar un desayuno fuerte antes de ir al cole. Toma huevos (7)_____, pan con mermelada y un zumo de (8)_____.

¿A qué hora empiezan las clases?
Las clases empiezan a las (9)_____ en punto. Llego temprano para ir a mi taquilla y sacar los libros que necesito.

¿Cuántas clases tienes cada día?
Tenemos nueve clases cada día. La mayoría de las clases duran cuarenta minutos pero también tenemos algunas clases de ochenta minutos.

¿Hay un recreo por la mañana?
Sí por supuesto. Tenemos un (10)_____ a las once de la mañana. (11)_____ salir al patio para (12)_____ con mis amigos. Tomo algo ligero como algo de fruta o un (13)_____.

¿Te quedas en el instituto durante la hora de comer?
Sí. Vamos al (14)_____ a la una. Suelo tomar un (15)_____ de jamón con queso y una manzana. Si hace buen tiempo salimos al (16)_____ para jugar al fútbol. Tenemos una tienda aquí en el instituto. Se pueden comprar bocadillos, ensaladas, (17)_____ y patatas fritas. De vez en (18)_____ mi madre me da cinco euros para comprar algo.

¿A qué hora terminan las clases?
Las clases terminan a las cuatro. Vuelvo a casa enseguida y (19)_____ tostadas o unas (20)_____ y un zumo. Los miércoles terminamos a la una y después de la comida tenemos (21)_____ de rugby.

¿Qué haces por las tardes después del colegio?
Pues depende del día. Los martes tengo clase de música y los jueves entreno con el (22)_____ de baloncesto. Todos los días (23)_____ con mi familia a las seis y después de la cena hago los deberes, me paso una o dos horas estudiando. Me gusta ver la tele o escuchar música para (24)_____.

¿A qué hora te acuestas?
Durante la semana me acuesto a las diez y media. Me gusta leer un poco antes de dormir. Intento dormir (25)_____ ocho horas por la noche para poder levantarme (26)_____. Como dice mi madre 'Al que madruga, Dios le ayuda.'

D.2 Escribe en tu cuaderno las preguntas con tus propias respuestas.
1. ¿A qué hora te levantas durante la semana?
2. ¿Qué haces después de levantarte?
3. ¿Qué desayunas?

ciento cuarenta y cinco

¡Venga!

4. ¿A qué hora empiezan las clases?
5. ¿Cuántas clases tienes cada día?
6. ¿Hay un recreo por la mañana?
7. ¿Te quedas en el instituto durante la hora de comer?
8. ¿A qué hora terminan las clases?
9. ¿Qué haces por las tardes después del colegio?
10. ¿A qué hora te acuestas?

Practica las preguntas con tu compañero/a.

¿Qué desayunas?

Suelo desayunar cereales con leche o pan tostado con mantequilla.

Log on to **www.edcolearning.ie** to access mock oral exam videos.

¡Ojo!
Don't forget that the verb **SOLER** (o–ue), meaning to habitually do something, is always followed by the infinitive.
Suelo desayunar *cereales…*

Verbs followed by infinitives

Like *soler*, a number of other commonly used verbs are followed by an infinitive:

Deber (to have to)	*Debo estudiar esta noche.*
Decidir (to decide)	*Decidió volver a casa.*
Esperar (to hope/wait for/expect)	*Espero ir a la fiesta.*
Intentar (to try)	*Intento hacer lo mejor que puedo.*
Querer (to want)	*Quieren venir conmigo.*
Pensar (to think/plan)	*¿Piensas ir de vacaciones?*
Poder (to be able to)	*No podemos salir mañana.*
Preferir (to prefer)	*Prefieren ver la película en el cine.*

D.3 Escribe una carta o un correo electrónico a Iván, tu amigo por correspondencia.
- Describe your typical daily routine on school days.
- Describe what you usually wear to school and why you like or don't like it.
- Tell him about the rules in your school and what happens if you break them.
- Tell him what extracurricular activities you are involved in.
- Describe what you did after school yesterday.

D.3 – Criterios de éxito
- Start and end your letter or email appropriately.
- Make sure you include all the points and write at least two sentences per point.
- Use the structure and phrases from pages 33 and 34.
- Make sure you are using the correct verb tenses.
- Check your work for spellings, accents and agreement of adjectives.

ciento cuarenta y seis

Unidad 5   El instituto

D.4 Escribe un diario.
You have received bad results in a Maths exam.
Write a diary entry in Spanish mentioning all of the following points:
- Why you found it difficult to study before the exam
- You don't like Maths and say what subjects you prefer and why
- What your teacher said when he gave you your result
- How your parents reacted when you told them your result

D.4 – Criterios de éxito
- Make sure you include all four points.
- Start each point on a new line.
- Use the structure and phrases from pages 92 and 93.
- Make sure you are using the correct verb tenses.
- Check your work for spellings, accents and agreement of adjectives.

D.5 Debate: En grupos de tres o cuatro personas, debatid sobre una de las siguientes afirmaciones.
(a) Todos los colegios deben ser mixtos.
(b) El uniforme escolar no es necesario.
(c) El año de transición es una pérdida de tiempo.

D.5 – Criterios de éxito
- Divide the class into 'for' and 'against' the motion.
- In groups, brainstorm your ideas on the title.
- Work in groups to write speeches for or against the motion.
- Use words and phrases from page 61.
- Appoint one group member to perform the speech.

D.6 Escribe tu opinión sobre una de las afirmaciones del ejercicio D.5. HIGHER

D.6 – Criterios de éxito
- Write 150 words or more.
- Structure your answer with an introduction, at least three points and a conclusion.
- Use ideas and phrases from your group brainstorming in activity D.5.
- Check your work for spellings, accents and agreement of adjectives.

D.7 Escucha y contesta a las preguntas en inglés.

CD 1 Track 50

1. What does Bernardo do before he leaves the house in the morning?
   _____

2. What is his opinion of his school uniform?
   _____

3. How long does his journey to school take?
   _____

4. Why does he particularly like Geography?
   _____

5. What does he do during lunch break?
   _____

6. Why does he stay later in school on Thursdays?
   _____

7. How does he get home from school?
   _____

8. Why does he think his parents are strict? _____

ciento cuarenta y siete

E. El estrés en la vida de los estudiantes

E.1 Lee el texto y contesta a las preguntas. HIGHER

ANSIEDAD ANTE LOS EXÁMENES

1. ¿Has participado en clase, has hecho todos los deberes y crees que dominas bastante la materia? Pero llega el día del examen. De repente, te pones tan nervioso que eres incapaz de responder a esas preguntas que te sabías la noche anterior. Si todo eso te parece familiar, es bastante probable que padezcas de ansiedad ante los exámenes: esos nervios extremos que algunas personas experimentan cuando hacen un examen.

2. La ansiedad ante los exámenes es un tipo de ansiedad de ejecución: lo que puede experimentar una persona en una situación donde importa mucho el rendimiento o la ejecución de una tarea o existe una gran presión por hacer las cosas bien. Por ejemplo, una persona puede experimentar ansiedad de ejecución cuando va a salir al escenario en una obra de teatro, cantar un solo o hacer una entrevista importante.

3. La ansiedad puede hacer que uno sienta que se le hace un nudo en la garganta, o que tenga molestias gastrointestinales o un dolor de cabeza. A algunas personas les tiemblan o les sudan las manos y el corazón les late más deprisa de lo habitual. Un estudiante con una intensa ansiedad ante los exámenes puede llegar hasta tener diarrea o ganas de vomitar.

4. Como cualquier otro tipo de ansiedad, la ansiedad ante los exámenes puede crear un círculo vicioso: cuanto más se centra una persona en las cosas malas que le pueden ocurrir, más se le intensifica la ansiedad. Esto hace que la persona se encuentre peor y, al estar su mente llena de pensamientos y de miedos estresantes, aumentan más las probabilidades de que le salga mal el examen.

5. ¿Qué puedes hacer? Primero pedir ayuda. A tu profesor, tu tutor o el psicólogo de la escuela, ellos pueden ayudarte y brindarte mucha información acerca del tema. Debes prepararte muy bien para tus exámenes, ninguna 'trasnochada' antes del examen te permitirá obtener el nivel de comprensión más profundo que se consigue estudiando regularmente. Muchos estudiantes comprueban que su ansiedad ante los exámenes disminuye cuando empiezan a estudiar mejor o más regularmente.

6. Es importante también controlar tus pensamientos. Si te das cuenta de que estás teniendo pensamientos negativos, sustitúyelos por pensamientos positivos. Acepta tus errores. Intenta relativizar los errores que cometas – sobre todo si eres muy perfeccionista y tiendes a ser muy crítico contigo mismo. Todo el mundo comete errores. Finalmente cuídate. Si practicas regularmente ejercicios de respiración (cuando no estés estresado), tu cuerpo aprenderá a ver esos ejercicios como una señal para relajarse. También cuida de tu salud – por ejemplo, durmiendo lo suficiente, haciendo ejercicio físico y comiendo de forma saludable, esto ayudará a que tu mente pueda rendir al máximo.

7. Todo aprendizaje requiere tiempo y práctica, y aprender a superar la ansiedad ante los exámenes no es diferente. Aunque no es algo que vaya a desaparecer de la noche a la mañana, el hecho de afrontar y aprender a superar la ansiedad ante los exámenes disminuirá el estrés, lo que te será de gran ayuda en muchas otras situaciones, aparte de los exámenes.

Source: kidshealth.org

Unidad 5 El instituto

1. Escribe las frases del texto que sean equivalentes (más o menos) a las siguientes:
   (a) tienes buenos conocimientos de la asignatura (para 1)
   (b) incomodidades del estómago (para 3)
   (c) las posibilidades de suspender (para 4)
   (d) con más frecuencia (para 5)
   (e) vencer las preocupaciones (para 7)

2. Write in English the meaning (in the context) of the following phrases:
   (a) … cuanto más se centra una persona en las cosas malas que le pueden ocurrir, más se intensifica la ansiedad (para 4)
   (b) Si te das cuenta de que estás teniendo pensamientos negativos (para 6)
   (c) Aunque no es algo que vaya a desparecer de la noche a la mañana (para 7)

3. Busca en el texto una palabra o frase que tenga el mismo sentido (más o menos) que las siguientes:
   (a) de pronto (para 1)
   (b) sufras (para 1)
   (c) un quehacer (para 2)
   (d) un signo (para 6)
   (e) es igual (para 7)

4. As a partial summary of the content of the article, write in English the information requested. (Give full details.)
   (a) According to the article, in what kinds of situations do people experience performance anxiety?
   (b) What are the physical symptoms of anxiety before an exam?
   (c) What advice is given to help students cope with anxiety?

LOS EXÁMENES

- Los exámenes ponen demasiada presión sobre los jóvenes. Son una fuente enorme de estrés.

- La salud mental es más importante que tener éxito en el colegio.

- La evaluación continua es una mejor manera de evaluar a los alumnos.

- Hay demasiado énfasis en los exámenes. Hay cosas más importantes en la vida.

- La juventud es una época en la que debemos disfrutar. Pasar todo el tiempo estudiando es una pérdida de tiempo. Se aprende más viviendo la vida que leyendo libros.

- La nota de un examen en un día no revela todas las habilidades del alumno.

¡Venga!

E.2 Escribe en español tu opinión sobre una de las siguientes afirmaciones.
  (a) Debemos abolir los exámenes.
  (b) Todo aprendizaje requiere tiempo y práctica.

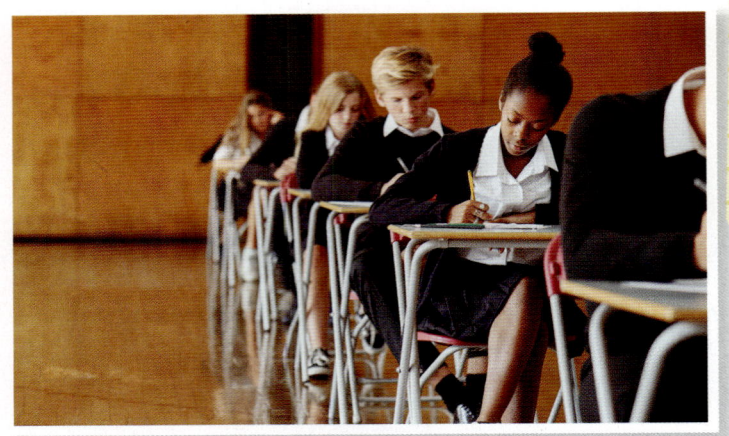

E.2 – Criterios de éxito
- Write 150 words or more.
- Structure your answer with an introduction, at least three points and a conclusion.
- Use the words and phrases from page 61 and the mind map from the previous page.
- Check your work for spellings, accents and agreement of adjectives.

E.3 Dos alumnos hablan sobre los exámenes. Escucha y contesta a las preguntas en inglés.

CD 1 Tracks 51–53

A. Laura
1. Why does Laura feel stressed?
2. What advice did she get from her History teacher?
3. What has she been doing to relax?
4. What does Laura think of the Leaving Certificate exam?
5. What is Laura planning to do next year?

B. David
1. Why is David not worried about his exams?
2. What is he planning to do next year?
3. What is his parents' opinion?
4. Why is David critical of the Leaving Certificate exam?
5. What alternative does he propose?

150 ciento cincuenta

F. El acoso escolar

F.1 Lee el texto y contesta a las preguntas.

¿QUÉ ES EL ACOSO ESCOLAR?

Acoso escolar es todo acto violento, repetitivo y continuado a lo largo del tiempo que consiste en agredir física, psíquica o verbalmente a un alumno por parte de otro u otros que se colocan en un plano de superioridad. La agresión puede ser *verbal* (mofas, chistes, apodos, insultos); *física* (daños de tipo corporal); o *psíquica* (sometiendo a la víctima a presiones, humillaciones, chantajes, extorsiones, etc.).

¿Dónde ocurre? Ocurre en cualquier espacio físico del entorno escolar:

- En entradas o salidas del instituto o colegio
- En el recreo o descansos
- En el pasillo
- En el aula cuando el profesor no se da cuenta
- En la ruta escolar, excursiones, visitas
- En el comedor
- En los baños
- A través del móvil, internet, redes sociales, e-mail

Podemos observar en el acoso escolar alguna o algunas de las siguientes notas que permitirán su identificación:

- Afecta también al acosador, pues no son escasas las probabilidades de que asuma de manera permanente ese rol durante su vida adulta, proyectando su abuso en distintos ámbitos (acoso laboral, violencia doméstica, violencia de género).
- Es muy difícil de detectar, ya que se produce casi siempre en ausencia de los adultos y el resto del grupo, que conoce muy bien la situación, a menudo calla y protege con su actitud a los acosadores por temor a convertirse en su víctima.
- La agresión emocional o psicológica, que es aún más difícil de detectar por los profesores, es más dolorosa porque puede persistir durante más tiempo y generar angustia, ansiedad y procesos depresivos que si son prolongados e intensos, pueden desembocar en ideas suicidas.
- Es consciente e intencionado; busca el daño del acosado.
- Suele vincularse a la víctima la presencia de un rasgo que le convierte diferente al grupo y, de algún modo, la coloca en una situación de inferioridad frente a éste, como por ejemplo: aspecto físico, forma de hablar, origen social, cultura, etnia, etc.
- No se trata de cosas de niños. Puede provocar problemas psicológicos serios, depresión e incluso intentos de suicidio.

Source: acoso-escolar.es

1. Answer the following questions in English according to the information given in the text.
    - (a) How is bullying defined in the first paragraph?
    - (b) Name three types of bullying mentioned in the first paragraph.
    - (c) Name five different places that bullying can occur.
    - (d) What impact can bullying have on the bully later in life?
    - (e) Why is bullying so difficult to detect?
    - (f) What type of bullying is the most difficult to detect?
    - (g) What examples are given of ways in which the victim may be different to the rest of his/her peer group?
    - (h) What serious problems can emerge as a result of bullying?

2. ¿Cómo se dice en español? Busca en el texto las palabras.

bullying	fear	social networks	the bully
domestic violence	blackmail	suicidal thoughts	anxiety
jeers/sneers	the victim		

F.2 Escribe tu opinión sobre una de las siguientes afirmaciones. HIGHER

(a) Un buen colegio es el que enseña a respetar a todas las personas. (Leaving Cert, 2007)
(b) Todos tenemos que hacer algo para poner fin al acoso escolar.

F.2 – Criterios de éxito
- Write 150 words or more.
- Structure your answer with an introduction, at least three points and a conclusion.
- Use the words and phrases from page 61 and from the mind map below.
- Check your work for spellings, accents and agreement of adjectives.

El Acoso Escolar

Los compañeros de clase que quieren ayudar a la víctima tienen miedo de que los matones se enfrenten a ellos. Tenemos que enseñar a los jóvenes a cómo defender a las víctimas del acoso.

El acoso ocurre por todo el instituto. Los profesores deben vigilar a los alumnos en las aulas, el comedor, el patio e incluso en los pasillos.

Las víctimas se sienten solas. Piensan que nadie les ayuda y que no hay nadie con quién hablar sobre el acoso que sufren.

Necesitamos más apoyo para los acosadores también. Muchas veces vienen de hogares con problemas o ellos mismos son las víctimas de agresiones o de burlas.

Los padres deben intervenir cuando sospechen que hay un problema.

G. Los deberes de la Unidad 5

La gramática

G.1 Elige la forma correcta del verbo en cursiva.

Ejemplo: Me *gusta*/*gustan* el baloncesto.

1. A mi hermano le *encanta*/*encantan* los perros.
2. Nos *gusta*/*gustan* jugar a las cartas.
3. ¿Te *interesa*/*interesan* las películas románticas?
4. A mis primas les *encanta*/*encantan* el tenis.
5. Nos *interesa*/*interesan* los animales.

6. A mí me *gusta/gustan* mucho ver películas.
7. ¿Te *duele/duelen* la garganta?
8. ¿Os *hace falta/hacen falta* un coche?
9. A Manolo le *duele/duelen* los pies.
10. Les *interesa/interesan* leer novelas históricas.

G.2 Escribe los pronombres adecuados en los espacios.

Ejemplo: *A mí* __me__ *gusta el baloncesto.*

1. A Roberto _____ gusta jugar al rugby.
2. A Carlos y a mí _____ gusta la música.
3. A mí _____ interesan los libros.
4. A Lola _____ gustan las ciencias.
5. A ellos _____ gusta tocar la guitarra.
6. A nosotros _____ encanta ir al cine.
7. ¿A ti _____ interesa la música?
8. ¿A vosotros _____ gusta jugar al tenis?
9. A las chicas _____ hace falta una calculadora.
10. ¿A Pablo y a ti _____ interesa la geografía?

G.3 Escribe las frases en español.

1. Do you need a pencil sharpener?
2. I love the film. It is funnier than the film I saw last week.
3. We love learning Spanish. It's our favourite language.
4. Are you interested in studying German with your brothers?
5. Do they need our bicycles?
6. They are interested in technology.
7. My teacher has a headache.
8. Do your sisters like dogs?

El vocabulario

G.4 ¿Cómo se dice en inglés?

1. El matón
2. La salud mental
3. La ansiedad
4. El acoso
5. Ayudar
6. Castigar
7. Aprobar
8. Suspender
9. Las normas
10. El aula

G.5 ¿Cómo se dice en español?

1. Computer studies
2. Accounting
3. Art
4. The staff room
5. The football pitch
6. The changing rooms
7. My locker
8. The principal
9. Continuous assessment
10. To chew gum

G.6 Traduce las frases.

1. I'm shattered after a long day at school.
2. My favourite subjects are French and Spanish because I love languages.
3. Learning another language will help you to think in a different way.
4. After breakfast I go to the bathroom to brush my teeth and wash my face.
5. I usually have cereals for breakfast but sometimes I have toast and jam.
6. There are more important things in life than exams.
7. Victims of bullying feel alone and they think that nobody can help them.
8. The teachers realised that the bully came from a difficult home.

La comprensión lectora

G.7 Lee el blog de un escritor peruano y contesta a las preguntas en inglés.

LA IMPORTANCIA DE APRENDER IDIOMAS

1. En un mundo tan globalizado como el actual, aprender un idioma resulta básico para poder sobrevivir en un mercado laboral tan competitivo. Hoy, las principales empresas de nuestro país, requieren de personas que como mínimo, hayan adquirido un nivel intermedio en inglés.

2. Manejar dos idiomas nos permite una mejor comunicación en caso concretemos un viaje al extranjero. En Inglaterra por ejemplo, cualquier jugador extranjero que participe en la Premier League, tiene por obligación dominar el inglés. En España, Francia, Alemania e Italia también ocurre lo mismo, lo que permite una mejor relación entre el deportista con el aficionado y la prensa.

3. En nuestro país, aprender una lengua extranjera no solo implica adquirir conocimientos solamente del inglés. Los idiomas francés, chino mandarín han captado la atención de la población, siendo también idiomas bien consumidos por nosotros.

4. Conocer un idioma no solo implica aprender su vocabulario y los verbos. Con mi experiencia en haber aprendido francés, y la actual en que estoy siguiendo cursos de inglés, he podido conocer la cultura y las costumbres de los países que acogen el idioma que aprendo. De Francia, conocía solo la Tour Eiffel o el Museo de Louvre. En el tiempo que me llevó aprender francés, he podido conocer la historia, cultura y costumbres de un país tan importante como Francia.

5. La enseñanza de lenguas extranjeras, es clave para la construcción de la identidad de la persona. Además, no solo implica un mayor conocimiento de la lengua extranjera sino que permite un mayor entendimiento de nuestro idioma nativo.

6. Aprender un idioma nos abre la puerta a un mundo lleno de oportunidades laborales y culturales. Resulta básico para que el futuro no nos tome desprevenidos y podamos responder en buena manera a las oportunidades que se nos presenten.

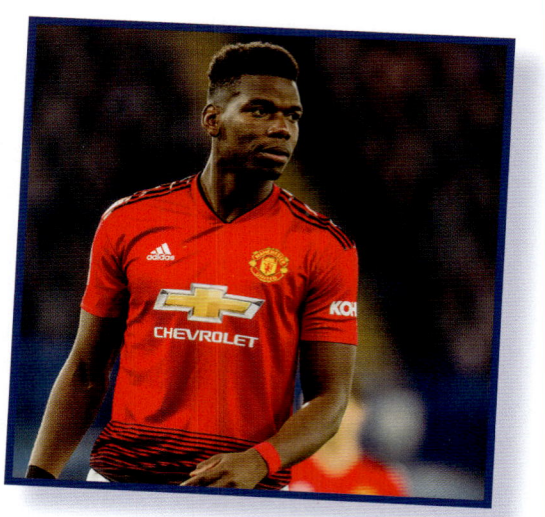

Source: blogsdeperu.com

1. What do large companies in Peru require in their employees? (para 1)
2. Why is the Premier League mentioned? (para 2)
3. Which three languages are popular among language learners in Peru? (para 3)
4. What knowledge do language learners acquire, apart from vocabulary and verbs? (para 4)
5. In what way does learning a foreign language contribute to personal development? (para 5)
6. What are the advantages of having knowledge of a second language? (para 6)

G.8 Escribe un diario.

You have just finished your exams today.
Write a diary entry in Spanish mentioning all of the following points:
- How you feel now that you've finished your exams
- Which exams you found difficult and why
- What you did this evening to celebrate finishing the exams
- You hope to get good results

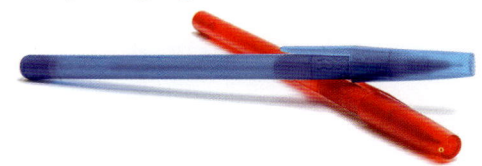

G.8 – Criterios de éxito
- Make sure you include all four points.
- Start each point on a new line.
- Use the structure and phrases from pages 92 and 93.
- Make sure you are using the correct verb tenses.
- Check your work for spellings, accents and agreement of adjectives.

En el colegio

En el cole	Las asignaturas	En mi cartera	Verbos importantes
el aula	el inglés	el sacapuntas	estudiar
la sala de profesores	el irlandés	el libro	aprender
la oficina del director	las matemáticas	el cuaderno	repasar
la pizarra	la historia	el bolígrafo	aprobar
las taquillas	la geografía	el lápiz	suspender
la sala de ordenadores	el francés	la regla	sacar buenas notas
el patio	el alemán	la rotulador	sacar malas notas
el gimnasio	el español	el estuche	enseñar
los vestuarios	la biología	la carpeta	castigar
el campo de fútbol	la química	la calculadora	ayudar
las pistas de tenis	la física	la goma	motivar
las estanterías	el dibujo	las tijeras	estar prohibido
la sala de arte	la música		comportarse
el comedor	la educación física		
los aseos	los negocios		
las normas/las reglas	la contabilidad		
los castigos	la economía		
el Bachillerato	el hogar		
la Selectividad	el dibujo técnico		
la universidad	la carpintería		
la facultad	las matemáticas aplicadas		
	la informática		
	la religión		
	las ciencias agrarias		
	la tecnología		
	la metalurgia		
	la política		

Unidad 5 Autoevaluación

		😊	😐	😠
	I can describe my school, school rules and my uniform.			
	I can answer questions about the subjects I study.			
	I can discuss the advantages of being able to speak another language.			
	I can write an informal letter or email about my daily routine.			
	I can write a diary entry describing a new school.			
	H I can give my opinion on exam stress and bullying.			
	I can understand the general sense of texts about school, education, bullying and exams.			
	I can use the verb *gustar* and verbs like *gustar*.			
	I can use the structure *se debe/se puede* + infinitive.			
	I can follow conversations about schools, subjects and exams.			

After completing the *autoevaluación* above, write your own simple learning targets for the next few weeks. Think about what you know well and what you need to revise. What topic or topics do you need to revisit? Fill in the chart below.

Lo que ya sé de la Unidad 5	Lo que tengo que repasar de la Unidad 5

Unidad 6
Las vacaciones

Communicative objectives

By the end of this unit you will be able to:
- Describe your holidays
- Discuss your plans for next summer
- Follow weather reports
- Give your opinion on environmental issues
- Discuss the benefits of holidays and travel

Contesta a las preguntas en inglés.

1. Which of the topics above do you already know quite well?
2. Which topics are you not really able to talk or write about in Spanish?
3. Choose one of the following topics from this unit: holidays, the weather, the environment, travel. Make a graphic organiser about the topic in your copy and fill in all the vocabulary you already know related to the topic.

La gramática
> The future tense
> The conditional

El examen oral
> An interview about holidays

El examen escrito
> Write a diary entry about holidays
> Write your opinion on:
  — Holidays at home or abroad
  — The benefits of travel
  — The environment

Habilidades de comprensión
> Listening and reading comprehension practice on the themes of holidays, weather and the environment

A. Las vacaciones

A.1 Tres jóvenes hablan de las vacaciones. Lee los textos y contesta a las preguntas en español.

SEÁN

En julio fui a un colegio de irlandés en Mayo. Fui con dos compañeros de clase, Cillian y Harry. Pasamos tres semanas allí y lo pasé fenomenal. Al principio no quería ir porque el irlandés no me interesa mucho. Me cuestan los idiomas y saco malas notas en la clase de irlandés. Quiero ser profesor de primaria y por eso tengo que estudiar irlandés a nivel superior para el examen de Leaving Cert. Por eso, mis amigos y yo decidimos ir juntos al 'Gaeltacht'. Nos alojamos con otros tres estudiantes en la casa de los Señores Murphy. La Señora Murphy era bastante estricta y se enfadaba fácilmente, sobre todo una vez cuando me oyó hablar inglés con mis amigos. Íbamos a clases de irlandés cada mañana y por la tarde hacíamos actividades como surf, senderismo y otros deportes. Los primeros días no podía entender nada durante las clases. Poco a poco empecé a entender más y la última semana fue la más fácil de todas. Lo mejor de mi estancia en Mayo fue que conocí a una chica muy maja. Se llama Amelia y es guapísima. Es de Dublín como yo y voy a quedar con ella este fin de semana.

1. ¿Cómo se sentía Seán inicialmente?
2. ¿Cómo era la Señora Murphy? ¿Por qué se enfadó?
3. ¿Qué hacía Seán por las tardes?

PURI

Este verano voy a hacer un intercambio con una chica irlandesa que vive en Wicklow. Nunca he estado en Irlanda y tengo muchas ganas de ir. He oído que Wicklow es una de las partes más bonitas del país. Quiero subir a la montaña 'Sugar Loaf' y visitar el lago y las ruinas del monasterio de Glendalough. Mi asignatura favorita es el inglés y creo que un intercambio es una buena manera de mejorar el idioma. También es una oportunidad para aprender sobre una nueva cultura y otras tradiciones. Espero hablar inglés con fluidez algún día porque me gustaría trabajar en los Estados Unidos. Ya tengo todo organizado para ir a Irlanda. Voy a coger un vuelo de Girona a Dublín y la familia irlandesa me va a esperar en el aeropuerto y llevarme luego a Wicklow en coche. Son una familia de seis y hay dos hermanas gemelas de la misma edad que yo. Las conozco un poco porque me mandan mensajes por Snapchat de vez en cuando.

1. ¿Cuántas veces ha estado Puri en Irlanda?
2. Según Puri, ¿cuáles son las ventajas de hacer un intercambio?
3. ¿Por qué quiere Puri aprender inglés?

Unidad 6   Las vacaciones

MIGUEL

Todos los años, paso las vacaciones de verano en Salobreña, un pequeño pueblo de la Costa Tropical de Granada. Mis padres tienen una segunda vivienda allí y mi familia y yo solemos pasar todo el mes de agosto en Salobreña. Hay un montón de cosas que hacer en la costa durante el verano. A mi hermano y a mí, nos gusta ir al club de buceo mientras mis padres juegan al golf. Disfrutamos de la enorme piscina que hay en nuestra urbanización y por supuesto, de la playa. Casi todos los días vamos a la playa, tomamos el sol, nos bañamos en el mar o jugamos al voleibol. Nos encanta comer en un chiringuito de la playa y por la tarde hacemos una barbacoa en la terraza o cenamos en uno de los restaurantes del pueblo. Salobreña es tranquilo durante el invierno pero en verano hay una vida nocturna muy variada, con discotecas y fiestas.

1. ¿Dónde pasa la familia de Miguel las vacaciones?
2. ¿Cuáles son las actividades que suele hacer la familia?
3. ¿Dónde les gusta comer y cenar?

A.2 Cuatro jóvenes hablan sobre sus vacaciones del verano pasado. Escucha y rellena el cuadro en inglés.

CD 1 Tracks 54–58

	NAME	DESTINATION	TRANSPORT	HOLIDAY ACTIVITIES
A.	Álvaro			
B.	Yolanda			
C.	Rosalía			
D.	Santiago			

Las vacaciones

El transporte
en coche
en autobús
en autocar
en tren
en avión
en ferry
en barco
en crucero
en bicicleta
el horario
el billete de ida
el billete de ida y vuelta
el vuelo
volar
el viaje

El alojamiento
un hotel
un hostal
una pensión
un albergue juvenil
un campamento
una tienda de campaña
una caravana
una segunda vivienda
alquilar
reservar

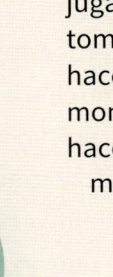

Las actividades
descubrir el pueblo
ir de compras
ver los monumentos
visitar los museos
dar un paseo por el parque
jugar al voleibol en la playa
tomar el sol en la piscina
hacer deportes acuáticos
montar a caballo
hacer senderismo en la
    montaña/sierra

ciento cincuenta y nueve   159

¡Venga!

A.3 Escribe una carta o un correo electrónico a un amigo.

Write a letter or email to your Spanish pen-pal Pablo.
- Say you spent the summer holiday in Wexford with your cousins.
- Explain three things you did in Wexford.
- Say why you love going to Wexford.
- Say you had a great time and you will send photos.
- Invite him to come to Ireland next summer and say what you will do.

A.3 – Criterios de éxito
- Start and end your letter or email appropriately.
- Make sure you include all the points and write at least two sentences per point.
- Use the structure and phrases from pages 33 and 34.
- Make sure you are using the correct verb tenses.
- Check your work for spellings, accents and agreement of adjectives.

A.4 Empareja el vocabulario con las definiciones de más abajo.

> un albergue juvenil   un hotel   un avión   un vuelo   el alojamiento
> el extranjero   la maleta   alquilar   relajarse   hacer turismo

1. Un vehículo que vuela por el aire propulsado por motores.
2. Un lugar donde la gente se aloja temporalmente.
3. Pagar por el uso de alguna cosa o algún servicio durante un tiempo determinado.
4. Un establecimiento que ofrece alojamiento y comida a turistas y clientes que pagan por el servicio.
5. Visitar lugares de interés y sitios turísticos.
6. Una cosa que se usa para guardar y transportar ropa, zapatos y objetos personales durante un viaje.
7. El viaje que se hace en un avión o en un helicóptero. Hay que ir al aeropuerto para coger uno.
8. Un sinónimo de descansar. Verbo que significa distraerse de preocupaciones y problemas.
9. Un lugar abierto al público para alojar a turistas a un precio razonable. Los huéspedes suelen dormir en literas.
10. Otros países. Todas las naciones de fuera de la nuestra. Cualquier país que no es el propio.

A.5 Héctor describe sus vacaciones de invierno. Escucha y rellena los espacios con las palabras que faltan.

CD 1 Track 59

En (1)_____ iré a Suiza con mi padre y con mi hermana (2)_____ . Vamos a pasar una semana esquiando en los Alpes. Cogeremos un vuelo de (3)_____ a Ginebra y luego viajaremos a la estación de esquí en autocar.
Todas las mañanas (4)_____ clases con un (5)_____ de esquí. Mi hermana y yo estaremos en el mismo grupo porque será la primera vez que esquiemos, pero mi padre va a ir a una clase de (6)_____ avanzado porque ya ha esquiado mucho. Estoy un poco (7)_____ porque no soy muy (8)_____ y sé que será difícil mantenerse en pie. Tengo (9)_____ de caerme y romperme algo. Por las tardes después de las clases, vamos a descansar. Iremos a la piscina o tomaremos un (10)_____ en el bar del hotel. Por las noches vamos a cenar en el restaurante. He oído que la comida suiza es muy (11)_____ . El viaje a Suiza será una buena oportunidad para pasar tiempo con mi familia. Nos llevamos bien pero la vida es tan (12)_____ que no pasamos mucho tiempo juntos. Creo que es importante ir de vacaciones con la familia porque fortalece la unidad familiar y crea recuerdos.

Unidad 6   Las vacaciones

A.6 Escribe un diario.

You are on a beach holiday with your family. Write a diary entry in Spanish mentioning all of the following points:

- Say where you are staying, who you are with and how you got there.
- Describe what you did today.
- Say you met a new friend at the beach yesterday and describe him/her.
- Describe your plans for tomorrow.

A.6 – Criterios de éxito
- Make sure you include all four points.
- Start each point on a new line.
- Use the structure and phrases from pages 92 and 93.
- Make sure you are using the correct verb tenses.
- Check your work for spellings, accents and agreement of adjectives.

B. La gramática: El futuro y el condicional

El futuro

PowerPoint

We use the future tense to describe actions that are going to happen or will happen in the future. Just like in English, there are two ways to express the future in Spanish.

1. 'going to'   for example: I am going to buy .... *Voy a comprar*
2. 'will'   for example: I will buy .... *Compraré*

1. To form the 'going to' future, we use the following structure:

Present tense of *ir*   +   a   +   infinitive

Voy a escribir una postal. ....I am going to write a postcard.
Vamos a alquilar un coche. ....We are going to rent a car.
Van a hacer senderismo. ....They are going to go hiking.

- Remember, the present tense of *ir* = ***voy, vas, va, vamos, vais, van***.
- With reflexive verbs, the reflexive pronoun joins to the end of the infinitive but changes to agree with the subject of the sentence. Alternatively, the reflexive pronoun can be in front of the verb *ir*.

Voy a levantarme temprano. ....I am going to get up early.
Me voy a levantar temprano. ....I am going to get up early.
Va a ducharse. ....He is going to take a shower.
Se va a duchar. ....He is going to take a shower.
Vamos a acostarnos. ....We are going to go to bed.
Nos vamos a acostar. ....We are going to go to bed.

ciento sesenta y uno

2. To form the 'will' future, we use:
Infinitive + endings (-é, -ás, -á, -emos, -éis, -án)

-AR HABLAR	-ER COMER	-IR VIVIR
Hablar**é**	Comer**é**	Vivir**é**
Hablar**ás**	Comer**ás**	Vivir**ás**
Hablar**á**	Comer**á**	Vivir**á**
Hablar**emos**	Comer**emos**	Vivir**emos**
Hablar**éis**	Comer**éis**	Vivir**éis**
Hablar**án**	Comer**án**	Vivir**án**

Escribiré una carta. .... I will write a letter.
Estudiaremos biología. .... We will study Biology.
Aprenderán árabe. .... They will learn Arabic.

- Note the endings are added to the infinitive WITHOUT removing -AR, -ER or -IR.
- For reflexive verbs, the reflexive pronoun comes before the verb.

Me levantaré. .... I will get up.
Se acostará. .... He will go to bed.

B.1 Lee el texto y subraya los verbos en el futuro.

You should be able to find five examples of 'going to' future and three examples of 'will' future.

Este verano voy a hacer un montón de actividades. En junio voy a hacer exámenes. Al terminar los exámenes saldré de marcha con mis amigos para celebrar el fin de curso. En julio iré de vacaciones con mi familia. Vamos a ir a un pequeño hotel al lado de la playa en Portugal. Vamos a Portugal todos los veranos y este julio pasaremos dos semanas allí. En agosto voy a trabajar en el supermercado de mi barrio. Tengo que ahorrar dinero porque voy a comprarme un ordenador portátil antes de ir a la universidad.

B.2 Rellena los espacios con la forma correcta del futuro. Use the 'will' future.

1. Su amiga no _____ (comprar) este coche.
2. Los estudiantes _____ (vivir) en una residencia universitaria.
3. Mañana, nosotras _____ (comer) en el restaurante.
4. Mañana por la tarde yo _____ (hablar) con Maite y sus padres.
5. ¿Vosotras _____ (ahorrar) el dinero?
6. Jorge _____ (correr) su tercer maratón este año.
7. Pablo y yo no _____ (conducir) porque es más fácil ir en autobús.
8. ¿Tú _____ (trabajar) en la oficina mañana?
9. Yo no _____ (comprender) el discurso del presidente.
10. ¿Tú _____ (subir) la montaña con los niños?

B.3 Escribe las frases en español.
1. They are going to go out tomorrow night.
2. Irene isn't going to watch the movie.
3. Next week the students are going to do the exam.
4. We are going to play rugby next Saturday.
5. Are you going to come to the party this weekend?
6. I will buy the books and copies tomorrow.
7. Carlos will read the newspaper before going to sleep.
8. Will you have dinner in Tom's house this weekend?
9. They won't live in a house without a garden.
10. We will get up very early tomorrow morning.

El futuro: Verbos irregulares

All verbs in Spanish use the same endings to form the future tense. However, the following twelve verbs have irregular stems. (NOTE: the endings are the same as all other verbs in the future tense.)

CABER	HABER	PODER	QUERER	SABER
cabré	habré	podré	querré	sabré
cabrás	habrás	podrás	querrás	sabrás
cabrá	habrá	podrá	querrá	sabrá
cabremos	habremos	podremos	querremos	sabremos
cabréis	habréis	podréis	querréis	sabréis
cabrán	habrán	podrán	querrán	sabrán

PONER	SALIR	TENER	VALER	VENIR
pondré	saldré	tendré	valdré	vendré
pondrás	saldrás	tendrás	valdrás	vendrás
pondrá	saldrá	tendrá	valdrá	vendrá
pondremos	saldremos	tendremos	valdremos	vendremos
pondréis	saldréis	tendréis	valdréis	vendréis
pondrán	saldrán	tendrán	valdrán	vendrán

HACER	DECIR
haré	diré
harás	dirás
hará	dirá
haremos	diremos
haréis	diréis
harán	dirán

Haré los deberes más tarde. .... I'll do the homework later.
¿Vendrás conmigo mañana? .... Will you come with me tomorrow?
Tendrán que salir temprano. .... They will have to go out early.

¡Venga!

B.4 Rellena los espacios con la forma correcta del futuro.
Use the 'will' future.

1. Nosotros _____ (hacer) pasteles para llevar a la fiesta.
2. Yo te _____ (decir) la verdad.
3. Antonia _____ (salir) con sus compañeros de trabajo mañana.
4. Después de la fiesta mis amigos y yo _____ (tener) que limpiar la casa.
5. Este fin de semana Sergio y Laura _____ (venir) al cine con nosotros.
6. Los padres _____ (saber) los detalles del viaje.
7. Todo el mundo no _____ (caber) en este pequeño coche.
8. ¿Vosotros _____ (poner) los cuadernos en mi pupitre mañana?
9. _____ (hacer) sol mañana por la tarde.
10. ¿Tú _____ (venir) conmigo al concierto de David Bisbal?

B.5 Escribe las frases en español.

1. We will go hiking in the mountains in August.
2. The students will stay in a hostel beside the lake.
3. Tonight I am going to pack my suitcases and book a taxi.
4. My cousin will catch a train to the beach with his friends.
5. Are you going to rent a bicycle and go sightseeing?
6. I will do an exchange this summer to improve my Spanish.
7. We will meet our grandmother at the airport.
8. The girls will reserve the guest house and I'll buy the bus tickets.

B.6 Escucha lo que dice Amalia sobre sus vacaciones. Marca la casilla correspondiente.

1. Amalia irá de vacaciones…
   (a) Para hacer un examen ☐
   (b) Para estudiar para un examen ☐
   (c) Después de hacer un examen ☐
   (d) Antes de hacer un examen ☐

2. Va a alojarse…
   (a) En un hotel cerca de la sierra ☐
   (b) En un hostal al lado de la playa ☐
   (c) En un albergue juvenil cerca del mar ☐
   (d) En un hotel cerca de la playa ☐

3. Hizo la reserva…
   (a) Por teléfono ☐
   (b) Por correo ☐
   (c) Por internet ☐
   (d) En persona ☐

4. Va a hacer…
   (a) Deportes acuáticos ☐
   (b) Senderismo ☐
   (c) Submarinismo ☐
   (d) Sus maletas ☐

5. Va a ir con…
   (a) Sus compañeros de clase ☐
   (b) Su novio ☐
   (c) Sus primos ☐
   (d) Sus vecinas ☐

6. Se siente…
   (a) Orgullosa ☐
   (b) Deprimida ☐
   (c) Emocionada ☐
   (d) Agotada ☐

B.7 Lee el poema de Amado Nervo y subraya los verbos en el futuro.

EL DÍA QUE ME QUIERAS

El día que me quieras tendrá más luz que junio;
la noche que me quieras será de plenilunio,
con notas de Beethoven vibrando en cada rayo
sus inefables cosas,
y habrá juntas más rosas
que en todo el mes de mayo.

Las fuentes cristalinas
irán por las laderas
saltando cristalinas
el día que me quieras.

El día que me quieras, los sotos escondidos
resonarán arpegios nunca jamás oídos.
Éxtasis de tus ojos, todas las primaveras
que hubo y habrá en el mundo serán cuando me quieras.

Cogidas de la mano cual rubias hermanitas,
luciendo golas cándidas, irán las margaritas
por montes y praderas,
delante de tus pasos, el día que me quieras …
Y si deshojas una, te dirá su inocente
postrer pétalo blanco: ¡Apasionadamente!

Al reventar el alba del día que me quieras,
tendrán todos los tréboles cuatro hojas agoreras,
y en el estanque, nido de gérmenes ignotos,
florecerán las místicas corolas de los lotos.

El día que me quieras será cada celaje
ala maravillosa; cada arrebol, miraje
de 'Las Mil y una Noches'; cada brisa un cantar,
cada árbol una lira, cada monte un altar.

El día que me quieras, para nosotros dos
cabrá en un solo beso la beatitud de Dios.

Amado Nervo (1870–1919) was one of the most important Mexican poets of the late nineteenth and early twentieth century literary movement known as *Modernismo*. His poems explore the themes of religion and love. As well as being an accomplished poet and journalist, Nervo was also an international diplomat. He was appointed Mexican Ambassador to Uruguay and Argentina and spent the final years of his life living in Montevideo.

El condicional

The conditional is used to express what we could or would do, for example *I would go*, *we would learn*, etc.

To form the conditional, we use:

Infinitive + **endings (-ía, -ías, -ía, -íamos, -íais, -ían)**

TRABAJAR	CORRER	ESCRIBIR
trabajaría	correría	escribiría
trabajarías	correrías	escribirías
trabajaría	correría	escribiría
trabajaríamos	correríamos	escribiríamos
trabajaríais	correríais	escribiríais
trabajarían	correrían	escribirían

¿Te gustaría venir a visitarme? .... Would you like to come visit me?
Dijo que correría el maratón. .... She said she would run the marathon.
Sería interesante aprender francés. .... It would be interesting to learn French.

There are twelve verbs that have irregular stems in the conditional. They are **the same irregular stems** as in the future tense and the endings are exactly the same as for the regular verbs in the conditional.

INFINITIVO	FUTURO	CONDICIONAL
CABER	yo **cabr**é	yo **cabr**ía
DECIR	yo **dir**é	yo **dir**ía
HABER	yo **habr**é	yo **habr**ía
HACER	yo **har**é	yo **har**ía
PODER	yo **podr**é	yo **podr**ía
PONER	yo **pondr**é	yo **pondr**ía
QUERER	yo **querr**é	yo **querr**ía
SABER	yo **sabr**é	yo **sabr**ía
SALIR	yo **saldr**é	yo **saldr**ía
TENER	yo **tendr**é	yo **tendr**ía
VALER	yo **valdr**é	yo **valdr**ía
VENIR	yo **vendr**é	yo **vendr**ía

Yo haría el trabajo pero no tengo tiempo. .... I would do the work, but I don't have time.
Podríamos hacer senderismo mañana. .... We could go hiking tomorrow.

B.8 Escribe en español.

1. Would you buy?
2. They would go
3. I would write
4. He wouldn't listen
5. We would like
6. I wouldn't do
7. We would say
8. You wouldn't eat
9. Would they be able?
10. He would live
11. You would love
12. They wouldn't fit
13. Would he work?
14. We wouldn't put
15. I would go out

Unidad 6 Las vacaciones

C. Viajar

C.1 Escucha a Pepe y a Raquel y contesta a las preguntas en inglés.

CD 1 Tracks 61–63

A. Pepe

1. Why does Pepe travel so much? _____
2. What does his company do? _____
3. Which cities does he travel to most? _____
4. What does he enjoy about travelling? _____
5. What does he not like about travelling so much? _____

B. Raquel

1. What does Raquel do for a living? _____
2. How exactly does she earn money? _____
3. Who travels with her and why? _____
4. What are the advantages of her job? _____
5. Why does she think she won't travel next year? _____

C.2 ¿Te gustaría pasar un año viajando? ¿Por qué? Lee estas opiniones.

@ignacio Mi novia quiere tomarse un año sabático para viajar por todo el mundo y quiere que yo vaya con ella. Pienso que sería una maldita pérdida de dinero y de tiempo. ¿Qué pensáis?!

@laura ¿Estás loco @Ignacio? Imagínate haciendo senderismo en los Alpes, nadando en el mar Caríbe, bailando en el Carnaval de Río de Janeiro, tomando el sol en las playas de Tailandia o haciendo un safari en África. Sería una experiencia inolvidable.

@pablo Estoy de acuerdo con @laura. ¡Hazlo! Viajar abre la mente y amplía tus horizontes. Aprenderás mucho – otros idiomas, culturas y gentes.

@sandra No creo que sea necesario viajar para aprender. Si no vas te ahorrarás un montón de dinero y podrías aprender lo que sea de un libro o de internet. Yo hablo alemán con fluidez y nunca he estado en Alemania.

@carolina No estoy de acuerdo con @sandra. Claro que puedes aprender de los libros pero viajar te enseñará mucho más de lo que lees en un libro o en una página web. ¡Ánimo y a por ello!

@diego Está de moda viajar y colgar fotos increíbles en Instagram pero la verdad es que muchos viajeros se sentirán solos. No es fácil pasar un año lejos de tu familia, tus amigos y tu hogar. Si no estás tan interesado, dile a tu novia que se vaya sola.

@roberto Yo tomé un año sabático hace dos años y me hizo más feliz. Hice muchos amigos y aprendí a desenvolverme y a comunicarme mejor con la gente. Pienso que viajar reduce el estrés y la ansiedad. Las ventajas superan el gran costo del viaje.

C.3 ¿Os gustaría tomar un año sabático para viajar? ¿Pensáis que es una pérdida de dinero, o una oportunidad que nos abre la mente? ¿Por qué? Hablad en grupos.

C.4. Lee el texto y contesta a las preguntas. HIGHER

VIAJAR A NUEVOS LUGARES ABRE LA MENTE Y AYUDA A TOMAR 'DECISIONES VITALES'

1. Viajar es un placer y proporciona mucha felicidad. Además, viajar a un lugar nuevo ayuda a tomar decisiones vitales, según un estudio de Booking.com. Vivir nuevas experiencias nos vuelve más seguros y aumenta la confianza en nosotros mismos. Sin duda alguna, ¡viajar es lo mejor del mundo!

2. Viajar a un lugar nuevo ayuda a tomar decisiones vitales, según un estudio de Booking.com. En el estudio han participado 15.000 personas de 20 países distintos. Visitar por primera vez un lugar nuevo aumenta nuestra confianza, además amplía nuestros horizontes y nos abre la mente. Las nuevas experiencias pueden provocar cambios profundamente enriquecedores en nuestra vida. Salir de nuestra zona de confort nos hace espabilar y experimentar nuevas sensaciones.

3. Tanto si se viaja solo lejos de casa como si se va a conocer un nuevo destino acompañado, el 65% de los participantes comentaron que animarse a vivir una nueva experiencia de viaje aumentó la confianza en sí mismos. Este tipo de viajes puede provocar estrés o nervios, pero el 61% coincide en señalar que los nervios que sentían (antes de empezar el viaje) eran innecesarios. El 17% de los españoles coincide en que se pusieron nerviosos la primera vez que viajaron. Los motivos son diversos: el viaje en sí (ya sea en avión, carretera…), el precio del viaje (17%) o por estar lejos de casa (17%). El 57% de los españoles reconoce que los nervios no estaban justificados.

4. A la vuelta del viaje, es muy probable que tengas la motivación necesaria para tomar decisiones vitales importantes. El 13% de los encuestados, reconoce que a consecuencia de este tipo de experiencias han cambiado de trabajo o de carrera, el 13% ha cambiado de pareja y una quinta parte ha decidido cambiar su lugar de residencia. La seguridad de este tipo de viajes abre la puerta a oportunidades muy enriquecedoras, como conocer gente nueva (40%), cocinar y comer otro tipo de platos (43%), aprender cosas de otras culturas (29%) y aprender un nuevo idioma (29%).

5. Según los encuestados, las personas que han viajado a muchos lugares son más interesantes que las que no lo han hecho, y estos viajes hacen que tengan más éxito tanto en su vida personal como en sus carreras. Las habilidades que se pueden adquirir en un viaje se pueden aplicar perfectamente a la vida diaria.

6. Las primeras veces pueden marcar nuestras vidas. La primera vez que se vive una experiencia nueva estando de viaje puede llegar a ser crucial, de hecho muchas personas piensan que ese momento es más importante que su primera cita (53%) o conseguir su primer trabajo (51%). El 64% de los encuestados afirma que el visitar lugares nuevos por primera vez les hace tener más ganas de viajar en un futuro. Una vez te pica el gusanillo de viajar no hay vuelta atrás.

Unidad 6 Las vacaciones

El 45% de los participantes tiene intención de ser más aventurero en sus planes de viajes y el 56% quiere viajar lo más lejos posible. El 54% quiere hacer más escapadas de fin de semana y visitar lugares que sus amigos o familiares no conocen (47%). Las primeras experiencias que quiere probar la gente son: viajes que impliquen voluntariado (21%), escapadas espirituales (23%), rutas en coche (44%) y excursiones ecológicas (39%).

7. Pepijn Rijvers, Director de Marketing en Booking.com comenta lo siguiente:
'El subidón de adrenalina y de confianza que tienes al viajar a un destino por primera vez engancha. Las primeras experiencias de viaje abren nuestras mentes, despiertan nuestra imaginación y nos inspiran a seguir probando cosas nuevas o a cambiar la dirección de nuestras vidas. ¡Las ganas de viajar son contagiosas! ¡Hay muchísimas cosas por vivir y descubrir en el mundo que hacen que cada día tengamos más ganas de viajar!'

Source: diariodelviajero.com

Glosario

abrir la mente	to open your mind
picar el gusanillo de viajar	to be bitten by the travel bug
tomar una decisión	to make a decision

1. Answer the following questions in English according to the information given in the text.
   (a) How does travelling to a new place benefit us? (para 2)
   (b) For what reasons were some Spanish travellers nervous before they travelled? (para 3)
   (c) After having travelled, what did one-fifth of the people interviewed do? (para 4)
   (d) What types of experiences are participants in the study most interested in trying? (para 6)
   (e) What does Pepijn Rijvers say is contagious? (para 7)

2. Escribe en español las frases del texto que tengan el mismo sentido (más o menos) que las siguientes:
   (a) subió el autoestima (para 3)
   (b) el veinte por ciento (para 4)
   (c) todos los días (para 7)

3. Explain in English the meaning of the following in their context:
   (a) … nos vuelve más seguros (para 1)
   (b) A la vuelta del viaje (para 4)
   (c) … son más interesantes que las que no lo han hecho (para 5)

4. Explica (o expresa de otro modo) en español una de las frases siguientes:

   los nervios no estaban justificados (para 3)

   o

   abre la puerta a oportunidades muy enriquecedoras
   (para 4)

C.5 ¿Cuáles son las ventajas de viajar? Trabajad en grupos. Poned en común vuestras ideas.

C.5 – Criterios de éxito
- Try to come up with five points.
- Use ideas from the previous exercises in this section or come up with your own ideas.
- List your points in your copy.
- Make sure you use correct verb endings and check your spellings.

ciento sesenta y nueve

¡Venga!

C.6 Escribe tu opinión sobre la siguiente afirmación. HIGHER

Viajar nos abre la mente.

C.6 – Criterios de éxito
- Write 150 words or more.
- Structure your answer with an introduction, at least three points and a conclusion.
- Use the words and phrases from page 61.
- Check your work for spellings, accents and agreement of adjectives.

C.7 Debate: En grupos de tres o cuatro personas, debatid sobre la siguiente afirmación.

Para disfrutar de las vacaciones no hace falta viajar al extranjero.

C.7 – Criterios de éxito
- Divide the class into 'for' and 'against' the motion.
- In groups, brainstorm your ideas on the title.
- Work in groups to write speeches for or against the motion.
- Use words and phrases from page 61.
- Appoint one group member to perform the speech.

Para disfrutar de las vacaciones no hace falta viajar al extranjero.

A favor de la propuesta

- Irlanda ofrece un montón de actividades turísticas – sitios históricos como Newgrange, paisajes bonitos como Glendalough, pueblos encantadores como Dingle y castillos interesantes como Ashford Castle.

En contra de la propuesta

- No hace muy buen tiempo en Irlanda. Nunca hace mucho calor y como no me gusta el frío, nunca me baño en la playa de cerca de mi casa. Las vacaciones para mí significan tumbarme en la playa y tomar el sol y eso no se puede hacer en Irlanda.

Unidad 6   Las vacaciones

D. El turismo en el mundo hispanohablante

D.1 Lee el texto y contesta a las preguntas en español.

LAS ISLAS GALÁPAGOS

El archipiélago de las Islas Galápagos, que constituye una de las provincias de Ecuador, está situado en el océano Pacífico a unos 970 kilómetros (600 millas) al oeste de la costa del país.

Las Islas Galápagos son reconocidas por su biodiversidad. Fue allí, entre sus numerosas especies endémicas, donde Charles Darwin empezó a desarrollar su Teoría de la Evolución por Selección Natural.

A estas islas se las conoce con el nombre de 'Islas Encantadas' por la variedad de especies únicas que se encuentran allí. Mucha gente visita las islas para ver la gran cantidad de plantas y animales que no se pueden encontrar en ninguna otra parte del mundo.

El joven naturalista Charles Darwin llegó a las islas el 15 de septiembre de 1835 y se encontró con animales que no existían en otras partes del mundo. Descubrió que las islas se habían formado como consecuencia de una erupción volcánica y que nunca habían estado unidas al continente americano. Los animales que llegaron a las islas desde el continente desarrollaron rasgos distintos a los de los animales continentales.

Hoy las islas siguen atrayendo a turistas extranjeros que vienen para ver las tortugas gigantes, los pingüinos, los pelícanos, las iguanas marinas, las ballenas y los lobos marinos. Todos los turistas que visitan las islas deben pagar una cuota de 100 dólares americanos. Hay un descuento del 50% para los miembros de los países de la Comunidad Andina (Ecuador, Perú, Bolivia, Colombia y Venezuela). Se usan las cuotas para proteger y preservar la flora y la fauna de las islas.

En cuanto al clima, las islas están situadas en la línea ecuatorial, por lo que hace calor la mayor parte del año. Entre diciembre y abril la temperatura promedio es de entre 22°C y 31°C. La temporada de lluvias es durante esos meses. Es también la temporada más calurosa.

1. ¿Dónde están las Islas Galápagos?
2. ¿Por qué son famosas las Islas?
3. ¿Por qué son llamadas las Islas Encantadas?
4. ¿Cuándo llegó Charles Darwin a las Islas Galápagos?
5. ¿Qué descubrió Charles Darwin al llegar a las Islas?
6. Menciona tres tipos de animales o aves que viven en las Islas Galápagos.
7. ¿Cuánto deben pagar los turistas que visitan las islas?
8. ¿A quién se le ofrece un descuento en la cuota?
9. ¿En qué se gastan los ingresos de las cuotas?
10. ¿Cómo es el tiempo entre diciembre y abril?

¡Venga!

D.2 Destino Cuba. Escucha y decide si las siguientes afirmaciones son verdaderas o falsas.

¿VERDADERO O FALSO?

	Verdadero	Falso
1. Cuba is the largest island in the Caribbean Sea.	☐	☐
2. The dry season in Cuba runs from May to October.	☐	☐
3. No deaths were reported when Hurricane Irma battered Cuba in 2017.	☐	☐
4. There are no casinos on the island because Fidel Castro outlawed them.	☐	☐
5. Tourists are attracted to Cuba for its music, beaches and architecture.	☐	☐
6. Tobacco, grapes and kiwi fruit are grown in Cuba.	☐	☐

D.3 Lee el texto y contesta a las preguntas en inglés.

MACHU PICCHU ELEGIDA COMO 'MEJOR ATRACCIÓN TURÍSTICA DE 2017'

Machu Picchu fue merecedora de un galardón más, fue elegida como 'Mejor atracción turística del mundo 2017' por los prestigiosos premios World Travel Awards. Este premio se suma a la gran lista de condecoraciones que la ciudad inca ha recibido a lo largo de los últimos años y que posiciona a Machu Picchu como uno de los principales destinos turísticos a nivel mundial…

No es la primera vez que Machu Picchu recibe este tipo de distinción, ya desde algún tiempo ostenta el título de ser una de las 7 maravillas del mundo, además de haber ocupado los primeros puestos entre los mejores destinos del planeta para visitar en diversas publicaciones.

¿Por qué Machu Picchu es el destino favorito de tantos turistas?

La ciudad inca es única en el mundo, el título que le dio Hiram Bingham como 'la ciudad perdida de los incas' ya de por si genera curiosidad y un gran interés por querer conocerla, y es que definitivamente Machu Picchu es la joya, la obra maestra de los incas, quienes forjaron una de las culturas más enigmáticas e importantes que ha habido en el mundo. Machu Picchu no solo sobresale por su belleza arquitectónica labrada magistralmente en piedra, sino también por su increíble belleza natural. Su espectacular y remota ubicación la hacen aún más increíble, ya que el propio viaje para llegar hasta Machu Picchu es toda una aventura.

Pero para poder llegar a Machu Picchu antes se debe pasar por Cusco y el Valle Sagrado de los Incas, dos de los destinos más espectaculares que hay en Sudamérica. La antigua capital del Imperio inca es una bella ciudad que combina armoniosamente la arquitectura inca con la colonial…

Source: boletomachupicchu.com

Unidad 6 Las vacaciones

1. What award did Machu Picchu win?
2. What other distinction does Machu Picchu hold?
3. What did Hiram Bingham refer to Machu Picchu as?
4. Why is Machu Picchu such a stand-out attraction?
5. Why is it an adventure just to get to Machu Picchu?
6. What is said about the architecture in Cusco?

D.4 Escribe una carta o un correo electrónico a un amigo.

Write a letter or email to your Spanish pen-pal Antonia.
- Say you went on a holiday to Cuba with your family.
- Say three things you did while on holiday.
- Say that you loved the sunshine in Cuba and describe the weather in Ireland.
- Say you will get your exam results tomorrow and say how you are going to celebrate.
- Say you are going to start working in a local shop next week and explain why you need the job.

D.4 – Criterios de éxito
- Start and end your letter or email appropriately.
- Make sure you include all the points and write at least two sentences per point.
- Use the structure and phrases from pages 33 and 34.
- Make sure you are using the correct verb tenses.
- Check your work for spellings, accents and agreement of adjectives.

D.5 ¿Habéis estado en España antes? ¿Cuáles son las diferencias que notasteis entre la vida en Irlanda y la vida en España? En grupos pequeños poned vuestras ideas en común.

España
- El clima es muy seco. Hace sol y mucho calor en verano.

Irlanda
- El clima es más suave. Llueve en verano y nunca hace mucho calor.

ciento setenta y tres 173

¡Venga!

Algunas expresiones para una conversación sobre las vacaciones

¿Cómo sueles pasar las vacaciones de verano?

- Pues mi familia tiene una caravana cerca de la playa en Wexford y suelo pasar las vacaciones de verano ahí con mi madre y mis hermanos. Mi padre se queda en Dublín porque tiene que trabajar pero viene a visitarnos los fines de semana y pasa dos semanas con nosotros en agosto. Me encanta jugar al fútbol en la playa e ir a las discotecas con mis amigos de Wexford.

- Suelo ir a Portugal con mi familia. Cogemos un vuelo desde Cork a Faro, una ciudad en el sur de Portugal. Mi madre suele alquilar un coche en el aeropuerto de Faro que conduce a un piso al lado del mar. Solemos pasar una o dos semanas en Portugal y siempre lo pasamos genial. Nos encanta ir a la playa y tomar el sol.

- Mi asignatura favorita es el irlandés por eso suelo ir a un colegio de irlandés durante el verano. Voy con una o dos compañeras de clase y lo pasamos bomba. He ido cuatro veces y cada vez que voy, aprendo mucho irlandés. Las clases son más relajadas que las clases de mi instituto y hacemos actividades después de las clases como surf o baile irlandés. ¡Me encanta!

- Paso todo el verano trabajando. Tengo un empleo a tiempo parcial en un bar en el centro de la ciudad. Durante el año escolar trabajo los viernes y los sábados por la noche pero durante las vacaciones de verano trabajo cinco o seis noches a la semana. No me gusta trabajar tantas horas pero lo bueno es que gano mucho dinero porque los clientes me dan propinas.

¿Qué vas a hacer este verano?

- Este verano iré a Magaluf con un grupo grande de mis compañeros del instituto. Vamos a ir después de los exámenes. Tengo muchas ganas de tumbarme en la playa, tomar el sol y disfrutar del buen tiempo en Mallorca. Tengo suerte porque mis padres me regalaron los billetes de avión cuando cumplí dieciocho años el mes pasado.

- En julio voy a pasar una semana en Kerry con mi familia. Mi abuela vive en Kerry y solemos visitarle cada verano. Mi padre y mi hermano van a quedarse tres semanas pero yo voy a volver a Athlone después de una semana porque me aburriría en la casa de mi abuela y echaría de menos a mi novia que vive aquí en Athlone.

- Este verano buscaré un trabajo. Espero ir a la universidad en octubre y por eso pienso pasar julio, agosto y septiembre trabajando. Ahorraré todo el dinero que gane para pagar el alquiler de un piso en Dublín. No sé dónde voy a trabajar pero espero encontrar algo en una cafetería o un supermercado.

¿Te gusta viajar?

- Sí, me encanta viajar. Tengo muchas ganas de viajar más al terminar mis estudios. Pienso tomar un año sabático para trabajar en Australia. Tengo dos primos en Sydney y me han dicho que podría encontrar un empleo fácilmente.

- Sí, me gusta viajar porque me encanta aprender otros idiomas y sobre otras culturas. Hice un intercambio con un chico francés el año pasado y lo pasé fenomenal. Aprendí mucho francés y sigo en contacto con él.

- No, no me gusta mucho viajar. Prefiero estar en casa con mi familia. Cada vez que voy al extranjero echo de menos a mis padres y a mis amigos. No me interesaría vivir en otro país.

¿Si te tocara la lotería, adónde viajarías?

- Viajaría a Florida con todos mis amigos. Me gustaría ir a los parques de atracciones como el de Disney World y el de Universal Studios.

🟢 Compraría un avión privado y viajaría por todo el mundo. Tengo muchas ganas de ver las pirámides en Egipto y la Gran Muralla China.

🔵 Haría un safari en África. Me encantan los animales. Me gustaría ver los elefantes, las jirafas y los monos en su entorno natural.

¿Has estado en España antes?

🟡 Sí. Hace tres años fui de vacaciones a Málaga con mi familia. Nos alojamos dos semanas en un piso en Fuengirola.

🟢 Claro que sí. Voy a Alicante todos los veranos. Mis abuelos tienen una casa allí, por eso vamos cada año.

🔵 Hice un intercambio con una chica española de Granada. Visitamos la Alhambra y esquiamos en Sierra Nevada.

🟣 No. Nunca he estado en España. He aprendido mucho sobre la cultura española en la clase de español. Me gustaría ir a España en el futuro.

¿Cuáles son las diferencias que notaste entre España e Irlanda?

🟡 Pues hay muchas diferencias. Los españoles cenan muy tarde, entre las nueve y las once, pero los irlandeses suelen cenar a eso de las seis. En España se usa el aceite de oliva más que la mantequilla.

🟢 Pienso que se celebran más fiestas en España que en Irlanda y otra diferencia es que los españoles echan una siesta por la tarde.

D.6 Escribe en tu cuaderno las preguntas y las respuestas con frases completas.
1. ¿Cómo sueles pasar las vacaciones de verano?
2. ¿Qué vas a hacer este verano?
3. ¿Te gusta viajar?
4. ¿Si te tocara la lotería, adónde viajarías?
5. ¿Has estado en España antes?
6. ¿Cuáles son las diferencias que notaste entre España e Irlanda?

Practica las preguntas con tu compañero/a.

> Iría a Nueva York. Me encantaría ir de compras a los grandes almacenes y ver un espectáculo en Broadway.

> ¿Si te tocara la lotería, adónde viajarías?

¡Ojo!

The question *Si te tocara la lotería…* uses a verb form known as the imperfect subjunctive. You will learn more about this structure on page 319, but for now it is good to know that you can answer this type of question using the conditional.

— ¿Si te tocara la lotería, adónde viajarías?
- *Iría a Nueva York.*
- *Viajaría a Australia para visitar a mis primos.*
- *Iría de crucero por el Mediterráneo.*

Log on to **www.edcolearning.ie** to access mock oral exam videos.

¡Venga!

E. El tiempo

El pronóstico meteorológico

It is important to be familiar with a variety of words and phrases to describe the weather. Section 6 of the Leaving Certificate listening exam (for both Higher and Ordinary Level) is a weather report. Make sure you know the relevant vocabulary on page 177 and revise the days, months and numbers, all of which frequently come up in the weather forecast.

E.1 Lee el pronóstico meteorológico y contesta a las preguntas en español.

Pronóstico meteorológico para hoy miércoles, 24 de mayo. Hará sol en Andalucía por la mañana con temperaturas máximas de veintiocho grados pero habrá tormentas eléctricas, algunas intensas, desde esta tarde a última hora hasta el jueves por la noche. En Murcia y Valencia hará sol a lo largo del día con temperaturas máximas de venticuatro grados. En Cataluña una lluvia intensa afectará a la zona desde la tarde hasta la noche. Parcialmente nublado en el País Vasco con viento fresco del suroeste. Mayormente despejado y soleado en el resto del país.

¿VERDADERO O FALSO?

Verdadero Falso

1. En Andalucía el tiempo cambiará a lo largo del día. ☐ ☐
2. Habrá tormentas eléctricas en Murcia. ☐ ☐
3. En Valencia habrá cielos cubiertos. ☐ ☐
4. Va a llover en Cataluña por la mañana. ☐ ☐
5. Estará mayormente nublado en el País Vasco. ☐ ☐
6. Habrá nubes en la mayor parte de España. ☐ ☐

E.2 Escucha el pronóstico meteorológico y contesta a las preguntas en inglés.

CD 1 Track 65

1. For when is this weather forecast?
   Day: _____ Date: _____

2. What temperatures are forecast for today in Galicia?
   Maximum: _____ Minimum: _____

3. What weather is forecast for the Basque Country?
   ☐ Showers ☐ Snow ☐ Fog

4. What weather is forecast for Andalucia?
   ☐ Clear skies with winds from the east
   ☐ Storms with heavy rain
   ☐ Warm and sunny

5. What is the forecast for Extremadura? (Give one detail.)
   _____

6. What weather is expected in Catalonia? (Give one detail.)
   _____

Unidad 6 Las vacaciones

V El tiempo

¿Qué tiempo hace?	What's the weather like?
Hace buen tiempo.	The weather is fine.
Hace mal tiempo.	The weather is bad.
Hace sol.	It is sunny.
Hace calor.	It is hot.
Hace frío.	It is cold.
Hace _mucho_* frío.	It is very cold.
Hace viento.	It is windy.
Está nevando.	It is snowing.
Está granizando.	It is hailing.
Está lloviendo.	It is raining.
Está lloviendo _mucho_*.	It is raining a lot.
el arco iris	rainbow
el chubasco	shower
el clima	climate
el hielo	ice
el huracán	hurricane
el pronóstico	the forecast
el relámpago	lightning
el tiempo	the weather
el trueno	thunder
el sol	sun
el tornado	tornado
el viento	wind
la brisa del mar	sea breeze
la bruma	haze/mist
la escarcha	frost
la llovizna	drizzle
la lluvia	rain
la neblina	mist
la niebla	fog
la nieve	snow
la nube	cloud
la temperatura	temperature
la tormenta	storm
la salida del sol	sunrise
la puesta del sol	sunset
una ola de calor	a heatwave
llover (o–ue)	to rain
lloviznar	to drizzle
nevar (e–ie)	to snow
despejado	clear
soleado	sunny
nublado	cloudy
15 grados	15 degrees
vientos fuertes	strong winds
vientos flojos	light winds
viento de componente norte	northerly wind
viento de componente sur	southerly wind
lluvia fuertes	heavy rain
lluvia débil	light rain
soplar	to blow
alcanzar	to reach
aumentar	to increase
disminuir/bajar	to decrease
despejarse	to clear up (skies)

* _Mucho_ is used before a noun, but after a verb.

E.3 Mira el mapa y escribe en tu cuaderno el pronóstico meteorólogico para España.

Ejemplo: Hará sol en Valencia con temperaturas de diecisiete grados.

¡Venga!

E.4 Escucha el pronóstico meteorológico y contesta a las preguntas en inglés.

CD 1 Track 66

1. What weather is expected in Galicia and Asturias? _____
2. What will the wind be like in those areas? _____
3. What is the forecast for the Balearic Islands? _____
4. What are the maximum and minimum temperatures for Barcelona? _____
5. What is the forecast for the Canary Islands? _____
6. What are the maximum and minimum temperatures for Andalucía? _____

E.5 Lee el texto y contesta a las preguntas. HIGHER

LLEGA EL MES MÁS PELIGROSO PARA LOS HURACANES EN CUBA

1. Cuba se prepara para enfrentar octubre, el mes más activo de la temporada de huracanes para esta isla caribeña, el cual ha traído los ciclones más destructivos en la historia del país. 'Octubre es el mes más peligroso de la temporada ciclónica, principalmente en su segunda decena,' informó la doctora en Ciencias Meteorológicas, Miriam Teresita Llanes, jefa del Centro de Pronósticos, del Instituto de Meteorología. En ese período, la frecuencia de huracanes que pueden impactar Cuba es la mayor de toda la temporada ciclónica, que se extiende desde el primero de junio hasta el 30 de noviembre, comentó la especialista en declaraciones exclusivas a la Agencia Cubana de Noticias.

2. Aclaró que asociados a la influencia directa o indirecta de los ciclones tropicales, suelen ocurrir eventos de grandes precipitaciones y de forma habitual, en octubre la temperatura desciende con respecto a septiembre, y se caracteriza por ser un mes relativamente fresco. Pero también es el segundo mes de mayores precipitaciones del año en Cuba y con él finaliza como promedio el período lluvioso en el país, especificó. Explicó que el incremento de las lluvias lo propicia la influencia del anticiclón del Atlántico, que disminuye considerablemente en relación con julio y agosto, unido al paso frecuente de las ondas y las bajas tropicales, así como de los primeros sistemas frontales.

3. En Cuba los meses más peligrosos son octubre (40 huracanes registrados), seguido por septiembre (34), agosto (17) y noviembre (10). Huracanes como Flora, que dejó casi 2,000 muertos, ocurrieron en octubre, al igual que Mathew. La temporada ciclónica en la cuenca del océano Atlántico Norte, el mar Caribe y el golfo de México concluyó en 2017 con registros considerables en la formación de huracanes, de acuerdo con la doctora Llanes.

4. Constituyó la quinta más activa después de 1893, 1926, 1933 y 2005 en términos de energía ciclónica acumulada y ejemplificó su aseveración con el hecho de que en 2017 se formaron en la citada área seis huracanes intensos: Lee, Ophelia, Harvey, José, Irma y María. Incluso, constituyó la segunda ocasión donde dos de ellos tocaron tierra con categoría máxima de cinco, medidos por la escala Saffir-Simpson. Esta última surgió en 1969 para definir y clasificar del uno al cinco las tormentas, según la velocidad de sus vientos y a fin de ofrecer una idea de la magnitud de las pérdidas desde mínimas hasta catastróficas.

5. Llanes consideró que María se convirtió en el más fuerte de la temporada en términos de presión barométrica, impactó tierra, arrasó con la pequeña isla caribeña de Dominica, y asoló también a Puerto Rico e Islas Vírgenes estadounidenses, entre otras afectaciones. Irma pasó a ser el más fuerte jamás registrado en el océano Atlántico, fuera del golfo de México y el mar Caribe; y Ophelia, el ciclón del océano Atlántico que más se ha acercado a Europa como huracán intenso. En total se formaron 18 ciclones tropicales, una tormenta subtropical extemporánea en abril (Arlene), una depresión tropical y 16 organismos con nombres en la temporada.

Source: elnuevodia.com

1. **Answer the following questions in English according to the information given in the text.**
   (a) What is said about the month of October in Cuba? (para 1)
   (b) How do temperatures in Cuba differ between September and October? (para 2)
   (c) What was the consequence of Hurricane Flora? (para 3)
   (d) What is the Saffir-Simpson scale? (para 4)
   (e) What countries, apart from Cuba, were affected by Hurricane María? (para 5)

2. **Escribe en español las frases del texto que sean equivalentes (más o menos) a las siguientes:**
   (a) durante esa época (para 1)
   (b) lluvias intensas (para 2)
   (c) baja (para 2)

3. **Explain in English the meaning of the following in their context:**
   (a) … se prepara para enfrentar octubre (para 1)
   (b) Constituyó la quinta más activa (para 4)
   (c) … se convirtió en el más fuerte de la temporada (para 5)

4. **Explica (o expresa de otro modo) en español una de las frases siguientes:**
   el incremento de las lluvias (para 2)
   o
   que más se ha acercado a Europa (para 5)

E.6 Escucha las noticias y contesta a las preguntas en inglés.

CD 1 Track 67

1. What day and date is this news report for?

   Day: _____   Date: _____

2. What happened in Sinaloa, Mexico?
   (a) An earthquake ☐
   (b) A flood ☐
   (c) A hurricane ☐
   (d) A forest fire ☐

3. How many people died and how many were injured? _____

4. What is the government doing to assist the people affected?
   (a) Distributing food and fresh water ☐
   (b) Providing financial assistance ☐
   (c) Providing emergency shelters ☐
   (d) Distributing blankets ☐

5. How can members of the public help the victims? _____

6. What is the Red Cross collecting?
   (a) Bedding and blankets ☐
   (b) Clothing and toiletries ☐
   (c) Tinned food ☐
   (d) Bottles of water ☐

E.7 Lee el poema de Eduardo Mitre y contesta a las preguntas en inglés.

ESCRITO EN BLANCO

Nieva esta nieve
Como a veces se hablan
Hombres y mujeres.
Continua
Mente
Instantánea
Nieva por primera vez siempre
Como se miran los que se aman.

Nieva como la única cosa
Real que sucede.
Y corren los niños para tocarla
Y tras ellos las palabras
Frágiles como la nieve
Pendiente
De una mirada.

1. What type of weather is frequently mentioned in the poem?
2. Do you like the poem? Why/why not?

> Eduardo Mitre is a Bolivian poet and writer. He is an Associate Professor at Saint John's University in New York.

F. El medioambiente

El clima extremo ocurre cada vez con más frecuencia debido al cambio climático. En esta sección vamos a aprender sobre el cambio climático y otros problemas medioambientales.

F.1 Lee el texto y contesta a las preguntas.

CAMBIO CLIMÁTICO

El problema

El cambio climático es el mal de nuestro tiempo y sus consecuencias pueden ser devastadoras si no reducimos drásticamente la dependencia de los combustibles fósiles y las emisiones de gases de efecto invernadero. De hecho, los impactos del cambio climático ya son perceptibles y quedan puestos en evidencia por datos como:

- El aumento de la temperatura global en 2016 fue de 1,1 grados, el mayor de la historia de la humanidad
- La subida del nivel del mar
- El progresivo deshielo de las masas glaciares, como el Ártico

Pero hoy también estamos viendo los impactos económicos y sociales, que serán cada vez más graves, como:

- Daños en las cosechas y en la producción alimentaria
- Las sequías
- Los riesgos en la salud
- Los fenómenos meteorológicos extremos, como tormentas y huracanes

… Todavía en 2016, el 85% de la energía usada en España provenía de combustibles fósiles o energía nuclear. De hecho España, junto con otros cinco países de la Unión Europea, acumulan alrededor del 70% de todos los gases de efecto invernadero del continente…

La solución

El sector energético, debido al uso que hace de energías sucias – petróleo, carbón y gas – es uno de los mayores contribuidores al calentamiento global. Unas 90 empresas son responsables de casi las dos terceras partes de las emisiones mundiales…

La revolución energética en manos de la ciudadanía es el camino: con las energías renovables se conseguirán paliar los efectos del cambio climático y lograr una eficiencia energética que generará puestos de trabajo y reducirá los costes de electricidad. La Unión Europea y sus estados miembros solo podrán avanzar y prescindir de los combustibles contaminantes y de la energía nuclear si permiten que la ciudadanía participe y se beneficie de la transición renovable…

Qué puedes hacer tú

¡Actúa con tu consumo! Adoptando unas sencillas medidas de eficiencia energética en tu casa ahorrarás dinero y contribuirás en la lucha contra el cambio climático.

- Adquiere electrodomésticos con mayor eficiencia energética
- Usa bombillas y lámparas de LED
- Evita dejar enchufados cargadores
- Date una ducha rápida en lugar de un baño
- Tiende la ropa para que se seque
- Evita el uso de aire acondicionado…

Source: es.greenpeace.org

1. **Contesta en inglés.**
   (a) What is said about the rise in temperature in 2016?
   (b) Name one of the social or economic impacts of climate change listed in the text.
   (c) What does the figure of 85% refer to?
   (d) What are 90 businesses responsible for?
   (e) Give three practical suggestions listed at the end of the text that we can do to be more energy efficient.

2. **Busca las frases en el texto de arriba.**
   (a) Climate change
   (b) Fossil fuels
   (c) Greenhouse effect
   (d) The rise in temperature
   (e) The rise in sea levels
   (f) The melting of the icecaps
   (g) Drought
   (h) Renewable energy
   (i) Polluting fuels
   (j) Nuclear energy
   (k) Simple measures
   (l) Light bulbs

¡Venga!

F.2 En tu cuaderno clasifica las expresiones en la columna adecuada.

Problemas medioambientales	Soluciones
• La desertización	• Usar el transporte público en lugar de ir en coche.

~~la desertización~~   ~~usar el transporte público en lugar de ir en coche~~
el deterioro de la capa de ozono   la contaminación del agua y del aire
usar champús, jabones y detergentes biodegradables
apagar las luces y los aparatos eléctricos cuando no los estás usando   la deforestación
reciclar   el aumento del nivel del mar   el cambio climático
respetar a los animales y a la naturaleza   el efecto invernadero
ducharse en lugar de bañarse   usar energías renovables   la sequía
el calentamiento global   no tirar basura en la calle
los animales en peligro de extinción   tender la ropa para que se seque

Glosario

apagar	to turn off
el cambio climático	climate change
el efecto invernadero	the greenhouse effect
el nivel del mar	the sea level
la contaminación	pollution
la energía renovable	renewable energy
la sequía	drought
los aparatos eléctricos	electrical appliances

F.3 Tres personas hablan sobre lo que hacen para proteger el medioambiente. Escucha y contesta a las preguntas en inglés.

CD 1 Tracks 68–71

A.
1. How has Manolo changed his commute to work? _____
2. How has he made his home more environmentally friendly? _____

B.
1. What has Lucía's school recently introduced? _____
2. Name two things Lucía does at home to be more eco-friendly. _____

C.
1. What eco-friendly changes has Fernando recently made? _____
2. What two simple things does he do on a daily basis to reduce water waste?
_____

F.4 Lee el texto y contesta a las preguntas en español.

IMPORTANCIA DEL RECICLAJE

Se calcula que de manera aproximada un individuo genera 90 toneladas de basura a lo largo de su vida. Si no tuviéramos algún sistema de reciclaje los desperdicios acumulados en el planeta serían de tal magnitud que las ciudades se convertirían en un gran vertedero…

Es algo muy sencillo y de extremo valor

A estas alturas todos sabemos cómo hay que reciclar el papel, el cartón, el plástico y los electrodomésticos. Sobre todo, sabemos lo que no debe hacerse (por ejemplo, tirar en un descampado una lavadora que ya no funciona o tirar las pilas en un contenedor de materia orgánica).

Muy cerca de nuestros hogares hay contenedores para distintos usos y si somos un poco organizados con la basura que generamos cada tipo de residuo debe acabar en su correspondiente contenedor.

Ejemplos ilustrativos

- Reciclando 1000 kilos de papel evitamos la tala de 10 árboles, se ahorran 26.000 litros de agua y se ahorra un 40% de la energía que cuesta la fabricación del papel.
- Reutilizando una simple lata de aluminio estamos ahorrando una cantidad de energía que permitiría que un electrodoméstico funcione durante 3 horas.
- Una botella de plástico se degrada definitivamente después de 100 años.
- Reciclando un kilo de vidrio estamos ahorrando un kilo de petróleo. En este sentido, vale la pena recordar que una botella de vidrio se puede reutilizar unas 50 veces.

Un nuevo uso es posible

Son muchos los residuos que pueden ser reutilizados.
- Los restos o posos de café se pueden emplear como abono en el jardín.
- Los cepillos de dientes viejos son útiles para la limpieza del hogar en aquellos rincones de difícil acceso.
- La reutilización del agua ofrece muchas posibilidades (riego de plantas, lavado del automóvil o limpieza de diferentes objetos).

Tanto el vidrio, como el papel y los cartones, los textiles, los residuos orgánicos, el plástico y otros elementos son todos plausibles de reciclaje y re-uso. Obviamente, los procesos variarán en términos de complejidad en cada caso, pudiendo incluso algunos materiales ser reciclados sólo un par de veces. De todos modos, la importancia del reciclaje reside en el hecho de que mientras más elementos u objetos sean reciclados, menos material será desechado y por lo tanto el planeta y el medio ambiente sufrirán menos el crecimiento permanente y desorganizado de la basura humana.

Source: importancia.org

1. ¿Cuánta basura genera un individuo a lo largo de su vida?
2. Menciona tres productos que se pueden reciclar según el artículo.
3. ¿Cuáles son las ventajas de reciclar mil kilos de papel?
4. ¿Cuánto tiempo tarda una botella de plástico en degradarse, según el artículo?
5. ¿Cuántas veces se puede reutilizar una botella de vidrio?
6. ¿Qué podemos hacer con un cepillo de dientes viejo?
7. ¿Cuáles son las sugerencias para reusar agua?

¡Venga!

Algunos verbos para hablar del medioambiente

reciclar	to recycle	calentar	to heat
contaminar	to pollute	derretirse	to melt
amenazar	to threaten	desperdiciar	to waste
aumentar	to increase	mejorar	to improve
disminuir	to decrease	empeorar	to get worse

F.5 Debate: En grupos de tres o cuatro personas, debatid sobre una de las siguientes afirmaciones.

(a) Todos somos responsables del espacio que nos rodea.
(b) Los seres humanos están poco a poco destruyendo la Tierra. Es demasiado tarde para salvar el planeta.
(c) Los jóvenes nunca piensan en verde.

F.5 – Criterios de éxito
- Divide the class into 'for' and 'against' the motion.
- In groups, brainstorm your ideas on the title.
- Work in groups to write speeches for or against the motion.
- Use words and phrases from pages 61 and 182.
- Appoint one group member to perform the speech.

F.6 Escribe tu opinión sobre una de las afirmaciones del ejercicio F.5. HIGHER

F.6 – Criterios de éxito
- Write 150 words or more.
- Structure your answer with an introduction, at least three points and a conclusion.
- Use ideas and phrases from pages 61 and 182 and from your group brainstorming in the previous activity.
- Check your work for spellings, accents and agreement of adjectives.

F.7 Escucha y contesta a las preguntas en inglés.

CD 1 Track 72

1. What initiative has been introduced in Madrid to reduce air pollution? _____
2. When was this initiative introduced? _____
3. What has the government increased funding for? (Give two details.)
   _____
4. Name three other cities (apart from Mexico City) with driving restrictions.
   _____
5. When were the driving restrictions introduced in Mexico City?
   _____
6. What is the penalty for disobeying the driving restrictions in Mexico City?
   _____
7. How do we know the initiative has not been successful in Mexico City?
   _____

G. Los deberes de la Unidad 6

La gramática

G.1 Escribe las frases en español.
1. It is going to rain this evening.
2. It will rain next month.
3. We are going to go on holiday to Cádiz.
4. Next year we will go on holiday to Costa Rica.
5. I am going to recycle paper, plastic and glass.
6. I will recycle those beer cans after the party.
7. Are you going to come to the beach with me*?
8. Will you come to Spain next summer?
9. My brother is going to do a language course in France.
10. My sister will do an Irish course if she fails her exam.

¡Ojo!

*Remember that **with me** and **with you** are translated as **conmigo** and **contigo**. Other personal pronouns after **con** are as normal (**con nosotros**, **con ella**, etc.).

¿Vienes **conmigo**? .... Are you coming with me?
Elena va **contigo**. .... Elena is going with you.
Yo estudiaré con él. .... I will study with him.
¿Saldrás con ellos? .... Are you going out with them?

G.2 Rellena los espacios con la forma correcta del condicional.
1. Tus amigos no _____ (hacer) los ejercicios conmigo.
2. Si tuviera mucho dinero, yo _____ (comprar) una casa grande.
3. ¿Ustedes _____ (tener) alguna información sobre el hotel?
4. Ellos _____ (sacar) la basura por ti.
5. Joaquín _____ (venir) de vacaciones con nosotros pero no tiene dinero.
6. Tú _____ (contar) tu aventura en Asia.
7. Usted me _____ (poder) ayudar este fin de semana.
8. Vosotros _____ (comprar) esos zapatos.
9. Nosotros _____ (salir) pero hace muy mal tiempo.
10. Yo _____ (escribir) el ensayo pero estoy cansada.

El vocabulario

G.3 Empareja el vocabulario con las definiciones de más abajo.

| el trueno | el arco iris | cubierto | el relámpago | el huracán | despejado |
| la nieve | la llovizna | la tormenta | la niebla |

1. Viento de fuerza extraordinaria.
2. Producido entre las nubes por una descarga eléctrica.
3. Nube muy baja que dificulta la visión.
4. Tipo de precipitación con gotas de lluvia heladas.
5. Una tempestad violenta.
6. Fenómeno óptico de bandas de siete colores.
7. Precipitación muy ligera.
8. Un cielo que no tiene nubes.
9. Un cielo lleno de nubes.
10. Ruido muy fuerte durante una tormenta.

G.4 Empareja el vocabulario con las definiciones de más abajo.

los combustibles   el cambio climático   el medioambiente   la capa de ozono
la deforestación   la sequía   el efecto invernadero   la bombilla   el reciclaje
la desertización

1. Falta de lluvia durante mucho tiempo.
2. Pieza de cristal que sirve para alumbrar.
3. Butano, petróleo, gasolina.
4. La modificación del clima asociada al impacto humano sobre el planeta.
5. Acción de someter materias a procesos para que puedan reutilizarse de nuevo.
6. Un cinturón de gas natural que se sitúa a unos veinte kilómetros sobre la Tierra.
7. La desaparición de la superficie forestal.
8. Lo que pasa cuando una zona se convierte en un desierto.
9. Nuestro entorno.
10. Aumento de la temperatura de la atmósfera por efecto de gases como el dióxodo de carbono.

Unidad 6 Las vacaciones

La comprensión lectora

G.5. Lee el texto y contesta a las preguntas en inglés.

LOS NUEVOS CONTENEDORES DE BASURA EN BOGOTÁ

… El proyecto busca implementar más de diez mil contenedores de basura en toda la capital, para que los ciudadanos tengan la posibilidad de separar los residuos de acuerdo al color del contenedor.

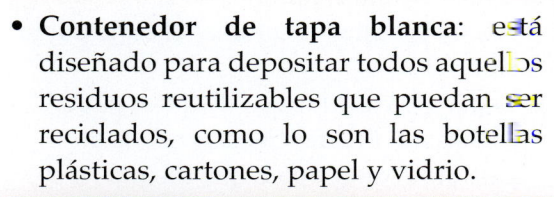

- **Contenedor de tapa blanca**: está diseñado para depositar todos aquellos residuos reutilizables que puedan ser reciclados, como lo son las botellas plásticas, cartones, papel y vidrio.

- **Contenedor de tapa negra**: este contenedor permite a la ciudadanía arrojar residuos que no puedan ser reaprovechados como materia orgánica, plantas, residuos biodegradables o cualquier otro tipo de alimento que cumpla estas características. Deben ir depositados en bolsas de basura color negro para su efectiva recolección.

El propósito de este proyecto es crear la cultura de separación de los residuos no solo para facilitar la labor de reciclaje, sino también para generar conciencia del buen manejo y distribución de los residuos sólidos, generando así la modernización del servicio de aseo.

Source: lafm.com.co

1. How many bins are being installed around Bogotá?
2. Tick which bin you should put the following items into:

	BINS WITH A BLACK LID	BINS WITH A WHITE LID
Plants		
Paper		
Cardboard		
Organic waste		
Glass		
Plastic bottles		
Food waste		

3. What is the aim of this project? (Give full details.)

ciento ochenta y siete   187

G.6 Lee el texto y contesta a las preguntas en inglés.

10 CONSEJOS PARA PROTEGER EL MEDIO AMBIENTE

1. Para ahorrar agua, lo más importante es no desperdiciar. Por eso, cierra el grifo mientras te cepillas los dientes, o mientras te enjabonas en la ducha. Además, es mejor cambiar el baño por la ducha.
2. Separa los residuos en distintos cubos de basura. Puedes decorar cubos de distintos colores para que sea más fácil identificar qué debes poner en cada bolsa.
3. Antes de reciclar el papel, recuerda usarlo por las dos caras. Además, puedes comprar papel reciclado, así salvarás árboles.
4. Utiliza el transporte público en lugar del coche. Es un ahorro para toda la familia, y contribuirás a evitar la contaminación y el derroche de energía.
5. Usa bombillas de bajo consumo. No sólo ayudarás a ahorrar electricidad, sino que también reducen el gasto en la factura de la luz.
6. Apaga los aparatos eléctricos de casa cuando no se estén usando. El estado en standby consume energía, así que es mejor desconectarlos del todo. También puedes esperar a que la lavadora o el lavavajillas estén llenos antes de enchufarlos, así no desperdiciarás electricidad ni agua.
7. No abuses de la calefacción o el aire acondicionado. Es un gasto energético y un peligro para la salud abusar de una temperatura demasiado fría o caliente en casa, lo recomendable son unos 20° en invierno.
8. Reutiliza las bolsas de plástico, y utiliza mejor las que sean biodegradables. Guárdalas cuando vayas a hacer la compra, o usa bolsas de tela.
9. No abuses de la luz eléctrica, aprovecha la luz natural. Es más saludable ajustar nuestro horario para aprovechar al máximo las horas de luz solar.
10. Usa cajas, telas, bricks… para hacer manualidades de decoraciones o juguetes. Cualquier objeto se puede reciclar y convertir en algo increíble, ¡usa tu imaginación!

Source: conmishijos.com

1. What three tips are given for saving water? (point 1)
2. How is it suggested that you can save trees? (point 3)
3. Apart from saving energy, how can using energy-saving light bulbs be of benefit? (point 5)
4. What advice is given about electrical appliances? (point 6)
5. What advice is given about plastic bags? (point 8)

G.7 ¿Pensáis en verde? ¿Qué hacéis para ayudar al medioambiente? Hablad en grupos pequeños.

Escribir

G.8 Escribe un diario.

It is the start of the summer holiday. Write a diary entry in Spanish mentioning all of the following points:
- Say how you are feeling now that the exams are over.
- Say you are going to a music festival in July and say who you're going with.
- Describe how you'll get to the festival and describe your accommodation.
- Describe your plans for the month of August.

G.8 – Criterios de éxito
- Make sure you include all four points.
- Start each point on a new line.
- Use the structure and phrases from pages 92 and 93.
- Make sure you are using the correct verb tenses.
- Check your work for spellings, accents and agreement of adjectives.

G.9 Escribe tu opinión sobre la siguiente afirmación. HIGHER

Para disfrutar de las vacaciones, no hace falta viajar al extranjero.

G.9 – Criterios de éxito
- Write 150 words or more.
- Structure your answer with an introduction, at least three points and a conclusion.
- Use ideas and phrases from page 61 and from your group debate during exercise C.7 (page 170).
- Check your work for spellings, accents and agreement of adjectives.

¡Venga!

Unidad 6 Autoevaluación

		😊	😐	😠
🗣️	I can describe how I usually spend the summer holiday.			
	I can answer questions about my plans for this summer.			
	I can express my opinion on holidaying at home or abroad.			
	(H) I can debate my opinion on environmental issues.			
✏️	I can write a diary entry about holidays.			
	I can describe the advantages of travelling abroad.			
	(H) I can write about the topic of the environment.			
📖	I can understand texts on the topics of holidays, the weather and the environment.			
🔤	I can express the future tense using the structure *Ir + a + infinitive*.			
	I can express the future using the 'will' future tense of regular and irregular verbs.			
	I can use the conditional to express what I could or would do.			
🔊	I can follow conversations about holidays.			
	I can understand weather forecast bulletins.			
	I can understand reports about the environment.			

✏️ **After completing the *autoevaluación* above, write your own simple learning targets for the next few weeks. Think about what you know well and what you need to revise. What topic or topics do you need to revisit? Fill in the chart below.**

Lo que ya sé de la Unidad 6	Lo que tengo que repasar de la Unidad 6

Unidad 7
Los pasatiempos

Communicative objectives

By the end of this unit you will be able to:
- Describe your hobbies and interests
- Discuss your tastes in music, sport, books and films
- Write a book review

Contesta a las preguntas en inglés.

1. Which of the topics above do you already know quite well?
2. Which topics are you not really able to talk or write about in Spanish?
3. Choose one of the following topics from this unit: sport, music, reading, film. Make a graphic organiser about the topic in your copy and fill in all the vocabulary you already know related to the topic.

La gramática
› The present perfect tense
› The pluperfect tense

El examen oral
› An interview about your pastimes, including sports, music, reading and films

El examen escrito
› Write an informal letter or email about a concert you went to
› Write a diary entry about a film you saw
› How to write a message or note
› Write your opinion on:
  — The benefits of exercise
  — Violence on television

Habilidades de comprensión
› Listening and reading comprehension practice on the theme of pastimes

A. Los deportes

A.1 Tres jóvenes hablan sobre los deportes que practican. Lee los textos y contesta a las preguntas.

JAKE

Soy muy deportista. Mi deporte favorito es el rugby. Entreno con el equipo del instituto los lunes y los miércoles después de las clases. Los sábados solemos jugar partidos contra otros institutos. También juego al fútbol gaélico en un club. Tenemos entrenamiento los jueves y partidos los domingos. Soy delantero y ya he marcado cuatro goles esta temporada. Me encanta hacer deporte. Pienso que es muy importante hacer ejercicio para estar en forma pero también para la salud mental. He conocido a muchos amigos en el club de fútbol y los deportes me dan confianza y autoestima. He aprendido a trabajar en equipo lo cual es una habilidad fundamental en la vida.

HOLLY

Me encanta el baloncesto. Soy socia del club de baloncesto de mi barrio desde hace seis años. Entrenamos dos veces a la semana – los martes y los jueves – y los fines de semana jugamos partidos. El año pasado ganamos la liga y la copa. Fue increíble. Tuve la oportunidad de viajar a Escocia con mi equipo para jugar contra un equipo escocés. En el futuro me gustaría jugar en un club de los Estados Unidos pero sé que el nivel de allí es muy alto y tendría que entrenar muchísimo. El baloncesto me ayuda a olvidar el estrés de los exámenes. Practicar deporte es una buena manera de relajarse y mantener un cuerpo sano. Soy la capitana del equipo y eso me ha enseñado a ser responsable.

AARON

La verdad es que no soy muy deportista. Prefiero ser un espectador. Soy hincha del equipo de hurling de Kilkenny. Los domingos voy a partidos de hurling con mi padre y durante el verano solemos ir a dos o tres partidos importantes a Croke Park. En junio me gusta ver los partidos de tenis de Wimbledon en la tele. Mi hermana juega al tenis pero a mí no me interesa jugar. Sé que hacer ejercicio es importante para la salud pero entre el colegio, los estudios, mi novia y mis clases de guitarra no me queda mucho tiempo para practicar deporte. Prefiero hacer otras cosas para relajarme como ir al cine, escuchar música, tocar la guitarra o salir con mi novia Clodagh. Llevo ocho meses saliendo con ella.

1. **Contesta en español.**
   - (a) ¿Cuántas veces a la semana juega Jake al rugby?
   - (b) ¿Cuándo entrena Holly con su equipo de baloncesto?
   - (c) ¿Qué quiere hacer Holly en el futuro?
   - (d) ¿Qué hace Aaron los domingos?

2. **Contesta en inglés.**
   - (a) How has playing football been of benefit to Jake?
   - (b) How has playing basketball been of benefit to Holly?
   - (c) What does Aaron usually do in the summer?
   - (d) Exactly why does Aaron not do sports? (Give full details.)

3. **Busca las frases en los textos de arriba.**
   - (a) I train with the school team on Mondays.
   - (b) I'm a forward.
   - (c) Sports give me confidence and self-esteem.
   - (d) I'm a member of my local basketball club.
   - (e) We train twice a week.
   - (f) We won the league.
   - (g) Playing sports is a good way to relax.
   - (h) I'm not very sporty.
   - (i) I prefer to be a spectator.
   - (j) I know it's important to do exercise.

4. **Busca los sinónimos en los perfiles de arriba.**
   - (a) una destreza elemental (Jake)
   - (b) miembro (Holly)
   - (c) fanático (Aaron)
   - (d) vital (Aaron)

A.2 Un reportaje sobre los deportes en México. Escucha y contesta a las preguntas en inglés.

CD 2 Track 2

1. Name four sports that are popular among Mexican young people.

2. Why are fewer teenagers getting involved in sports?

3. What is the government doing to tackle the problem?

4. Who is Javier Hernández?

5. What inspired him to get involved in sports?

6. What was his biggest sporting success?

7. What challenges did he face during his sporting career?

8. What are his plans for the future?

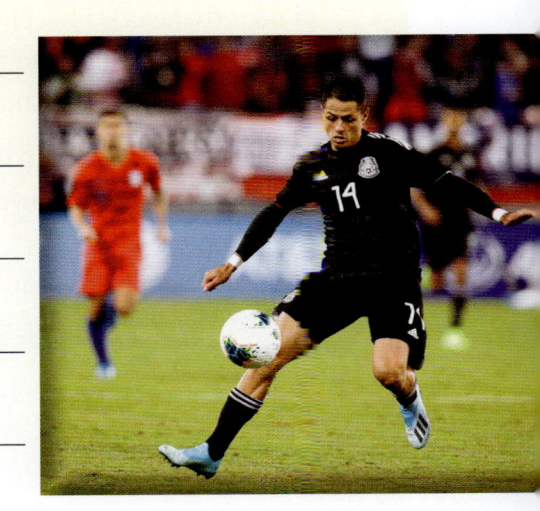

Los deportes

Juego al…	Practico…	Me gusta…
tenis	atletismo	nadar
fútbol	vela	montar a caballo
baloncesto	karate	esquiar
fútbol gaélico	equitación	patinar
rugby	natación	jugar partidos
hockey	senderismo	hacer pesas
voleibol	boxeo	correr
hurling		

- Se practican muchos deportes en mi colegio.
- Pertenezco al equipo de hockey.
- Soy muy aficionado/a al golf.
- Hago footing tres veces a la semana.
- El deporte es muy bueno para la salud.
- Me encantan los deportes de equipo.
- Voy al gimnasio de vez en cuando para hacer pesas.
- Soy portero del equipo de fútbol del colegio.
- Los jóvenes de hoy en día tienen una vida muy sedentaria.
- El deporte es la mejor manera de combatir la obesidad.
- Deberíamos hacer más de una hora a la semana de educación física.
- Hacer deporte puede aumentar la confianza de un joven.

A.3 Una entrevista sobre los deportes. Escucha la conversación con Aoife y rellena los espacios con la palabra adecuada.

CD 2 Track 3

¿Te gustan los deportes?

Sí soy muy deportista y me encantan los deportes de todo tipo. Juego al hockey desde hace diez años y hago (1)_____ con mi hermana. Durante el verano suelo jugar al tenis.

¿Cuál es tu deporte preferido?

Mi deporte favorito es el hockey. ¡Me encanta! Lo juego al menos tres (2)_____ a la semana. Mi madre también juega al hockey. En 2018 fuimos a Londres para apoyar al equipo nacional en el Mundial de hockey.

¿Juegas en el instituto o en algún club?

Las dos cosas. Juego con el equipo del instituto y con el club Loreto. De vez en cuando tengo que jugar dos (3)_____ el mismo día – uno con el club y el otro con el equipo del instituto, pero me encanta jugar al hockey.

¿Cuántas veces entrenas a la semana?

En el instituto entrenamos los miércoles después de las clases y con el club (4)_____ los lunes y los jueves por la noche.

¿Cuál es tu deportista favorito o favorita?

Mi deportista favorita es sin duda la tenista Serena Williams. Es mi ídolo. Ha (5)_____ tantos torneos y campeonatos que creo que es una de las mejores deportistas de su generación.

¿Has ido alguna vez a esquiar?

Sí. Durante el año de transición tuve la oportunidad de ir a Francia con mis compañeros de clase. Pasamos una semana (6)_____ en los Alpes y me divertí muchísimo. Me encantó estar al aire libre todos los días y me gustaría volver a la estación de esquí algún día.

En tu opinión ¿cuáles son las ventajas de hacer deporte?

Pues hay muchas ventajas. El ejercicio físico es la mejor manera de luchar contra la obesidad. Es muy bueno para la (7)_____ y para mantenerse en forma. Los niños que practican deporte aprenden habilidades útiles, por ejemplo, trabajo en equipo y comunicación. Creo que el ejercicio ayuda a la salud mental porque alivia la presión del instituto y el estrés de los exámenes.

¿Te gusta ver partidos en la tele?

Sí. Cuando echan partidos de hockey o de tenis claro que los veo. Los sábados por la noche suelo ver un programa de fútbol que se llama *El partido del día*. Echan los resúmenes de los partidos de la (8)_____ inglesa. Lo veo con mi padre.

¿Eres hincha de algún club o equipo?

Mi padre, mi hermana y yo somos hinchas del Liverpool. Es un equipo de fútbol de Inglaterra. Hace tres años fuimos al (9)_____ Anfield para ver un partido entre el Liverpool y el Manchester United. Mi hermana y yo le regalamos la entrada a nuestro padre por su cumpleaños.

Se ven más partidos de hombres que de mujeres en la tele. ¿Qué opinas de esta diferencia?

Pues es una lástima que todavía no haya igualdad de género en los deportes. Cada vez hay más chicas que practican deporte pero los (10)_____ varones ganan más dinero y reciben más patrocinio. No es justo.

¿VERDADERO O FALSO?

1. Aoife juega al hockey con su hermana.
2. Aoife jugó en el Mundial de hockey en Londres en 2018.
3. Ella entrena con el club de hockey los lunes y los jueves.
4. A Aoife no le gustó ir a esquiar.
5. Esquió en los Alpes con su familia.
6. Aoife entiende lo importante que es hacer ejercicio.
7. A Aoife le gusta ver partidos de fútbol en la tele.
8. Aoife nunca ha ido a Anfield con su padre y su hermana.

¡Venga!

A.4 Escribe en tu cuaderno las preguntas y las respuestas con frases completas.

1. ¿Te gustan los deportes?
2. ¿Cuál es tu deporte preferido?
3. ¿Juegas en el instituto o en algún club?
4. ¿Cuántas veces entrenas a la semana?
5. ¿Cuál es tu deportista favorito o favorita?
6. ¿Has ido alguna vez a esquiar?
7. En tu opinión ¿cuáles son las ventajas de hacer deporte?
8. ¿Te gusta ver partidos en la tele?
9. ¿Eres hincha de algún club o equipo?
10. Se ven más partidos de hombres que de mujeres en la tele. ¿Qué opinas de esta diferencia?

Practica las preguntas con tu compañero/a.

¿Haces mucho deporte?

Sí, me encanta practicar deporte. Juego al fútbol y al tenis en el instituto y soy socio del club de atletismo de mi barrio.

Log on to **www.edcolearning.ie** to access mock oral exam videos.

¡Ojo!

Remember not to use the verb **JUGAR** followed by the word *deportes*. When referring to sports, **JUGAR** should be followed by a ball sport. You can use **HACER** or **PRACTICAR** before the word *deporte/deportes* or before all other sports that aren't ball sports.

Hago deporte los fines de semana.
Hago footing con mi padre.
Juego al golf los sábados.
Me encanta *jugar* al fútbol.
Practico natación en verano.
Me gusta *practicar deportes*.

A.5 Empareja el vocabulario con las definiciones de más abajo.

el tiro con arco   el bádminton   el ciclismo   el boxeo   el piragüismo
el balonmano   el fútbol   la natación   la equitación   el footing

1. Es un deporte naútico.
2. Es sinónimo de montar a caballo.
3. Un juego de raqueta.
4. Un deporte que se hace en una piscina, un río o el mar.
5. Correr de manera relajada.
6. Un deporte que se hace con una bicicleta.
7. Un deporte popular en España. Se juega entre dos equipos de siete jugadores.
8. Lionel Messi es una de las estrellas de este deporte.
9. Se necesitan un blanco y un arma para hacer este deporte.
10. Se llevan guantes especiales para hacer este deporte.

A.6 Empareja el vocabulario con las definiciones de más abajo.

el karate   el partido   el entrenamiento   el árbitro   el entrenador
el maratón   hacer pesas   el trofeo   marcar un gol   esquiar

1. La persona que aplica el reglamento en un partido o una competición deportiva.
2. Una actividad que se hace en una montaña nevada.
3. Una carrera de 42 kilómetros.
4. Un objeto que reciben los ganadores de un partido o un torneo.
5. La persona que prepara a los deportistas para la práctica de su deporte.
6. Un arte marcial de origen japonés.
7. Meter la pelota en la portería durante un partido.
8. La preparación física y técnica que se hace para perfeccionar una actividad deportiva.
9. Una actividad que se suele hacer en un gimnasio para ejercitar los músculos.
10. Una competición deportiva.

A.7 Lee el texto y contesta a las preguntas en español.

RAFAEL NADAL

… Rafael Nadal Parera nació el 3 de junio de 1986 en la localidad mallorquina de Manacor, donde los Nadal forman una gran familia arraigada en la isla desde el siglo XIV. El patriarca de la saga se llama como su nieto, Rafael, es un gran aficionado a la música y dirige la orquesta de la ciudad. Es hijo de Sebastián Nadal, director de una empresa que construye pistas de pádel y organiza eventos deportivos, y Ana María Parera, y tiene una hermana, Isabel, su admiradora más entusiasta. Fue su tío Antonio, Toni, quien lo encaminó por el sendero del tenis, hasta convertirse en su entrenador y representante.

Un joven talento

A pesar de que al niño se le daba mejor la raqueta (a los cuatro años Toni practicaba con él varias horas al día) que el fútbol (no en vano se proclamó campeón infantil de España a los once años y del Mundo a los catorce), el pequeño Rafa se entusiasmaba cada vez más por el balompié, atraído sin duda por la estela de su otro tío, el futbolista internacional Miquel Àngel Nadal. Toni cortó de raíz esta indecisión y le conminó a abandonar los estudios en 4º de ESO para dedicarse en exclusiva al tenis, ante el disgusto materno: 'Rafa se hizo profesional demasiado pronto. Al principio yo lo llevaba muy mal, pero finalmente entendí que era imposible compaginar los estudios con su carrera deportiva.'

Rafael Nadal se inscribió en la ATP a finales de 2001, en el puesto 818. Tenía sólo quince años y pertenecía ya al Real Club de Tenis Barcelona. Sin embargo, no jugó su primer partido profesional hasta el 29 de abril de 2002, en el Open de Mallorca, derrotando al paraguayo Ramón Delgado…

En 2005 el tenista se había convertido en el deportista más popular de España, desplazando al piloto Fernando Alonso de la primera posición y al futbolista David Beckham de la segunda…

Su objetivo era llegar al número uno, si bien reconocía que ante sí tenía un muro casi infranqueable, el suizo Federer, quien, según los expertos, estaba destinado a convertirse en el mejor tenista de todos los tiempos…

El año 2008 será recordado como el de su número 1… Ganó por cuarta vez dos torneos: el Masters de Montecarlo y el Conde de Godó, y derrotó a Federer dos veces en dos finales consecutivas: la del Master Series de Hamburgo y la del Roland Garros. Obtuvo nuevas victorias en el London Queen's Club y venció de nuevo a Federer en la final de Wimbledon, en un partido que duró 4 horas y 48 minutos y que ha sido considerado el mejor de la historia del tenis. Y un nuevo triunfo en el Masters de Canadá lo convirtió, finalmente, en el mejor jugador del mundo según el ranking de la ATP.

Su desparpajo, su confianza en sí mismo, el no dar jamás ningún punto por perdido, su fuerza extraordinaria y su perseverancia son algunas de las claves de su imparable éxito. La férrea disciplina que le impone su tío no le impide practicar sus grandes hobbies: juegos de ordenador, la Fórmula 1, la música (Bon Jovi, Maná, Brian Adams…), el golf, y sobre todo la pesca…

Source: biografiasyvidas.com

1. ¿De dónde es Rafael Nadal?
2. ¿A qué se dedica su abuelo?
3. De niño, ¿cuál era el deporte favorito de Nadal?
4. ¿Cuál es la relación entre Nadal y Miquel Àngel Nadal?
5. ¿Qué pasó el 29 de abril de 2002?
6. Antes de Nadal, ¿quién era el deportista más popular de España?
7. ¿Qué opinaban los expertos sobre Federer?
8. Nombra dos campeonatos que ganó Nadal en 2008.
9. ¿Cuánto tiempo duró la final de Wimbledon de 2008?
10. Menciona tres de los pasatiempos de Nadal.

A.8 Debate: En grupos de tres o cuatro personas, debatid sobre una de las siguientes afirmaciones.

(a) Para tener buena salud mental es esencial hacer ejercicio.
(b) La educación física es la asignatura más importante del currículo escolar.
(c) Para el desarrollo personal de un niño es mejor hacer deporte que leer libros.

A.8 – Criterios de éxito
- Divide the class into 'for' and 'against' the motion.
- In groups, brainstorm your ideas on the title.
- Work in groups to write speeches for or against the motion.
- Use words and phrases from page 61.
- Appoint one group member to perform the speech.

A.9 Escribe tu opinión sobre una de las afirmaciones del ejercicio A.8. HIGHER

A.9 – Criterios de éxito
- Write 150 words or more.
- Structure your answer with an introduction, at least three points and a conclusion.
- Use ideas and phrases from your group brainstorming in the previous activity.
- Check your work for spellings, accents and agreement of adjectives.

Los deportes y el ejercicio

ser deportista	to be sporty
entrenar	to train
el entrenador	the coach
ganar un partido	to win a match
marcar un gol	to score a goal
perder	to lose
el portero	the goalkeeper
el árbitro	the referee
el equipo	the team
un torneo	a tournament
una competición	a competition
un campeonato	a championship
una carrera	a race
una medalla	a medal
una copa	a cup
el atleta	the athlete
el futbolista	the footballer
ser hincha de	to be a fan of
ser aficionado a	to be a fan of
los espectadores	the spectators
El Mundial	the World Cup
Los Juegos Olímpicos*	the Olympic Games
la obesidad	obesity
la salud	health
el bienestar	wellbeing
una vida sana	a healthy life
un cuerpo sano	a healthy body
mantenerse en forma	to stay in shape
tomar esteroides	to take steroids
el dopaje	doping
adelgazar	to lose weight

* *Juegos Olímpicos* is often abbreviated to JJOO – similar to EEUU for Estados Unidos. For Spanish abbreviations, when the words are plural the letters are doubled.

B. La lectura

B.1 Cuatro jóvenes hablan sobre sus hábitos de lectura. Escucha y contesta a las preguntas en inglés.

CD 2 Tracks 4–8

A. Pablo
1. What type of books does Pablo like to read? _____
2. What does he particularly like about the Harry Potter series? _____
3. Who is his favourite character and why? _____

B. Marta
1. How often does Marta read? _____
2. What does she usually read? _____
3. What are the themes of the novel she is studying at school? _____

C. Antonio
1. What is Antonio's favourite book about? _____
2. Where did he get the book? _____
3. Why does he think it is important for young people to read? _____

D. Carolina
1. Why does Carolina not read much? _____
2. What did she get for her birthday last year? _____
3. What texts does Carolina have to study this year at school? _____

B.2 Una entrevista sobre hábitos de lectura. Escribe en tu cuaderno las preguntas y las respuestas con frases completas.

1. ¿Te gusta leer?
   — Si soy muy aficionad**o**/**a** a la lectura.
   — No me gusta leer. Creo que es un pasatiempo aburrido.
   — Me encanta leer pero no tengo mucho tiempo este año así que no leo mucho.

2. ¿Qué tipo de libros te gustan?
   — Me gustan las novelas…

policíacas	autobiográficas
divertidas	históricas
de ciencia-ficción	de amor
de fantasía	de terror
de misterio	

3. **¿Cuál fue el último libro que leíste?**
   — El último libro que leí se titula *Bajo la misma estrella* o *The Fault in Our Stars* en inglés.
   — Merece la pena leerlo.
   — Mis abuelos me lo regalaron.

4. **¿De qué trata?**
   — Es la historia de dos jóvenes enfermos que se enamoran.
   — El tema principal es el amor.

5. **¿Qué novela estudias en la clase de inglés?**
   — En este momento estamos estudiando *Room* de Emma Donoghue.
   — Mi profesora de inglés eligió la novela.
   — En clase nos pasamos mucho tiempo hablando sobre los temas y los personajes.
   — Me gusta el libro pero prefiero leer novelas de ciencia-ficción.
   — No me gusta estudiar poesía. La encuentro un poco aburrida.

6. **¿Cuáles son los temas de la novela?**
   — El tema principal es…   la libertad
   el aislamiento
   el racismo
   el amor
   los problemas entre…

7. **¿Cómo son los personajes?**
   — El protagonista es un chico de cinco años que se llama Jack.
   — La heroína es una mujer fuerte y valiente.
   — El héroe es un joven soldado que lucha por su patria.
   — Los personajes son Tom y Mary, una pareja casada que se encuentran en una situación difícil.

8. **¿Cuál es tu libro favorito?**
   — Es una novela histórica. Se titula *El niño con el pijama de rayas*.
   — La acción transcurre durante la Segunda Guerra Mundial.
   — Tiene un desenlace triste pero me encanta la historia.

Practica las preguntas con tu compañero/a.

¿Cómo son los personajes?

El protagon**ista** es un hombre inteligente que trabaja para el gobierno.

¡Ojo!
Nouns and adjectives ending in *-ista* do not have separate masculine and feminine forms.
el artista   **el** protagonista   **los** dentistas
la artista   **la** protagonista   **las** dentistas

Log on to www.edcolearning.ie to access mock oral exam videos.

B.3 Lee el texto y contesta a las preguntas en inglés.

LOS BENEFICIOS DE LEER

Por muchas razones los beneficios de leer un libro incluyen una mejora en nuestra vida a nivel mental, espiritual y social. Además, si desarrollamos el hábito de leer nuestras habilidades de comprensión y retención aumentarán. Así que les invitamos a conocer 10 beneficios de leer, aunque hay muchos más.

1. **Aumenta tu vocabulario**
   … Se darán cuenta de que mientras leemos, especialmente textos 'difíciles', nos veremos expuestos a un mundo de nuevas palabras, que no conoceríamos de otra manera.

2. **Entrenas al cerebro**
   … Cuando leemos, nuestro cerebro se pone a hacer ejercicio, pero para que tenga resultados a largo plazo, necesitamos que la actividad sea constante.

3. **Patrones de sueño saludables**
   Si comienzas a tener el hábito de leer antes de dormir, la actividad funcionará como un aviso para tu cerebro y cuerpo, mandando señales de que ya es tiempo de descansar. Esto ayudará a que duermas profundamente y despiertes mucho más relajado.

4. **Disminuye el riesgo de padecer Alzheimer**
   Leer incrementa de inmediato la fuerza de los tejidos del cerebro ya que es estimulado regularmente, lo que nos ayudará a prevenir ciertas enfermedades, entre ellas el Alzheimer. Algunas investigaciones han demostrado que actividades como leer libros o revistas, completar crucigramas, rompecabezas o hasta el sudoku, pueden retrasar o prevenir la pérdida de memoria. …

5. **Aumenta la concentración**
   Las personas que leen suelen tener mayor nivel de concentración, y el lector tendrá la habilidad de poner toda su atención en las cosas prácticas de la vida. …

6. **Siempre tendrás tema de conversación**
   … Si nos dedicamos a leer más, siempre tendremos algo de que conversar con otros. Podemos discutir los conflictos de cierta novela, o aquello que aprendimos por leer ese libro sobre negocios, las posibilidades son infinitas.

7. **Mejora la memoria**
   Muchos estudios han demostrado que si no usamos la memoria, la comenzaremos a perder. Crucigramas y rompecabezas, son sólo un par de ejemplos de juegos que nos pueden ayudar a prevenir el problema, y leer ayuda a fortalecer los 'músculos' de la memoria de una manera muy similar. La acción de leer requiere que recordemos detalles, hechos, situaciones, conflictos, temas y personajes.

8. Entretenimiento barato
... Busca una librería que también venda libros de segunda mano, que te saldrán mucho más baratos, y así no le afectará a tu cartera.

9. Reduce el estrés
Cuando leemos nuestra mente cambia de estado. Si tenemos un día sumamente estresante un buen libro nos puede distraer con mucha facilidad; el género de fantasía es excelente para estos casos…

10. Desarrollo emocional
Cuando nos dedicamos a leer nuestro desarrollo social y emocional aumenta. En un primer momento, los personajes de las grandes novelas generalmente representan diversos contextos, regiones del mundo, estatus social, razas y etnicidades, así como diferentes religiones. Así que nos encontramos con una diversidad con la que posiblemente no tengamos contacto en el mundo real. Pero es importante entender que una vez que conocemos acerca de aquello que se encuentra 'fuera', podremos comenzar a generar empatía y tolerancia por los demás, y así desarrollar una sensibilidad emocional…

Source: actitudfem.com

1. What are the benefits of reading mentioned in the first and second points?
2. In the third point, when is it suggested that you should read? Why?
3. Apart from reading, name two other activities that the article suggests can help prevent memory loss.
4. Name four things that the action of reading requires you to remember.
5. What type of bookshop does the article suggest you find in the eighth point?
6. How can reading improve your emotional development? (Give full details.)

B.4 Escribe una crítica sobre un libro que hayas leído – incluye el argumento, los personajes, los temas y tu opinión sobre el libro.

C. La gramática: El pretérito perfecto compuesto y el pluscuamperfecto

El pretérito perfecto compuesto

On page 195, you came across the question *¿Has ido alguna vez a esquiar?* This structure uses a tense known as the present perfect (*el pretérito perfecto compuesto*). The present perfect is used to describe things we have done, for example *I have eaten, we have seen, they have done*, etc. In Spanish this tense is formed by using the present tense of the verb *haber* and the past participle.

Present tense of HABER		Past participle
he		-AR verbs: change -AR to **-ado**
has	+	
ha		-ER and -IR verbs: change -ER and -IR to **-ido**
hemos		
habéis		
han		

For example:

He comido la tortilla. .... I have eaten the omelette.
¿Has hablado con Maite? .... Have you spoken to Maite?
Han jugado el partido. .... They've played the match.

The present perfect tense is **NOT** used in Spanish to say for how long you have done something – as it is in English. To say how long you've done something, you should use the present tense with ***desde hace*** (see page 77) or ***llevo*** + the present participle, as in the example below.

Juego al tenis desde hace cuatro años. .... I've been playing tennis for four years.
Llevo cuatro años jugando al tenis. .... I've been playing tennis for four years.

C.1 Rellena los espacios con el presente del verbo haber.

Ejemplo: Nosotros __hemos__ visto esa película.

1. Esta mañana yo _____ hablado con el director.
2. ¿Tú _____ estado en Inglaterra?
3. Mi padre nunca _____ cenado en aquel restaurante.
4. ¿Vosotros _____ leído los libros de *Los Juegos del Hambre*?
5. Mis hermanas _____ ganado su partido de hockey.

C.2 Rellena los espacios con la forma correcta del participio pasado entre paréntesis.

Ejemplo: Nosotros hemos __visto__ (ver) esa película.

1. Esta tarde hemos _____ (correr) mucho. ¿No?
2. Todos mis amigos han _____ (salir).
3. Esta semana he _____ (echar) una siesta todos los días.
4. ¿Vosotros habéis _____ (estar) en Málaga?
5. Ignacio no ha _____ (comer) su bocadillo.

C.3 Escribe en español.

1. We have played three matches this week.
2. Have you played rugby before?
3. I have spoken to the coach and the referee.
4. My cousins haven't had dinner.
5. They have visited their grandparents in France.
6. You haven't bought a ticket for the concert?!
7. I have eaten a lot today.
8. They have sold their house.

Participios pasado irregulares

The following verbs have irregular past participles:

INFINITIVO	PARTICIPIO PASADO	
ABRIR	abierto	*opened*
CAER	caído	*fallen*
CREER	creído	*believed*
CUBRIR	cubierto	*covered*
DECIR	dicho	*said*
ESCRIBIR	escrito	*written*
FREÍR	frito	*fried*
HACER	hecho	*done*
LEER	leído	*read*
MORIR	muerto	*died*
OÍR	oído	*heard*
PONER	puesto	*put*
RESOLVER	resuelto	*resolved*
ROMPER	roto	*broken*
VER	visto	*seen*
VOLVER	vuelto	*returned*

Juan ha abierto la puerta. ....Juan has opened the door.
Los niños han roto la ventana. ....The children have broken the window.
He visto esta película. ....I have seen that film.

C.4 Escribe en español.

1. We have done our homework.
2. The cook has fried all the eggs.
3. Tom has broken his computer.
4. Have you seen that movie?
5. We haven't written our essays yet.
6. I have read that novel four times.
7. Have they heard the news?
8. The referee hasn't resolved the argument.

¡Venga!

El pluscuamperfecto

El pluscuamperfecto (in English, the pluperfect or past perfect) is used to describe things we *had* done, for example *I had eaten, we had seen, they had done*, etc. In Spanish this tense is formed just like the present perfect, but by using the imperfect tense of the verb *haber* with the past participle.

Imperfect tense of HABER	Past participle
había	-AR verbs: change -AR to **-ado**
habías	
había	-ER and -IR verbs: change -ER and -IR to **-ido**
habíamos	
habíais	
habían	

For example:

Había comido la tortilla antes del partido. .... I had eaten the omelette before the match.
¿Ya habías comprado las entradas? .... Had you already bought the tickets?
Había visto la pelí cuando llegó su madre. .... He had watched the film when his mother arrived.

C.5 Escribe en español.

1. You had read the book before her.
2. I had already left when they returned.
3. She had not seen the film before now.
4. We had danced a lot before coming home.
5. I had eaten before going to the party.
6. They had already spoken to my friends.
7. Óscar hadn't booked the flights when I called.
8. Had you done your homework before you went out?

D. La música

D.1 Tres jóvenes hablan sobre la música. Lee los textos y contesta a las preguntas.

RIA

Me encanta la música. La escucho todos los días. Tengo una cuenta en Spotify, es una buena aplicación para conocer nuevos grupos y cantantes. Me gusta todo tipo de música pero prefiero la música pop. Mi cantante favorita es Ariana Grande. Fui a verla el verano pasado. El concierto tuvo lugar en un estadio en Dublín. Fui con mi hermana menor. Mis padres nos compraron las entradas. Fue un espectáculo inolvidable. Estudio música en el instituto y es una de mis asignaturas favoritas. Toco el piano y el violín. Mi madre es profesora de piano y ella me enseñó a tocar el piano cuando era niña. El violín es más difícil. Voy a clases a una academia de música los jueves. También toco con la orquesta de la academia.

Unidad 7   Los pasatiempos

ADAM

Soy cantante de un grupo de rock. Mi hermano Darren es el guitarrista, nuestra prima Jane es la bajista y su novio Brian toca la batería. Canto con el grupo desde hace cuatro años. Practicamos en el garaje de Brian todos los fines de semana y hacemos conciertos pequeños una vez al mes. Hemos colgado unos videoclips de nuestras canciones en YouTube y nuestro canal de YouTube tiene muchos seguidores. Estoy muy metido en la música rock y también me gusta escuchar música moderna, indie y pop. Me gustaría seguir cantando con el grupo pero sé que es difícil ganar dinero con la música. Tendríamos que escribir una canción muy pegadiza para tener éxito.

FREYA

No toco ningún instrumento pero me encanta la música. Canto en el coro del instituto una vez a la semana. Cuando era niña iba a clases de piano pero no me gustaba. Escucho música en el móvil todos los días y me gusta escuchar música con mis auriculares mientras hago los deberes. La música me relaja. Este verano iré a un festival de música con dos compañeras del instituto. Lo espero con mucha ilusión. Vamos a acampar en el festival en una tienda de campaña. Será la primera vez que voy a un festival. He ido a varios conciertos antes pero nunca he ido a un gran festival donde se puede acampar. ¡Espero que haga buen tiempo!

1. **Contesta en español.**
   - (a) ¿Qué instrumentos toca Ria?
   - (b) ¿Quiénes son los miembros del grupo de Adam?
   - (c) ¿Cuándo practica el grupo de Adam?
   - (d) ¿Cuándo escucha música Freya?

2. **Contesta en inglés.**
   - (a) Where did Ria get her tickets to Ariana Grande?
   - (b) How often does Adam's band play gigs?
   - (c) What does Adam say about having a career in music? (Give full details.)
   - (d) What are Freya's plans for this summer? (Give full details.)

3. **Busca las frases en los textos de arriba.**
   - (a) I have a Spotify account.
   - (b) I like all types of music.
   - (c) We have small gigs once a month.
   - (d) Our YouTube channel has lots of followers.
   - (e) I'm very into rock music.
   - (f) A very catchy song.
   - (g) I sing with the school choir.
   - (h) I used to go to piano lessons.
   - (i) Music relaxes me.
   - (j) I've been to several concerts.

4. **Busca los sinónimos en los textos de arriba.**
   - (a) pequeña
   - (b) instruyó
   - (c) ser exitoso
   - (d) tengo muchas ganas de ir

doscientos siete

¡Venga!

La música

los instrumentos .... instruments	la música pop .... pop music
el clarinete .... clarinet	la música rock .... rock music
el piano .... piano	la música latina .... Latin music
el violín .... violin	la música tradicional .... trad music
la batería .... drums	la música jazz .... jazz music
la flauta .... flute	la música clásica .... classical music
la guitarra .... guitar	la música electrónica .... electronic music
el coro .... choir	bajar .... to download
la orquesta .... orchestra	tocar .... to play (an instrument)
el/la cantante .... singer	cantar .... to sing
el grupo .... group	

D.2 La escuela de música. Escucha y contesta a las preguntas en inglés.

CD 2 Track 9

1. When is the new music school opening? _____

2. What instruments can students learn to play? Tick all the instruments mentioned:
   - Guitar ☐
   - Clarinet ☐
   - Oboe ☐
   - Flute ☐
   - Cello ☐
   - Violin ☐
   - Piano ☐
   - Drums ☐

3. What is the price of a ten-week course? _____

4. Who is funding the courses? _____

5. Why did the school take so long to open?
   - (a) The building wasn't finished ☐
   - (b) They didn't have the funding ☐
   - (c) The building had flooded ☐
   - (d) They had financial problems ☐

6. How can prospective students sign up for a course? _____

7. What is the email address of the school? _____

8. When does the discounted offer end?
   - (a) 1 September ☐
   - (b) 30 September ☐
   - (c) 30 October ☐
   - (d) 31 October ☐

D.3 Escucha el examen oral de James y contesta a las preguntas.

CD 2 Track 10

¿Te gusta la música?

Claro que sí. Estoy muy metido en la música. Todos los miembros de mi familia están dotados para la música. Mi abuelo era director de orquesta así que mi padre creció rodeado de música. Conoció a mi madre en un concierto de música clásica. Mi madre toca el violín.

¿Y tú? ¿Tocas algún instrumento?

Sí. Toco el piano y el clarinete. Empecé a tocar estos instrumentos cuando tenía seis años. Todos los años hago los exámenes de la academia de música. Es difícil y hay que concentrarse y practicar mucho pero la verdad es que me encanta. También me ha ayudado mucho en el colegio porque estudio música para el examen de Leaving Cert.

¿Perteneces a algún grupo, coro u orquesta?
Sí. Soy miembro de la orquesta del colegio. Practicamos dos veces a la semana – los lunes antes de las clases y los miércoles por la tarde. Mi profesora de música es la directora y prepara nuestras obras. Damos conciertos dos veces al año e invitamos a todas nuestras familias. He conocido a mucha gente en la orquesta y me ha dado mucha confianza.

¿Tienes algún grupo o cantante favorito?
Me gustan George Ezra, Kendrick Lamar y Drake pero mi cantante favorito es Post Malone. Es un cantante de rap.

¿Qué tipo de música te gusta?
Pues el rap es mi estilo favorito. Es como la poesía. También me gusta escuchar música pop y música electrónica. No me gusta mucho la música rock.

¿Tienes cuenta en Spotify o iTunes?
Por supuesto. Mi familia tiene una cuenta en Spotify. Es la mejor manera de escuchar música y de descubrir canciones nuevas. Es bastante caro descargar música en iTunes así que mi padre paga la cuenta en Spotify cada mes y así podemos escuchar tantas canciones como queramos. Nadie compra CDs, salvo mi abuelo. A él le gusta comprar CDs y tiene cientos de discos en su desván.

¿Cuándo escuchas música?
La escucho por la mañana mientras me arreglo para ir al colegio. La escucho con mis auriculares en el autobús del colegio y la escucho por la noche antes de dormir. Escuchar música me ayuda a dormir y me relaja.

1. **Contesta en inglés.**
   (a) Where did James' parents meet? _____
   (b) When does James have orchestra rehearsals? _____
   (c) What does James say about rap music? _____
   (d) When does James listen to music? (Give three details.) _____

2. **Busca las siguientes expresiones en la entrevista de arriba.**
   (a) They are musically talented.
   (b) To download music.
   (c) I listen on the bus with my headphones.
   (d) Listening to music helps me to sleep.

D.4 Escribe en tu cuaderno las preguntas y las respuestas con frases completas.

1. ¿Te gusta la música?
2. ¿Tocas algún instrumento?
3. ¿Perteneces a algún grupo, coro u orquesta?
4. ¿Qué tipo de música te gusta?
5. ¿Tienes algún grupo o cantante favorito?
6. ¿Tienes cuenta en Spotify o iTunes?
7. ¿Cuándo escuchas música?

Practica las preguntas con tu compañero/a.

¿Tocas algún instrumento?

No. No toco ningún instrumento.

Log on to **www.edcolearning.ie** to access mock oral exam videos.

¡Ojo!
Remember, there are two verbs meaning 'to play'. *Jugar* is used to play a ball sport and *tocar* is used to play an instrument.
Juego al fútbol.
Toco la guitarra.

D.5 Lee el texto y contesta a las preguntas. HIGHER

LOS BEBÉS QUE ESCUCHAN MÚSICA RECONOCEN MEJOR EL LENGUAJE

1. Ponemos música a nuestro futuro hijo mientras permanece en el vientre porque, según la ciencia, es bueno. También hay niños que desde muy pequeños viven rodeados de música durante todo el día: en la escuela, en el coche, en casa, y otros que, tras adquirir el hábito, con apretar simplemente el *play* se mueven de un lado a otro, intentando llevar el ritmo. Pero no solo se divierten y se estimulan.

2. Una nueva investigación concluye que escuchar música a los nueve meses de edad ayuda al bebé a procesar mejor las notas musicales y el lenguaje. Pero no solo canciones infantiles, cualquier música vale, así que *let's rocks, baby!* El estudio, elaborado en la Universidad de Washington (Seattle) y publicado en *The Proceedings of the National Academy Sciences*, es 'el primero que sugiere que a través de experimentar con los ritmos de la melodía se puede detectar y hacer predicciones sobre los patrones del lenguaje,' aseguran los autores en un comunicado. 'Esto significa que tener un contacto temprano con la música puede tener un efecto global en las capacidades cognitivas del niño,' añaden.

EL BEBÉ RECONOCE EL MUNDO QUE LE RODEA

3. Un bebé de nueve meses se estimula con todo lo que le rodea: la luz, las sensaciones, los sonidos y estos cambian de forma constante. Y su trabajo es descubrir, es reconocer los cambios y predecir lo que va a venir después. 'Predecir los patrones es una habilidad cognitiva fundamental y mejorarla desde edad muy temprana puede tener efectos positivos a largo plazo,' agregan los autores. Según explican, la música y el lenguaje tienen patrones muy marcados. Las sílabas son el ritmo del habla y son fundamentales para entender lo que estamos escuchando…

4. Estudios anteriores ya hablaban de los beneficios de la música, por ejemplo, que puede ayudar a tratar los trastornos del espectro autista (TEA) y los trastornos por déficit de atención e hiperactividad (TDAH) en niños, así lo concluye la Sociedad Norteamericana de Radiología (RSNA, por sus siglas en inglés). Según los autores, que los pequeños reciban clases de música incrementa y crea nuevas conexiones cerebrales y 'puede facilitar los tratamientos en niños con estos trastornos'. 'Ya se sabía que la música era muy beneficiosa, pero este estudio ofrece un mejor entendimiento sobre qué está ocurriendo en el cerebro y dónde se producen estos cambios,' aseguró Pilar Dies-Suárez, jefa de radiología en el Hospital Infantil de México Federico Gómez, autora del mismo. 'Experimentar la música a una edad temprana puede contribuir a un mejor desarrollo del cerebro, a la optimización de la creación y establecimiento de redes neuronales y a la estimulación de las vías existentes del cerebro,' añadió la experta…

Source: *El País*

Unidad 7 Los pasatiempos

1. **Answer the following questions in English according to the information given in the text.**
   (a) What does the title of the text tell us?
   (b) What age were the babies who participated in the study? (para 2)
   (c) What kind of music helps babies' brains? (para 2)
   (d) Name three things that can stimulate babies. (para 3)
   (e) What benefits of listening to music had previously been discovered? (para 4)

2. **Escribe en español las frases del texto que tengan el mismo sentido (más o menos) que las siguientes:**
   (a) en el hogar (para 1)
   (b) desarrollar la costumbre (para 1)
   (c) llega a la conclusión (para 2)

3. **Explain in English the meaning of the following in their context:**
   (a) … viven rodeados de música (para 1)
   (b) Pero no solo canciones infantiles (para 2)
   (c) Ya se sabía que la música era muy beneficiosa (para 4)

4. **Explica (o expresa de otro modo) en español una de las frases siguientes:**
   tener un contacto temprano con la música (para 2)
   o
   con todo lo que le rodea (para 3)

D.6 Escribe una carta o un correo electrónico a una amiga.

Write a letter or email to your Spanish pen-pal Irene.
- Say you went to see your favourite group in concert last weekend.
- Say who you went with and how you got there.
- Describe three things you did at the concert.
- Say the group is playing in Croke Park this summer and you will go.
- Say you are saving money from your part-time job to buy the ticket.

D.6 – Criterios de éxito
- Start and end your letter or email appropriately.
- Make sure you include all the points and write at least two sentences per point.
- Use the structure and phrases from pages 33 and 34.
- Make sure you are using the correct verb tenses.
- Check your work for spellings, accents and agreement of adjectives.

doscientos once 211

E. Escribir un mensaje

El mensaje

Writing a note is an optional question on both the Higher Level and Ordinary Level papers. On both papers, candidates have a choice of writing a diary entry or writing a note. There are four points to be communicated in the note and you MUST include all points. Each point is worth 5 marks, for a total of 20 marks. It is worthwhile learning one or two suitable phrases that you can use to start and end your note.

However, there is no need to expand on the four points. Students often lose marks in the note for overcomplicating them by attempting to write too much. Sticking to the minimum can get you full marks once you have covered all points in clear and accurate Spanish. Be careful with the verb tenses because your verbs must be correct to get full marks. Make sure you write your points in order and structure your note with the day, date or time, a greeting and a sign-off. Starting a new point on a new line makes it easier for the examiner.

Sample note (Leaving Certificate Higher Level 2018):

You are staying in Granada with your Spanish friend Paco.
Leave a NOTE in SPANISH for your friend, including all of the following points:
- Say that your foot is very sore.
- Tell him that you are going to see the doctor around one o'clock.
- Say that you can't walk, so you are going to get a taxi.
- You will be back at the apartment before dinner.

---

lunes, 24 de enero

Hola Paco:

Te escribo para decirte que me duele mucho el pie.

Voy al médico a eso de la una.

No puedo caminar así que voy a coger un taxi.

Volveré al piso antes de cenar.

Hasta luego.

Lucy

Expresiones útiles para escribir un mensaje

Te escribo para decirte…	I'm writing to tell you… (informal)
Le escribo para decirle…	I'm writing to tell you… (formal)
Os escribo para deciros…	I'm writing to tell you… (plural, informal)
Les escribo para decirles…	I'm writing to tell you… (plural, formal)
Tengo que ir.	I have to go.
He ido al dentista.	I've gone to the dentist.
Voy al supermercado.	I'm going to the supermarket.
Te estaba buscando.	I was looking for you.
Te llamaré luego.	I'll call you later.
Llámame mañana.	Call me tomorrow.
Mándame un mensaje luego.	Send me a message later.
Te mandaré un mensaje luego.	I'll text you later.
Volveré antes de las seis.	I'll be back before six.
Te veré esta tarde.	I'll see you this evening.
Volveremos a las nueve en punto.	We'll be back at nine on the dot.
Vuelvo en media hora.	I'm coming back in half an hour.

E.1 Escribe un mensaje.

You have arranged to go to a match with a Spanish friend.
Leave a note in Spanish for your friend, including all of the following points:
- Say that you've bought the tickets for the match online.
- Tell him that you will meet him at the stadium at 7:30pm.
- Say you're going to Sara's party after the match.
- Ask him to send you a message if he'd like to come to the party with you.

E.2 Escribe un mensaje.

You have arranged to go to a concert with a classmate in Granada.
Leave a note in Spanish for your friend, including all of the following points:
- Say your classmate invited you to a flamenco concert this evening.
- You would like to go, as you've never seen flamenco dancing before.
- Say you will get the bus home at midnight.
- Say you will call him/her if you miss the last bus.

F. El cine y la televisión

F.1 Lee estas críticas de películas y contesta a las preguntas.

La quinta ola es una película estadounidense escrita por Susannah Grant y dirigida por J. Blakeson. Es una película de ciencia-ficción basada en la novela de Ricky Yancey. Los actores principales son Chloe Grace Moretz, Nick Robinson y Alex Roe. Cuenta la historia de una adolescente de 16 años que trata de sobrevivir y encontrar a su hermano pequeño tras una serie de ataques alienígenas. Los temas más destacados son el amor y la supervivencia.

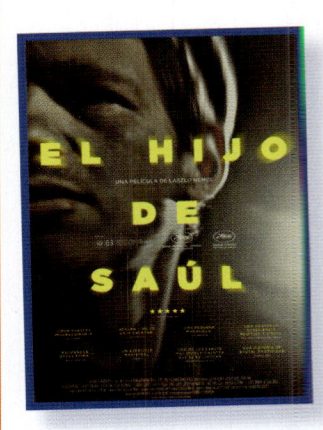

★★★½☆

La película dramática húngara del 2015, **El hijo de Saul**, ganó el Grand Prix en el Festival de Cine de Cannes. Fue recibida con gran aclamación por la crítica y en 2016 ganó el Óscar a la mejor película en habla no inglesa. Es un drama sobre el Holocausto y cuenta la historia de alguien que quiere dedicarse a su familia pero al que eso no le está permitido.

★★★★½

Una madre imperfecta cuenta la historia de Marnie Minervini (Susan Sarandon) que se traslada de Nueva Jersey a Los Ángeles para estar cerca de su hija Lori. Lori (Rose Byrne) es una guionista de éxito y los consejos no solicitados de su madre le obligan a fijar límites entre su madre y ella. Esta película es una comedia dramática que se estrenó en 2015.

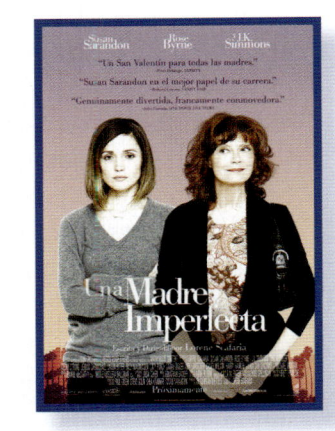

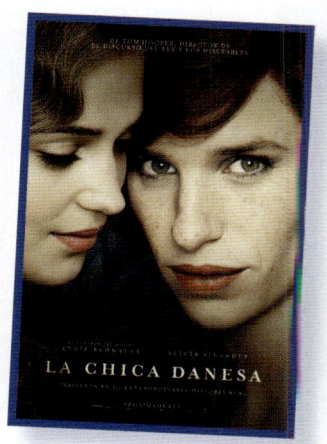

★★★☆☆

La película biográfica **La chica danesa** dirigida por Tom Hooper está basada en la novela de David Ebershoff. Es la historia de la pintora danesa Lili Elbe, la primera mujer transgénero en recibir cirugía de cambio de sexo. El actor Eddie Redmayne y la actriz Alicia Vikander interpretan los papeles protagonistas. Se estrenó en el Festival Internacional de Cine de Venecia con críticas positivas.

★★★½☆

Unidad 7 Los pasatiempos

1. **Contesta en inglés.**
   (a) What kind of film is *La quinta ola*?
   (b) What is *La quinta ola* about?
   (c) What award did *El hijo de Saul* win at the Oscars?
   (d) What type of film is *Una madre imperfecta*?
   (e) What is *La chica danesa* about?
   (f) What information is given about the premiere of *La chica danesa*?

2. **Busca las frases en los textos de arriba.**
   (a) The main actors are…
   (b) It tells the story of…
   (c) The prominent themes are…
   (d) It's a drama about…
   (e) It premiered in 2015.
   (f) It is based on a novel by…

V El cine y la televisión

un programa	a programme
un documental	a documentary
una serie	a series
una telecomedia	a sitcom
una telenovela	a soap
unos dibujos animados	a cartoon
un programa de música	a music show
un programa deportivo	a sports show
una entrevista	an interview
la telebasura	trashy TV
la telerrealidad	reality TV
la publicidad	advertising
las noticias	the news
encender la tele	to turn on the TV
apagar la tele	to turn off the TV
hacer zapping	to flick between channels
los telespectadores	the viewers
ser aficionado al cine	to be a cinema lover
una comedia	a comedy
una película de acción	an action film
una película de guerra	a war film
una película de ciencia-ficción	a science fiction film
una película de terror	a horror film
una comedia romántica	a romantic comedy

F.2 Cuatro jóvenes hablan sobre lo que ven en la tele. Escucha y decide si las siguientes afirmaciones son verdaderas o falsas.

CD 2 Tracks 11–15

			VERDADERO	FALSO
A.	Irene	A Irene no le interesa la telerrealidad.		
B.	Luca	Luca casi nunca va al cine.		
C.	Kate	El programa favorito de Kate son unos dibujos animados.		
D.	Oisín	Oisín prefiere ver vídeos en YouTube que ver la tele.		

F.3 Escribe en tu cuaderno las preguntas y las respuestas con frases completas.
1. ¿Ves mucho la tele?
2. ¿Cuál es tu programa favorito?
3. ¿De qué trata?
4. ¿Vas mucho al cine?
5. ¿Qué tipo de películas prefieres ver?
6. ¿Cuál fue la última película que viste?
7. ¿De qué trata?
8. ¿Has visto alguna película española?

¡Venga!

Practica las preguntas con tu compañero/a.

¿Cuál es tu programa favorito?

Es una comedia que se llama *Amigos*. Cuenta la historia de seis amigos que viven en Nueva York.

Log on to **www.edcolearning.ie** to access mock oral exam videos.

¡Ojo!

Programa and many other words ending in *-ama* or *-ema* are masculine because they come from the Greek language.

el progr**ama**   **el** probl**ema**
el t**ema**   **el** crucigr**ama**
el sist**ema**

Similarly, **telerrealidad** and all other words ending in **-dad**, **-tad**, **-tud**, **-ción** or **-sión**, **-gión**, **-umbre**, **-ie**, **-ez** are feminine.

la telerreali**dad**   **la** ten**sión**
la publici**dad**   **la** re**gión**
la acti**tud**   **la** cost**umbre**
la esta**ción**   **la** ser**ie**

F.4 Debate: En grupos de tres o cuatro personas, debatid sobre la siguiente afirmación.

Ver la televisión durante la infancia causa más daños que beneficios.

F.4 – Criterios de éxito

- Divide the class into 'for' and 'against' the motion.
- In groups, brainstorm your ideas on the title.
- Work in groups to write speeches for or against the motion.
- Use words and phrases from page 61.
- Appoint one group member to perform the speech.

Ver la televisión causa más daños que beneficios en los jóvenes.

A favor de la propuesta

- Hay demasiada publicidad llena de mensajes subliminales en la tele. No es apta para los niños pequeños.

En contra de la propuesta

- Los jóvenes pueden aprender mucho de programas educativos como documentales y entrevistas.

G. Los deberes de la Unidad 7

La gramática

G.1 Escribe en español.

1. She has seen that movie twice.
2. Have you read the *Twilight* books?
3. We have won the tournament!
4. They have played three matches this month.
5. I haven't heard the results yet.
6. They had trained very hard before the competition.
7. I had already bought the concert tickets.
8. We hadn't studied for that exam.
9. He had told me that he was coming.
10. Hadn't you done those exercises before?

El vocabulario

G.2 Pon en la columna adecuada el vocabulario de más abajo.

DEPORTES	MÚSICA	TELEVISIÓN
una pelota		

~~una pelota~~   un coro   la publicidad   la batería   un cantante   patinar
un árbitro   las noticias   la flauta   un portero   unos dibujos animados
una canción   una película   el tiro con arco   un documental

La comprensión auditiva

G.3 Cuatro jóvenes hablan sobre sus pasatiempos. Escucha y rellena el cuadro.

CD 2 Tracks 16–20

	NAME	SPORT PLAYED	INSTRUMENT PLAYED	FAVOURITE MOVIE GENRE
A.	Alejandro			
B.	Julia			
C.	Rocío			
D.	Alonso			

G.4 Escucha y contesta a las preguntas en inglés.

CD 2 Track 21

1. What is the bad news for cinemagoers? _____
2. What three types of film was the cinema famous for? _____
3. Why do fewer people go to city centre cinemas? (Give three reasons.) _____
4. How many jobs were lost? _____
5. What does the figure of 21% refer to? _____
6. What is the main concern of Jorge Santana? _____

La comprensión lectora

G.5 Lee el texto y contesta a las preguntas en inglés.

LOS DEPORTES MÁS POPULARES EN ESPAÑA

España es un país que no solo destaca por su diversidad cultural y sus bellos paisajes, también destaca por sus disciplinas deportivas. Tan importante es el deporte en nuestro país que uno de sus atractivos turísticos son sus complejos deportivos, que destacan por poder acoger eventos del máximo nivel.

Por eso, no puedes perderte el **top 5 de los deportes más populares en España**, que describiremos a continuación.

Ciclismo

Una disciplina deportiva europea por excelencia, considerada de gran elegancia. Según se desprende de la Encuesta de Hábitos Deportivos en España 2015, elaborada por el Ministerio de Educación, Cultura y Deportes, un 38,7% de la población que practica deporte prefiere el ciclismo frente a otras prácticas deportivas. Es casi el doble de los que lo practicaban hace cinco años, fecha de la anterior encuesta.

Fútbol

Se puede decir que el fútbol es el deporte… que más aficionados tiene en España, contando con un 64% de los adultos. El fútbol no sólo es el deporte rey en nuestro país, sino que año a año sigue aumentando su popularidad. Son innumerables los aficionados que lo practican, pero también son muchos los jugadores que están federados. Un 25,8% del total de licencias que emitieron las federaciones deportivas españolas en el año 2014 correspondieron a futbolistas.

Pádel

El **pádel** es una disciplina deportiva que ha ido evolucionando y ampliando su red de deportistas de forma masiva en los últimos años. El 1,6% de la población total de España lo practica, es decir, unas 58.324 personas.

Para jugarlo es indispensable tener una pala de pádel y unas buenas zapatillas. Para nuestra comodidad, podemos adquirir diversos paleteros que ayuden a cargar con las pesadas palas de pádel. El juego se practica en pareja y la finalidad es anotar la mayor cantidad de puntos en tres sets, ya sea golpeando la pelota contra el piso o contra la pared para hacer los saques.

Natación

La natación es el deporte más practicado por los españoles (24,2%), mientras que el fútbol es el que cuenta con más aficionados (54%), según un estudio de la asociación Sport Cultura Barcelona, presentado en la sede del Consejo Superior de Deportes (CSD).

El estudio, bajo el lema 'La salud físico-deportiva de los españoles', presentado por Manuel Carreras, presidente de Sport Cultura Barcelona, acompañado de Miguel Cardenal, presidente del CSD, destaca que la natación es el deporte con más practicantes, seguido del fútbol (14%) y la gimnasia o aerobic (12,7%).

Baloncesto

El baloncesto es otra disciplina deportiva que no se queda atrás, contando con un 9,7% del total. Este deporte consta de una canasta colocada a una altura de 3 metros en donde se debe encajar una pelota para poder anotar puntos. La pelota, al contrario que en el fútbol, debe ser manejada con las manos la menor cantidad de tiempo posible.

Este deporte se juega en equipos, en donde sólo habrá 5 jugadores en la cancha y hasta 7 jugadores suplentes. Los jugadores a su vez se encuentran subdivididos en: base, escolta, alero, ala-pívot y pívot, dependiendo de las funciones que tengan en el campo de juego.

Source: sorianoticias.com

1. Which sport has the most supporters in Spain?
2. Which sport do most people practise?
3. How many more people in Spain today do cycling compared with five years ago?
4. What equipment is essential for playing pádel?
5. What rules of pádel are described in the text?
6. What percentage of Spanish people do gym or aerobics?
7. How high is the basket in basketball?

G.6 Lee el texto y contesta a las preguntas. HIGHER

'LA CASA DE PAPEL' SE LLEVA EL EMMY INTERNACIONAL A MEJOR DRAMA

1. La serie española *La casa de papel* se llevó este lunes el premio Emmy Internacional en la categoría de mejor drama. La ficción original de Atresmedia y que con su incorporación al catálogo de Netflix se convirtió en un fenómeno mundial ha sido la primera serie española en lograr este reconocimiento en esta categoría. La gala de entrega de los 46º premios Emmy Internacionales tuvo lugar en la noche del lunes en Nueva York. Los galardones son concedidos por la Academia Internacional de la Televisión, y reconocen los mejores programas de televisión producidos y emitidos fuera de Estados Unidos.

2. *La casa de papel* se enfrentaba en su categoría a otras tres ficciones: *Urban myths*, del Reino Unido; *Um contra todos*, de Brasil; e *Inside edge*, de India. 'Esta es la última parada de un año increíble y un sueño con el que nunca habíamos soñado,' señaló a Efe el creador de la serie, Álex Pina.

3. La serie que narra el atraco a la Fábrica Nacional de Moneda y Timbre a través de un grupo de ladrones, los rehenes que retienen en su interior y los policías que les rodean fuera se estrenó en Antena 3 el 2 de mayo de 2017. Con una sola temporada dividida en dos partes, la historia se cerró el 23 de noviembre de 2017 con una audiencia discreta para el prime time español de 1.798.000 espectadores.

4. Sin embargo, la llegada a finales de 2017 de la primera parte de la serie a Netflix y el boca a boca hizo que este *thriller* producido por Atresmedia y Vancouver se convirtiera en un inesperado fenómeno internacional: diferentes personalidades como el futbolista Neymar o el cantante Romeo Santos la recomendaron fervientemente en redes sociales; se mantuvo durante seis semanas consecutivas como la serie más seguida por los usuarios de la aplicación TV Time; la careta de Dalí y los monos rojos de los atracadores se pudieron ver por los carnavales de Brasil.

5. *La casa de papel* se convirtió en la serie de habla no inglesa más vista de todo Netflix, un hito que le valió para ser renovada para una nueva tanda de capítulos, producidos ahora por la plataforma internacional. La nueva entrega ya ha empezado a rodarse y cuenta con buena parte del reparto original, además de incorporaciones como Najwa Nimri, Fernando Cayo o Rodrigo de la Serna. Su estreno está previsto para 2019.

6. 'Para Atresmedia, *La casa de papel* es el máximo exponente de nuestra estrategia en ficción: una serie de calidad, de prestigio, respetuosa con los creadores, exportable y capaz de rentabilizar al máximo,' ha dicho Javier Bardají, director general de Atresmedia Televisión. Sonia Martínez, directora de Ficción de Atresmedia y productora ejecutiva de la serie, acudió a Nueva York junto a Pina a la ceremonia de entrega de premios. 'No las teníamos todas con nosotros, se hacen series muy importantes y no estábamos seguros de lo que iba a pasar,' ha dicho. 'Ha sido un momento maravilloso, de alegría y de recoger los frutos del trabajo de mucho tiempo.'…

Source: *El País*

Unidad 7 Los pasatiempos

1. **Answer the following questions in English according to the information given in the text.**
   (a) What prize was *La casa de papel* awarded? (para 1)
   (b) What is *La casa de papel* about? (para 3)
   (c) How do we know it was an international success? (Give full details.) (para 4)
   (d) What does Atresmedia like to see in a series, according to Javier Bardají? (para 6)
   (e) How did Sonia Martínez describe the moment they won the award? (para 6)

2. **Escribe en español las frases del texto que tengan el mismo sentido (más o menos) que las siguientes:**
   (a) los premios (para 1)
   (b) imprevisto (para 4)
   (c) hacer lucrativo (para 6)

3. **Explain in English the meaning of the following in their context:**
   (a) … se convirtió en un fenómeno mundial (para 1)
   (b) … el boca a boca (para 4)
   (c) … se convirtió en la serie de habla no inglesa más vista (para 5)

4. **Explica (o expresa de otro modo) en español una de las frases siguientes:**
   se pudieron ver por los carnavales de Brasil (para 4)
   o
   no estábamos seguros (para 6)

Escribir

G.7 Escribe un diario.
You are just home from a Friday evening at the cinema. Write a diary entry in Spanish mentioning all of the following points:
- Say who you went with and what type of film you saw.
- Say what you thought of the film and give a reason why.
- Describe what you did after the movie.
- Describe your plans for the rest of the weekend.

G.7 – Criterios de éxito
- Make sure you include all four points.
- Start each point on a new line.
- Use the structure and phrases from pages 92 and 93.
- Make sure you are using the correct verb tenses.
- Check your work for spellings, accents and agreement of adjectives.

G.8 Escribe tu opinión sobre la siguiente afirmación. HIGHER
Hay demasiada violencia en la tele.

G.8 – Criterios de éxito
- Write 150 words or more.
- Structure your answer with an introduction, at least three points and a conclusion.
- Use the words and phrases from page 61.
- Check your work for spellings, accents and agreement of adjectives.

G.9 Escribe un mensaje.
You arrived in Vigo yesterday for a one-month stay with Miguel and his family. Miguel invited you to go to football training with him, but you didn't bring boots with you. Leave a note in Spanish for Miguel, including all of the following points:
- Say that you went shopping this morning and bought a pair of football boots.
- When you got home you tried them on, but they are the wrong size.
- You won't be able to go to training with him this afternoon because you're going to the department store to return them.
- Ask him to explain what happened to the coach.

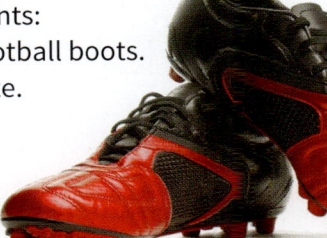

doscientos veintiuno 221

Unidad 7 Autoevaluación

¡Venga!

		😊	😐	😠
	I can answer questions about my hobbies and interests.			
	I can describe a book I have read.			
	I can describe my tastes in music, film and sport.			
	I can write a diary entry about a film I have seen.			
	I can write a letter describing a concert I went to.			
	I can write a book review.			
	I can write a short message or note.			
	H I can describe the advantages of physical exercise.			
	H I can discuss the topic of violence on television.			
	I can understand the general sense of texts about books, films, TV series, sports and music.			
	I can express the immediate past using present perfect tense.			
	I can express the past using the pluperfect tense.			
	I can understand conversations and descriptions on the topics of sports, music, books and films.			

After completing the *autoevaluación* above, write your own simple learning targets for the next few weeks. Think about what you know well and what you need to revise. What topic or topics do you need to revisit? Fill in the chart below.

Lo que ya sé de la Unidad 7	Lo que tengo que repasar de la Unidad 7

doscientos veintidós

Unidad 8
La tecnología

Communicative objectives

By the end of this unit you will be able to:
- Describe why you use the internet
- Discuss the advantages and disadvantages of the internet
- Give your opinion on the use of ebooks instead of textbooks
- Discuss whether or not phones should be banned in schools

Contesta a las preguntas en inglés.

1. Which of the topics above do you already know quite well?
2. Which topics are you not really able to talk or write about in Spanish?
3. Make a graphic organiser about the topic of technology in your copy and fill in all the vocabulary you already know related to the topic.

La gramática

› *Para* and *por*
› The imperative 1

El examen oral

› An interview about your internet use

El examen escrito

› How to write a formal letter
› Write an informal letter or email about a new smartphone you bought
› Write a diary entry about buying a second-hand laptop
› Formal letters:
   — Replacing textbooks with tablets
   — The use of mobile phones in schools
› Write your opinion on:
   — The power of influencers
   — Addiction to technology
   — Violence in video games

Habilidades de comprensión

› Listening and reading comprehension practice on the theme of technology

¡Venga!

A. Internet

A.1 Completa la encuesta sobre el uso de internet.

	¿PARA QUÉ USAS INTERNET?	SÍ	NO
1.	Para compartir fotos con mis amigos		
2.	Para jugar a videojuegos en línea		
3.	Para chatear con mis amigos		
4.	Para emitir películas o vídeos		
5.	Para hacer los deberes		
6.	Para descargar música		
7.	Para conectarme a redes sociales		
8.	Para enviar mensajes		
9.	Para buscar información		
10.	Para colgar fotos en Instagram		
11.	Para mandar correos electrónicos		
12.	Para comprar ropa, maquillaje u otros productos		
13.	Para reservar billetes o entradas		
14.	Para seguir a personas famosas en las redes sociales		
15.	Para mandar tuits		
16.	Otra razón:		

Internet

compartir	*to share*
chatear	*to chat (online)*
emitir	*to stream (music, films, etc.)*
descargar	*to download*
colgar	*to post (online)*
seguir	*to follow*
navegar por la red	*to surf the net*
conectarse a internet	*to go online*
escribir a máquina	*to type*
en línea	*online*
la red	*the net*
el wifi	*Wifi*
una aplicación	*an app*
una pantalla	*a screen*
un ordenador portátil	*a laptop*
un perfil	*a profile*
un correo electrónico	*an email*
la privacidad	*privacy*
el fraude	*fraud*
las redes sociales	*social media*
los internautas	*internet users*
contenido inapropiado	*inappropriate content*
con un solo clic del ratón	*with just a click of the mouse*

Unidad 8   La tecnología

A.2 **Lee el texto y contesta a las preguntas.**

EL USO DE INTERNET ENTRE LOS ADOLESCENTES

La mayoría de los adolescentes pasa mucho tiempo en el ordenador, la tableta o el móvil (chateando, jugando online, en redes sociales…)

Un uso excesivo de internet puede causar graves daños cerebrales en un adolescente, por eso los padres deberían controlar a sus hijos, estableciendo normas y límites que se deben respetar.

Si se usa internet correctamente para los trabajos del colegio y para el aprendizaje entonces, normalmente internet es bueno ya que es la mayor fuente de información. Sin embargo si se usa con malas intenciones, puede conllevar peligros hacia otros adolescentes e incluso hacia uno mismo.

PELIGROS QUE PUEDE CONLLEVAR INTERNET:

1. *Acoso:* El acoso por internet ocurre cuando se utiliza la tecnología para amenazar e intimidar a otra persona. Hay varios tipos de acoso: sexual, físico, psicológico, exclusión social…
2. *El ciberbullying:* Se utilizan los nuevos medios de comunicación para reírse o burlarse de otros adolescentes o para ejercer acoso psicológico.
3. *Abuso:* En internet hay personas malvadas que crean falsas identidades para acercarse a adolescentes y se hacen pasar por jóvenes cuando en realidad son adultos. Hay que tener mucho cuidado con esto y si descubres algún abuso de este tipo, denúncialo inmediatamente.

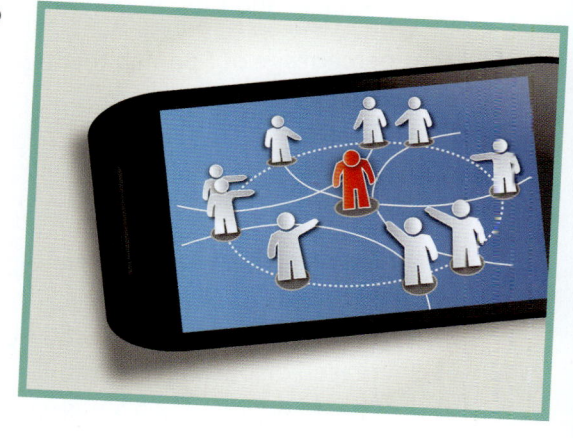

Source: miperiodicodigital.com

1. **Contesta en inglés.**
   (a) According to the text, what do young people spend lots of time doing online?
   (b) Why should parents control internet use among young people?
   (c) In what way is the internet beneficial to young people?
   (d) What dangers of the internet are described in the text? (Give full details.)
2. **Busca las siguientes expresiones en los textos de arriba.**
   (a) The greatest source of information
   (b) To threaten and intimidate
   (c) To make fun of other young people
   (d) Evil people

¡Venga!

A.3 Escucha y contesta a las preguntas en inglés.

1. How much time do the majority of teenagers in Spain spend online daily?
   - (a) Over five hours ☐
   - (b) Four to five hours ☐
   - (c) Three to four hours ☐
   - (d) Less than three hours ☐

2. What do Spanish teens spend most time online doing?
   - (a) Researching or doing school work ☐
   - (b) Streaming movies or TV series ☐
   - (c) Engaging with social media ☐
   - (d) Playing online video games ☐

3. What type of webpage did Facebook create in Spain?
   - (a) A page to securely send information ☐
   - (b) An information page to prevent cyberbullying ☐
   - (c) An information page to help preparation for exams ☐
   - (d) A page with information about cyber fraud ☐

4. Who is this webpage aimed at?
   - (a) Parents and teachers ☐
   - (b) Teachers and young people ☐
   - (c) Youth leaders and teachers ☐
   - (d) Teenagers and their parents ☐

5. What percentage of Spanish teenagers owns a smartphone?
   - (a) Almost 95% ☐
   - (b) Over 75% ☐
   - (c) Almost 65% ☐
   - (d) Over 55% ☐

6. What reason is given for the recent growth in smartphones in Spain?
   - (a) The cheaper price of phones ☐
   - (b) Increased availability of the 4G network ☐
   - (c) Increased disposable income ☐
   - (d) Increased advertising from phone companies ☐

A.4 Escribe en tu cuaderno las preguntas y las respuestas con frases completas.

1. ¿Cuánto tiempo pasas en línea al día?
2. ¿Para qué usas internet?
3. ¿Piensas que los jóvenes pasan demasiado tiempo en línea?
4. ¿Cuáles son las ventajas de internet?
5. ¿Cuáles son los peligros de internet?
6. ¿Qué sitios web usas más?

Practica las preguntas con tu compañero/a.

¿Cuáles son los peligros de internet?

Pues chatear con gente que no conocemos puede ser peligroso. No se puede saber con quién estamos hablando. Por eso es mala idea colgar datos personales en línea.

Log on to **www.edcolearning.ie** to access mock oral exam videos.

¡Ojo!

The sentence *No se puede saber*… is an impersonal structure using *se*. *Se* with the third person of the verb is used when there is no obvious subject of the sentence. In English we would translate impersonal sentences with 'you' or 'they' or 'one'. For example:

No se debe fumar aquí. ....One shouldn't smoke here.
¿Cómo *se dice* hello en español?...................How do you say hello in Spanish?

Se can also be used with the third person of the verb (singular or plural) in a structure known as the passive voice.

Se vende leche aquí. ....Milk is sold here.
Se buscan actores para la película. ....Actors are sought for the film.

You will learn more about the passive voice in Unit 12.

A.5 Lee el texto y contesta a las preguntas. HIGHER

LOS RIESGOS DE LOS VIDEOJUEGOS

1. Los niños de hoy en día suelen pasar muchas horas al día frente a la pantalla de sus ordenadores, videoconsolas, tabletas y/o smartphones. Gran parte del divertimento juvenil es actualmente de tipo virtual, lo cual, a priori, no tiene por qué ser algo malo. La clave está en cómo gestionar esta realidad para evitar que interfiera en el desarrollo social y mental de los niños y adolescentes.

Los riesgos de los videojuegos

2. Podríamos dividir el entretenimiento virtual en dos estilos bien diferenciados.
   1. El primero de ellos es el formado por aquellos videojuegos que se disfrutan a solas. En éstos el niño juega contra la máquina, aislándose del mundo exterior.
   2. En el segundo tipo entrarían aquellos videojuegos que favorecen la interacción entre los jugadores, sean otros amigos o miembros de la familia.

   Las consecuencias serán bien diferentes para los niños según se trate de uno u otro tipo de juegos.

Controlar el tiempo que pasan frente a las pantallas

3. 'Mi hijo puede pasar más de tres horas al día sentado frente a la videoconsola,' me decía la madre de un chico de 12 años. 'Y, pese a ello, tengo que insistirle más de 10 veces hasta que la apaga.' Nos guste más o menos la idea, del mismo modo que racionamos la alimentación que ingieren los pequeños, también se debe racionar el tiempo de juego electrónico.

   Si no, uno de los riesgos que corremos es que se genere dependencia de los mismos e, incluso, aislamiento del entorno. Cada vez es más frecuente la adicción a los juegos *online* en jóvenes, pues se han convertido en un instrumento de evasión muy accesible y tentador.

4. Por dar una consigna, entre semana el tiempo máximo diario de juego virtual individual debería ser de una hora para niños mayores de 10 años. Media hora, en caso de que el niño sea menor. El juego será siempre un premio tras haber finalizado las tareas escolares para el día siguiente. Además, se dejará tiempo para que el niño aprenda a divertirse con otro tipo de juegos no electrónicos.

Los fines de semana un poquito más de tiempo

5. Durante los fines de semana, el tiempo de juego electrónico podrá alargarse hasta las dos horas en los niños mayores de 10 años. 'Si sólo le dejo una hora, mi hijo empieza a decirme que se aburre,' dicen muchos padres. Seguro que se aburre al principio. No es probable que sepa entretenerse jugando a otras cosas, porque quizás haya perdido la costumbre.

6. Pero del aburrimiento surgen la imaginación y la creatividad. Así que no te preocupes si se aburre: no es ningún drama. Eso sí, no sustituyas la pantalla de la videoconsola por la del televisor. Éste también debe estar racionado a su serie favorita o un programa determinado. En definitiva, racionando los videojuegos buscamos ampliar el abanico de opciones lúdicas de los niños. No olvides que jugando e imaginando se desarrollan capacidades fundamentales para su etapa adulta.

Source: elportaldehombre.com

1. Escribe las frases del texto que sean equivalentes (más o menos) a las siguientes:
   (a) progreso (para 1)
   (b) la diversión (para 2)
   (c) el aparato (para 2)
   (d) la comida que comen los niños (para 3)
   (e) de lunes a viernes (para 4)

2. Write in English the meaning (in the context) of the following phrases:
   (a) La clave está en cómo gestionar esta realidad (para 1)
   (b) Cada vez es más frecuente la adicción a los juegos (para 3)
   (c) … no te preocupes si se aburre (para 6)

3. Busca en el texto una palabra o frase que tenga el mismo sentido (más o menos) que las siguientes:
   (a) prevenir (para 1)
   (b) más joven (para 4)
   (c) los deberes (para 4)
   (d) el hábito (para 5)
   (e) preferida (para 6)

4. As a partial summary of the content of the article, write in English the information requested. (Give full details.)
   (a) Why is it important to manage the time that children spend playing video games? (para 1)
   (b) Describe the two styles of virtual entertainment detailed in the text. (para 2)
   (c) What are the recommended amounts of time that children over ten should spend gaming during the week and at weekends? (paras 4 and 5)

A.6 Escribe tu opinión sobre una de las siguientes afirmaciones. **HIGHER**
   (a) Los jóvenes de hoy no pueden desconectarse de la tecnología.
   (b) La adicción a los videojuegos es un problema creciente hoy en día.

A.6 – Criterios de éxito
- Write 150 words or more.
- Structure your answer with an introduction, at least three points and a conclusion.
- Use the words and phrases from page 61.
- Check your work for spellings, accents and agreement of adjectives.

B. La gramática: Para y por

¿Para o por?

In exercise A.1 you were asked *¿Para qué usas internet?* The question *¿para qué?* is very often confused with the question *¿por qué?* because both can be translated as *why*, but there is a subtle difference in meaning. *¿Para qué?* carries a connotation of *for what purpose*.

For example:

¿Para qué vas al médico? ....Why are you going to the doctor?
(For what purpose, goal or intention)

¿Por qué no ha venido a la fiesta? ....Why didn't he come to the party?

To understand the subtle difference between the questions it is useful to understand the differences between **para** and **por**.

USES OF PARA

1. **'In order to', followed by an infinitive**

    *Fui al supermercado **para** comprar leche.* ....I went to the supermarket to buy milk.
    *Estudia mucho **para** sacar buenas notas.* ....He is studying a lot to get good grades.

2. **To express the destination**

    *El tren sale **para** Barcelona.* ....The train is departing for Barcelona.
    *Compré el regalo **para** mi madre.* ....I bought the present for my mother.

3. **For a time deadline**

    *Los deberes son **para** el lunes.* ....The homework is for Monday.
    *Necesito el coche **para** el domingo.* ....I need the car by Sunday.

4. **To express an unexpected comparison**

    ***Para** ser mexicano habla inglés muy bien.* ....For a Mexican, he speaks English very well.
    *Elena es muy baja **para** su edad.* ....Elena is very small for her age.

USES OF POR

1. **Because of/due to**

    *El partido fue cancelado **por** culpa de la lluvia.* ....The match was cancelled because of the rain.
    *Me gusta la canción **por** su letra.* ....I like the song because of its lyrics.

2. **On behalf of**

    *Cuido a los niños **por** mi hermana.* ....I'm minding the children for my sister.
    *No hables **por** mí, habla por ti.* ....Don't speak for me, speak for yourself.

3. **Through**

    *Corríamos **por** el parque.* ....We were running through the park.
    *Pasé **por** el centro de la ciudad.* ....We passed through the city centre.

4. **Duration of time**

    *Estuvimos en Madrid solo **por** un día.* ....We were in Madrid for just one day.
    *Me quedo **por** una semana.* ....I'm staying for a week.

5. **Per (per month, per cent)**

    *Juegan al fútbol dos veces **por** semana.* ....They play football twice per week.
    *El diez **por** ciento de los niños vive allí.* ....Ten per cent of the children live there.

6. **Thanks for**

    *Gracias **por** tu regalo.* ....Thanks for your present.
    *Gracias **por** el correo electrónico.* ....Thanks for the email.

7. **The passive 'by'**

    *La novela fue escrita **por** Cervantes.* ....The novel was written by Cervantes.
    *El cuadro fue pintado **por** Goya.* ....Goya painted the painting.

8. **In exchange for**

    *Dos pizzas **por** diez euros.* ....Two pizzas for ten euros.
    *Pagué ocho euros **por** el libro.* ....I paid eight euros for the book.

B.1 Rellena los espacios con para o por.

Ejemplo: Voy al supermercado para comprar arroz.

1. He vivido en Argentina _____ tres años.
2. Es el cumpleaños de mi abuela. Compré las flores _____ ella.
3. Su tía estaba enferma, así que cuidó a las niñas _____ ella.
4. Hoy solamente puedes comprar tres botellas de vino _____ doce euros.
5. Vamos al estadio _____ ver el partido de hockey.
6. Veo la televisión _____ dos horas todas las noches.
7. Tengo que escribir el ensayo _____ el miércoles.
8. El autobús sale _____ Madrid en cinco minutos.
9. La pared fue pintada _____ mi padre.
10. Estoy aquí _____ hablar con el director.

B.2 Escribe las frases en español.

1. Watching TV is not good for my health.
2. This song is for you.
3. I walked through the streets of London.
4. She chatted online for four hours.
5. This restaurant will be perfect for the party.
6. John is very tall for his age.
7. We play video games three times per week.
8. She paid €45 for that mobile phone.
9. I'm writing to tell you I'm arriving on the 11th.
10. They left through the door on the left.

Unos modismos con por

en un dos por tres	straight away, in just a second	por la mañana	in the morning
por ahora	for now	por la noche	at night
por allí	around there	por lo general	generally
por aquí	around here	por lo menos	at least
por casualidad	by chance	por lo tanto	therefore
por cierto	by the way/certainly	por medio de	by means of
por consiguiente	consequently	por ningún lado	nowhere
por desgracia	unfortunately	por primera vez	for the first time
por ejemplo	for example	por suerte	fortunately
por eso	therefore	por supuesto	of course
por fin	finally	por todas partes	everywhere
		por un lado	on one hand
		por otro lado	on the other hand

C. El poder de los influencers

C.1 Lee el texto y contesta a las preguntas.

INSTAGRAM

'Influencers' virtuales con millones de seguidores, ¿farsa o nueva tendencia?

1. Hay perfiles de Instagram que muestran el día a día de personas creadas por ordenador que no existen en la vida real: colaboran con firmas de alta costura, componen música y sus andanzas son seguidas por millones de usuarios.

2. Lil Miquela tiene 19 años, es música, modelo e *influencer*. En su perfil de Instagram muestra su día a día: queda para cenar con unos amigos, se toma un helado, va a hacerse un tatuaje, graba una canción con una productora famosa de Nueva York. Y todo, vestida de firmas como Prada, Balenciaga, Chanel y Burberry. Lo normal. Más de 1,5 millones de seguidores siguen sus andanzas como icono de moda. Pero la probabilidad de que te cruces con Miquela por la calle es de cero absoluto. Esta joven no es de carne y hueso: solo existe dentro de un ordenador. Pero esto no es impedimento para que las marcas apuesten por ella como embajadora de sus productos. Ha aparecido en la revista *Vogue* vestida de Alexander McQueen y la revista *TIME* la nombró el año pasado una de las 25 personas más influyentes de internet. Su existencia da una vuelta de tuerca al negocio de las *influencers* y abre el debate sobre el futuro del marketing.

3. … Empezó sus andanzas por Instagram en 2016. En ese momento, muchos se preguntaban si era real. Brud, la agencia creativa que creó este avatar, aún no había explicado abiertamente que no era una persona de verdad y jugaba con la incertidumbre mientras el número de seguidores no dejaba de aumentar…

4. Finalmente, un supuesto hackeo a su cuenta confirmó la naturaleza digital de Miquela. Pero, ¿el hecho de que no sea real influye en su éxito? Desde que se supo *la verdad*, sus seguidores no han hecho más que subir. Distintos medios especializados apuntan a que el *hackeo* que sufrió su cuenta no era más que una estrategia de marketing. Pero aun así, su forma de vestir y de peinarse se sigue imitando y la ropa que muestra se convierte en tendencia. Los acuerdos publicitarios siguen creciendo y su presencia en revistas de moda aumenta.

5. Aunque es la que más seguidores acumula, Miquela no es la única *instagrammer* virtual que está triunfando. Shudu ha sido nombrada la primera supermodelo digital del mundo y también vive en Instagram. Cameron-James Wilson, un fotógrafo londinense de 29 años, fue su creador…

6. La manipulación de imágenes siempre ha estado en el punto de mira y ha sido una técnica criticada por perpetuar estándares de belleza poco realistas. 'Ahora, algunos temen que una ola entrante de modelos digitales ponga aún más presión sobre las personas, particularmente las mujeres, para estar a la altura,' explica *The Lily*. Renee Engeln, profesora y psicóloga de la Universidad Northwestern (EEUU) que estudia la imagen corporal, asegura que existe un inconveniente preocupante en la normalización de los modelos digitales. Los críticos del mundo de la moda han acusado durante mucho tiempo a la industria de imponer expectativas poco realistas sobre el público. Engeln asegura que los modelos digitales podrían exacerbar esa tendencia.

Source: *El País*
retina.elpais.com

Unidad 8   La tecnología

1. **Answer the following questions in English according to the information given in the text.**
   (a) Mention three activities that Miquela's Instagram pictures show her doing. (para 2)
   (b) Why would you never meet her on the street? (para 2)
   (c) How did Miquela's followers finally find out the truth about her? (para 4)
   (d) What are we told about the creator of Shudu? (para 5)
   (e) Why is Renee Engeln critical of digital models? (para 6)

   HIGHER

   2. Escribe en español las frases del texto que tengan el mismo sentido (más o menos) que las siguientes:
      (a) la rutina diaria (para 1)
      (b) no es un ser humano (para 2)
      (c) paraba de subir (para 3)

   3. Explain in English the meaning of the following in their context:
      (a) Desde que se supo *la verdad* (para 4)
      (b) … siempre ha estado en el punto de mira (para 6)
      (c) … imponer expectativas poco realistas sobre el público (para 6)

   4. Explica (o expresa de otro modo) en español una de las frases siguientes:

      su forma de vestir (para 4)

      o

      durante mucho tiempo (para 6)

C.2 Debate: En grupos de tres o cuatro personas, debatid sobre una de las siguientes afirmaciones.
   (a) Influencers: ¿Son buenos modelos para los jóvenes?
   (b) La profesión a la que más aspiran los milennials es la de influencer.

C.2 – Criterios de éxito
- Divide the class into 'for' and 'against' the motion.
- In groups, brainstorm your ideas on the title.
- Work in groups to write speeches for or against the motion.
- Use words and phrases from page 61.
- Appoint one group member to perform the speech.

C.3 Escribe tu opinión sobre una de las afirmaciones del ejercicio C.2. HIGHER

C.3 – Criterios de éxito
- Write 150 words or more.
- Structure your answer with an introduction, at least three points and a conclusion.
- Use the words and phrases from page 61.
- Check your work for spellings, accents and agreement of adjectives.

¡Venga!

C.4 Los influencers españoles. Escucha y rellena el cuadro en inglés.

CD 2 Tracks 23–29

	INFLUENCER	DATE OF BIRTH	NUMBER OF FOLLOWERS	AREAS OF INTEREST
A.	Dulceida			1. 2. 3.
B.	Laura Escanes			1. 2. 3.
C.	Paula Gonu			1. 2. 3.
D.	María Pombo			1. 2. 3.
E.	Jessica Goicoechea			1. 2. 3.
F.	Marta Lozano Pascual			1. 2. 3.

H Contesta en inglés. HIGHER

1. When did Dulceida start her blog, and why?
   _____
2. Where is María Pombo from?
   _____
3. What is Goi?
   _____
4. What did Marta Lozano Pascual do before becoming an influencer?
   _____

C.5 Lee este artículo de opinión y rellena los espacios con las expresiones de abajo.

INTERNET ¿BENDICIÓN O MALDICIÓN?

¿Hace internet más daño que beneficio? Este es un tema muy debatido hoy en día. Por un lado internet es una fuente inmensa de información, (1)_____ tiene sus peligros, sobre todo para los que son más (2)_____. Aquí vamos a (3)_____ los pros y los contras.

Sin duda internet hace que estudiar sea más fácil. Uso internet para (4)_____ información, para traducir palabras, para (5)_____ podcasts o ver vídeos. Cada vez que un profesor me manda hacer un proyecto, lo primero que hago es (6)_____ la tableta para hallar información.

Mi familia no podría vivir sin internet. Mi hermana hace las compras en línea, a mi padre le encanta ver series en Netflix y a mi hermano pequeño le gusta transmitir música en Spotify. Mi madre tiene su propio (7)_____ y siempre está en línea comunicándose con sus (8)_____ en el extranjero o reservando billetes de avión. Pagamos todas las facturas en la red con tarjetas de crédito. No sé cómo podríamos (9)_____ sin internet. Para nosotros es una bendición.

Sin embargo, internet también tiene sus desventajas. Creo que los jóvenes de hoy pasan demasiado tiempo delante de (10)_____ y por desgracia, hay mucho contenido en línea que es inapropiado para los jóvenes. Otro problema es que hay muchos datos sobre tu (11)_____ internet y a veces no es posible saber (12)_____ de la persona con la que te estás comunicando. El problema del (13)_____ crece día a día porque hay matones que pueden esconderse detrás de la pantalla. El fraude es otro problema. Hay hackers que saben (14)_____ datos personales como números de cuentas bancarias o tarjetas de crédito. A veces las (15)_____ no se dan cuenta de lo que ha pasado hasta mucho después de que les hayan robado. (16)_____ no se puede (17)_____ que la tecnología ha invadido nuestras vidas de maneras que son a veces buenas pero que a veces son también malas. Tenemos que aprender a convivir con ellas. Los padres deben vigilar cómo usan internet sus hijos para evitar que se pongan en peligro y los colegios deben (18)_____ a sus alumnos sobre los (19)_____ del ciberacoso y del fraude. ¿Bendición o maldición? Puedo entender los dos lados de la discusión pero al final, creo que hay más (20)_____ que peligros.

considerar   sus pantallas   sobrevivir   vulnerables   educar   ciberacoso
escuchar   encender   negocio   pero por otro lado   la verdadera identidad
clientes   vida privada en   robar   beneficios   víctimas   peligros
para concluir   negar   buscar

D. Escribir una carta formal

La carta formal HIGHER

Writing a formal letter or email is an optional question on the Higher Level paper. Candidates choose between writing it or translating a dialogue. You must communicate and develop five points in the formal letter and each point is worth 6 marks, for a total of 30 marks. The exam will always suggest points for you to write and you may choose to develop the suggested points or you may make up your own points. You must expand and develop each of the five points to achieve full marks. One or two sentences per point is not enough in the formal letter. Be careful to write in the formal register, using **usted** instead of *tú* and **su** instead of *tu*.

Algunas expresiones útiles para escribir una carta formal

Estimado Señor Jiménez	Dear Mr Jimenez
Estimada Señora Jiménez	Dear Mrs Jimenez
Estimados Señores Jiménez	Dear Mr and Mrs Jimenez
Muy señor mío	Dear Sir
Muy señora mía	Dear Madam
Muy señores míos	Dear Sirs
Le escribo esta carta para presentar una queja.	I'm writing to make a complaint.
Le escribo para pedir información sobre…	I'm writing to enquire about…
Le escribo en relación con el artículo publicado ayer.	I'm writing in response to the article published yesterday.
Lamento informarle que…	I'm sorry to inform you that…
Estaría muy agradecido/a si…	I'd be very grateful if…
Le ruego me mande información sobre…	Please send me information about…
A la espera de sus prontas noticias.	I look forward to hearing from you.
Gracias por su ayuda en este asunto.	Thanks for your help in this matter.
Agradeciendo de antemano su atención.	Thanks for your attention.
Se despide cordialmente	Yours faithfully
Le saluda atentamente	Yours sincerely
Les saluda atentamente	Yours sincerely (writing to more than one person)

Sample formal letter (Leaving Certificate Higher Level 2014): HIGHER

You read an article in a Spanish newspaper about the negative effects of social media on the lives of young people. You decide to write a LETTER/EMAIL in SPANISH to the editor of the newspaper.

(You may loosely base your letter/email on the points mentioned below, either agreeing or disagreeing with all or some of them. You should make five relevant points and each of these points should be expanded and developed.)

- Social media has many advantages.
- Young people spend a lot of time online.
- There are problems such as cyberbullying.
- Parents don't know what is going on.
- Most young people use these sites responsibly.

Unidad 8 La tecnología

HIGHER

> In the top right corner, write the full address of where you are writing from.

Louise Foxe
21 Castle Road
Donaghmede
Dublin 13

> Write the address of where you are writing to on the left.

Señor M. López
El País
C/ San Fermín 32
Madrid 28014
España

Dublín, 15 de octubre de 2021

> Write the full date, including the year.

> Start your letter with *Estimado* or *Estimada* if you know the name of the person you are writing to. Start with *Muy señor mío:* or *Muy señora mía:* if you don't know their name.

Estimado Señor López:

Le escribo esta carta en relación con el artículo publicado en el diario El País del pasado 13 de octubre. Estoy de acuerdo con que hay efectos negativos asociados al uso de las redes sociales, sin embargo quiero recalcar el gran número de beneficios que también nos aportan.

   Primero no se puede negar que las redes sociales tales como Facebook, Instagram, Snapchat o Whatsapp han revolucionado la forma en que nos comunicamos. Hoy podemos estar en contacto con parientes y amigos en países lejanos sin levantarnos del sofá. La mensajería instantánea nos da la oportunidad de compartir fotos, videos e información de cualquier tipo con solo un clic del ratón. Otro de los beneficios se encuentra en la esfera de la educación. Las redes sociales ayudan a los estudiantes a compartir apuntes, ideas e información, preguntar cosas a sus profesores y conversar sobre lo que estudian. Mi profesora de historia tiene su propio blog donde podemos hallar información y chatear con ella, mis compañeros de la clase de biología tienen un grupo de Whatsapp para compartir apuntes y mi instituto usa la mensajería instantánea para avisarnos de cosas prácticas como cierres por causa de la nieve o las fechas de los exámenes.

> Write each of your five points in a new paragraph.

   Su artículo hablaba sobre personas que casi nunca se comunican cara a cara, y es verdad que los jóvenes de hoy pasan cada vez más tiempo pegados a una pantalla. Internet es tan importante en nuestras vidas que no podría imaginar vivir sin él. Lo uso todos los días para escuchar música, ver películas o chatear con mis amigos. Me conecto para relajarme y para olvidarme del estrés de los exámenes así que es importante para mi salud mental. Me encanta estar conectada con mis amigos.

   La otra cara de la moneda es que puede traer muchos problemas de ciberacoso. Acabo de decir que las redes sociales juegan un papel importante para mi salud mental, pero para muchos jóvenes son una fuente de estrés y de baja autoestima. El problema es que no hay controles en la mayoría de las redes sociales y la gente puede decir lo que quiera escondida detrás de la pantalla. Es fácil engañar a gente vulnerable y por desgracia el ciberacoso es un problema creciente.

   La mayoría de los padres no tienen ni idea de lo que hacen sus niños en línea. Es difícil vigilar el uso de internet y saber lo que están viendo sus hijos. Es la responsabilidad de los padres proteger a sus niños. Deben bloquear los sitios con contenido inapropiado y enseñarles que el mundo virtual tiene sus peligros.

   Muchos jóvenes usan las redes sociales de forma responsable. Saben que hay peligros y por eso no ponen sus datos personales en línea. Los jóvenes de mi generación estamos creciendo en la era digital y entendemos que mucho de lo que leemos en internet no es real. En mi opinión los beneficios de internet exceden a los peligros.

   Espero que pueda apreciar mi punto de vista. Agradeciendo de antemano su atención.

> Learn a nice closing line from the suggestions on page 236.

Le saluda atentamente
Louise

doscientos treinta y siete   237

¡Venga!

D.1 Escribe una carta formal o un correo electrónico. HIGHER

You read an article in a Spanish newspaper about the introduction of tablets instead of textbooks in Spanish schools. You decide to write a letter/email in Spanish to the editor of the newspaper. (You may loosely base your letter/email on some/all of the points mentioned below.)

- Tablets and laptops have many advantages.
- Digital literacy is a life skill.
- There are high costs involved in buying tablets.
- Internet access during class can be very distracting.
- Students can learn just as well from traditional textbooks.

D.1 – Criterios de éxito

- Start and end your letter or email appropriately.
- Use the structure outlined on the previous page and include five points.
- Expand and develop each of your five points.
- Make sure you are using the correct verb tenses.
- Check your work for spellings, accents and agreement of adjectives.

D.2 Escribe una carta o un correo electrónico a un amigo.

Write an informal letter or email to your Spanish pen-pal Diego.

- Say you bought a new smartphone last weekend.
- Say how you got the money to buy it.
- Describe three features of the smartphone.
- Tell Diego about your favourite game that you can play on the phone.
- Say you are going out tonight and you will post some photos on Instagram.

D.2 – Criterios de éxito

- Start and end your letter or email appropriately.
- Make sure you include all the points and write at least two sentences per point.
- Use the structure and phrases from pages 33 and 34.
- Make sure you are using the correct verb tenses.
- Check your work for spellings, accents and agreement of adjectives.

E. El teléfono móvil

E.1 Lee el texto y contesta a las preguntas en español.

EL GOBIERNO ESTUDIA PROHIBIR LOS MÓVILES EN LOS COLEGIOS

En España no existe una legislación al respecto y cada centro regula su uso.

El debate sobre el uso de los móviles en los centros escolares se ha colado en la agenda del Gobierno. La ministra de Educación, Isabel Celaá, ha declarado este viernes en una entrevista a la agencia Efe que su Gabinete estudiará la posible prohibición de su utilización en los centros educativos. Se seguiría así la estela de Francia, que el lunes pasado anunció que prohíbe el uso de cualquier aparato conectado (móvil, tableta o reloj) hasta los 14–15 años.

'Es una cuestión interesante y a estudiar porque tenemos demasiados adolescentes muy adictos a la tecnología. Hay que reflexionar sobre si el tiempo escolar debe estar libre de esa adicción,' ha argumentado Celaá. También ha admitido que existe controversia en cuanto a la idoneidad de tomar esa decisión, porque han encontrado 'opiniones fuertemente encontradas', motivo por el que lo 'van a estudiar con expertos'.

En España no existe un marco regulatorio específico sobre la utilización de los dispositivos móviles personales en el aula, ni estatal, ni autonómico. De esta forma, cada centro decide cuáles son sus políticas al respecto…

En España, uno de cada tres niños de 10 años tiene móvil. En el caso de los de 13, el 78,4%, y entre los de 15, el 90%, según datos del Instituto Nacional de Estadística (INE) de 2014.

Source: *El País*

1. ¿Qué estudia el Gobierno, según el título del artículo?
2. ¿Quién es Isabel Celaá?
3. ¿En qué día hizo una entrevista?
4. ¿Qué anunció el gobierno francés el lunes pasado?
5. ¿Cuántos niños de 10 años tienen un móvil?
6. ¿Cuántos niños de 13 años tienen un móvil?
7. ¿A qué se refiere el dato del 90%?

¡Venga!

E.2 Francia prohíbe los móviles en los colegios. Escucha y contesta a las preguntas en inglés.

CD 2 Track 30

1. When was the phone ban introduced in French schools?
   (a) 1 January 2018 ☐
   (b) 1 September 2018 ☐
   (c) 1 January 2019 ☐
   (d) 1 September 2019 ☐

2. During what times of the day are phones banned in the schools?
   (a) Class time ☐
   (b) Break time ☐
   (c) Class time and break time ☐
   (d) Class time and extracurricular activities ☐

3. Which of the following gives an exemption from the new rule?
   (a) Travelling to/from school alone ☐
   (b) A medical condition ☐
   (c) Being over 15 years old ☐
   (d) A disability ☐

4. Where are students requested to keep their phone?
   (a) At home ☐
   (b) In their pocket, turned off ☐
   (c) In their locker ☐
   (d) In their schoolbag, turned off ☐

5. What are the reasons for the phone ban?
   _____
   _____

E.3 ¿Se deben prohibir los móviles en los colegios? Trabajad en grupos pequeños y poned vuestras ideas en común.

Sí se deben prohibir.
- Son una distracción para alumnos y profesores.

No se deben prohibir.
- Son una herramienta imprescindible para hallar información de cualquier tipo.

No quiero dejarlo en la taquilla por si alguien me lo roba.

Uso la calculadora del móvil para hacer los ejercicios de Matemáticas y Contabilidad.

Lo uso para conectarme a internet y hallar información.

EL TELÉFONO MÓVIL

No es bueno estar siempre delante de una pantalla. Me concentro más en clase si no tengo el móvil.

Está prohibido en mi instituto, sería una distracción si pudiera usarlo.

Unidad 8   La tecnología

E.4 Escribe una carta formal o un correo electrónico. HIGHER

You read an article in a Spanish newspaper about banning mobile phones in schools. You decide to write a letter/email in Spanish to the editor of the newspaper. (You may loosely base your letter/email on some/all of the points mentioned below.)

- Mobile phones are a major distraction in classrooms.
- Young people today are addicted to checking their phones.
- Phones are often used to bully other students.
- Phones can be very useful classroom tools.
- Schools should consider monitored use of phones instead of a complete ban.

E.4 – Criterios de éxito
- Start and end your letter or email appropriately.
- Use the structure outlined on pages 236 and 237 and include five points.
- Expand and develop each of your five points.
- Make sure you are using the correct verb tenses.
- Check your work for spellings, accents and agreement of adjectives.

E.5 Escribe un mensaje.

You are staying with a Spanish friend in Seville for two weeks while doing a language course. Leave a note in Spanish for your friend, including all of the following points:
- Say that your phone isn't working and you have to get it repaired today.
- You are going to the city centre to find a phone shop.
- Ask them to call your parents to tell them your phone isn't working.
- You hope to be home by 9:30pm to have dinner with the family.

F. La gramática: El imperativo 1

In the previous exercise you most likely used the imperative to say 'call my parents'. The imperative is a mood that is used to give an order or command, for example: *llama a mis padres, abre la ventana, cerrad los libros.*

The imperative – informal

To form the informal imperative (speaking to one person or more than one person), follow these guidelines:

tú (addressing one person)	Remove the *-s* from the **tú** form of the verb: Llamar – ***llama*** Comer – ***come*** Abrir – ***abre***
vosotros (addressing more than one person)	Remove the *-r* from the end of the infinitive and add *-d*: Llamar – ***llamad*** Comer – ***comed*** Abrir – ***abrid***

Ejemplo:

Llámame.* .... Call me. (to one person)
Llamadme. .... Call me. (to more than one person)

Come la pizza. .... Eat the pizza. (to one person)
Comed la pizza. .... Eat the pizza. (to more than one person)

Abre la ventana. .... Open the window. (to one person)
Abrid la ventana. .... Open the window. (to more than one person)

Levántate.* .... Get out of bed/get up. (to one person)
Levantaos.** .... Get out of bed/get up. (to more than one person)

*Pronouns (such as *me, te* and *os*) are attached to the end of the affirmative imperative.
**Note that reflexive verbs do not add the '*d*' at the end of the vosotros form.

F.1 Convierte los verbos en imperativo con tú y después en imperativo con vosotros.

		TÚ	VOSOTROS
1.	Hablar con el director.	*Habla con el director.*	*Hablad con el director.*
2.	Beber agua.		
3.	Tocar la guitarra.		
4.	Escribir un correo.		
5.	Bajar la calle.		
6.	Comer la fruta.		
7.	Abrir las puertas.		
8.	Llamar a su prima.		
9.	Coger la primera calle.		
10.	Subir las escaleras.		
11.	Sentarse.		
12.	Acostarse.		

The imperative – irregular affirmative *tú* commands

The following verbs have an irregular affirmative *tú* form of the imperative:

INFINITIVO	IMPERATIVO	
DECIR	di	*tell/say*
HACER	haz	*do*
IR	ve	*go*
OÍR	oye	*listen*
PONER	pon	*put*
SALIR	sal	*go out*
SER	sé	*be*
TENER	ten	*have*
VENIR	ven	*come*

F.2 Estás hablando con tu hermano. Escribe las frases en español.

1. Come here.
2. Close the window.
3. Do your homework.
4. Go home.
5. Listen to me.
6. Put the book on the table.
7. Go out with Dad.
8. Be careful.
9. Cross the road.
10. Tell the truth.

G. Los deberes de la Unidad 8

La gramática

G.1 Rellena los espacios con *para* o *por*.

1. Los domingos por la tarde damos un paseo _____ el parque.
2. He comprado las flores _____ mi novia.
3. _____ ser un niño, entiende bien la situación.
4. El concierto fue cancelado _____ la tormenta.
5. Tengo que hacer los deberes _____ el martes que viene.
6. Antonio juega al tenis _____ una hora todos los sábados.
7. Gracias _____ el correo electrónico que me mandaste.
8. Mi abuela va al hospital _____ visitar a mi abuelo.
9. El ochenta _____ ciento de jóvenes tiene un móvil.
10. Pagué ciento cincuenta euros _____ el móvil.

¡Venga!

G.2 Escribe estas frases en español.
1. Open your books. (*Vosotros*)
2. Close the window. (*Tú*)
3. Be careful. (*Vosotros*)
4. Go over there. (*Tú*)
5. Look at the board. (*Vosotros*)
6. Put your coat on the chair. (*Tú*)
7. Wake up. (*Tú*)
8. Listen to the singer. (*Vosotros*)
9. Cross the road. (*Vosotros*)
10. Speak to him. (*Tú*)

El vocabulario

G.3 Empareja el vocabulario con las definiciones de más abajo.

> chatear   el ciberacoso   navegar   una pantalla   un ordenador portátil
> un correo electrónico   las redes sociales   los internautas   el ratón

1. Utilizar la red para encontrar información de cualquier tipo.
2. Una máquina que se usa para navegar por la red o escribir un documento. Se puede transportar con facilidad.
3. Algunos ejemplos incluyen Facebook, Twitter y Tuenti.
4. Algo que se usa para controlar un cursor en la pantalla de un ordenador.
5. Los usarios de la red.
6. Parte del monitor del ordenador que permite visualizar imágenes y texto.
7. Hablar con alguien en línea.
8. Un mensaje que se envía a otra persona o personas para comunicarse con ellos.
9. El uso de medios de comunicación digitales para acosar a una persona o a un grupo de personas.

La comprensión auditiva

CD 2 Track 31

G.4 Escucha y contesta a las preguntas en inglés.

1. What is the parents' group protesting against?

2. What were the two findings of the recent report?

3. Why did the school decide to change its policy?

4. What percentage of 11-year-old students owns their own tablet?

5. What is the average price of a tablet?

6. Apart from costs, what other negative effects are parents concerned about?

La comprensión lectora

G.5 Lee el texto y contesta a las preguntas en inglés.

¿POR QUÉ ES TAN BAJA LA VELOCIDAD DE INTERNET EN VENEZUELA?

Venezuela tiene la conexión a internet más lenta de América Latina y El Caribe. De acuerdo a un informe publicado en 2016 por la Comisión Económica para América Latina (CEPAL), en Venezuela la velocidad de acceso es de 1,9 Mbps (megabytes por segundo), por debajo del promedio de la región (4,7 Mbps) y muy atrás de Chile, el país latinoamericano líder en estos asuntos (7,3 Mbps).

Pero, ¿a qué se debe esto? Según el director de la Escuela de Ingeniería en Telecomunicaciones de la UCAB, José Pirrone, la situación económica es la principal causante de este problema.

Asegura que la infraestructura actual de las operadoras privadas que prestan el servicio debe renovarse y actualizarse, pero la escasez de divisas no lo permite.

Además, sostiene que la CANTV, principal proveedor de internet del país, tampoco ha invertido en mejorar este aspecto.

'El internet en el país tiene dos redes importantes: Las alámbricas y las móviles. En el caso de las alámbricas o fijas el principal proveedor es CANTV, empresa que antes de ser estatizada tenía planeado aumentar las bases de acceso. Sin embargo, cuando pasó a manos del gobierno no lo hizo. La empresa buscó crear un beneficio político y solo invirtió en ampliar el servicio de telefonía, pero no el de internet. En cuanto a las redes inalámbricas, los proveedores cuentan con grandes capacidades, pero la falta de dólares no permite aumentar la inversión…

'Según varios estudios, 44% de los hogares tienen computadoras y 57% posee acceso a internet, esto es principalmente en las ciudades porque en las zonas rurales, el servicio es muy escaso.'

La recomendación del especialista no es otra que ampliar los servicios para abarcar a más público…

Source: elucabista.com

(Luis Martínez)

1. What is said about Venezuela and Chile in the first paragraph?
2. What is the main cause of the internet problem in Venezuela, according to José Pirrone?
3. Why did CANTV (the main internet provider in Venezuela) not carry out its plan to invest in improving its internet service?
4. What do the figures of 44% and 57% refer to?

G.6 Lee el texto y contesta a las preguntas en español.

TOP 5 INFLUENCERS ESPAÑOLES MÁS RELEVANTES EN INSTAGRAM...

1. El Rubius @elrubiuswtf

Es el YouTuber más influyente de España, con más de 28.000.000 de suscriptores y casi 8 millones de seguidores en Instagram, este Malagueño ya es embajador de la marca Fanta, y gracias a su humor se posiciona en las categorías de:

#millenials #trendy #videojuegos #gamers #AR

2. Dulceida @dulceida

Su canal de YouTube cuenta al día de hoy con 1.635.649 de suscriptores y más de 2.200.000 de followers en Instagram. Las categorías (o hashtags) en las que se posiciona son:

#moda #lifestyle #perfume #looks #viajes

3. Cindy Kimberly @wolfiecindy

Emerge rápidamente en 2015 tras que Justin Bieber publicara su '*OMG Who is this?*' 'Oh Dios, ¿quién es ella?' en Instagram, esta joven alicantina trabaja como modelo a la par que busca posicionarse como una de las españolas más influyentes en el sector de la moda. Cuenta hoy con 4.1 millones de seguidores en Instagram y un canal que va '*in crescendo*' en YouTube.

#moda #makeup #look #lifestyle #model

4. Paula Echevarría @pau_eche

La actriz asturiana tiene un mix interesante de contenidos en sus redes sociales siendo su canal de Instagram uno de los más seguidos con 2.2 millones de seguidores, generando contenidos que van desde la moda, consejos de salud y belleza.

#moda #salud #looks #tendencias #adultocontemporáneo #belleza

5. Jorge Cremades @jorgescremades

Aunque en número de seguidores, podríamos citar a muchas otras mujeres influencers como Cristina Pedroche, Alexandra Pereira y a Sara Carbonero, queremos para este cierre de #Top5 influencers citar a este alicantino como uno de los nuevos influencers de España. Su fama empieza con sus primeros 'Vines', y con más de 2.4 millones de seguidores en Instagram Jorge ha saltado a la pantalla con spots de TV como los de Helados Kalise o recomendando la marca Nivea Men.

#comedia #movie #fans #masbaratodemadrid #grooming #food

Source: brandesign.es

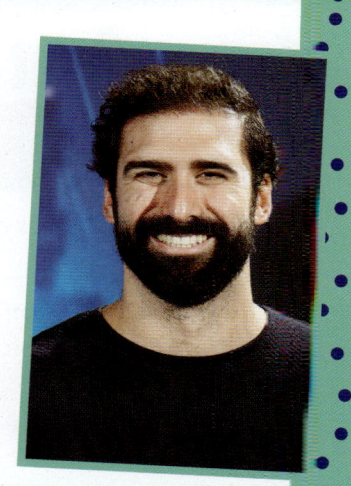

1. ¿De dónde es El Rubius?
2. ¿Qué marca promociona El Rubius?
3. ¿De dónde es Cindy Kimberly?
4. ¿Quién le hizo famosa?
5. ¿Cuál es el trabajo de Paula Echevarría?
6. ¿De qué trata el contenido de Instagram de Paula Echevarría?
7. ¿Cuántos seguidores tiene Jorge Cremades en Instagram?
8. Menciona una de las marcas que promociona.

Escribir

G.7 Escribe un diario.

You have just arrived in Spain to do a month-long summer course. Write a diary entry in Spanish mentioning all of the following points:
- You bought a second-hand laptop today.
- Say why you need the laptop.
- Say something about the course you are doing.
- Describe your plans for this weekend.

G.7 – Criterios de éxito
- Make sure you include all four points.
- Start each point on a new line.
- Use the structure and phrases from pages 92 and 93.
- Make sure you are using the correct verb tenses.
- Check your work for spellings, accents and agreement of adjectives.

G.8 Escribe un mensaje.

You are on holiday in Buenos Aires and staying with an Argentinian friend. Leave a note in Spanish for your friend, including all of the following points:
- Say that you've gone to a tango class in the city centre.
- The class will finish at around 8:00 pm.
- You are going to have dinner in a steak restaurant later.
- Ask your friend to send you a message if he would like to come with you.

G.9 Escribe tu opinión sobre la siguiente afirmación. HIGHER

Los videojuegos violentos incitan a la violencia.

G.9 – Criterios de éxito
- Write 150 words or more.
- Structure your answer with an introduction, at least three points and a conclusion.
- Use the words and phrases from page 61.
- Check your work for spellings, accents and agreement of adjectives.

Unidad 8 Autoevaluación

		😊	😐	😠
🗣️	I can answer questions about my internet use.			
✏️	I can write informal letters, notes and diary entries on a range of topics.			
	H I can give my opinion on the use of ebooks and mobile phones in schools.			
	H I can write a formal letter.			
	H I can describe the advantages and disadvantages of the internet.			
	H I can discuss the topics of influencers and addiction to technology.			
📖	I can understand the general sense of texts about internet use and cyberbullying.			
⚙️	I understand the differences in the use of *para* and *por*.			
	I can use the imperative to give orders or commands.			
🔊	I can follow reports about internet use and social media influencers.			
	I can follow news bulletins about using ebooks or mobile phones in schools.			

✏️ **After completing the *autoevaluación* above, write your own simple learning targets for the next few weeks. Think about what you know well and what you need to revise. What topic or topics do you need to revisit? Fill in the chart below.**

Lo que ya sé de la Unidad 8	Lo que tengo que repasar de la Unidad 8

Unidad 9
La salud

Communicative objectives

By the end of this unit you will be able to:
- Talk about physical and mental health
- Discuss your diet and eating habits
- Discuss problems with addictions

Contesta a las preguntas en inglés.

1. Which of the topics above do you already know quite well?
2. Which topics are you not really able to talk or write about in Spanish?
3. Make a graphic organiser about the topic of health in your copy and fill in all the vocabulary you already know related to the topic.

La gramática
> Direct object pronouns
> Indirect object pronouns

El examen oral
> An interview about what you eat

El examen escrito
> Write an informal letter or email about food
> Write a diary entry about eating out
> How to translate a dialogue
> Formal letters:
> – Vending machines in schools
> – Young people smoking
> Write your opinion on:
> – Mental health issues
> – The dangers of taking drugs

Habilidades de comprensión
> Listening and reading comprehension practice on the theme of health

A. ¿Qué comes?

A.1 Escucha el examen oral de Ella y contesta a las preguntas.

¿Qué desayunas?
Entre semana no tengo mucho tiempo para desayunar así que tomo cereales y tostadas con mantequilla. De beber tomo una taza de té o un zumo de naranja. Los fines de semana tengo más tiempo y me gusta tomar un desayuno típico irlandés que consiste en salchichas, huevos fritos y beicon.

¿Qué tomas al mediodía?
Me quedo en el instituto y como un bocadillo de jamón y queso con una pieza de fruta y una botella de agua. Como en el patio con mis compañeros de clase.

¿A qué hora cenas?
Mi hermano suele volver de la universidad a las cinco y media y mi madre vuelve de la oficina a las seis, así que cenamos juntos a eso de las seis y media de la tarde.

¿Qué sueles cenar?
Cenamos algo diferente cada día. Puede ser pescado o carne con patatas, arroz con verduras, pasta con salsa a la boloñesa o huevos con patatas fritas. Depende del día.

¿Cuál es tu plato favorito?
Me encanta la comida china. Hay un restaurante chino cerca de mi casa y los sábados por la noche pedimos platos para llevar. Mi plato favorito es el pollo al curry. ¡Es riquísimo!

¿Has probado la comida española?
Claro que sí. Fui de vacaciones a Cádiz hace dos años. Probé muchos platos típicos como la paella, el gazpacho y la tortilla.

¿Sabes cocinar?
Sé cocinar platos sencillos como una tortilla, pero no cocino mucho. Mi padre hace la cena casi todos los días. Tenemos suerte porque es buen cocinero.

¿Comes mucha comida rápida?
La como una vez a la semana. Los sábados por la noche solemos pedir platos para llevar. A veces pedimos pizza o curry. Entre semana no como comida rápida. Sé que no es buena para la salud.

¿Comes mucha fruta?
Sí. Mi madre dice que debo tomar al menos cinco piezas de fruta o verduras al día. Tomo una o dos piezas de fruta cada día. Mi fruta favorita es la manzana.

¿Piensas que es importante seguir una dieta equilibrada?
Claro que sí. Es importante para la salud comer bien. No como mucha comida rápida e intento evitar las golosinas y los refrescos con un alto contenido de azúcar. Como una gran variedad de platos y nunca me salto el desayuno. Lo más importante para llevar una dieta sana es el equilibrio. Algunas amigas mías se preocupan demasiado por la línea y no comen de manera saludable.

Unidad 9   La salud

1. **Contesta en inglés.**
   (a) What does Ella eat for breakfast (i) during the week and (ii) at weekends? _____
   _____
   (b) What does she have for lunch at school? _____
   (c) At what time does her family usually eat dinner? _____
   (d) What does she say about some of her friends? _____

2. **Busca una palabra o frase que tenga el mismo sentido (más o menos) que las siguientes:**
   (a) regresar   (b) preferida   (c) chuches   (d) sana

¡Ojo!

Consider this quote from Ella's last answer, *'lo más importante…'*

Lo + adjective does not directly translate to English, but its use is similar to how we often use 'thing' in English. Consider the following examples:

Lo bueno es que…	The good thing is that…
Lo malo es que…	The bad thing is that…
Lo que más me gusta es…	The thing I like most is…
Lo que menos me gusta es…	The thing I like least is…
Lo más importante es…	The most important thing is…
Lo interesante es…	The interesting thing is…

A.2 Escribe en tu cuaderno las preguntas y las respuestas con frases completas.

1. ¿Qué desayunas?
2. ¿Qué tomas al mediodía?
3. ¿A qué hora cenas?
4. ¿Qué sueles cenar?
5. ¿Cuál es tu plato favorito?
6. ¿Has probado la comida española?
7. ¿Sabes cocinar?
8. ¿Comes mucha comida rápida?
9. ¿Comes mucha fruta?
10. ¿Piensas que es importante seguir una dieta equilibrada?

Practica las preguntas con tu compañero/a.

¿Qué desayunas?

Desayuno un huevo duro con tostadas y un zumo de manzana.

Log on to www.edcolearning.ie to access mock oral exam videos.

¡Venga!

La comida

El desayuno

el beicon	los huevos escalfados	
un bollo	los huevos revueltos	
los cereales	la mantequilla	
la crema de avena	la mermelada	un café
la fruta	las salchichas	un chocolate caliente
un huevo duro	las tostadas	una taza de té
un huevo frito	el zumo	un vaso de leche

La comida

un bocadillo (de jamón, queso)		una pieza de fruta
una ensalada		una sopa
una barra de chocolate		un yogur
una barrita de cereales	unas palomitas	una botella de agua
unas galletas	un paquete de patatas fritas	una lata de Coca-Cola

La cena

	una chuleta de cerdo	las zanahorias
	un bistec	la pasta
	el pollo	el arroz
el pescado	las patatas	la lasaña
el bacalao	las verduras	los espaguetis
la carne	los guisantes	la pizza

A.3 Escribe un diario.

You're on an exchange in Seville. The family you are staying with brought you out for tapas. Write a diary entry in Spanish mentioning all of the following points:

- Say how you feel about being away from home for the first time.
- Say that you went for tapas with your host family.
- Describe three dishes you tried and say which you liked most.
- Say that you hope to learn a few Spanish recipes while you're in Seville.

A.3 – Criterios de éxito

- Make sure you include all four points.
- Start each point on a new line.
- Use the structure and phrases from pages 92 and 93.
- Make sure you are using the correct verb tenses.
- Check your work for spellings, accents and agreement of adjectives.

Tapas Típicas

Albóndigas	Boquerones
Bacalao	Calamares fritos
Chorizo a la sidra	Croquetas caseras
Ensaladilla rusa	Espinacas con garbanzos
Gambas a la plancha	Gambas fritas
Patatas bravas	Pimientos de Padrón
Pulpo a la gallega	Queso manchego
Tortilla de patatas	

B. La dieta

B.1 Lee el texto y contesta a las preguntas.

COMER BIEN Y SANO EN LA ADOLESCENCIA

1. Alimentarse bien en la adolescencia es muy importante… A los adolescentes, aunque estén muy influidos por modas, amigos y publicidad, también les gusta razonar, negociar e investigar. Es bueno ayudarles a descubrir las ventajas de comer sano.

Desayunar bien para aprender mejor

2. Los lácteos son una buena fuente de calcio. Hay varias formas de tomarlos; 1 litro (al menos medio) de leche o derivados al día pueden cubrir las necesidades. El desayuno es un buen momento para empezar. Como les cuesta madrugar, conviene dejarlo preparado por la noche. ¡Que sea tan fácil como calentar la leche y coger el bocadillo! También puede pasarse un minuto por el microondas, para que esté más apetitoso (de tortilla, de jamón, de atún, de queso…).

   Los cereales con leche o el *muesli* (cereales, frutos secos y fruta) son una buena opción rápida y sana. Aportan hidratos de carbono, ácidos grasos esenciales, proteínas, minerales y vitaminas…

3. Las recomendaciones para una dieta saludable para los adolescentes son muy parecidas a las de los adultos. El pan, los cereales integrales, el arroz, la pasta, las patatas, la fruta y la verdura deberían ser la base de la comida. Las patatas fritas han de ser la excepción y no la regla. En cuanto a la carne, el pescado y los huevos, 3-4 raciones de cada uno de ellos a la semana son suficientes. Es preferible la carne magra, evitando la grasa visible y la piel de las aves. Es más aconsejable el pescado que la carne, porque tiene menos calorías y su grasa es mejor. Las ensaladas frescas los acompañan bien…

4. La jarra del agua debería estar a mano para todos, sin excepción. Y de postre, mucha fruta. Ya se sabe que es más fácil destapar un envase de natillas o yogur y meter la cuchara que pelar una naranja, una pera o un kiwi pero… con la vitamina C de las frutas se asimila mejor el hierro…

5. Cenar en casa, juntos y sin la tele. Casi es la única comida que se puede hacer en familia, pues los horarios son complicados. Si se prepara entre todos es fácil. Cada uno tiene su tarea. Puede ser rotatoria (poner la mesa o recogerla, llenar el lavavajillas, fregar…). Está demostrado que comer en familia es saludable. Que la mesa esté bien surtida de ensaladas, quesos y frutas para compartir junto al menú principal: pescado, huevos, crema de verduras, sopa y, de vez en cuando, una pizza. Y la tele apagada para poder charlar y comentar la jornada. Tranquilos, ¡es solo un ratito!…

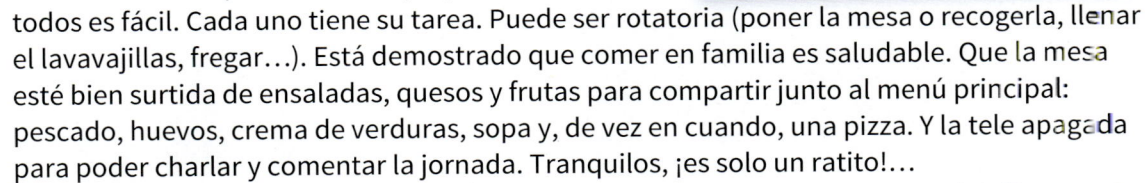

Source: enfamilia.aeped.es

¡Venga!

1. **Contesta en español.**
   (a) ¿Cuál es el beneficio nutricional de los lácteos? (para 2)
   (b) ¿Qué alimentos deben ser la base de la comida? (para 3)
   (c) ¿Cuál es el postre más recomendado? (para 4)
   (d) ¿Cuáles son los alimentos recomendados para la cena? (para 5)

2. **Contesta en inglés.**
   (a) What three things are young people influenced by? (para 1)
   (b) What are the health benefits of cereals? (para 2)
   (c) Why is fish recommended more than meat? (para 3)
   (d) What chores can be taken in turns among members of the family? (para 5)

3. **Busca una palabra o frase que tenga el mismo sentido (más o menos) que las siguientes:**
   (a) los jóvenes (para 1)
   (b) los beneficios (para 1)
   (c) levantarse temprano (para 2)
   (d) no encendida (para 5)

4. **Busca las siguientes expresiones en el texto de arriba.**
   (a) Eating well is very important in adolescence
   (b) The advantages of eating healthily
   (c) A healthy diet
   (d) It has fewer calories

B.2 Cuatro jóvenes hablan sobre lo que comen. Escucha y decide si las siguientes afirmaciones son verdaderas o falsas.

CD 2 Tracks 33–37

			VERDADERO	FALSO
A.	Juan	A Juan no le gusta demasiado la comida rápida.		
B.	Ana	Estar delgada es importante para Ana.		
C.	Pedro	Las máquinas expendedoras están prohibidas en el colegio de Pedro.		
D.	Belén	El abuelo de Belén es cocinero.		

doscientos cincuenta y cuatro

B.3 Lee los textos y contesta a las preguntas.

ANTONIO

No creo que tenga una dieta muy saludable. A mí me encanta la comida rápida, sobre todo las hamburguesas. Hay una hamburguesería a cinco minutos de mi instituto y todos los viernes voy ahí con mis compañeros del insti después de las clases. Sé que la comida que como es baja en nutrientes y tiene un alto contenido en grasas pero la como una o dos veces a la semana, nada más. Por desgracia soy muy goloso. Como muchas golosinas y mis amigos dicen que soy adicto al chocolate. Mi madre quiere que coma más fruta pero no me gusta.

VALERIA

Para mí es muy importante seguir una dieta equilibrada. Soy deportista y me encanta estar en forma. Voy al gimnasio cuatro veces a la semana y siempre intento comer de manera saludable. Evito la comida rica en calorías y grasas, prefiero tomar platos ligeros con proteínas y verduras. No tengo que preocuparme por la línea porque sé que hago mucho ejercicio y que tengo una dieta sana. Entre semana desayuno un zumo de naranja y una tostada con tomate. Al mediodía voy al comedor del instituto y tomo una ensalada, pescado o carne con verduras y de postre tomo fruta. Suelo cenar algo ligero como huevos o un bocadillo.

1. **Contesta en español.**
   - (a) ¿Cuándo va Antonio al restaurante de comida rápida?
   - (b) ¿Cuántas veces a la semana come comida rápida Antonio?
   - (c) ¿Qué tipo de platos le gustan a Valeria?
   - (d) ¿Qué suele tomar de desayuno Valeria?
   - (e) ¿Dónde almuerza Valeria?
   - (f) ¿Quién come de manera más saludable, Antonio o Valeria?

2. **Busca las siguientes expresiones en los textos de arriba.**
   - (a) It has a high content of fats.
   - (b) Unfortunately, I have a very sweet tooth.
   - (c) My mother wants me to eat more fruit.
   - (d) I love to be in shape.
   - (e) I try to eat in a healthy way.
   - (f) I don't have to worry about my figure.

¡Venga!

¡Así se come en España!

In Spain, the first meal of the day is *el desayuno* (breakfast), which usually consists of something light like *un zumo* with *una tostada* or *un pastel* (a pastry). Some people like to have a mid-morning snack (*el almuerzo*), which might be *un café* with *un bocadillo* or *un bollo* (a bread roll). The most important meal of the day is *la comida* (lunch). *La comida* is two courses followed by a dessert. This is the time of day when people eat heavy dishes, such as *garbanzos* (chickpeas), *lentejas* (lentils) or *un guisado* (stew). In the early evening some choose to have a small snack (*la merienda*) to keep them going until the last meal of the day, *la cena,* which can be as late as eleven o'clock at night! Dinner in Spain is a much lighter meal than lunch and might consist of *una tortilla*, *una ensalada*, *unas patatas fritas* or simply *un bocadillo*.

¿A qué hora se come en España?

El desayuno	7:00–9:00
El almuerzo	10:30–11:30
La comida	13:30–15:30
La merienda	17:30–19:30
La cena	21:00–23:00

Comer en España

Los sustantivos	Los verbos
el desayuno	desayunar
el almuerzo	almorzar (o–ue)
la comida	comer
la merienda	merendar (e–ie)
la cena	cenar

B.4 Escribe una carta o un correo electrónico a un amigo.

Your Spanish pen-pal Carlos wrote to you telling you all about Spanish food and eating habits. Write a letter or email to him.

- Tell him what you like to eat for breakfast, lunch and dinner.
- Say you went to dinner in a restaurant last weekend and give a reason why you went.
- Describe who you went to the restaurant with and what you ate.
- Tell him your grandmother is cooking Irish stew this weekend and explain what ingredients she will use.
- Ask him if he has ever tried Irish food.

B.4 – Criterios de éxito

- Start and end your letter or email appropriately.
- Make sure you include all the points and write at least two sentences per point.
- Use the structure and phrases from pages 33 and 34.
- Make sure you are using the correct verb tenses.
- Check your work for spellings, accents and agreement of adjectives.

Unidad 9   La salud

B.5 Escribe una carta formal o un correo electrónico. HIGHER

You read an article in a Spanish newspaper about banning vending machines from schools. You decide to write a letter/email in Spanish to the editor of the newspaper. (You may loosely base your letter/email on the points mentioned below, either agreeing or disagreeing with all or some of them.)

- Vending machines typically sell food and drink that is high in fats and sugar.
- Childhood obesity is a growing problem.
- Banning vending machines would reduce obesity in young people.
- It is very important for young people to have a healthy diet.
- Schools should encourage students to bring their own homemade lunches.

B.5 – Criterios de éxito

- Start and end your letter or email appropriately.
- Use the structure outlined on pages 236 and 237 and include five points.
- Expand and develop each of your five points using the glossary below.
- Make sure you are using the correct verb tenses.
- Check your work for spellings, accents and agreement of adjectives.

Glosario

animar	to encourage
casero/a	homemade
la obesidad infantil	childhood obesity
las grasas	fats
prohibir	to ban
un problema creciente	a growing problem
una dieta sana	a healthy diet
una máquina expendedora	a vending machine

doscientos cincuenta y siete

B.6 Lee el texto y contesta a las preguntas. HIGHER

ESTAS SON LAS DOS PRINCIPALES CAUSAS DE LA OBESIDAD INFANTIL EN ESPAÑA

1. La prevalencia de la obesidad infantil se sitúa en cifras alarmantes. Según el último estudio de la Organización Mundial de la Salud publicado en 2018, un 40% de los niños españoles tiene sobrepeso y obesidad – casi 1 de cada 5 – una cifra solo superada en Europa por Chipre. La Dra. Elena Sánchez Campayo, dietista-nutricionista y miembro del Colegio Profesional de Dietistas – Nutricionistas de la Comunidad de Madrid (CODINMA), alerta que estas cifras están provocando un aumento de determinadas enfermedades, 'como por ejemplo la diabetes mellitus tipo 2'.

2. Además de la diabetes, la obesidad puede desencadenar numerosos problemas de salud como aumento de la tensión arterial, descompensación de los niveles de azúcar en sangre, hipercolesterolemia o problemas osteoarticulares… La falta de educación tanto de los padres como de los hijos en materia nutricional, el ritmo de vida de la sociedad actual y la falta de tiempo para emplear técnicas culinarias más saludables o el uso de productos precocinados son algunas de las causas que están detrás de las altas tasas de obesidad infantil.

3. El sedentarismo es otra de las claves del problema: 'a partir de los 6 años, e incluso antes, los niños empiezan a utilizar todo tipo de dispositivos electrónicos durante horas, en vez de estar corriendo o jugando,' añade la dietista-nutricionista del CODINMA. Es por ello por lo que desde el CODINMA, se dan una serie de recomendaciones para seguir una dieta 'variada y equilibrada'. Siempre y cuando no se presente alergia o intolerancia, la doctora Campayo recomienda la ingesta de 'todo tipo de alimentos, no importan que sean verduras o frutas o legumbres, cada grupo de alimentos aporta unos nutrientes determinados que terminan siendo la clave del correcto desarrollo de los niños y niñas'. La clave de todo este asunto es, no solo crear hábitos de vida saludables en los niños y las niñas, también crearlos en los padres. Es por ello por lo que se remarca la importancia de educar también nutricionalmente a los progenitores para que creen esos hábitos saludables en sus hijos e hijas, y así 'predicar con el ejemplo'…

Unidad 9 La salud

4. Para el Colegio de Dietistas-Nutricionistas de Madrid otra buena medida sería adoptar en España iniciativas como el programa Shokuiku de Japón, un proyecto en el que la nutrición y la alimentación son una asignatura más del colegio como las ciencias o las matemáticas, y en el que además profesores nutricionistas supervisan la comida que se da a los niños en los comedores.

5. Por último, el CODINMA destaca la importancia de acudir a un profesional de la nutrición con el objetivo de subsanar ciertas conductas erróneas o carencias nutricionales, así como establecer un equilibrio energético entre lo que el niño gasta en el día a día y lo que ingiere: 'nuestra profesión es actualmente una de las que más intrusismo presenta, pero no todo el mundo tiene la misma preparación. Al igual que cuando a uno se le rompe el coche va al mecánico sin dudarlo, el dietista-nutricionista es el experto que debe asesorar en materia y asuntos de nutrición'.

Read more news on: ABC.es

1. **Answer the following questions in English according to the information given in the text.**
   (a) Which two countries in Europe have the highest rates of childhood obesity? (para 1)
   (b) What are the main causes of the high rates of childhood obesity? (para 2)
   (c) What do children start to do at around age six that contributes to their sedentary lifestyle? (para 3)
   (d) What is the key to developing healthy eating habits in children? (para 3)
   (e) What is the Shokuiku project in Japan? (para 4)

2. **Escribe en español las frases del texto que tengan el mismo sentido (más o menos) que las siguientes:**
   (a) para cocinar de manera más sana (para 2)
   (b) los índices elevados (para 2)
   (c) una lista de consejos (para 3)

3. **Explain in English the meaning of the following in their context:**
   (a) Según el último estudio (para 1)
   (b) La falta de educación tanto de los padres como de los hijos… (para 2)
   (c) … es otra de las claves del problema (para 3)

4. **Explica (o expresa de otro modo) en español una de las frases siguientes:**
   están provocando un aumento (para 1)
   o
   los niños empiezan a utilizar todo tipo de dispositivos electrónicos (para 3)

doscientos cincuenta y nueve 259

C. La gramática: Los pronombres de objeto directo e indirecto

What is an object?

Sentences are made up of different parts – subjects, verbs and objects.

The **subject** of a sentence is the person carrying out the action of the verb.

John posted the letter to his mother.
John is carrying out the action (posted), so **John** is the subject of the sentence.

She throws a ball to the dog.
She is carrying out the action (throws), so **she** is the subject of the sentence.

The **verb** is the action word, so in the above sentences, **posted** and **throws** are the verbs.

The **direct object** of the sentence is having the action done to it.

John posted the letter to his mother.
What is being posted? The letter. So **the letter** is the direct object.

She throws a ball to the dog.
What is being thrown? The ball. So **the ball** is the direct object.

The **indirect object** is the recipient of the direct object.

John posted the letter to his mother.
Who is receiving the letter? His mother. So **his mother** is the indirect object.

She throws a ball to the dog.
Who is receiving the ball? The dog. So **the dog** is the indirect object.

C.1 Identifica el subjeto, el verbo, el objeto directo y el objeto indirecto en las siguientes frases.

1. I bought those flowers for my girlfriend.
2. Mary read the newspaper to her grandmother.
3. We will sell ten apples to the children.
4. Tom wrote an email to the principal.
5. He sent me a message last night.
6. Did you give Mr Ryan the copies?
7. The lads kicked all the balls into the goal.
8. He put the Valentine's card in the letterbox.
9. Mrs Flynn gave us lots of homework.
10. Will we give the dog a bone?

Los pronombres de objeto directo

Direct object pronouns are used to replace direct objects to avoid repetition in sentences. For example, instead of **I bought those flowers for my girlfriend**, we could say **I bought them for my girlfriend**. In the second sentence, **them** is the direct object pronoun because it is replacing the direct object, **those flowers**.

In Spanish, the direct object pronouns are as follows:

Me	me
Te	you
Lo	him/you (formal)/it (masculine)
La	her/you (formal)/it (feminine)
Nos	us
Os	you (plural)
Los	them (masculine)/you (formal and plural)
Las	them (feminine)/you (formal and plural)

Object pronouns should be placed **BEFORE** the verb in a sentence.

Comió el chocolate. .... He ate the chocolate.
***Lo** comió.* .... He ate it.
Compré esas flores para mi novia. .... I bought those flowers for my girlfriend.
***Las** compré para mi novia.* .... I bought them for my girlfriend.

Object pronouns are only placed **AFTER** the verb with infinitives, the present continuous and positive commands. In each of these cases, the object pronoun should be attached to the end of the verb.

Voy a enviar la carta. .... I'm going to send the letter.
*Voy a enviar**la**.* .... I'm going to send it.
Está comiendo el chocolate. .... He is eating the chocolate.
*Está comiéndo**lo**.* .... He is eating it.
Compra las flores. .... Buy the flowers.
*Cómpra**las**.* .... Buy them.

¡Ojo!

Words without an accent that end in a **vowel**, **n** or **s** always stress the second-last syllable. Think of how you would pronounce *casa, bailan* or *hablamos*. Words without an accent ending in any consonant other than **n** and **s** always stress the last syllable. Think of how you would pronounce *feliz* or *cantar*.

After attaching a pronoun to the end of a word, you may need to add an accent to indicate which syllable is stressed when pronouncing the word.

Compra las flores.
*C**ó**mpralas.*

¡Venga!

C.2 Reescribe las frases sustituyendo los sustantivos en cursiva por un pronombre.
1. El profesor dio *el cuaderno* al alumno.
2. Las niñas comieron *la tortilla*.
3. María puso *los libros* en la mesa.
4. Ellos van a comprar *las bicicletas*.
5. Mi tío Joaquín venderá *su casa*.
6. Elena está escuchando *la canción*.
7. Compré *un regalo* para mi abuelo.
8. ¿Vas a comer *las pizzas*?
9. Mi hijo ha comido *el helado*.
10. Saca *la basura*.

C.3 Escribe las frases en español.
1. She bought it. (*it = the book*)
2. They know me.
3. I am going to sell them. (*them = the apples*)
4. She saw us.
5. I wear it often. (*it = the coat*)
6. We sang it. (*it = the song*)
7. He hasn't spoken to us.
8. My sister bought them. (*them = the shoes*)
9. We rented it. (*it = the house*)
10. They don't want them. (*them = those t-shirts*)

C.4 Contesta a las preguntas.
Ejemplo: ¿Has aprendido el poema? *No, no lo he aprendido*
1. ¿Compraste la chaqueta? Sí,
2. ¿Conoces a mi primo? No,
3. ¿Leíste esa novela? No,
4. ¿Sabes su número de teléfono? Sí,
5. ¿Tienes mis lápices? Sí,
6. ¿Has perdido las entradas? No,
7. ¿Preparaste la cena? No,
8. ¿Visitarás a tus tíos? Sí,
9. ¿Has hecho los deberes? Sí,
10. ¿Comprarás la moto? No,

Los pronombres de objeto indirecto

Indirect object pronouns are used to replace indirect objects in sentences. For example, instead of *I bought those flowers for my girlfriend*, we could say *I bought those flowers for her*. In the second sentence, **her** is the indirect object pronoun because it is replacing the indirect object, **my girlfriend**.

In Spanish, the indirect object pronouns are as follows:

Me	me
Te	you
Le	him/her/you (formal)/it
Nos	us
Os	you (plural)
Les	them/you (formal and plural)

Indirect object pronouns should be placed **BEFORE** the verb in a sentence.

Compré esas flores para mi novia..................I bought those flowers for my girlfriend.

Le compré esas flores...I bought those flowers for her.

Remember, object pronouns are only placed **AFTER** the verb with infinitives, the present continuous and positive commands. In each of these cases, the object pronoun should be attached to the end of the verb.

Voy a enviar la carta a mi padre. ....I'm going to send the letter to my dad.

Voy a enviarle la carta. ....I'm going to send him the letter.

C.5 Reescribe las frases sustituyendo los sustantivos en cursiva por un pronombre.

1. Mi novio envió un correo electrónico (*a mí*).
2. La camarera dio la cuenta (*a mi madre*).
3. Compré los caramelos (*para los niños*).
4. Van a mostrar sus fotos (*a nosotros*).
5. ¿Quién dio el regalo (*a ti*)?
6. Preparamos los bocadillos (*para Antonio*).
7. El banquero dio el dinero (*a las chicas*).
8. Vendió su coche (*a mí*).
9. He dado mi cuaderno (*al profesor*).
10. Envío muchos mensajes de texto (*a mis amigos*).

C.6 Escribe las frases en español usando pronombres de objeto indirecto.

1. John bought her those flowers.
2. My cousin sent me an email.
3. Who gave them the money?
4. I am going to send the present to her.
5. We will show the exam to them.
6. She sold her bicycle to me.
7. Did you give him the pen?
8. I will buy the magazine for him.
9. The teacher gave us the answers.
10. I will send you a postcard.

¡Ojo!

Sometimes sentences will have both a direct object pronoun and an indirect object pronoun. For example:
She gave them to me. (**them = the books**)
We will buy it for you. (**it = the car**)

In Spanish, the indirect object pronoun is always placed <u>before</u> the direct object pronoun.
She gave them to me. (them = the books) *Me los dio.*
We will buy it for you. (it = the car) *Te lo compraremos.*

Two pronouns beginning with 'l' should never come together in a sentence. In this situation, the first pronoun changes to *se*.
Se los dio. She gave them to him.
Se lo compraremos. We will buy it for her.

If it is not clear who is being spoken about, we can add *a él*, *a ella*, *a usted*, *a ellos*, *a ellas* or *a ustedes* to make it clearer.
Se los dio a él. She gave them to him.

C.7 Reescribe las frases sustituyendo los sustantivos en cursiva por pronombres.

1. Compré *el estuche* para ti.
2. Dimos *las chocolatinas a nuestra abuela*.
3. Vendió *su casa a nosotros*.
4. Vamos a enviar *una carta a ella*.
5. Compró *los periódicos para su padre*.
6. Elena no ha dado *las respuestas a Juan*.
7. ¿El profesor ha dejado *un cuaderno para mí*?
8. Estoy preparando *una pizza para ti*.
9. Roberto hace *una sopa para su hermano*.
10. Contaré *el chiste a Carlos*.

D. El diálogo

La traducción **HIGHER**

Translating a dialogue is an option on the Higher Level exam. Students must choose between the translation and writing a formal letter. This section of the exam is worth 30 marks. The translation involves translating five 'turns' and each turn is marked out of 6. Here are some tips to help you maximise your score:

- Read the parts of the dialogue that are already in Spanish – it can sometimes give you useful vocabulary for your translation.

- Try not to translate word for word, but rather think of how the idea would be expressed in Spanish. Think of how you would translate 'I'm eighteen' or 'Peter likes strawberries'. You wouldn't directly translate word for word!

    Tengo dieciocho años.
    A Pedro le gustan las fresas.

- Never leave anything blank in the translation. If you can't think of exactly how to say something, think of another way of expressing the same idea. Remember: there are many ways to say the same thing, so don't get stuck on a particular word – try to think of a synonym or a way to rephrase the sentence. Look at how the following examples express exactly the same ideas:

    The book is on the sofa in the living room.
    The book is on the couch in the sitting room.

    Los fines de semana practico deporte.
    Hago deporte los sábados y los domingos.

- When you're finished, read over your translation carefully. Check verb tenses, gender of nouns and agreement of adjectives and make sure to check for the subjunctive – there is usually at least one in the dialogue.

Sample dialogue (Leaving Certificate Higher Level 2018):

You have returned to Ireland after three weeks on a student exchange in Valencia. You meet your Spanish friend Juan.

Complete in Spanish your side of the following DIALOGUE.

Juan: ¿Qué tal te ha ido?

Tú: Explain that you arrived home late last night. You are still very tired, as the flight was delayed and your bags are still in Spain.

Llegué a casa anoche. Todavía estoy muy cansado porque el vuelo llegó con retraso y mis maletas aún están en España.

Juan: ¿Qué te ha parecido Valencia?

Tú: Tell him that you really enjoyed your stay with your exchange student Esteban. Valencia has fantastic buildings and beautiful public parks. You love the Spanish way of life.

Disfruté mucho de mi estancia con mi estudiante de intercambio Esteban. Valencia tiene edificios fantásticos y bonitos parques públicos. Me encanta el estilo de vida español.

Juan: ¿Por qué te gusta tanto?

Tú: There is a great atmosphere in the city centre because the streets are always full of people. The food is very tasty, in particular the fresh fruit and the seafood *paella*.

Hay un gran ambiente en el centro de la ciudad porque las calles están siempre llenas de gente. La comida es muy rica, sobre todo la fruta fresca y la paella de marisco.

Juan: ¿Tuviste la oportunidad de asistir al instituto con Esteban?

Tú: Yes. Explain that you liked the school because there are more subjects and every class lasts an hour. However, they do very little sport. It's a disaster!

Sí. Me gustó el instituto porque hay más asignaturas y cada clase dura una hora. Sin embargo, hacen muy poco deporte. ¡Es un desastre!

Juan: Parece que fue una buena experiencia para ti, ¿no?

Tú: Definitely. If you had enough money, you would return again next year. You would like to improve your Spanish, as your dream is to work in a Spanish-speaking country in the future.

Claro que sí. Si tuviera el dinero suficiente volvería el año que viene. Me gustaría seguir mejorando el español porque mi sueño es trabajar en un país hispanohablante en el futuro.

Unidad 9   La salud

D.1 ¡Respuesta equivocada! Corrige los errores de estas traducciones.

1.	I'm very cold.	Estoy muy frío.
2.	What time is it?	¿Qué tiempo es?
3.	She loves playing hockey.	Se encanta jugando al hockey.
4.	They went on holiday.	Fueron en vacacion.
5.	I've played tennis for two years.	He jugado el tenis desde hace dos años.
6.	He's looking for a good job.	Está buscando por un empleo bueno.
7.	I see her sister.	Veo su hermana.
8.	They were playing the piano.	Tocaron el piano.
9.	We don't understand the problem.	No entiendemos la problema.
10.	Do you go three times a week?	¿Vas tres tiempos para semana?

D.2 Traduce al español las siguientes frases.

1. Are you very hungry?
2. It is 3:45pm.
3. We love reading magazines.
4. She is on holiday in Spain.
5. I've been learning Spanish for six years.
6. Are you looking for something?
7. We're going to visit our aunt.
8. I was listening to the radio.
9. The programme starts at 9:00pm.
10. For a child, he is very strong.

D.3 Completa el diálogo.

You have just arrived in Alicante to spend the summer with your Spanish friend Isabel and her family. Complete in Spanish your side of the following dialogue.

Isabel: ¿Tienes hambre?

Tú: Explain that you are not hungry because you ate a sandwich on the plane. You would like to go for a walk to see the town centre and maybe get some tapas later.

Isabel: ¿Has probado las tapas antes?

Tú: Tell her that you went to a tapas restaurant in Dublin with your Spanish class last year. You tried the cured ham, the meatballs and the prawns, but you have been vegetarian for six months.

Isabel: ¿Vegetariano? ¿Por qué?

Tú: Say you believe that it is not healthy to eat too much meat. You used to eat it every day and now you are trying to eat more fruit and vegetables. It's not too difficult because your older sister is a vegetarian and she often makes vegetarian meals at home.

Isabel: ¿Comes pescado?

Tú: Yes, you love fish. Your favourite fish is cod. When you were a child you used to go fishing with your father in Howth. Last weekend you went to Howth with him to buy fish and chips for dinner. Delicious!

Isabel: ¿Dónde está Howth?

Tú: Howth is a small fishing village in north Dublin. It is a pretty little town that attracts lots of tourists. Tell Isabel you will bring her there in September. Ask her if she likes fishing.

E. La salud mental

E.1 Lee la información sobre la salud mental y contesta a las preguntas en inglés.

SALUD MENTAL

¿Qué es la salud mental?

La salud mental incluye nuestro bienestar emocional, psicológico y social. Afecta a la forma en que pensamos, sentimos y actuamos cuando nos enfrentamos a la vida. También ayuda a determinar cómo manejamos el estrés, nos relacionamos con los demás y tomamos decisiones. La salud mental es importante en todas las etapas de la vida, desde la niñez y la adolescencia hasta la edad adulta.

¿Qué son las enfermedades mentales?

Las enfermedades mentales son afecciones graves que pueden afectar a la manera de pensar, su humor y su comportamiento. Pueden ser ocasionales o de larga duración. Pueden afectar a su capacidad de relacionarse con los demás y de funcionar cada día. Los problemas mentales son comunes, más de la mitad de todos los estadounidenses serán diagnosticados con un trastorno mental en algún momento de su vida.' Sin embargo, hay tratamientos disponibles. Las personas con problemas de salud mental pueden mejorar y muchas de ellas se recuperan por completo.

¿Por qué es importante la salud mental?

La salud mental es importante porque puede ayudarle a:
- Hacer frente a los problemas de la vida
- Estar físicamente saludable
- Tener relaciones sanas
- Ser un aporte para su comunidad
- Trabajar de forma productiva
- Alcanzar su potencial

¿Cómo puedo mejorar mi salud mental?

Existen algunos pasos que puede seguir para mejorar su salud mental. Estos incluyen:
- Tener una actitud positiva
- Mantenerse en buena forma física
- Conectarse con los demás
- Desarrollar un sentido de significado y propósito en la vida
- Dormir lo suficiente
- Desarrollar habilidades para enfrentarse a los problemas
- Meditar
- Obtener ayuda profesional si lo necesita

Source: medlineplus.gov

1. How is mental health defined in the opening paragraph?
2. In what stages of life is mental health important?
3. What is said about the rate of mental health problems in the United States?
4. List three reasons why mental health is important, according to the text.
5. List four ways that we can improve our mental health, according to the text.

Unidad 9 La salud

E.2 Empareja el vocabulario con las definiciones de más abajo.

> la depresión   el bienestar   el estrés   el comportamiento
> los sentimientos   hacer frente a   meditar   ayuda profesional   los pensamientos

1. La manera de portarse y actuar.
2. Enfrentarse a algo o a alguien.
3. Las ideas de una persona. Lo que se piensa.
4. Reflexionar o pensar en algo con atención.
5. Estado de cansancio mental que provoca trastornos físicos o mentales.
6. Asistencia o apoyo de un experto.
7. Estado de felicidad y satisfacción.
8. La disposición emocional hacia una persona, un hecho o una cosa.
9. Una enfermedad que consiste en una tristeza muy profunda.

E.3 Escucha y contesta a las preguntas en inglés.

CD 2 Track 38

1. What percentage of children and young people suffer with mental health problems? _____
2. What types of mental illness are most commonly found among young people? _____
3. What types of addictions are mentioned? _____
4. What changes in a young person's life can contribute to mental health problems? _____
5. In what way can the internet cause stress in a young person's life? _____
6. Who can help an adolescent with mental health problems? _____

E.4 Debate: En grupos de tres o cuatro personas, debatid sobre una de las siguientes afirmaciones.

(a) El bienestar debe ser una asignatura obligatoria en todos los colegios.
(b) Hablar de la salud mental ya no es un estigma.
(c) Eres lo que comes.

E.4 – Criterios de éxito
- Divide the class into 'for' and 'against' the motion.
- In groups, brainstorm your ideas on the title.
- Work in groups to write speeches for or against the motion.
- Use words and phrases from page 61.
- Appoint one group member to perform the speech.

E.5 Escribe tu opinión sobre una de las afirmaciones del ejercicio E.4. HIGHER

E.5 – Criterios de éxito
- Write 150 words or more.
- Structure your answer with an introduction, at least three points and a conclusion.
- Use ideas and phrases from page 61 and your group brainstorming in the previous activity.
- Check your work for spellings, accents and agreement of adjectives.

doscientos sesenta y nueve

F. El tabaco y otras drogas

F.1 Empareja las cajas de cigarrillos con las traducciones.

(a) Cada seis minutos muere un fumador.
(b) Fumar durante el embarazo daña la salud del bebé.
(c) Fumar acorta la vida.
(d) El tabaco mata. Si quieres vivir, deja de fumar.
(e) Fumar puede matar.
(f) Fumar produce cáncer de boca.
(g) Fumar provoca nueve de cada diez cánceres de pulmón.
(h) No dañes a tus hijos fumando delante de ellos.

1. Smoking shortens life.
2. Smoking can kill.
3. Don't harm your children by smoking in front of them.
4. Smoking causes mouth cancer.
5. Every six minutes, a smoker dies.
6. Smoking causes nine out of ten lung cancers.
7. Tobacco kills. If you want to live, give up smoking.
8. Smoking during pregnancy damages the baby's health.

F.2 ¿Por qué fumas? Lee las razones por las cuales la gente fuma o no fuma.

¿Por qué fumas?

- Porque todos mis amigos fuman.
- Porque soy adicto/a al tabaco.
- Fumar me relaja.
- Porque no puedo parar.
- Fumar me da confianza.
- Me hace sentir más adulto.
- Mis compañeros de clase se burlan de mí si no fumo.

¿Por qué no fumas?

- Hay riesgo de cáncer.
- Fumar es malo para la salud.
- Los cigarrillos cuestan demasiado.
- El tabaco me molesta.
- Fumar te da mal aliento.
- El tabaco es un veneno.
- No quiero la tos típica del fumador.
- Los dientes de los fumadores se vuelven amarillos.

Unidad 9 La salud

F.3 Tres personas hablan sobre los cigarrillos. Escucha y contesta a las preguntas en inglés.

CD 2 Tracks 39–42

A. Eduardo
1. When did Eduardo start smoking?
   (a) Thirteen years ago ☐
   (b) When he was thirteen ☐
   (c) In 2013 ☐
2. Why has he found it hard to stop? _____

B. Helena
1. Why did Helena start smoking? _____
2. How many cigarettes does she usually smoke per week?
   (a) 16 ☐
   (b) 60 ☐
   (c) 70 ☐

C. Mario
1. Why has Mario never smoked? Give three reasons. _____
2. What health issue has Mario's uncle faced?
   (a) Throat cancer ☐
   (b) Lung cancer ☐
   (c) A persistent cough and lung problems ☐

Algunos verbos para hablar de adicciones

perjudicar	to damage	drogarse	to take drugs
hacer daño	to damage	adelgazar	to lose weight
dejar de	to quit	engordar	to put on weight
parar	to stop	prevenir	to prevent
ser adicto/a	to be addicted	causar	to cause

F.4 Escribe una carta formal o un correo electrónico. HIGHER

You read an article in a Spanish newspaper about the number of young people smoking. You decide to write a letter/email in Spanish to the editor of the newspaper. (You may loosely base your letter/email on the points mentioned below, either agreeing or disagreeing with all or some of them.)

- The rate of smoking among young people has decreased in recent years.
- Most young people are aware of the dangers of smoking.
- Drugs and alcohol are much bigger problems and far more dangerous to health.
- Cigarettes are more easily available than drugs and alcohol.
- Increasing the cost of a box of cigarettes would prevent more young people from smoking.

F.4 – Criterios de éxito
- Start and end your letter or email appropriately.
- Use the structure outlined on pages 236 and 237 and include five points.
- Expand and develop each of your five points.
- Make sure you are using the correct verb tenses.
- Check your work for spellings, accents and agreement of adjectives.

doscientos setenta y uno

¡Venga!

F.5 ¿Cuáles son los problemas asociados al consumo de drogas? ¿Qué pensáis? Discutidlo en parejas.

> Fumar porros puede causar ansiedad y depresión.

> Nunca he consumido drogas porque sé que es peligroso, que puede cambiar el comportamiento y causar problemas familiares.

> Muchos jóvenes prueban las drogas porque sus amigos lo hacen. Ceden a la presión social sin pensar en los efectos nocivos de consumir drogas.

> No me drogaría nunca porque es muy fácil hacerse adicto y la drogadicción es un problema enorme.

> A mi modo de ver tomar drogas es de tontos porque nadie sabe cuáles son sus efectos y te puedes morir de una sobredosis.

> Hay muchos efectos psicológicos asociados al consumo de drogas, por eso tengo miedo de hacerlo.

F.6 Pon las palabras en el orden correcto para formar frases.
1. un confianza cigarrillo da fumar me.
2. es fumar muy salud para malo la.
3. respiratorios cáncer causa de y problemas pulmón fumar.
4. que peligroso es drogarse muy entiendo.
5. a las afectan drogas las a memoria la y emociones.
6. estómago causar de alcohol el abuso de puede cáncer.

F.7 Escribe tu opinión sobre una de las siguientes afirmaciones: **HIGHER**
(a) Los jóvenes de hoy no entienden cuáles son los peligros de drogarse.
(b) La adolescencia es el tiempo de probar cosas nuevas.

F.7 – Criterios de éxito
- Write 150 words or more.
- Structure your answer with an introduction, at least three points and a conclusion.
- Use the words and phrases from page 61.
- Check your work for spellings, accents and agreement of adjectives.

G. Los deberes de la Unidad 9

La gramática

G.1 Reescribe las frases sustituyendo los sustantivos en cursiva por pronombres.

1. Compró *las revistas para su madre*.
2. Di *el lápiz al profesor*.
3. Contará *la historia a Sara*.
4. ¿Vas a enviar *un correo electrónico (a mí)*?
5. Compré *las piñas para mi hijo*.
6. Andrea no ha dado *sus pendientes a Lucía*.
7. Mi padre ha dejado *una manzana para mí*.
8. Está preparando *los espaguetis para nosotros*.
9. Pides *un vino para tu prima*.
10. Vendió *su bicicleta a Raúl*.

El vocabulario

G.2 Traduce al inglés las siguientes palabras.

1. Los lácteos
2. Las grasas
3. La delgadez
4. ¡Es riquísimo!
5. El bienestar
6. Un veneno
7. Perjudicar
8. Un porro
9. Peligroso
10. El embarazo

G.3 Traduce al español las siguientes palabras.

1. Fast food
2. A healthy diet
3. Obesity
4. Mental health
5. A positive attitude
6. Lungs
7. Smoking
8. To give up
9. To take drugs
10. To put on weight

La comprensión lectora

G.4 Lee este artículo sobre la obesidad infantil y contesta a las preguntas en inglés.

MÉXICO OCUPA EL PRIMER LUGAR EN OBESIDAD INFANTIL A NIVEL INTERNACIONAL

La Encuesta Nacional de Salud y Nutrición de Medio Camino 2016 de México afirmó que el país azteca ocupa el primer lugar en obesidad infantil a nivel internacional. Según las cifras publicadas, tres de cada 10 niños entre los cinco y los 11 años de edad tienen un grado de sobrepeso importante lo que se traduce en el incremento de los casos de diabetes tipo 2.

'Este problema lo padecimos en las décadas de 1970 a 1990, época en la que la obesidad se sobreestimó al grado de considerarse hasta parámetro de "belleza" en la población infantil. Lo anterior se reforzaba con la imagen de un famoso bebé que se presentaba en comerciales de alimentos infantiles,' refiere el endocrinólogo pediatra, Armando Dávalos Ibáñez.

Lo crítico de esta realidad es el aumento de la incidencia en la población infantil, lo que la hace vulnerable a desarrollar padecimientos crónicos no transmisibles.

'De hecho, ya se observan casos de niños con resistencia a la insulina, prediabetes y diabetes. Y esta problemática está vinculada con un estilo de vida poco saludable, es decir, con una alimentación mal equilibrada, pues es muy alta en grasas y azúcares, a lo cual se agrega el sedentarismo,' resalta el doctor Dávalos Ibáñez.

Source: *Diario Las Americas*

1. How many Mexican children between five and eleven years old are overweight?
2. How was obesity viewed between 1970 and 1990?
3. What reinforced this image?
4. What health problems emerge in very overweight children?
5. In what ways do these children lead an unhealthy lifestyle?

Escribir

G.5 Haz un anuncio (un póster) en español sobre uno de los siguientes temas:
   (a) Los peligros de beber alcohol
   (b) La importancia de seguir una dieta saludable
   (c) Las razones para dejar de fumar

Unidad 9 La salud

G.6 Escribe un mensaje.

You are on holiday in Fuengirola with your classmate Alison and a group of Spanish friends.

Leave a note in Spanish for your friend Elena, including all of the following points:

- Alison is feeling a bit sick.
- You have gone to the supermarket to buy her something for breakfast.
- You hope to meet them on the beach around midday.
- Ask Elena to text you to tell you where they are.

G.7 ¡Respuesta equivocada! Corrige los errores de estas traducciones.

1. He is eighteen. — *Es dieciocho años.*
2. It is windy. — *Está viento.*
3. She is a good girl. — *Es una bien chica.*
4. They used to eat a lot of pizza. — *Comieron mucha pizza.*
5. She is embarassed. — *Está embarazada.*
6. Spanish people are fun. — *La gente española son divertidos.*
7. It is very sunny. — *Hace muy sol.*
8. Today is Monday. — *Hoy es Lunes.*
9. I didn't write anything. — *No escribí algo.*
10. His uncle is an accountant. — *Su tía es contable.*

G.8 Completa el diálogo.

You are doing a language course in Vigo. You speak to María, the director of the school.

Complete in Spanish your side of the following dialogue.

María: ¿Es la primera vez que estás en Galicia?

Tú: Say no. Say you did the Camino to Santiago with a group from your school three years ago. It was a great experience, but you didn't get a chance to practise your Spanish much.

María: ¿Y cómo te va el curso?

Tú: Explain that you are very happy with your Spanish classes. The teachers are nice and helpful and your Spanish has improved a lot since you arrived last week.

María: ¿Has participado en algunas actividades extraescolares organizadas por la escuela?

Tú: Tell her you went to the salsa class last Friday evening and you really enjoyed it. Say you are looking forward to going on the excursion to the Islas Cíes this weekend, as you would like to get to know new people.

María: Y ¿todo está bien con el alojamiento?

Tú: Say you are not very happy with your accommodation. The host family is friendly, but they all smoke and you hate smoking. There is a bad smell of smoke in your bedroom.

María: Lo siento. Es que aquí en España mucha gente fuma. Y ¿qué tal la comida?

Tú: Say you love the food, especially the cold tomato soup and the Spanish omelette. If you had more time, you would do a cookery course to learn some Spanish recipes.

¡Venga!

Unidad 9

Autoevaluación

		😊	😐	😠
	I can answer questions about eating habits.			
	I can describe my favourite food.			
	I can talk about physical and mental health.			
	I can write a diary entry about eating out.			
	I can write a letter describing the food I like to eat.			
	H I can describe the dangers of taking drugs.			
	H I can discuss the reasons why people choose to smoke.			
	I can understand the general sense of texts about physical and mental health, diet, smoking and drugs.			
	I can use direct object pronouns to replace nouns.			
	I can use indirect object pronouns to replace nouns.			
	I can follow and understand conversations about food, diet and healthy eating.			
	I can follow news reports about mental health issues.			

After completing the *autoevaluación* above, write your own simple learning targets for the next few weeks. Think about what you know well and what you need to revise. What topic or topics do you need to revisit? Fill in the chart below.

Lo que ya sé de la Unidad 9	Lo que tengo que repasar de la Unidad 9

Unidad 10 La moda

Communicative objectives

By the end of this unit you will be able to:
- Talk about clothes and shopping
- Discuss the fashion industry
- Discuss advertising

Contesta a las preguntas en inglés.

1. Which of the topics above do you already know quite well?
2. Which topics are you not really able to talk or write about in Spanish?
3. Make a graphic organiser about the topic of fashion in your copy and fill in all the vocabulary you already know related to the topic.

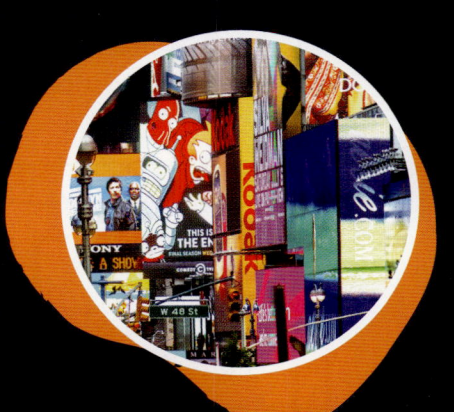

La gramática

› The present subjunctive
› The imperative 2

El examen oral

› An interview about your clothes and style

El examen escrito

› Write an informal letter/email about a shopping trip
› Write a diary entry and message describing clothes you bought
› Translate a dialogue about packing for a trip
› Write a formal letter on the dangers of advertising
› Write your opinion on:
  – Obsession with body image
  – Problems in the fashion industry

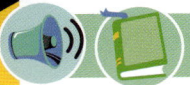

Habilidades de comprensión

› Listening and reading comprehension practice on the theme of fashion

doscientos setenta y siete

A. La ropa

A.1 Seis jóvenes hablan sobre la moda. Lee sus opiniones y contesta a las preguntas en inglés.

Pablo: Me encanta la moda. En mi opinión la ropa expresa la personalidad. La moda es una forma de expresión y puede revelar características de mi personalidad.

Helena: Para mí la ropa me ayuda a pertenecer a un grupo. Mis amigas y yo siempre nos vestimos del mismo estilo. Me siento parte del grupo cuando me visto igual que ellas.

Eduardo: A mí no me interesa nada la moda. Me visto de manera cómoda todos los días. Lo más importante para mí es estar relajado y no tener que preocuparme de lo que llevo.

Yolanda: Me encanta experimentar con la moda y la creatividad. Me gusta jugar con las prendas, colores y formas para crear mi propio estilo. No me gusta vestirme como los demás y nunca sigo las últimas tendencias.

Alejandro: La moda no es una forma de vestir sino un modo de ser. La ropa manifiesta mi mundo, mis gustos, mis preferencias culturales y la música que me gusta. Pienso que voy muy a la moda. Cuelgo fotos de mi estilo en Instagram y tengo muchos seguidores.

Carmen: Yo creo que la moda puede hacer que los jóvenes gasten demasiado. La moda es una de las causas principales de consumismo. Muchos amigos míos gastan dinero en marcas de manera obsesiva. ¡Es ridículo!

1. Which teen thinks he/she is very fashionable?
2. Who dresses like their friends to feel part of a group?
3. Who has friends who spend a lot on brand label clothing?
4. Who says they never follow the latest trends?
5. Who believes comfort is more important than fashion?
6. Who believes clothes express your personality?

Unidad 10   La moda

A.2 Daniel habla sobre la moda. Escucha y contesta a las preguntas en inglés.

1. How did Daniel develop an interest in fashion? _____
2. What is his favourite way to spend a Saturday afternoon? _____
3. Where does he usually shop? _____
4. How does he describe his style? _____
5. What are his favourite items of clothing? _____
6. What does he dislike about the fashion industry? _____
7. What is his ambition for the future? _____

A.3 Escucha el examen oral de Becky y contesta a las preguntas.

¿Qué te gusta llevar para venir al instituto?
Tenemos suerte porque en este instituto no tenemos que llevar uniforme. Podemos venir vestidos como queramos. A mí me gusta llevar ropa cómoda al instituto. Suelo llevar un chándal con zapatillas deportivas o mallas con una sudadera con capucha.

¿Qué llevas los fines de semana?
Depende de lo que haga. Si salgo con mis amigas al centro comercial o al cine me pongo vaqueros, una camiseta y mi chaqueta de cuero. Pero si tengo un partido de camogie tengo que llevar la camiseta del club con pantalones cortos y calcetines azules.

¿Cómo te vistes para ir a las discotecas o para ir de fiesta?
Para salir de copas me pongo vestidos y tacones. Si hace mucho frío llevo vaqueros con una blusa.

¿Te gusta llevar joyas o piercings?
Pues entre semana no llevo joyas pero cuando voy a la discoteca me pongo algún collar, pendientes o pulseras.

¿Llevas maquillaje?
Claro que sí. Los fines de semana me encanta maquillarme. Está prohibido llevar maquillaje en el instituto pero me gusta llevar las uñas pintadas.

¿Te interesa la moda?
Sí me interesa la moda. Me encanta ver estilos diferentes en Instagram. Sigo a algunas famosas en Instagram como Kylie Jenner o Hailey Baldwin y me gusta ver lo que llevan.

¿Gastas mucho dinero en ropa?
No mucho. No tengo trabajo así que no tengo mucho dinero para ir de compras. Todos los años mis padres me regalan dinero por Navidad así que siempre voy de compras en las rebajas de enero.

¿Dónde compras la ropa?
Me gustan las tiendas baratas como H&M, Zara y Penneys. De vez en cuando compro en línea en Boohoo.com. No gasto mucho dinero en ropa de marca.

doscientos setenta y nueve

¡Venga!

1. **Contesta en inglés.**
   (a) What does Becky usually wear to school? _____
   (b) What does Becky wear when meeting up with friends at the cinema? _____
   (c) What jewellery might Becky wear to a disco? _____
   (d) When does Becky always go shopping for clothes? _____

2. **Contesta en español.**
   (a) ¿Qué lleva Becky cuando hace deporte? _____
   (b) ¿Lleva maquillaje al instituto? _____
   (c) ¿De quién recibe dinero? _____
   (d) ¿Cuáles son sus tiendas favoritas?

3. **Busca las siguientes expresiones en la entrevista.**
   (a) I love putting on make-up. _____
   (b) I like to wear nail polish. _____
   (c) The sales. _____
   (d) Brand label clothing. _____

A.4 Escribe en tu cuaderno las preguntas y las respuestas con frases completas.

1. ¿Qué te gusta llevar para venir al instituto?
2. ¿Qué llevas los fines de semana?
3. ¿Cómo te vistes para ir a las discotecas o para ir de fiesta?
4. ¿Te gusta llevar joyas o piercings?
5. ¿Llevas maquillaje?
6. ¿Te interesa la moda?
7. ¿Gastas mucho dinero en ropa?
8. ¿Dónde compras la ropa?

Practica las preguntas con tu compañero/a.

Log on to **www.edcolearning.ie** to access mock oral exam videos.

La ropa

el traje	suit	la falda	skirt
el abrigo	coat	los zapatos	shoes
la chaqueta	jacket	las botas	boots
el impermeable	raincoat	las sandalias	sandals
el pantalón	trousers	las chanclas	flip-flops
los vaqueros	jeans	los tacones	heels
las mallas	leggings	las zapatillas de deporte	runners
la camisa	shirt	el cinturón	belt
la blusa	blouse	la corbata	tie
el jersey	jumper	el sombrero	hat
la rebeca	cardigan	la gorra	cap
la camiseta	t-shirt	la bufanda	scarf
el chándal	tracksuit	los guantes	gloves
la sudadera	sweatshirt	los calcetines	socks
la sudadera con capucha	hoodie	las medias	tights
el pantalón corto	shorts	el bañador	swimsuit
el vestido	dress	el pijama	pyjamas

el bolsillo	pocket	el reloj	watch
la manga	sleeve	el anillo	ring
el cuero/la piel	leather	los pendientes	earrings
la lana	wool	los probadores	changing rooms
la seda	silk	la talla	size
el algodón	cotton	probar	to try on
las joyas	jewellery	ponerse	to put on
el collar	necklace	llevar	to wear
la pulsera	bracelet	ir a la moda	to follow a fashion

A.5 Escribe una carta o un correo electrónico a una amiga.

Write a letter or email to your Spanish pen-pal Susana.

- Tell her you went shopping last Saturday.
- Describe the clothes you bought.
- Explain your plans for this weekend.
- Ask her if she would like to come to Ireland in March.
- Tell her what clothing she should bring with her.

A.5 – Criterios de éxito
- Start and end your letter or email appropriately.
- Make sure you include all the points and write at least two sentences per point.
- Use the structure and phrases from pages 33 and 34.
- Make sure you are using the correct verb tenses.
- Check your work for spellings, accents and agreement of adjectives.

A.6 Completa el diálogo. HIGHER

You are booking a surfing course in San Sebastián. You speak to Xabi, the director of the surf school, on the phone.

Complete in Spanish your side of the following dialogue.

Xabi: ¿Cuándo llegas a San Sebastián?

Tú: Say you will arrive on 6 July. You are flying from Dublin to Bilbao and you will catch a bus from Bilbao airport to San Sebastián. Ask how long the bus journey will take.

Xabi: Una hora más o menos. Entonces tus clases de surf empezarán el 7 de julio. ¿Has hecho surf antes?

Tú: Explain that you have never surfed before, but you are looking forward to trying it. Ask what clothing you should bring with you for the surf lessons.

Xabi: Necesitas un bañador, nada más. La escuela de surf te dará un traje de neopreno.

Tú: Say you've heard that the weather in San Sebastián is very changeable. You are going to bring a raincoat and an umbrella as well as your t-shirts and shorts.

Xabi: ¡Buena idea! ¿Necesitas ayuda para buscar alojamiento?

Tú: Say you don't need help with finding accommodation because you are going to stay with your uncle. He has an apartment in the Old Town and he told you it's just fifteen minutes' walk from the surf school.

Xabi: ¡Perfecto! ¿Tu tío es de San Sebastián?

Tú: Say he is Irish, but he moved to San Sebastián twenty years ago to open a bar. He loved the city so much he never came back to Ireland. Say he visits your family once or twice a year, but this will be your first time going to San Sebastián.

B. Ir de compras

B.1 Lee el texto y contesta a las preguntas en inglés.

¿POR QUÉ LA GENTE PREFIERE LAS COMPRAS ONLINE A LAS TIENDAS FÍSICAS?

Las ventas online están creciendo rápidamente, lo que está causando que las tiendas físicas opten por ofrecer sus productos online. La manera en que la gente consume y realiza sus compras está cambiando drásticamente. Actualmente, la forma de comprar ropa, artículos personales, comida, artículos para el hogar y regalos es muy diferente a como solía ser en el pasado. Hoy en día, todo esto puede realizarse con solo hacer un clic y los productos se entregan directamente en la puerta de nuestra casa. Cada vez más comerciantes optan por las ventas online, gracias a la facilidad de establecer una tienda de comercio electrónico. Ahora es inusual encontrar una tienda que no tenga presencia online.

¿Por qué la gente prefiere comprar online en lugar de hacerlo en una tienda física? ¿Tiene ventajas competitivas o es solo una moda entre los consumidores jóvenes?
Algunas de las razones principales son:

- **Se pueden realizar compras las 24 horas del día, los 7 días de la semana.** Los consumidores ya no están restringidos a las horas laborales de las tiendas físicas; en las tiendas online pueden comprar lo que necesitan en cualquier momento del día, lo cual les permite ahorrar tiempo y no pasar horas en el tráfico o de tienda en tienda.

- **Comparación de precios.** Las personas pueden desplazarse rápidamente entre las diferentes tiendas online para ver cuál ofrece el mejor precio por el mismo producto, lo cual les permite ahorrar. Al comprar en tiendas físicas, caminar de tienda en tienda para hacer esto requiere mucho más tiempo y esfuerzo, lo que hace que las compras online sean mucho más cómodas y fáciles.

- **Productos exclusivos.** Muchas tiendas ofrecen ventas exclusivas online de productos ofertados por temporadas, lo cual les brinda a los consumidores un mayor ahorro.

- **Mayor elección.** En la mayoría de los casos, las tiendas online ofrecen una mayor variedad de productos que una tienda física. Las tiendas online no están limitadas por dimensiones físicas, simplemente necesitan inventariar sus productos en línea antes de enviarlos desde un almacén. Además, si una tienda online tiene un artículo agotado, es relativamente fácil encontrarlo en otro lugar.

- **Compras mundiales.** Gracias a la facilidad de las compras online, ahora es posible hacer pedidos de productos desde cualquier parte del mundo con un solo clic.

Las compras online facilitan el acceso a todo tipo de productos fuera del país a un mejor precio.

Source: cpxnews.com

Unidad 13 La moda

1. What is said about online sales at the beginning of the article?
2. Name three products mentioned in the article that are purchased online.
3. What are the five reasons given for shopping online instead of in store?
4. Find the following phrases in the text:
   (a) more and more
   (b) to buy what they need
   (c) in the majority of cases

B.2 Antonia ha ido de compras. Escucha la conversación y contesta a las preguntas en inglés.

CD 2 Track 45

1. Where did Antonia get the money for her shopping spree? _____
2. What did she buy? (Name five items.)
   _____
   _____
3. Why was she unhappy when she got home?
   _____
4. What was she told when she called the boutique?
   _____
5. What did Antonia do after she left the boutique?
   _____
6. What does Maite suggest Antonia should do? _____
7. What event does Maite invite Antonia to? _____
8. At what time will Maite collect Antonia? _____

B.3 ¿Prefieres comprar en línea o en una tienda física? ¿Por qué? Discutidlo en grupos.

B.4 Escribe un mensaje.

You are staying with a Spanish family for a month to learn Spanish.

Leave a note in Spanish for the family, including all of the following points:

- You bought a new shirt in the shopping centre yesterday.
- You love the colour and style, but you tried it on and it is too small.
- You are going back to the shopping centre to exchange it for a bigger size.
- You will be back in time for dinner at around 9:30pm.

¡Venga!

C. La moda

C.1 Mira estas marcas españolas y lee la información.

La moda es una industria muy grande en España. Todas las marcas mencionadas arriba son marcas españolas reconocidas en todo el mundo. El valor de la producción de la industria de la moda española ascendió a casi 27 billones de euros en 2017. ¿Cuál de las marcas de arriba reconoces? Por cada marca menciona dos productos que venda, si no lo sabes busca la marca en internet.

C.2 Mira las imágenes y elige cuatro de las palabras de abajo para describir cada imagen.

lujoso   distinguido   lindo   bohemio   descuento   masculino   vintage
adorable   rebaja   adornado   retro   oferta   encantador   refinado
nostálgico   decorado   niñito   reducido   fastuoso   elegante

284   doscientos ochenta y cuatro

C.3 Lee el texto y contesta a las preguntas en español.

MANOLO BLAHNIK

Uno de los diseñadores más famosos de España es Manolo Blahnik, fundador de una de las marcas de calzado más prestigiosas del mundo. Manolo nació en la isla de La Palma, Canarias, el 27 de noviembre de 1942. Al joven Manolo le interesaba la arquitectura y se fue a Ginebra para estudiar arquitectura y literatura. Dejó sus estudios para ir a París con la intención de estudiar arte pero no se quedó mucho tiempo allí y en 1970 se mudó a Londres donde consiguió trabajo como fotógrafo en el *Sunday Times*. En Londres se hizo amigo de Paloma Picasso y Eric Boman y se introdujo en el mundo de la moda.

En 1973 abrió su primera tienda de zapatos en Londres. En 1974 apareció en la portada de la revista *Vogue*, y fue el segundo hombre en la historia que aparecía en una portada de *Vogue* en el Reino Unido. En 1979 abrió su primera tienda en los Estados Unidos y desde ese momento se convirtió en uno de los diseñadores más conocidos de todo el mundo.

Hoy tiene tiendas oficiales en todas las grandes ciudades del mundo, incluidas Londres, Nueva York, Madrid, Moscú, Dubái, Hong Kong, Tokio y Singapur. Reside en Bath y sus zapatos, conocidos como 'manolos', se venden a un precio de entre 400 y 500 dólares cada par. En 2007 fue reconocido con el título honorario de Orden del Imperio Británico por su contribución al desarrollo de la industria de la moda británica. El 15 de noviembre de 2017 se estrenó un documental sobre su vida profesional como diseñador de moda.

1. ¿De dónde exactamente es Manolo Blahnik?
2. ¿Cuál es su fecha de nacimiento?
3. ¿Cuándo llegó a Londres?
4. ¿Cuál fue su primer empleo allí?
5. ¿Qué diseña?
6. ¿Dónde vive ahora?
7. ¿Cómo sabemos que ha tenido éxito en su carrera?

C.4 Escucha y contesta a las preguntas en inglés.

CD 2 Track 46

1. Why were people queuing from early morning at the Torre Sevilla shopping centre? _____
2. Who were the officials who attended? _____
3. How many jobs have been created?
   (a) 450 ☐   (b) 470 ☐   (c) 550 ☐   (d) 560 ☐
4. Apart from fashion, name two other departments in this store. _____
5. Name three services offered. _____
6. Why was the Madrid store awarded a retail design award? _____
7. How much profit did the company make in Spain in 2017?
   (a) €60 million ☐   (b) €61 million ☐   (c) €70 million ☐   (d) €71 million ☐
8. Name five countries, other than Spain and Ireland, where branches of this shop can be found. _____

C.5 Lee el texto y contesta a las preguntas. HIGHER

LAS PASARELAS DE MODA SUSPENDEN EN DIVERSIDAD

1. En la moda no cabe todo el mundo. No por ahora. Un reciente informe que analiza la diversidad en las pasarelas más importantes destaca que las modelos son cada vez más variadas en cuanto a razas y edades, pero que las marcas suspenden a la hora de mostrar géneros y tallas que se salgan de los estándares.

   Según el reporte creado por el portal The Fashion Spot, 'las apariciones de modelos transgénero y de género fluido han bajado, así como las de tallas grandes'. Por otra parte, 'los modelos de más de 50 años han crecido en popularidad y, en general, la representación de razas se ha incrementado gradualmente'…

2. Para sacar estas conclusiones han analizado 221 desfiles y a 7.300 modelos de los *shows* de otoño-invierno 2019 de Nueva York, Londres, Milán y París. En ellos, el 38,8% de los maniquís eran de una raza distinta a la blanca, lo que supone doblar el 17% los de la primavera de 2015, cuando empezaron con su monitorización. La de Nueva York es la pasarela más diversa, con un 45,8% de modelos de otras razas; la de Milán la menos, con un 31,8%. De hecho, en todos los desfiles de las otras tres ciudades hubo al menos un modelo que no era blanco, pero en el de la milanesa Daniela Gregis, no hubieron perfiles diversos.

3. Las apariciones de modelos de tallas 'no normativas', como las denominan, han sufrido 'un ligero retroceso': son solo el 0,69%, y han pasado de 54 a 50 (aunque solo 13 de ellas en Europa), y de aparecer en 18 desfiles a hacerlo en 15. En cualquier caso, es un avance respecto a 2015, cuando solo fueron 14 modelos y únicamente trabajaron en Nueva York. Sin embargo, la Semana de la Moda de Milán en 2019 no tuvo ni a un maniquí de talla mayor que la media de la pasarela.

Unidad 1C La moda

4. Los modelos transexuales (solo 32) y de género no binario (24 en total) solo suponen el 0,77% de las apariciones de pasarela en la primavera de 2019, con 91 modelos, una importante bajada respecto a los desfiles anteriores. Sin embargo, como destaca el informe, también cabe reseñar que cada vez ocupan un lugar más destacado en pases más importantes. Nueva York, como suele ser habitual, es la ciudad donde tienen más trabajo; Milán, la que menos. Además, en las pasarelas europeas tiende a contratarse más a modelos de género no binario que transexuales.

5. Las menos representadas en las pasarelas son, en cualquier caso, las mujeres de a partir de 50 años: pese a que su popularidad ha aumentado, solo hubo 36 modelos (un escasísimo 0,49%) en todos los desfiles. Ya es más que hace año y medio: en los desfiles de primavera de 2018 solo fueron 13.

Source: *El País*

1. Answer the following questions in English according to the information given in the text.
   (a) What are the overall findings of this study? (Give full details.) (para 1)
   (b) What did the researchers analyse to draw these conclusions? (para 2)
   (c) How many plus-size models walked in Milan Fashion Week 2019? (para 3)
   (d) What is said about New York in paragraph 4? (para 4)
   (e) What type of model is least represented in fashion shows? (para 5)

2. Escribe en español las frases del texto que tengan el mismo sentido (más o menos) que las siguientes:
   (a) con respecto a (para 1)
   (b) el informe realizado por (para 1)
   (c) una reducción significativa (para 4)

3. Explain in English the meaning of the following in their context:
   (a) eran de una raza distinta a la blanca (para 2)
   (b) en cualquier caso (para 3)
   (c) pese a que su popularidad ha aumentado (para 5)

4. Explica (o expresa de otro modo) en español una de las frases siguientes:

   es la pasarela más diversa (para 2)

   o

   es un avance respecto a 2015 (para 3)

D. La gramática: El presente del subjuntivo

El presente del subjuntivo

You may have noticed a verb form you didn't recognise in previous exercises. For example, in the last exercise, question 2 reads '… *que tengan el mismo sentido*…' **Tengan** is a subjunctive form of the verb *tener*. In Spanish, the present subjunctive is used to talk about situations of uncertainty or doubt. The present subjunctive is also used to express emotion, desire or necessity.

FORMING THE PRESENT SUBJUNCTIVE

Step 1
Take the *yo* form of the verb in the present tense.

Step 2
Remove the -o from the end of the *yo* form. This becomes the stem.

INFINITIVE	YO FORM	SUBJUNCTIVE STEM
HABLAR	hablo	habl-
COMER	como	com-
VIVIR	vivo	viv-
TENER	tengo	teng-
HACER	hago	hag-
PARECER	parezco	parezc-
VER	veo	ve-

Combining Step 1 and Step 2, remember to *Go to yo and drop the 'o'.*

Step 3
Add the following endings:

	-AR VERBS	-ER AND -IR VERBS
yo	-e	-a
tú	-es	-as
él/ella/usted	-e	-a
nosotros/as	-emos	-amos
vosotros/as	-éis	-áis
ellos/ellas/ustedes	-en	-an

The table below shows the full subjunctive conjugations for the verbs *hablar*, *comer* and *hacer*.

	HABLAR	COMER	HACER
yo	hable	coma	haga
tú	hables	comas	hagas
él/ella/usted	hable	coma	haga
nosotros/as	hablemos	comamos	hagamos
vosotros/as	habléis	comáis	hagáis
ellos/ellas/ustedes	hablen	coman	hagan

Examples of the subjunctive in use:

*Mi madre quiere que nosotros **comamos** la fruta*... My mother wants us to eat the fruit.
*El profesor espera que yo **haga** los deberes*............. The teacher hopes I'll do the homework.
*Dudo que mi novio **venga** a la fiesta*........................ I doubt that my boyfriend will come to the party.

D.1 Escribe el presente de subjuntivo de los verbos según el sujeto.

1. Tomar (tú)
2. Beber (ella)
3. Vivir (nosotros)
4. Tener (yo)
5. Vender (ellos)
6. Subir (vosotros)
7. Mirar (él)
8. Poner (tú)
9. Hacer (nosotros)
10. Decir (yo)

El presente del subjuntivo: Verbos irregulares

There are just six verbs that are irregular in the present subjunctive. To remember them, think of the acronym **DISHES**.

IRREGULAR VERBS

D	Dar
I	Ir
S	Ser
H	Haber
E	Estar
S	Saber

	DAR	IR	SER	HABER	ESTAR	SABER
yo	dé	vaya	sea	haya	esté	sepa
tú	des	vayas	seas	hayas	estés	sepas
él/ella	dé	vaya	sea	haya	esté	sepa
nosotros/as	demos	vayamos	seamos	hayamos	estemos	sepamos
vosotros/as	deis	vayáis	seáis	hayáis	estéis	sepáis
ellos/ellas	den	vayan	sean	hayan	estén	sepan

Stem-changing verbs ending in -AR and -ER

These verbs have the same stem change in the present subjunctive as in the present indicative. So **e** changes to **ie** or **o** changes to **ue** in all forms of the verb except the *nosotros* and *vosotros* forms.

PENSAR

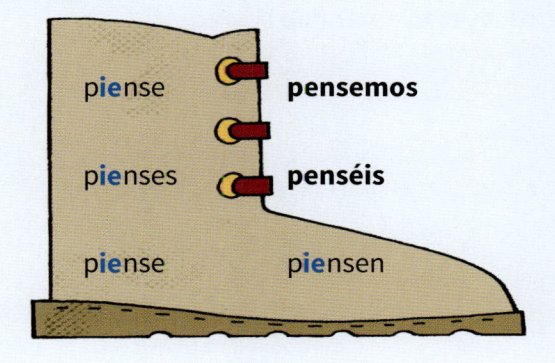

piense — pensemos
pienses — penséis
piense — piensen

PODER

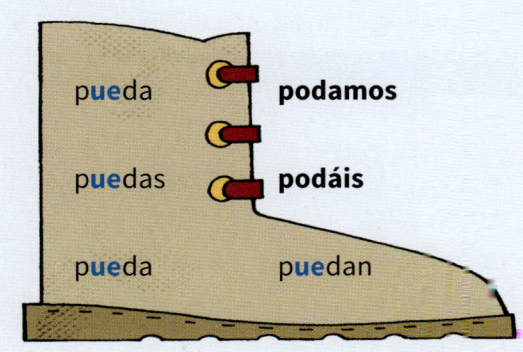

pueda — podamos
puedas — podáis
pueda — puedan

¡Venga!

Stem-changing verbs ending in -IR that change e–ie or o–ue
These verbs also change in the same way as in the present indicative, but have an additional change in the **nosotros** and **vosotros** forms: **e** changes to **i** and **o** changes to **u**.

SENTIR

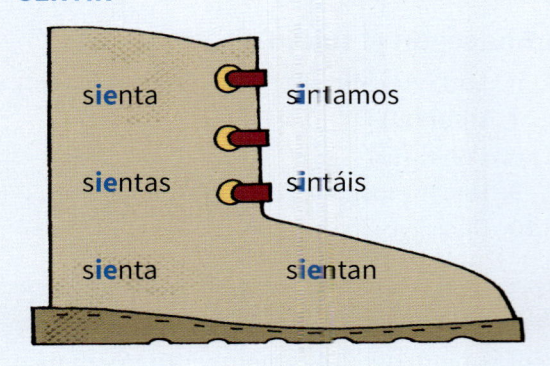

siento	sintamos
sientas	sintáis
sienta	sientan

DORMIR

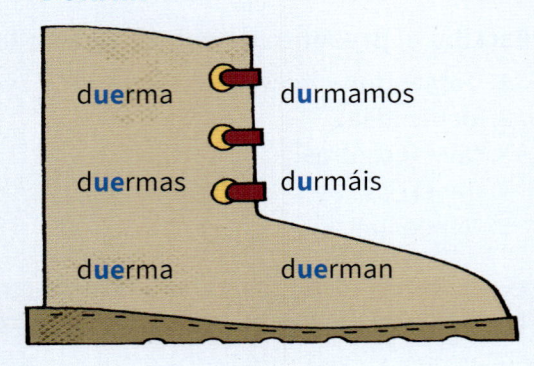

duerma	durmamos
duermas	durmáis
duerma	duerman

Stem-changing verbs ending in -IR that change e–i
E changes to **i** throughout each part of these verbs.

	PEDIR
yo	pida
tú	pidas
él/ella/usted	pida
nosotros/as	pidamos
vosotros/as	pidáis
ellos/ellas/ustedes	pidan

Verbs ending in -GAR, -CAR and -ZAR
These verbs will have a spelling change in the present subjunctive to make pronunciation consistent.

INFINITIVE	PRESENT INDICATIVE	PRESENT SUBJUNCTIVE
LLEGAR	yo llego	yo llegue
PAGAR	yo pago	yo pague
BUSCAR	yo busco	yo busque
SACAR	yo saco	yo saque
CRUZAR	yo cruzo	yo cruce

The spelling changes occur in every part of these verbs, as in the example below:

	LLEGAR
yo	llegue
tú	llegues
él/ella/usted	llegue
nosotros/as	lleguemos
vosotros/as	lleguéis
ellos/ellas/ustedes	lleguen

doscientos noventa

D.2 Escribe el presente de subjuntivo de los verbos según el sujeto.

1. Buscar (tú)
2. Pensar (ella)
3. Pedir (nosotros)
4. Jugar (yo)
5. Comenzar (ellos)
6. Sentir (vosotros)
7. Almorzar (él)
8. Querer (tú)
9. Dormir (nosotros)
10. Volver (yo)

Using the present subjunctive

Now that you know how to form the present subjunctive, it is important to know when to use it. Sentences in the subjunctive are usually structured in the following way:

WEIRDO verb + que + subjunctive verb

WEIRDO stands for:

Wanting or wishing
Emotions
Impersonal expressions
Recommendations or requests
Doubt
Ojalá

All of the above situations are followed by the subjunctive. Let's look at some examples in each category.

1. **Wanting or Wishing.** This category includes the following verbs:

esperar que	to hope/expect	preferir que	to prefer
desear que	to wish	querer que	to want
necesitar que	to need		

   In the following examples, you can see the structure WEIRDO verb + que + subjunctive verb in use.

   *Mis padres quieren que yo **estudie** mucho.* ...... My parents want me to study a lot.
   *Su tío desea que **cenes** con él.* .... His uncle wants you to have dinner with him.

2. **Emotions.** This category includes the following expressions:

alegrarse de que	to be glad that	lamentar que	to regret that
encantar que	to be delighted that	molestar que	to be annoyed that
estar contento de que	to be happy that	sorprender que	to be surprised that
estar enojado de que	to be angry that	tener miedo de que	to be afraid that
estar triste de que	to be sad that	temer que	to fear that
gustar que	to like that		

   *¿Te molesta que él no **venga** con nosotros?* ... Does it bother you that he's not coming with us?
   *Estoy contento de que **estés** aquí.* .... I'm happy that you are here.

3. **I**mpersonal expressions include the following:

Es bueno que…	It is good that…
Es dudoso que…	It is doubtful that…
Es extraño que…	It is strange that…
Es importante que…	It is important that…
Es malo que…	It is bad that…
Es probable que…	It is probable that…
Es recomendable que…	It is recommended that…
Es una lástima que…	It is a shame that…
Es vergonzoso que…	It is a disgrace that…

These phrases are all using the same structure: **es + adjective + que**. However, adjectives that express certainty or fact should **not** be followed by the subjunctive. Think of the acronym **VOCES** to remember the adjectives that shouldn't be followed by subjunctive verbs.

V Es verdad que…………It is true that…
O Es obvio que………….It is obvious that…
C Es cierto que…………It is certain that…
E Es evidente que……….It is evident that…
S Es seguro que…………It is sure that…

These expressions are **NEVER** followed by the subjunctive.

4. **R**ecommendations or **R**equests. This category includes the following:

aconsejar que	to advise that	recomendar que	to recommend that
pedir que	to request that	sugerir que	to suggest that
proponer que	to propose that		

Mi padre recomienda que **haga** más ejercicio. …My dad recommends I do more exercise.
El profesor sugiere que **leamos** esta novela. …The teacher suggests we read this book.

5. **D**oubt. This category includes the following expressions:

dudar que	to doubt that	no estar seguro que	to be unsure that
negar	to deny that		

Dudo que ella **sepa** donde vivo. ………… I doubt she knows where I live.
No está seguro que Juan **venga** a la fiesta. ……… He's not sure that Juan is coming to the party.

¡Ojo!

While expressions of doubt or disbelief should be followed by the subjunctive, expressions that express certainty or belief are never followed by the subjunctive. So *no creer que* and *no pensar que* are followed by the subjunctive, while *creer que* and *pensar que* are not followed by the subjunctive. Consider the following examples:

*No creo que **sea** posible.*   I don't believe it is possible. (expressing doubt)
*Creo que **es** posible.*   I believe it is possible. (expressing belief)

6. Ojalá.

Ojalá is an expression meaning if only, I wish, I hope to God or God willing. It is always followed by the subjunctive. It can be followed by *que* or not.

¡Ojalá que le **compre** un regalo! ....I hope she buys him a present!
¡Ojalá **haga** buen tiempo mañana! ....I hope to God the weather is good tomorrow!

Other uses of the subjunctive

(i) Time clauses in the future

Apart from **WEIRDO**, the subjunctive is also used after the following time expressions when the sentence refers to the future.

cuando .... when
después de que .... after
en cuanto .... as soon as
hasta que .... until
mientras .... while
tan pronto como .... as soon as

In the following examples, the subjunctive is only used after **cuando** and **mientras** when they are referring to the future:

Hablé con él cuando vino a mi casa. .... I spoke to him when he came to my house
Hablaré con él cuando **venga** a mi casa. .... I will speak to him when he comes to my house.

Viajamos mientras ellos trabajan. .... We travel while they work.
Viajaremos mientras ellos **trabajen**. .... We will travel while they work.

(ii) Conjunctions that are ALWAYS followed by the subjunctive

a fin de que .... so that
a condición de que .... on the condition that
a menos que .... unless
a no ser que .... unless
antes de que .... before
con tal de que .... provided that
en caso que .... in case
para que .... so that
sin que .... without

Enciendo una vela para que **pueda** ver. ....I light a candle so that he can see.
No voy a la fiesta a menos que **vengas**. ......I'm not going to the party unless you're coming.

D.3 Escribe el presente del subjuntivo del verbo entre paréntesis.
1. Ojalá que nosotros no _____ (tener) un examen hoy.
2. Espero que _____ (hacer) sol mañana.
3. Iremos a Wicklow cuando tú _____ (venir) a Irlanda.
4. La profesora insiste en que yo _____ (terminar) los ejercicios.
5. Estoy contento de que Álvaro _____ (poder) venir con nosotros.
6. Es malo que _____ (haber) tantos problemas en su empresa.
7. Dudo que ellos _____ (saber) nuestro número de teléfono.
8. A Juan le gusta que vosotros _____ (estar) aquí.
9. El profesor está enojado de que nosotros _____ (dormir) durante su clase.
10. No te daré el dinero a menos que tú _____ (hacer) las tareas.
11. Saldremos tan pronto como ella _____ (llegar) aquí.
12. Me gustaría viajar con Miguel pero no creo que _____ (ser) posible.

D.4 Discutid en parejas o en grupos de tres o cuatro personas. En cada una de las frases del ejercicio de arriba, decidid por qué hay que usar el subjuntivo.

D.5 Traduce las frases al español.
1. I want my brother to go to the party this weekend.
2. My parents hope that I will come to my grandparents' house.
3. It is important that the government does something to help.
4. Carlos is sad that Ana cannot go out with him tonight.
5. The doctor recommends that we eat more fresh vegetables.
6. I doubt that they will buy those t-shirts. They're so expensive!
7. When I have the money, I will buy that dress in the shop window.
8. The sales assistant recommends that I try on the trousers.
9. It's a shame that they don't have a bigger size for you.
10. My mum likes to buy me clothes, but I prefer that she gives me the money!

D.6 ¿Subjuntivo o no? Elige la forma correcta del verbo.
1. Es importante que nosotros (estudiamos/estudiemos/estudiar) para el examen.
2. Es importante (estudiamos/estudiemos/estudiar) para el examen.
3. Cuando (vienes/vengas/viniste) mañana, iremos a la playa.
4. Cuando (vienes/vengas/viniste) a Irlanda en 2018, hizo mucho calor.
5. Es posible que ella (tiene/tenga/tener) problemas con los deberes.
6. Es obvio que ella (tiene/tenga/tener) problemas con los deberes.
7. ¿Tú quieres (bebes/bebas/beber) el refresco?
8. ¿Tú quieres que yo (bebo/beba/beber) el refresco?
9. Tengo miedo de (viajo/viaje/viajar).
10. Tengo miedo de que ellos (viajan/viajen/viajar).

E. La publicidad

E.1 Escucha y rellena los espacios con las palabras que faltan y contesta a las preguntas en español.

EL PODER DE LA PUBLICIDAD SOBRE EL CONSUMIDOR

El (1) _____ de los españoles compra productos rebajados que no necesitan, según el último informe del comparador de seguros Acierto.com…

El estudio revela que tres de cada cinco consumidores afirman que la (2) _____ es capaz de condicionarles. No solo en referencia a los anuncios sino también a la disposición de los (3) _____ en los comercios, al diseño de los (4) _____ y a la propia creación de imagen de (5) _____.

Así, el 70% de los encuestados reconoce haber comprado algún producto al ver el (6) _____. Y es que para el 63%, visualizarlo incrementa su (7) _____ hacia la marca. El 12% lo ha comprado porque le divierte el spot y el (8) _____ restante porque llega a verse identificado.

… Respecto a la imagen de las marcas, dos de cada cinco españoles asocian determinados valores como la honestidad y la tradición a al menos una de ellas. La alimentación es la gran protagonista de esta lista, con marcas como Cola Cao, Coca Cola, Casa Tarradellas, La Piara o Chocolate Valor a la cabeza…

Más allá del comercio físico y de las estrategias del merchandising, el estudio también se refiere a (9) _____ por internet: el 62% de los encuestados prefiere comprar online en lugar de hacerlo en la (10) _____ convencional. Además, la mayoría de los que lo hacen – nueve de cada diez – comparan antes de completar el proceso.

Source: *inforetail*

1. ¿Cuál es la conclusión del informe mencionada en la primera línea? _____
2. ¿Cuáles son las cosas que influyen en los consumidores? _____
3. ¿A qué se refiere el 70%? _____
4. Menciona tres marcas que representan valores como la honestidad y la tradición para los españoles. _____
5. ¿Qué prefiere la mayoría de encuestados, comprar en línea o en una tienda física?
_____

E.2 Lee el texto y contesta a las preguntas.

EL PODER DE LA PUBLICIDAD EN LOS NIÑOS

A los 18 meses los niños empiezan a reconocer los logotipos. A los 3 años, según los expertos, creen que las marcas les ayudan a expresar su identidad. Ésta y otras conclusiones aparecen en el libro *Born to buy* de Juliet B. Schor, publicado recientemente en Estados Unidos.

Cuanto más involucrado está un niño en la cultura de consumo, más probable es que sufra depresión, ansiedad u otros problemas emocionales o psicológicos, revela el libro. Y la cultura de consumo es más difícil de evitar para los niños de hoy en día que nunca, especialmente con anunciantes que se dirigen directamente a ellos, una práctica que surgió al final de los 80.

Muchos de los niños a los que se dirigen todavía no han desarrollado la habilidad de resistirse al poder de persuasión de los anuncios. De hecho, varios estudios indican que los niños pequeños no distinguen entre la programación y la publicidad.

En su defensa, los anunciantes aseguran que sus anuncios impulsan la autoestima del niño presentando a otros niños que toman sus propias decisiones independientemente de sus padres. Además, éstos tienen el poder de decir 'no' y limitar la exposición a la publicidad de su hijo.

Otra práctica común en Estados Unidos es la de que canales de televisión emitan programas y publicidad en las aulas a cambio de dejarles utilizar los monitores de vídeo y el equipo.

Source: marketingdirecto.com

1. **Contesta en inglés.**
   (a) What is said about children at eighteen months and three years old?
   (b) When did the practise of directing advertising at children emerge?
   (c) What do advertisers say are the positive aspects of advertising directed at children?
   (d) What practice is common in the United States?

2. **Busca las siguientes expresiones en el texto.**
   (a) Advertising
   (b) Logo
   (c) Brands
   (d) To express their identity
   (e) Consumer culture
   (f) The power of persuasion
   (g) Self-esteem
   (h) To limit exposure to advertising

E.3 Debate: En grupos de tres o cuatro personas, debatid sobre la siguiente afirmación.

Se debe prohibir la publicidad por televisión dirigida a los niños.

E.3 – Criterios de éxito
- Divide the class into 'for' and 'against' the motion.
- In groups, brainstorm your ideas on the title.
- Work in groups to write speeches for or against the motion.
- Use words and phrases from page 61 and from the box below.
- Appoint one group member to perform the speech.

La publicidad

un anuncio	an advertisement
el poder de una imagen	the power of an image
lanzar una campaña	to launch a campaign
vender productos	to sell products
es una forma de manipularnos	it's a way of manipulating us
está llena de mensajes subliminales	it's full of subliminal messages
está por todas partes	it's everywhere
nos engaña	it deceives us

E.4 Escribe una carta formal o un correo electrónico. HIGHER

You read an article in a Spanish magazine about how advertisements for beauty products constantly deceive us. You decide to write a letter/email in Spanish to the editor of the magazine. (You may loosely base your letter/email on the points mentioned below, either agreeing or disagreeing with all or some of them.)

- The beauty and fashion industries portray unrealistic images.
- Many young people are influenced by the images they see.
- Advertising is full of subliminal messages. Sometimes it is very subtle and people don't realise that they are being manipulated.
- Parents should educate their children about the dangers of advertising.
- The press need to take responsibility and give more consideration to the images they print.

E.4 – Criterios de éxito
- Start and end your letter or email appropriately.
- Use the structure outlined on pages 236 and 237 and include five points.
- Expand and develop each of your five points.
- Make sure you are using the correct verb tenses.
- Check your work for spellings, accents and agreement of adjectives.

E.5 Lee el texto y contesta a las preguntas.

INSTAGRAM, LA PEOR RED PARA LA SALUD MENTAL DE LOS ADOLESCENTES

Un estudio británico le da la peor nota por su capacidad para generar ansiedad entre los jóvenes.

1. Las redes sociales más populares son fuente de innumerables beneficios y ventajas para sus usuarios, pero también generan efectos secundarios poco saludables. Un nuevo estudio, realizado entre jóvenes británicos, se centra en un problema muy particular: el bienestar y la salud mental de los usuarios de estas aplicaciones…

2. 'Los jóvenes que pasan más de dos horas al día en redes sociales como Facebook, Twitter o Instagram son más propensos a sufrir problemas de salud mental, sobre todo angustia y síntomas de ansiedad y depresión,' recogen en el estudio, realizado por la Royal Society of Public Health y la Universidad de Cambridge. Para analizar el posible impacto en la juventud británica, los especialistas estudiaron las actitudes hacia estas redes en 1.500 británicos de entre 14 y 24 años. España es el país con mayor penetración de redes sociales y de telefonía móvil de la Unión Europea…

3. 'Instagram logra fácilmente que las niñas y mujeres se sientan como si sus cuerpos no fueran lo suficientemente buenos mientras la gente agrega filtros y edita sus imágenes para que parezcan perfectas,' asegura uno de los jóvenes estudiados… 'El acoso en Instagram me ha llevado a intentar suicidarme y también a lesionarme,' confiesa un menor de 16 años que participó en el estudio…

4. 'Ser un adolescente es ya suficientemente difícil, pero las presiones a las que se enfrentan online los jóvenes son sin duda únicas para esta generación digital. Es de vital importancia que intervengamos poniendo medidas preventivas,' aseguran las autoras del estudio. El informe propone algunas de estas medidas, como que los usuarios reciban una notificación de la propia aplicación avisándoles del exceso de uso, que la red advierta cuando una foto está manipulada o que se realicen campañas de formación sobre estos riesgos en el ámbito escolar.

Source: *El País*
(Javier Salas)

1. **Contesta en inglés.**
   (a) What was the main finding of the study? (para 2)
   (b) Who took part in the study? (Give full details.) (para 2)
   (c) What is said about the use of social media and mobile phones in Spain? (para 2)
   (d) What negative impact did the study find that Instagram has on women and children? (para 3)
   (e) How did using Instagram affect one sixteen-year-old who participated in the study? (para 3)
   (f) What preventative measures are suggested to help young people using social media? (para 4)

2. **Busca las siguientes expresiones en el texto.**
   (a) The most popular social networks are a source of countless benefits.
   (b) To suffer mental health problems.
   (c) People add filters and edit their images in order to look perfect.
   (d) Being a teenager is already hard enough.
   (e) The pressures that young people face online.
   (f) It's vitally important that we intervene.

E.6 Escucha y contesta a las preguntas en inglés.

CD 2 Track 48

1. What percentage of the population is unhappy with their body image?
   (a) 8%   ☐
   (b) 18%   ☐
   (c) 80%   ☐

2. Who is Helmut Kahn?
   _____

3. In which countries was the research carried out? _____

4. What is believed to be one of the main causes of unhappiness with body image?
   _____

5. Describe one extreme case of poor body image that is mentioned. _____

6. In what year was a study carried out in Germany on this topic?
   (a) 2005   ☐
   (b) 2006   ☐
   (c) 2016   ☐

doscientos noventa y nueve

E.7 Lee el texto y contesta a las preguntas. HIGHER

LOS IDEALES ACTUALES DE BELLEZA Y SU RELACIÓN CON LOS TRASTORNOS ALIMENTARIOS EN JÓVENES

1. Antes eran las revistas, hoy en día son las redes sociales las que constituyen una galería de imágenes femeninas y masculinas, de personajes famosos como modelos, actrices, o personas que han logrado bajar de peso y hoy se dedican a dar indicaciones a sus seguidores acerca de sus métodos, todas ellas, personas con figuras excesivamente delgadas, cuyos posteos van acompañados de múltiples dietas, productos o soluciones para adelgazar. El modelo actual de belleza impone un cuerpo cada vez más delgado, cuya estética no coincide en la mayoría de los casos, con un patrón saludable.

2. Así, la población, en lugar de preocuparse de ver si su alimentación es equilibrada y saludable, se dedica a hablar sobre lo que 'engorda' o 'deja de engordar'. Y, lo más grave de esto es que los receptores de estos mensajes sobre ideales de belleza, son en la mayoría de los casos, adolescentes y jóvenes, que, ante la vulnerabilidad sobre su imagen corporal, pueden caer en obsesiones respecto a sus cuerpos y la alimentación, llegando, incluso, a trastornos como la anorexia o bulimia.

3. Los factores causantes de los trastornos de comportamiento alimentario son una combinación de elementos psicológicos (influencias familiares y conflictos psíquicos) y sociales (influencias de sus pares y expectativas sociales). Afecta mayormente a mujeres, con una proporción de 9 mujeres por 1 hombre. No obstante, cada vez se observan más casos de hombres afectados por dichos trastornos.

4. La anorexia se caracteriza por el rechazo del paciente a los alimentos en general, más aún a aquellos ricos en hidratos de carbono y grasas, miedo obsesivo a aumentar de peso y distorsión de su imagen corporal (se ven 'gordos', a pesar de estar muy delgados). Es el trastorno alimentario más frecuente, que causa muchos problemas de salud, como debilidad, trastornos del sueño, falta de menstruación en mujeres, irritabilidad, anemias, deficiencias de vitaminas y minerales, incluso puede provocar la muerte si no se trata.

5. La bulimia puede presentarse en episodios de atracones con vómitos posteriores a la ingesta, ayunos prolongados, consumo de laxantes y diuréticos. También puede provocar muchas deficiencias nutricionales y alteraciones metabólicas con graves consecuencias para la salud.

6. La moda actual es la de 'eliminar las harinas' de la dieta, abusar del consumo de proteínas, eliminar muchos alimentos de consumo habitual, todos los dulces, aceites, cereales, incluso los lácteos o hasta ciertas frutas, por considerarlas 'altas en azucares'. Desde el punto de vista nutricional esto es un error gravísimo y sin base científica, ya que una alimentación saludable debe ser variada, incluyendo todos los alimentos, y equilibrada, es decir, controlando sus cantidades según su aporte nutricional.

7. Esto ocurre debido a que estos personajes 'guías' o 'modelos' no son profesionales especializados en salud y nutrición, por lo cual es imposible que puedan dar recomendaciones lógicas y basadas en los lineamientos nutricionales, además, no consideran las características individuales de cada persona, es decir, si tiene un problema de salud, su situación económica, sus gustos, sus antecedentes familiares, actividades diarias, y tantos otros aspectos que son necesarios tener en cuenta. Tengamos cuidado y prestemos atención, sobre todo a los niños y adolescentes que utilizan las redes sociales y que reciben una información que puede resultar muy dañina.

Source: misionesonline.net

1. Escribe las frases del texto que sean equivalentes (más o menos) a las siguientes:
    (a) en vez de (para 2)
    (b) efectos serios (para 5)
    (c) tiene que ser diversa (para 6)
    (d) expertos (para 7)
    (e) no piensan en los rasgos personales (para 7)

2. Write in English the meaning (in the context) of the following phrases:
    (a) en lugar de preocuparse de ver si su alimentación es equilibrada y saludable (para 2)
    (b) cada vez se observan más casos de hombres afectados (para 3)
    (c) incluso puede provocar la muerte si no se trata (para 4)

3. Busca en el texto una palabra o frase que tenga el mismo sentido (más o menos) que las siguientes:
    (a) celebridades (para 1)
    (b) para perder peso (para 1)
    (c) sin embargo (para 3)
    (d) consejos (para 7)
    (e) perjudicial (para 7)

4. As a partial summary of the content of the article, write in English the information requested.
    (a) What is said about the images we see on social media? (para 1)
    (b) What health problems can anorexia lead to? (para 4)
    (c) What dietary habits are 'in fashion' at the moment? (para 6)

E.8 Las redes sociales tienen demasiada influencia en el mundo de hoy en día. ¿Estáis de acuerdo o no? Trabajad en grupos pequeños y poned vuestras ideas en común.

Sí, estamos de acuerdo
- Las redes sociales siempre presentan una imagen distorsionada del cuerpo ideal lo que contribuye al desarrollo de desórdenes alimenticios.

No estamos de acuerdo
- Todos sabemos que las imágenes en los medios no son reales. La salud mental y la falta de autoestima son la causa de tales problemas, no la prensa.

La presión social

la prensa	the press	burlarse de	to tease
los medios	the media	estar en la onda	to be cool
las redes sociales	social networks	ser delgado	to be slim
una campaña publicitaria	an advertising campaign	estar de moda	to be fashionable
estar al día	to be up to date	engañar al público	to deceive the public
los famosos	celebrities	tener baja autoestima	to have low self-esteem
los periodistas	journalists		
los fotógrafos	photographers	suicidarse	to commit suicide
se hace viral	it goes viral	aislado	isolated
la presión del grupo	peer pressure	marginalizado	marginalised
tener ropa de marca	to have brand label clothing		

E.9 Escribe tu opinión sobre una de las siguientes afirmaciones. **HIGHER**

(a) La industria de la moda está llena de engaños.
(b) Los jóvenes de hoy están obsesionados con su imagen.

E.9 – Criterios de éxito
- Write 150 words or more.
- Structure your answer with an introduction, at least three points and a conclusion.
- Use the words and phrases from page 61.
- Check your work for spellings, accents and agreement of adjectives.

F. La gramática: El imperativo 2

In Unit 8 we studied the informal affirmative imperative (telling one or more persons to do something). You can revise this on pages 242 and 243. We are now going to consider the informal negative imperative (telling one or more persons NOT to do something) and the formal imperative (giving an order or command to a person or persons in a formal situation). These situations require the use of the subjunctive.

The negative imperative – informal

To form the negative imperative (speaking to one person or more than one person), we use:
NO + PRESENT SUBJUNCTIVE (*tú*/*vosotros* form)

Habla con ella. ....Talk to her. (speaking to one person)
No hables con ella. ....Don't talk to her. (speaking to one person)

Hablad con ella. ....Talk to her. (speaking to more than one person)
No habléis con ella. ....Don't talk to her. (speaking to more than one person)

Ven a verme. ....Come to see me. (speaking to one person)
No vengas a verme. ....Don't come to see me. (speaking to one person)

Venid a verme. ....Come to see me. (speaking to more than one person)
No vengáis a verme. ....Don't come to see me. (speaking to more than one person)

F.1 Convierte estos verbos en imperativo afirmativo con *tú* y después en imperativo negativo con *tú*.
1. Salir a las tres.   *Sal a las tres.*   *No salgas a las tres.*
2. Venir aquí.
3. Hablar conmigo.
4. Comer el bocadillo.
5. Poner los libros aquí.
6. Decir la verdad.
7. Abrir la ventana.
8. Acostarse ahora.

F.2 Convierte estos verbos en imperativo afirmativo con *vosotros* y después en imperativo negativo con *vosotros*.
1. Hablar con ella.   *Hablad con ella.*   *No habléis con ella.*
2. Hacer las camas.
3. Mirar la pizarra.
4. Empezar los deberes.
5. Tener cuidado.
6. Despertarse temprano.
7. Escribir una carta.
8. Salir mañana.

The imperative – formal

To form the formal imperative (speaking to one person (**usted**) or more than one person (**ustedes**), we use:

PRESENT SUBJUNCTIVE (positive and negative forms)

Escuche. .... Listen. (to one person – *usted*)
No escuche. .... Don't listen. (to one person – *usted*)
Escuchen. .... Listen. (to more than one person – *ustedes*)
No escuchen. .... Don't listen. (to more than one person – *ustedes*)

Salga. .... Go out. (to one person – *usted*)
No salga. .... Don't go out. (to one person – *usted*)
Salgan. .... Go out. (to more than one person – *ustedes*)
No salgan. .... Don't go out. (to more than one person – *ustedes*)

F.3 Escribe estas frases en español – todas las frases se refieren a *usted* (formal).
1. Buy the tickets.
2. Don't cross the street.
3. Take the first left.
4. Don't look at the board.
5. Take out your books.
6. Don't go out.
7. Look at the photo.
8. Don't read that article.

F.4 Escribe estas frases en español – todas las frases se refieren a *ustedes* (formal).
1. Cross the bridge.
2. Don't work in groups.
3. Don't come to the meeting.
4. Be careful.
5. Tell the truth.
6. Don't buy those strawberries.
7. Leave your coats here.
8. Don't forget to do the exercises.

G. Los deberes de la Unidad 10

La gramática

G.1 Escribe el presente del subjuntivo del verbo entre paréntesis.
1. Estoy triste de que mi amigo no _____ (poder) venir conmigo.
2. Hablaré con Elena cuando ella _____ (venir) a mi oficina mañana.
3. Dudo que nosotros _____ (salir) con Miguel este fin de semana.
4. No creo que ellos _____ (suspender) el examen.
5. El director aconseja que yo _____ (aprender) todos los verbos.
6. Ojalá que _____ (hacer) buen tiempo este verano.
7. No te pagaré a menos que tú _____ (limpiar) el cuarto.
8. Saldré tan pronto como tú _____ (llegar) aquí.
9. Es importante que el Rey _____ (estar) listo para la llegada del presidente.
10. Queremos que nuestro hijo _____ (tocar) el piano.

G.2 Escribe las frases en español.

1. The teacher advises that we study one chapter of the book per night.
2. My parents want me to go on holiday with them this summer.
3. I hope that you win the competition.
4. It is strange that he doesn't know the answer.
5. I doubt that the children are hungry. They've been eating all morning!
6. Sara wants Diego to wear a suit and tie to the dinner.
7. It's a shame that we can't visit them this weekend.
8. They will give him the gift when he comes to the restaurant.
9. He is afraid that we'll lose the match.
10. I don't believe that it's too late to change the colours.

G.3 Escribe estas frases en español.

1. Close your books. (Vosotros)
2. Don't open the door. (Tú)
3. Take the money. (Usted)
4. Don't go over there. (Ustedes)
5. Look at the screen. (Vosotros)
6. Put your coat in the wardrobe. (Tú)
7. Wake up. (Usted)
8. Go to bed. (Ustedes)
9. Don't speak to her. (Vosotros)
10. Don't cross that road. (Tú)

El vocabulario

G.4 Traduce al español las siguientes palabras.

1. A suit
2. Leather
3. A watch
4. A raincoat
5. A tie
6. Jeans
7. A dress
8. A belt
9. Silk
10. A pocket
11. Flip-flops
12. Sleeves

G.5 Traduce al español las siguientes palabras.

1. Advertising
2. An advertisement
3. An image
4. It deceives us
5. The press
6. The media
7. Celebrities
8. To be in fashion
9. To have low self-esteem
10. It goes viral
11. Brand label clothing
12. To be cool

La comprensión lectora

G.6 Lee el texto y contesta a las preguntas en inglés.

LAS MODELOS DEMASIADO FLACAS DEBEN MOSTRAR UN CERTIFICADO MÉDICO PARA DESFILAR EN FRANCIA

La nueva ley es una medida contra la anorexia. Las maniquís deben acreditar un índice de masa corporal adecuado para desfilar.

El ministerio de salud francés reconoce que las modelos representan un grupo especialmente afectado por los desórdenes alimenticios. Según el ministerio, el objetivo de la nueva ley es combatir la anorexia entre los jóvenes y cambiar la imagen del cuerpo en los medios.

Francia está luchando contra la anorexia entre las modelos. Desde 2018 las modelos deben tener un certificado médico que pruebe que no están demasiado delgadas. Sin el certificado no se les permite desfilar en ninguna pasarela francesa. El certificado debe mostrar su índice de masa corporal, su peso y su altura. Las agencias de modelos, revistas de moda y sitios web – que empleen a una modelo sin el certificado – podrán ser condenados a una multa de 70.000 euros o hasta cinco meses de prisión. La nueva ley también se aplica a todas las modelos de otros países europeos que trabajen en Francia.

Los desórdenes alimenticios siguen siendo un problema en el mundo de la moda pero Bélgica, Chile e Italia han introducido leyes similares para proteger a sus modelos. La primera capital europea en controlar el peso de las modelos de manera positiva fue Madrid antes de la Pasarela Cibeles de 2006.

1. What is the new regulation for models in France?
2. What is the penalty for employers who break the new regulation?
3. What is the objective of the new law?
4. Where was this type of measure first introduced?

Unidad 10   La moda

Escribir

G.7 Escribe un diario.

You're back at your hotel after a day of shopping in Madrid. Write a diary entry in Spanish mentioning all of the following points:

- Say how you feel after a long day of shopping.
- Describe two items you bought.
- Mention what you did after shopping.
- Describe your plans for the rest of your holiday in Madrid.

> **G.7 – Criterios de éxito**
> - Make sure you include all four points.
> - Start each point on a new line.
> - Use the structure and phrases from pages 92 and 93.
> - Make sure you are using the correct verb tenses.
> - Check your work for spellings, accents and agreement of adjectives.

G.8 Completa el diálogo.

You have just arrived in Granada to spend the summer with your Spanish friend Carlos and his family.

Complete in Spanish your side of the following dialogue.

Carlos: ¿Qué quieres hacer durante tu estancia aquí?

Tú: Explain that you are hoping to find a summer job to improve your Spanish and earn some money. You would like to find a job in a bar or restaurant.

Carlos: ¿Has trabajado en un restaurante antes?

Tú: Tell him that you worked in a restaurant in your town last summer. The hours were long, but the work wasn't difficult and the customers used to give tips.

Carlos: ¿Buscas un empleo a tiempo parcial o a jornada completa?

Tú: Say you would prefer to work part-time because there are so many tourist attractions that you want to visit while in Granada. Say you bought a ticket online to visit the Alhambra and you will go next month.

Carlos: La Alhambra es preciosa. ¿Te interesa la historia?

Tú: Say yes. History is your favourite subject at school and your mother is a History teacher. You hope that your parents will come to Granada to visit you so that they can see the Alhambra too.

Carlos: ¿Han estado en España antes?

Tú: Tell him they have never been to Spain before, but they are interested in travel. They went to Italy last year and really enjoyed it. Say you will call them later to invite them to Granada.

trescientos siete

¡Venga!

Unidad 10 Autoevaluación

		😊	😐	😠
	I can describe the clothes I like to wear.			
	I can answer questions about my style.			
	I can write a diary entry about a shopping trip.			
	I can write a message about returning an item of clothing I bought.			
	H I can describe issues related to advertising and social media.			
	H I can discuss body image.			
	I can understand the general sense of texts about clothes, fashion, advertising and social media.			
	I can recognise and use the present subjunctive.			
	I can use the subjunctive to form the negative imperative and the formal imperative.			
	I can follow conversations about clothes and shopping.			
	I can understand reports about brands, advertising and body image.			

After completing the *autoevaluación* above, write your own simple learning targets for the next few weeks. Think about what you know well and what you need to revise. What topic or topics do you need to revisit? Fill in the chart below.

Lo que ya sé de la Unidad 10	Lo que tengo que repasar de la Unidad 10

trescientos ocho

Unidad 11
El mundo laboral

Communicative objectives

By the end of this unit you will be able to:
- Talk about jobs and work experience
- Discuss unemployment, homelessness and emigration

Contesta a las preguntas en inglés.

1. Which of the topics above do you already know quite well?
2. Which topics are you not really able to talk or write about in Spanish?
3. Make a graphic organiser about the topic of work in your copy and fill in all the vocabulary you already know related to the topic.

La gramática

› The imperfect subjunctive
› *Si* clauses

El examen oral

› An interview about your part-time job
› An interview about your plans for the future

El examen escrito

› Write an informal letter or email about an interview
› Write a diary entry about your first day in a new job
› Translate a dialogue about applying for a college course
› Write a message to your boss explaining why you can't go to work
› Formal letters:
  – Applying for a summer job
  – Homelessness
› Write your opinion on:
  – Having a job while at school
  – Money makes us happy
  – Immigrants enrich our society

Habilidades de comprensión

› Listening and reading comprehension practice on the theme of work

A. Mi trabajo a tiempo parcial

A.1 Seis jóvenes hablan sobre sus empleos de media jornada. Lee sus opiniones.

Raúl: Trabajo todos los sábados en una peluquería del centro de la ciudad. El trabajo es un poco aburrido pero es una buena experiencia y me encanta charlar con los clientes.

Nuria: Tengo un trabajo de media jornada en la oficina de mi padre. Es contable. Trabajo todos los miércoles por la tarde y en el verano trabajo cinco días a la semana. El empleo me da mucha experiencia sobre el mundo laboral.

Santiago: Soy camarero. Me encanta tener un trabajo. Ganar mi propio dinero me da mucha independencia. El salario no es bueno pero los clientes me dan propinas. Lo que no me gusta es que los días son muy largos y tengo que pasar horas enteras de pie.

Lucía: Soy dependienta de un supermercado. Tengo que rellenar las estanterías, barrer el suelo y trabajar en la caja. Trabajo todos los sábados y todos los domingos. Lo malo es que los lunes en el instituto siempre estoy agotada y me cuesta concentrarme en clase.

Álvaro: Trabajo en una tienda de artículos de deporte. El trabajo es bastante variado e interesante. Gracias a mi empleo ahora tengo más confianza en mí mismo. He aprendido a trabajar en equipo y a relacionarme mejor con la gente.

Gloria: Soy canguro de los niños de mis vecinos. Cuido de una niña de siete años y de un niño de cinco años. Me encanta mi trabajo porque es fácil y los chicos son muy monos. Tengo que acostar a los niños y leerles cuentos para que se duerman. Lo mejor es que puedo hacer los deberes y estudiar mientras duermen.

A.2 ¿Cuáles son las ventajas y las desventajas de tener un empleo en el sexto curso? Discutidlo en grupos pequeños.

A.3 Escribe tu opinión sobre la siguiente afirmación:

Tener un empleo en el sexto curso no perjudica los estudios.

A.3 – Criterios de éxito
- Write 150 words or more.
- Structure your answer with an introduction, at least three points and a conclusion.
- Use ideas and phrases from your group discussion in the previous activity.
- Check your work for spellings, accents and agreement of adjectives.

A.4 Una entrevista sobre mi trabajo. Escribe en tu cuaderno las preguntas y las respuestas con frases completas.

1. **¿Tienes un trabajo?**
   — No. Mis padres prefieren que no trabaje este año.
   — Sí. Tengo un trabajo de media jornada en una tienda de ropa.

2. **¿En qué consiste el trabajo?**
   — Tengo que…

rellenar las estanterías	lavar los platos
barrer el suelo	preparar las comidas
trabajar en la caja	cambiar las sábanas
servir a los clientes	anotar los pedidos de los clientes
contestar al teléfono	poner las mesas
archivar documentos	escribir emails

3. **¿Cuándo trabajas?**
   — Trabajo todos los sábados de las nueve de la mañana a las seis de la tarde.
   — Trabajo dos tardes a la semana desde las cinco hasta las nueve.
   — Trabajo los viernes por la noche y los sábados hasta las cinco.

4. **¿Cómo es el trabajo?**
   — No me gusta el trabajo porque siempre hago las mismas cosas y es muy aburrido.
   — Es un trabajo variado y los clientes son simpáticos.
   — Me encanta el trabajo porque recibo muchas propinas y el trabajo no es muy duro.
   — ¡Es difícil! El horario es largo y paso todo el día de pie. Llego a casa hecho polvo después de estar todo el día trabajando.

5. **¿Ganas mucho dinero?**
   — Gano doce euros la hora.
   — Recibo treinta y cinco euros cada tarde que trabajo.
   — No recibo mucho. El sueldo no es muy bueno pero si no trabajara no tendría bastante dinero para mis gastos.

6. **¿Recibes una paga semanal?**
   — Sí. Mis padres me dan veinticinco euros al mes para mis gastos personales.
   — Mi madre me da diez euros a la semana. No es mucho pero ella compra todo lo que necesito como la ropa o los libros del cole.
   — Recibo veinte euros si hago las tareas domésticas. Los sábados tengo que hacer la colada, planchar y pasar la aspiradora.

7. **¿En qué gastas tu dinero?**
   — Me encanta la moda. Gasto casi todo mi dinero en ropa y maquillaje.
   — Compro entradas para conciertos y para ir al cine, también compro bocadillos en el comedor del colegio.
   — Compro mis billetes de autobús y gasto un poco en chucherías.

¡Venga!

8. **¿Ahorras mucho dinero?**
   — Intento ahorrar veinte euros a la semana. En agosto voy a ir de vacaciones a Grecia con mis compañeros del colegio y tengo que pagar el billete de avión.
   — Ahorro la mitad de lo que gano porque quiero comprar un ordenador portátil antes de empezar la universidad.
   — ¡Qué va! Tengo tantos gastos ahora que después de pagar todo no me queda nada.

9. **¿Vas a buscar un trabajo este verano?**
   — Sí. Después de los exámenes buscaré un trabajo porque si saco los puntos necesarios para ir a la universidad, tendré muchos gastos el año que viene.
   — En el supermercado donde trabajo me han dicho que puedo trabajar a jornada completa durante los meses de julio y agosto.
   — No voy a trabajar este verano. Estaré agotado después de los exámenes y por eso voy a ir de vacaciones con mi familia para relajarme un poco.

Practica las preguntas con tu compañero/a.

Log on to **www.edcolearning.ie** to access mock oral exam videos.

A.5 Escucha y rellena el cuadro en inglés.

CD 2 Tracks 49–53

NAME	JOB	2 TASKS HE/SHE DOES	SALARY
A. Gabriel		1. 2.	
B. Alba		1. 2.	
C. Ignacio		1. 2.	
D. Alejandra		1. 2.	

A.6 Escribe un diario.

You've just started a new part-time job in your aunt's office. Write a diary entry in Spanish mentioning all of the following points:
- Say how you feel after your first day at work.
- Describe three things you did in the office today.
- Say what you did at lunchtime.
- Describe what you are going to do with the money you earn.

A.6 – Criterios de éxito
- Make sure you include all four points.
- Start each point on a new line.
- Use the structure and phrases from pages 92 and 93.
- Make sure you are using the correct verb tenses.
- Check your work for spellings, accents and agreement of adjectives.

A.7 Escribe un mensaje.

You have a part-time job in a restaurant. You should be working this weekend but you've a Maths exam on Monday.
Leave a note in Spanish for your boss, including all of the following points:
- You can't come to work this Saturday evening because you have to study for an important exam.
- You failed your last Maths exam so you really need to revise.
- Your colleague David said he will work instead of you this Saturday.
- You will return to work as normal next weekend.

B. La práctica laboral

B.1 Dos alumnos hablan sobre práctica laboral. Lee los textos y contesta a las preguntas.

ALISON

Cuando estaba en el año de transición tuve la oportunidad de hacer dos semanas de práctica laboral. Las hice en el mes de octubre en una escuela primaria. Lo pasé fenomenal. Todos los días iba a la escuela a las nueve de la mañana. Por la mañana tenía que ayudar a los niños a hacer sus ejercicios, les leía cuentos y organizaba sus materiales de arte. Por la tarde ayudaba a los profesores en las clases de educación física. Organizaba juegos entre los niños y les enseñaba a jugar al baloncesto. La experiencia me sirvió para comprender como es el trabajo de una maestra. Es un trabajo agotador pero es divertido y gratificante. Aprendí a controlar a un grupo de niños y a trabajar en equipo con los profesores. Me encantan los niños y por eso quiero sacarme el título de maestra después de hacer el Leaving Cert.

CONOR

Durante el cuarto curso tuve que hacer dos semanas de práctica laboral. No sabía qué hacer así que fui a trabajar a la oficina de mi madre. Es abogada y trabaja en un gran bufete de abogados del centro de Dublín. El trabajo fue bastante aburrido. Pasé todos los días archivando documentos, haciendo fotocopias y contestando al teléfono. Lo bueno fue que me pagaron doscientos euros por las dos semanas pero no me interesa el Derecho y estoy seguro de que no voy a hacer la carrera de abogado en el futuro. No podría estar todos los días en una oficina. Preferiría un trabajo al aire libre.

1. **Contesta en español.**
   - (a) ¿Dónde hizo Alison sus prácticas laborales?
   - (b) ¿Cuáles son las tareas que tenía que hacer cada día?
   - (c) ¿Qué pensó Conor de sus prácticas laborales?
   - (d) ¿Recibió Conor un sueldo por su trabajo?

2. **Contesta en inglés.**
   - (a) What adjectives does Alison use to describe the job?
   - (b) What skills did Alison learn during her work experience?
   - (c) What jobs did Conor do every day?
   - (d) What does Conor say about his future career?

¡Venga!

B.2 Dos alumnos hablan sobre sus prácticas laborales. Escucha y contesta a las preguntas en inglés.

CD 2 Tracks 54–56

A. Jack 
1. Where did Jack do his work experience when he was in transition year? _____
2. How did he find the placement? _____
3. What tasks did he have to do? _____
4. Did he enjoy the experience? Why/why not? _____
5. How much pay did he receive? _____
6. What is his advice for students looking for work experience? _____

B. Dervla 
1. Where did Dervla do her work experience? _____
2. How did she find the placement? _____
3. What tasks did she have to do in the lab? _____
4. Did she enjoy the experience? Why/why not? _____
5. How much pay did she receive? _____
6. What is her advice for students looking for work experience? _____

V El mundo laboral

la ambición .... ambition	un salario/un sueldo .... a salary
la cualificación .... qualification	buscar .... to look for
las condiciones de .... job conditions	encontrar .... to find
trabajo	ganar .... to earn
los derechos .... rights	hacer prácticas .... to do work experience
una empresa .... a business/company	
una entrevista .... an interview	pagar bien/mal .... to pay well/badly
un candidato .... a candidate	sacar el título de… .... to qualify as…
un contrato .... a contract	tomar un año sabático .... to take a gap year
una propina .... a tip	

trescientos catorce

Unidad 11　El mundo laboral

B.3 Escribe una carta o un correo electrónico a un amigo.

Write a letter or email to your Spanish pen-pal Luis.

- Tell him that this morning you went for an interview for a summer job.
- Describe the clothing you wore to the interview.
- Tell him one positive aspect and one negative aspect about the job you applied for.
- Explain why you need the job.
- Ask him if he is going to look for a summer job this year.

B.3 – Criterios de éxito

- Start and end your letter or email appropriately.
- Make sure you include all the points and write at least two sentences per point.
- Use the structure and phrases from pages 33 and 34.
- Make sure you are using the correct verb tenses.
- Check your work for spellings, accents and agreement of adjectives.

B.4 Escribe una carta formal o un correo electrónico. HIGHER

You saw an advertisement in a Spanish newspaper for a new hotel opening on the Costa del Sol. You decide to write a letter/email in Spanish to the manager requesting a summer job. (You may loosely base your letter/email on some/all of the points mentioned below.)

- You are looking for a summer job in the hotel to improve your Spanish.
- You believe you are an ideal candidate for the new hotel because you worked in your uncle's hotel last summer.
- Describe your strengths and abilities.
- Explain that your exams finish on 20 June but you are available for a telephone interview before that.
- Say you have enclosed your CV and letters of reference from your Spanish teacher and the manager of your uncle's hotel.

B.4 – Criterios de éxito

- Start and end your letter or email appropriately.
- Use the structure outlined on pages 236 and 237 and include five points.
- Expand and develop each of your five points.
- Make sure you are using the correct verb tenses.
- Check your work for spellings, accents and agreement of adjectives.

C. Planes para el futuro

C.1 Una entrevista sobre el futuro. Escribe en tu cuaderno las preguntas y las respuestas con frases completas.

1. ¿Qué vas a hacer el año que viene?
   — Quisiera tomar un año sabático. Voy a trabajar para poder ganar algo de dinero. Quiero viajar un poco. Decidiré a qué dedicarme más adelante.
   — Espero ir a la universidad. Quiero licenciarme en… Derecho
   Letras
   Medicina
   Economía
   Ciencias
   Ingeniería
   Informática
   — Todavía no sé lo que voy a hacer el año que viene.
   — No quiero seguir estudiando. Preferiría encontrar un trabajo.
   — Me gustaría sacar el título de… contable
   electricista
   fontanero
   mecánico
   médico
   profesor
   veterinario

2. ¿Por qué elegiste esa carrera?
   — Podría ganar mucho dinero. Tener un buen sueldo es importante para mí.
   — Mi hermana mayor estudió lo mismo y le encantó.
   — Quiero ayudar a otra gente y trabajar en equipo.

3. ¿Cuántos años tendrás que estudiar?
   — El grado es de cuatro años.
   — El aprendizaje dura tres años.
   — Es una carrera larguísima, de seis años.

4. ¿Es difícil matricularse en esa carrera?
   — Claro que sí. Necesito quinientos sesenta puntos.
   — Ojalá que saque los puntos necesarios.
   — Tengo que preparar una carpeta con mis mejores obras y hacer una entrevista.

5. ¿Qué harías si no sacaras los puntos necesarios?
   — Si no sacara la nota necesaria, tendría que repetir curso.
   — Buscaría un trabajo y repetiría los exámenes el año que viene.
   — Me siento optimista. ¡No tengo un plan B!

Unidad 11 El mundo laboral

6. **¿Vas a quedarte en la casa de tus padres el año que viene?**
   — Todo depende de la nota. Si voy a la universidad de Cork, buscaré un piso o una habitación en una residencia de estudiantes.
   — ¡Por supuesto! El alquiler en Dublín es carísimo. No lo podría pagar. Me quedaré en casa con mis padres hasta que gane mi propio dinero.

7. **¿Piensas que tomar un año sabático es buena idea?**
   — Es una buena oportunidad para viajar, conocer culturas nuevas y aprender un idioma extranjero.
   — Creo que es una buena idea acumular experiencia laboral y ganar dinero antes de empezar un curso universitario.
   — Es bueno probar cosas diferentes si no sabes lo que hacer después del Leaving Cert.
   — En mi opinión es una pérdida de tiempo. Sería mejor pasar el año estudiando y aprendiendo más.

8. **¿Quieres seguir estudiando español?**
   — Sí. Es muy importante saber otros idiomas en el mundo laboral. Todas las grandes empresas internacionales necesitan empleados que hablen más de un idioma.
   — Claro que sí. Es una de mis asignaturas favoritas. Me encanta el español y espero estudiar español y Economía.
   — ¡Qué va! No me gustan los idiomas. Los encuentro muy difíciles. Preferiría estudiar algo relacionado con las ciencias.

9. **¿Te apetece la idea de vivir en el extranjero en el futuro?**
   — Sí, me gustaría trabajar en Londres en el futuro. Mi hermana mayor trabaja allí y dice que es una ciudad muy viva y animada.
   — Espero irme de Erasmus para mejorar el español y conocer otra cultura.
   — No me apetece. Soy muy hogareño y preferiría vivir en Irlanda cerca de mi familia y de mis amigos. Sentiría nostalgia de mi país y de mi familia.

10. **¿Qué harías si no pudieras encontrar trabajo en Irlanda?**
    — No sé. A lo mejor me iría a Australia o a los Estados Unidos para buscar trabajo allí.
    — Tengo suerte porque mi madre tiene su propio negocio y ya me ha prometido un puesto si no encuentro nada.
    — De todas formas no iría al extranjero. Sería más fácil estar en casa sin empleo que estar en el extranjero y en paro. Si fuera al extranjero tendría que pagar el alquiler y las facturas.

Practica las preguntas con tu compañero/a.

Log on to **www.edcolearning.ie** to access mock oral exam videos.

C.2 Escucha el examen oral de Sinéad y contesta a las preguntas en inglés.

1. What would Sinéad like to do next year? _____
2. How many points does she need? _____
3. Why will she travel to Dublin in August? _____
4. What does she think will be difficult about the course? _____
5. Why did she choose this profession? _____
6. What do her parents think of her choice? _____

¡Venga!

C.3 Completa el diálogo. HIGHER

You are considering studying Business at a university in Madrid. You call the administration office to enquire about the course.
Complete in Spanish your side of the following dialogue.

Sra. Cruz: Universidad Carlos III. ¿En qué puedo ayudarle?

Tú: Say you are calling from Ireland. You are in your final year at school and you are thinking about doing a Business course next year. You would like to know about the courses offered at Universidad Carlos III.

Sra. Cruz: Pues la verdad es que ofrecemos una gran variedad de carreras – grados en Economía, Finanzas, Contabilidad y Administración de Empresas. ¿Qué le interesa más?

Tú: Say you like Accounting, but Economics is what interests you most. Ask how long the degree course in Economics is and ask what you need to do to enroll on the course.

Sra. Cruz: El grado es de cuatro años. Toda la información está en nuestra página web y en el prospecto de la universidad. Se puede estudiar el grado en inglés o en español.

Tú: Ask if she can send you a prospectus. Say you would prefer to study the degree in Spanish to improve your Spanish. Say you don't think it'll be easy for you, but you hope your Spanish is good enough.

Sra. Cruz: ¿Desde cuándo estudia español?

Tú: Say you've been studying Spanish for six years. You love the language but find the grammar difficult. Say you did an intensive course in Málaga last summer and you really enjoyed it.

Sra. Cruz: Muy bien. ¿Necesita más información?

Tú: Say you are looking forward to reading the prospectus and you will contact her again if you need more information. Ask for her email address.

C.4 Escribe tu opinión sobre una de las siguientes afirmaciones. HIGHER

(a) Se aprende más fuera de la clase que dentro.
(b) No es necesario ir a la universidad para tener éxito en la vida.

C.4 – Criterios de éxito
- Write 150 words or more.
- Structure your answer with an introduction, at least three points and a conclusion.
- Use the words and phrases from page 61.
- Check your work for spellings, accents and agreement of adjectives.

D. La gramática: El imperfecto de subjuntivo

El imperfecto de subjuntivo

You may have noticed a verb form you didn't recognise in section C.1, for question 10: '¿Qué harías si no **pudieras** encontrar trabajo en Irlanda?'

Pudieras is the imperfect subjunctive form of the verb *poder*. In Spanish, the imperfect subjunctive is used in the same situations as the present subjunctive (uncertainty, doubt, expressing emotion, desire or necessity), but when the **WEIRDO** verb is in the preterite, imperfect, conditional or past perfect tense.

FORMING THE IMPERFECT SUBJUNCTIVE

Step 1
Take the *ellos* form of the verb in the *pretérito indefinido*.

Step 2
Remove the -ron from the end of the *ellos* form. This becomes the stem.

INFINITIVE	ELLOS FORM OF THE PRETÉRITO INDEFINIDO	SUBJUNCTIVE STEM
HABLAR	hablaron	habla-
COMER	comieron	comie-
VIVIR	vivieron	vivie-
TENER	tuvieron	tuvie-
HACER	hicieron	hicie-
IR	fueron	fue-
JUGAR	jugaron	juga-

Step 3
Add one of the endings* from the table below.

	-RA endings	-SE endings
yo	-ra	-se
tú	-ras	-ses
él/ella/usted	-ra	-se
nosotros/as	-ramos	-semos
vosotros/as	-rais	-seis
ellos/ellas/ustedes	-ran	-sen

*There are two sets of endings in the imperfect subjunctive: -RA and -SE. You can choose from either set of endings for all verbs. You only need to use one set of endings, and the -RA endings are more commonly used. However, it is a good idea to be able to recognise both sets of endings.

The following table shows the full conjugation of the verb **tener** using both sets of endings.

	-RA endings	-SE endings
yo	tuviera	tuviese
tú	tuvieras	tuvieses
él/ella/usted	tuviera	tuviese
nosotros/as	tuviéramos	tuviésemos
vosotros/as	tuvierais	tuvieseis
ellos/ellas/ustedes	tuvieran	tuviesen

The table below shows the imperfect subjunctive conjugations for the verbs **hablar**, **comer** and **ser**.

	HABLAR	COMER	SER
yo	hablara	comiera	fuera
tú	hablaras	comieras	fueras
él/ella/usted	hablara	comiera	fuera
nosotros/as	habláramos	comiéramos	fuéramos
vosotros/as	hablarais	comierais	fuerais
ellos/ellas/ustedes	hablaran	comieran	fueran

¡Ojo!

The **nosotros** conjugations add an accent on the vowel immediately before the ending.

Habl**á**ramos   comi**é**ramos   fu**é**ramos

Examples of the imperfect subjunctive in use:

Mi madre quería que nosotros **comiéramos** la fruta. ....My mother wanted us to eat the fruit.

El profesor esperaba que yo **hiciera** los deberes. ....The teacher hoped I'd do the homework.

Era posible que Carlos **tuviera** su coche. ....It was possible that Carlos had her car.

D.1 Escribe el imperfecto de subjuntivo de los verbos según el sujeto.

Ejemplo: Hablar (yo) hablara

1. Tomar (tú)
2. Beber (ella)
3. Vivir (nosotros)
4. Tener (yo)
5. Vender (ellos)
6. Subir (vosotros)
7. Mirar (él)
8. Poner (tú)
9. Hacer (nosotros)
10. Decir (yo)

D.2 Escribe el imperfecto de subjuntivo del verbo entre paréntesis.

1. No creía que su tío _____ (ser) de Nueva York.
2. Mi padre quería que yo _____ (estudiar) medicina.
3. Era importante que los estudiantes _____ (saber) los verbos.
4. Jorge preparó una paella antes de que _____ (llegar) su novia.
5. Yo estudié todos los verbos en caso de que _____ (haber) un examen.
6. Preferíamos que Laura _____ (jugar) al fútbol en vez de al baloncesto.
7. Se fueron antes de que _____ (terminar) el partido.
8. Fuera una lástima que mi abuelo no _____ (venir) a la fiesta.
9. Compré unos bocadillos en caso de que los niños _____ (tener) hambre.
10. No creíamos que ella _____ (perder) su pasaporte.
11. Insistieron en que nosotros _____ (comer) con ellos.
12. Fue ridículo que ellos _____ (salir) durante la tormenta.
13. Los niños no querían que los juegos _____ (terminar).
14. Si yo _____ (tener) tiempo, iría al concierto.
15. Si yo los _____ (invitar), ellos vendrían.

D.3 Escribe las frases en español.

1. It was a pity that you couldn't come to the match.
2. The teacher wanted the students to study for the exams.
3. The waiter suggested that we try the lamb.
4. I didn't think she stole the money.
5. My parents asked me to wash the car.
6. She called as soon as she heard the news.
7. It was important that I learned the poem.
8. I hope he washed his hands before dinner.
9. He didn't believe that my grandmother was from Spain.
10. I was afraid you knew my secret.

Las cláusulas con si

In Spanish, there are two main ways to use **si** in a sentence, depending on whether the condition is likely or unlikely. This is the same in English. Consider the following:

Likely: ....If it is sunny, I will go to the beach.
Unlikely: ....If it was sunny, I would go to the beach.

In Spanish, the two main ways of using **si** follow these formulas:

SPF   Si   +   present   +   future
SIC   Si   +   imperfect subjunctive   +   conditional

SPF ....*Si hace sol, iré a la playa.*
SIC ....*Si hiciera sol, iría a la playa.*

¡Ojo!

The two clauses of the sentence can be swapped around, but what is important to remember is that *si* will always be followed by a present tense or an imperfect subjunctive.

For example:

Si hace sol, **iré** a la playa.
Si hiciera sol, **iría** a la playa.

D.4 Escribe la forma correcta del verbo entre paréntesis.

Ejemplo: Si hace sol, ellos __irán__ a la playa.

1. Si tengo sed, yo _____ (beber) un vaso de agua.
2. Si está lloviendo, mi madre _____ (llevar) un paraguas.
3. Si tenemos tiempo, _____ (ir) a la fiesta de Isabel.
4. Si _____ (hacer) calor, ellos se bañarán en el mar.
5. Si _____ (llover) mañana, no iremos a la playa.
6. Si tú _____ (venir) a su fiesta, estará muy contenta.
7. Si yo ganara la lotería, _____ (comprar) una casa.
8. Si tuviera dinero, ella _____ (ir) al concierto con Miguel.
9. Si Carlos viera un accidente, _____ (ayudar, él).
10. Si yo _____ (practicar) más, tocaría mejor el piano.
11. Si nosotros _____ (tener) dinero, iríamos de vacaciones.
12. Si yo _____ (ser) el director del colegio, cambiaría el uniforme.

D.5 Escribe las frases en español.

1. If it is hot, we will go to the swimming pool.
2. If he comes home early, we will watch a movie together.
3. I will buy a new dress if she invites me to her party.
4. They will be very happy if they pass the exams.
5. If you like the book, I will give you another one.
6. If the weather is bad, they will stay at home tomorrow.
7. If I won the lottery, I would buy a new car.
8. If we had time, we would visit our grandparents in England.
9. If she studied more, she wouldn't fail the exams.
10. If I got good grades, I would go to university.
11. If they couldn't find jobs in Ireland, they would emigrate.
12. She would study Science if she had the money to go to university.

¡Frases en subjuntivo que impresionarán a tu profe si las escribes en tu ensayo de opinión!

¡Así sea!	So be it!
O sea…	In other words…
Que yo sepa,	As far as I know,
Pase lo que pase,	Whatever happens,
Puede ser que haya alguna solución.	It may be that there is some solution.
¡Ojalá lo pudiéramos hacer!	If only we could do it!
¡Ojalá no lo hubieran hecho!	If only they hadn't done it!
¡Ojalá la situación mejore!	If only the situation would improve!
Si fuera el director, yo cambiaría…	If I were the principal, I would change…
Me gustaría que el gobierno introdujera…	I would like the government to introduce…
Por más que diga el gobierno…	Whatever the government says…
Hace falta que los jóvenes entiendan la importancia de..	Young people need to understand the importance of…

E. El paro

E.1 Lee el texto y contesta a las preguntas en inglés.

EL PROBLEMA DEL PARO JUVENIL, EN PRIMERA PERSONA

Con una tasa de paro del 54,39%, solo superada en la Unión Europea por Grecia, casi un millón de jóvenes se encuentran en desempleo en nuestro país…

Sergio Sanz, 25 años: 'El futuro es malo, pero hay jóvenes que no buscan trabajo.' Estudiante de último curso de Ingeniería de Caminos, Canales y Puertos en la universidad de Alfonso X el Sabio tuvo la suerte el verano pasado de trabajar en prácticas a través de la Diputación de Segovia en las obras de una carretera, 'cuya remuneración era en créditos para la facultad'…

Desiré Ramos, 25 años: 'He estudiado mucho y no he tenido ninguna oportunidad.' Durante los últimos años ha compaginado sus estudios de Administración de Finanzas en Empresas, algún máster e inglés con trabajos de dependienta 'y no he tenido ninguna recompensa ni oportunidad de trabajar en lo mío,' afirma. Ahora busca cualquier cosa, relacionada con sus estudios o no. 'Hoy mismo tenía una entrevista de trabajo en una asesoría y ayer por la tarde me llamaron para decirme que ya habían cogido a otra persona.' Por ello, es pesimista y no duda en decir que el panorama para los jóvenes es 'muy malo'.

Eduardo Cervantes, 25 años: 'Hay ofertas que nos piden hasta cinco años de experiencia.' Después de trabajar un tiempo como técnico de archivos, lleva once meses en el paro. 'Estoy cobrando el subsidio, el cual, me lo recortaron en un 50% a los seis meses.' No ha dejado de buscar trabajo, se ha sacado los carnés de operador de puente-grúa y de carretillero pero 'hay ofertas que nos piden hasta cinco años de experiencia'…

Read more news on: ABC.es

1. Which country has the highest rate of unemployment in the EU?
2. How many young people are unemployed in Spain?
3. What is Sergio Sanz studying?
4. What was the outcome of Desiré's interview today?
5. How long has Eduardo Cervantes been unemployed?
6. What happened after six months' unemployment?
7. Why does he think he hasn't been able to secure a job?

El paro y la pobreza

el alquiler	the rent	los sin techo/la gente sin hogar	the homeless
el auge económico	the economic boom	la tasa de paro	the rate of unemployment
la clase media	the middle class		
el coste de la vida	the cost of living	aumentar	to increase
la crisis económica	the economic crisis	desalojar a una familia	to evict a family
el casero	the landlord	disminuir	to reduce
la economía	the economy	empeorar	to get worse
la escasez de la vivienda	the shortage of accommodation	estar en bancarrota	to be bankrupt
		estar en paro/estar desempleado	to be unemployed
la hipoteca	the mortgage		
la huelga	the strike	estar sin hogar	to be homeless
el impuesto	the tax	perder el trabajo	to lose one's job
el mendigo	the beggar	pedir limosna	to ask for spare change
el mercado inmobilario	the housing market		
el mercado laboral	the labour market	mejorar	to improve
el paro/el desempleo	unemployment	mendigar	to beg
la pobreza	poverty	sobrevivir	to survive
el presupuesto	the budget	pobre	poor
la recesión	the recession		

E.2 Con la ayuda del vocabulario de arriba, escribe las siguientes frases en español.

1. During the economic crisis, the rate of unemployment increased as many people lost their jobs.
2. Homelessness is a real problem in Ireland. Families have lost their homes because of high mortgage payments or expensive rent.
3. It makes me sad to see beggars on the streets asking for spare change, but they have to do it to survive.
4. The cost of living has risen so much that poverty is increasing even though the economy is growing.
5. The government needs to raise taxes to provide houses. The shortage of accommodation cannot continue.

E.3 Escucha y contesta a las preguntas en inglés.

CD 2 Track 58

1. How long has Tomás been unemployed? _____
2. What was his previous career? _____
3. What happened to his family four months ago? _____
4. Who has been helping the family? _____
5. What is giving Tomás hope for the future? _____
6. If he cannot find a job, what will Tomás and his family do? _____

E.4 Lee el texto y contesta a las preguntas. HIGHER

LOS MENDIGOS DE LA CAPITAL PREFIEREN DORMIR EN LA CALLE QUE EN LOS ALBERGUES

1. Pese al frío y sus precarias condiciones de vida, los indigentes de la capital, unas 1.600 personas, prefieren dormir en la calle o pagar por un hostal antes que ir a alguno de los albergues municipales, que el lunes abrirán sus puertas dentro de la campaña del frío.

2. Este año, el Ayuntamiento de Madrid, según informó ayer, habilitará 1.649 plazas de alojamiento, con una inversión de un millón de euros, que estarán disponibles hasta el 30 de marzo. Sin embargo, los albergues no convencen a los sin hogar. José López, un hombre de 60 años que lleva dos en la calle, desde que se quedó 'sin trabajo y sin familia', prefiere pagar una pensión que ir a los refugios públicos. Mendiga en la calle Preciados, donde se saca, 'depende del día, entre diez y quince euros diarios'. 'Dormir en un albergue ¡es un horror!, no me gusta estar con yonquis,' relata.

3. Un poco más abajo, en la calle Arenal, Dori, de 51 años, que lleva dos horas pidiendo limosna, duerme todas las noches en un hostal, a la espera de que le den un piso de protección, 'antes que tener que aguantar los ronquidos de la gente'.

4. La plaza de Isabel II, en Ópera, es otro punto repleto de mendigos. Todos ellos, muchos inmigrantes sin papeles que prefieren mantenerse en el anonimato, aseguran que los albergues 'están llenos de ratas y de borrachos', por eso 'preferimos pasar frío y dormir en los soportales del Teatro Real antes que estar ahí'. 'Dormir en los albergues es un horror.' Todos coinciden que 'pasas la noche allí y a las seis de la mañana ya te echan'. Tampoco les gusta 'dormir en literas y en lugares a rebosar'.

5. El aseo personal lo solucionan 'por 15 céntimos en la casa de baños de Embajadores, donde nos podemos hasta cortar las uñas'. El 80% de los sin hogar madrileños son hombres, el 60%, extranjeros (de países de Europa del Este, de Marruecos y del África subsahariana), con una edad media de 42 años. La mayoría tiene problemas de adicciones, fundamentalmente de alcoholismo, combinado con algún trastorno mental.

Source: *20 Minutes*

Unidad 11   El mundo laboral

1. Answer the following questions in English according to the information given in the text.
   (a) How long has José López been homeless? (para 2)
   (b) How much money does he get from begging? (para 2)
   (c) Why does he not like to sleep in a homeless hostel? (para 2)
   (d) Why do the immigrant beggars not like to sleep in homeless hostels? (Give full details.) (para 4)
   (e) What information is given about homeless people in Madrid? (Give full details.) (para 5)

2. Escribe en español las frases del texto que tengan el mismo sentido (más o menos) que las siguientes:
   (a) los pobres de Madrid (para 1)
   (b) drogadictos (para 2)
   (c) no revelar su nombre (para 4)

3. Explain in English the meaning of the following in their context:
   (a) pese al frío y sus precarias condiciones de vida (para 1)
   (b) lleva dos horas pidiendo limosna (para 3)
   (c) es otro punto repleto de mendigos (para 4)

4. Explica (o expresa de otro modo) en español una de las frases siguientes:

   no convencen a los sin hogar (para 2)

   o

   la mayoría tiene problemas de adicciones (para 5)

E.5 Escribe una carta formal o un correo electrónico. **HIGHER**

You saw an article in a Spanish newspaper criticising the high rates of homelessness in Ireland. You decide to write a letter/email in Spanish to the editor. (You may loosely base your letter/email on some/all of the points mentioned below.)

- Many homeless people are not alcoholics or drug addicts as suggested in the article.
- Ireland is suffering a housing crisis. We don't have a culture of living in high-rise flats as in Spain.
- There is not enough student accommodation available and not all young people have the option of living at home.
- High rents and mortgage payments have forced families onto the streets.
- The government needs to do something to solve the shortage of accommodation.

E.5 – Criterios de éxito
- Start and end your letter or email appropriately.
- Use the structure outlined on pages 236 and 237 and include five points.
- Expand and develop each of your five points.
- Make sure you are using the correct verb tenses.
- Check your work for spellings, accents and agreement of adjectives.

Glosario

disponible	available
el alquiler	the rent
la escasez de vivienda	the shortage of accommodation
un rascacielos	a skyscraper
una familia sin hogar	a homeless family
una residencia de estudiantes	a student residence

trescientos veintisiete

F. La emigración y la inmigración

En los últimos años se oye mucho hablar en las noticias sobre los inmigrantes. Unos vienen a Europa desde los países de Oriente Medio que han sido devastados por la guerra. Otros vienen del África subsahariana en búsqueda de una mejor calidad de vida. En Estados Unidos hay 44 millones de inmigrantes, el 13,5% del total de su población. Van desde los países menos desarrollados de América Latina. Pero ¿por qué esta gente decide dejar su propio país para vivir en un país extranjero sin papeles? Lee los textos de esta sección para entender un poco más qué es la emigración y cómo es la vida de los inmigrantes latinos en Estados Unidos.

F.1 Lee el texto y contesta a las preguntas.

RELATOS DE MIGRANTES: LA OTRA CARA DE LA BÚSQUEDA DEL 'SUEÑO AMERICANO'

1. Hace dos años, Mateo Reyes, un joven hondureño de 18 años, decidió junto a su familia irse a vivir a Estados Unidos por problemas económicos y actualmente forma parte de los miles de ilegales indocumentados que emigraron para materializar el 'sueño americano'.

2. 'En Honduras le otorgan el visado para viajar a EE.UU solo a familias con buena posición económica,' relató Mateo quien, por éste motivo, ingresó de forma clandestina por un costo de 15 mil dólares a través de una persona que se encargaba de cruzar a personas por la frontera. Con solo 15 años, Mateo, su madre y hermano emprendieron ese riesgo. La ruta que debían realizar era de Honduras a Guatemala, de Guatemala a México y de ahí a Estados Unidos. 'Íbamos muchas personas, niños y gente mayor. La verdad es que te haces muy buenos amigos, ya que todos lo hacíamos por el mismo propósito, queríamos una mejor calidad de vida,' contó.

3. La odisea duró una semana. Caminaron por el desierto de Monterrey (México), se escondieron reiteradas veces para que las autoridades de Migración no los hallaran, dormían en el suelo, compartían habitación con más de 15 personas, estuvieron encerrados más de 14 horas en un camión con 60 personas, sin comida y a oscuras: 'Fue triste porque la gente se desesperaba porque tenía claustrofobia y empezaban a llorar.' En el último día del trayecto llegaron a Reynosa, en la frontera mexicana con Estados Unidos, y al instante cruzaron el Río Bravo en una balsa.

4. Al otro lado, ya en territorio estadounidense, los estaban esperando para trasladarlos hacia Texas. 'Podíamos irnos sin que nadie nos viera, pero nuestro objetivo era que Migración nos localizara para que nos dieran asilo, ya que estaba la ley que había impuesto Obama en el que todo menor de edad acompañado de un adulto, con una razón significante podía pelear por su estadía en EE.UU,' expresó Reyes. Una vez que nos entregamos nos separaron de mi mamá,' contó el joven. 'Luego nos trasladaron a "La perrera", un lugar donde llevan a todos los inmigrantes; te quitan los cordones, cinturones y todo con lo que puedas cometer un suicidio, porque es lo que menos quieren.' Mateo continuó su relato detallando que le entregaron jabón para que se bañase, ropa, un zumo de fruta y un bocadillo.

para detectar por cuatro meses sus movimientos,' explicó. No fue el caso de su hermano, a quien le negaron el ingreso por ser mayor de edad y quedó preso en una cárcel por cinco meses, para luego ser deportado a Honduras.

6. Después de dos años, Mateo está por terminar la secundaria con honores y trabaja de camarero en un restaurante: 'Le encuentro un lado bueno y malo a todo lo que viví, pero no recomendaría venir a Estados Unidos de forma ilegal, sufrí mucho durante los primeros años y tuve que madurar de golpe. Ahora que transcurrió el tiempo y soy grande, las cosas están mejor,' concluyó.

Source *Perfil*

5. Estuvo retenido un día, hasta que entrevistaron a su madre para saber los motivos de su llegada al país y luego de varias horas lograron su libertad: 'La única condición era colocarle un brazalete en el pie derecho a mi mamá

1. **Contesta en español.**
    (a) ¿De dónde es Mateo? (para 1)
    (b) ¿Por qué decidió su familia irse a Estados Unidos? (para 1)
    (c) ¿Cuáles son los países que cruzaron por el camino? (para 2)
    (d) ¿Cuánto tiempo duró el viaje a Estados Unidos? (para 3)
    (e) ¿Qué le dieron a Mateo en 'La perrera'? (para 4)
    (f) ¿Durante cuánto tiempo llevó su madre un brazalete en el pie? (para 5)

2. **Contesta en inglés.**
    (a) In Honduras, who can legally get a visa for the United States? (para 2)
    (b) How much did Mateo pay to make the journey to the United States? (para 2)
    (c) Describe some of the difficult conditions Mateo and his companions faced on their journey. (para 3)
    (d) Why were shoelaces and belts taken from the immigrants? (para 4)
    (e) What happened to Mateo's brother when they arrived in the United States? (para 5)
    (f) What is Mateo doing now? (para 6)

3. **Busca las siguientes expresiones en el texto.**
    (a) the border (para 2)
    (b) they hid (para 3)
    (c) the immigrants (para 4)
    (d) they denied him entry (para 5)
    (e) in prison (para 5)
    (f) to be deported (para 5)

F.2 Cuatro inmigrantes hablan sobre su experiencia. Escucha y decide si las siguientes afirmaciones son **verdaderas** o **falsas**.

			VERDADERO	FALSO
A.	Rubén	Rubén encontró trabajo recolectando naranjas en Florida.		
B.	Alicia	Alicia nunca ha vuelto a Nicaragua desde que huyó.		
C.	Mark	Mark piensa que la vida es mejor en Irlanda que en Australia.		
D.	Silvia	Silvia ha sufrido mucho desde que llegó a California.		

La emigración y la inmigración

una ciudad multicultural	a multicultural city
un emigrante	an emigrant
un extranjero	a foreigner
un inmigrante	an immigrant
el nivel de vida	the standard of living
el país anfitrión	the host country
un país desarrollado	a developed country
un país en desarrollo	a developing country
el racismo	racism
un refugiado	a refugee
la xenofobia	xenophobia
adaptar a	to adapt to
buscar empleo	to look for a job
cobrar el paro	to draw the dole
emigrar	to emigrate
huir	to flee
integrar a	to integrate into
irse al extranjero	to go abroad
tener morriña/nostalgia	to be homesick

F.3 Debate: En grupos de tres o cuatro personas, debatid sobre la siguiente afirmación.

Los inmigrantes enriquecen a nuestra sociedad.

F.3 – Criterios de éxito

- Divide the class into 'for' and 'against' the motion.
- In groups, brainstorm your ideas on the title.
- Work in groups to write speeches for or against the motion.
- Use words and phrases from the previous page and the box below.
- Appoint one group member to perform the speech.

Sí, enriquecen a nuestra sociedad

- Nos ayudan a aprender de otras culturas y otras religiones.
- Los inmigrantes hacen la mayoría de los trabajos sucios que la población indígena no quiere hacer.

No enriquecen a nuestra sociedad

- Mucha gente se queja de que los inmigrantes se quedan con nuestros empleos y se aprovechan de nuestro sistema social.
- Por desgracia la actitud racista de la población nativa causa conflictos entre los inmigrantes y los nativos.

F.4 Escribe tu opinión sobre la siguiente afirmación. HIGHER

Los inmigrantes enriquecen a nuestra sociedad.

F.4 – Criterios de éxito

- Remember to write 150 words or more.
- Structure your answer with an introduction, at least three points and a conclusion.
- Use the words and phrases you brainstormed before the debate in the previous exercise.
- Check your work for spellings, accents and agreement of adjectives.

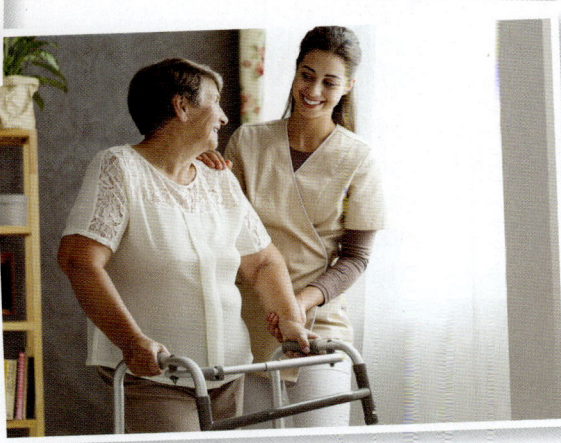

F.5 Lee el texto y contesta a las preguntas. HIGHER

MI VIDA COMO INMIGRANTE EN ESTADOS UNIDOS

1. A los 19 años, Elvia Carbajal tomó una difícil decisión que cambió su vida. La decisión de reiniciar una vida lejos de México, y cruzar la frontera. Corriendo peligros inimaginables en el cruce entre el cerro de Tijuana y los Estados Unidos, Elvia iba acompañada de su hermano y de un coyote*…

2. Después de dejar sus estudios universitarios y su profesión de secretaria, Elvia y su hermano tomaron un autobús desde Toluca, México, hasta Tijuana donde se encontraron con el coyote. Después de un viaje de tres días, finalmente lograron llegar a la frontera. Al cruzarla, se enfrentaron con varios obstáculos. En el trayecto, se encontraron con un hombre que tenía un machete con el que les amenazó con atacarlos…

3. La siguiente aventura que les esperaba era tomar un tren desde San Diego hasta la ciudad de Los Ángeles, donde se reencontrarían con unos familiares que los hospedarían. En un apartamento donde había siete hombres, Elvia estaba sola. Las noches eran largas y estaban llenas de lágrimas. Con mucha soledad, porque su familia se quedó en México y su hermano se dedicaba a tomar sin cuidar de ella, Elvia sufría día y noche por culpa de la soledad. Antes de comenzar a trabajar, le recomendaron que se cambiara de nombre para que no tuviera problema con inmigración. En ese momento comenzó a usar el nombre Patty Lara.

4. Usando el nombre Patty Lara, comenzó a trabajar en McDonald's. Fue el primer trabajo que logró obtener en los Estados Unidos. Para llegar al trabajo, tenía que tomar el autobús, sin saber cómo leer los nombres de las calles en inglés. Logró prosperar y fue ascendida a manager a los tres meses. Logró todo esto sin saber hablar inglés y siendo una inmigrante en ese país. Después de algún tiempo, una nueva oportunidad de trabajo se le presentó a Patty. Un trabajo en el departamento de recursos humanos de la mueblería La Popular. En esos momentos Patty no sabía que La Popular sería su lucero de esperanza.

5. La reforma de la ley de inmigración y nacionalidad le dio la oportunidad a Patty de naturalizarse en los Estados Unidos. Gracias a su jefe, ella fue uno de los que pudieron obtener la ciudadanía en los Estados Unidos al ser patrocinada por su empresa. En el año 2014, Patty por fin obtuvo la ciudadanía en los Estados Unidos bajo el nombre de Patricia E. González.

6. Ahora Patty está casada y ha logrado formar una familia junto a su marido, sus dos hijos y sus perros. Ella y su marido ya tienen 25 años de matrimonio. Con un trabajo estable en la mueblería La Popular como gerente de recursos humanos y gerente de ventas, Patty contribuye con sus impuestos a la economía de Estados Unidos.

7. A pesar de los escándalos políticos del nuevo presidente y su opinión sobre los inmigrantes, Patty es un ejemplo de lo que los inmigrantes aportan a la economía de Estados Unidos. Dándoles la oportunidad, ellos logran prosperar y contribuir al bienestar del país. A muchos inmigrantes se les priva de naturalizarse a pesar de trabajar y contribuir con sus impuestos. El sueño americano sí existe, y con trabajo y perseverancia se puede lograr tal y como Patty lo logró hacer.

un coyote = a trafficker

Source: elnuevosol.net
(Kimberly González)

1. Escribe las frases del texto que sean equivalentes (más o menos) a las siguientes:
   (a) empezar de nuevo (para 1)
   (b) hicieron frente a (para 2)
   (c) con destino a (para 3)
   (d) le ofreció la ocasión (para 5)
   (e) llevan veinticinco años casados (para 6)

2. Write in English the meaning of the following in their context:
   (a) le recomendaron que se cambiara de nombre para que no tuviera problema con inmigración (para 3)
   (b) sin saber cómo leer los nombres de las calles en inglés (para 4)
   (c) con trabajo y perseverancia se puede lograr (para 7)

3. Busca en el texto una palabra o frase que tenga el mismo sentido (más o menos) que las siguientes:
   (a) cogieron (para 2)
   (b) parientes (para 3)
   (c) esposo (para 6)
   (d) directora (para 6)
   (e) contribuyen (para 7)

4. As a partial summary of the content of the article, write in English the information requested.
   (a) What was Elvia's job before she left Mexico?
   (b) What was her living arrangement when she first arrived in Los Angeles and how did she feel at that time?
   (c) Describe Patty's career path in the United States. (Give full details.)

¡Venga!

F.6 Lee la opinión sobre la siguiente afirmación.

LA EMIGRACIÓN ES UNA OPORTUNIDAD, NO UN PROBLEMA

(Leaving Certificate 2012)

Estoy de acuerdo con que la emigración es una oportunidad, no un problema. Claro que sería difícil dejar el hogar, la familia y los amigos pero en mi opinión emigrar a otro país le da más oportunidades al emigrante. Los emigrantes tienen la oportunidad de aprender otro idioma, conocer otra cultura y conseguir un trabajo que quizás no puedan encontrar en su propio país.

Primero, creo que la inmersión lingüística es la mejor forma de aprender un idioma. Para lograr hablar un idioma con fluidez se requiere una inmersión total en el idioma que se quiere aprender. Un emigrante puede aprovechar su situación para dominar el idioma del país que le acoge y para desarrollar sus habilidades lingüísticas.

Segundo, meterte en una cultura diferente puede abrir la mente a nuevas formas de pensar. Es bueno para el desarrollo personal de un individuo. No se puede negar que algunos inmigrantes sufren problemas como el racismo o la xenofobia pero en mi opinión, los emigrantes ayudan a hacer a un país más multicultural y más abierto a culturas diferentes.

La mayoría de los emigrantes se van de su país de origen para conseguir una mejor calidad de vida, sea seguridad fuera de una guerra o mejores condiciones económicas. Los inmigrantes en Estados Unidos buscan 'el sueño americano' y los irlandeses que se van a Oriente Medio, a Londres, a Sídney o a Nueva York encuentran trabajos bien pagados sin mucha dificultad.

En resumen, a mi modo de ver la emigración ofrece al emigrante más oportunidades que problemas. No creo que sea fácil vivir en otro país, pero le da al emigrante la oportunidad de encontrar un buen empleo, ganar más dinero, aumentar su nivel de vida y al mismo tiempo aprender otro idioma y otra cultura. No es tan malo ¿verdad?

F.7 ¿Estás de acuerdo con la opinión de arriba? ¿Por qué? o ¿por qué no? Discutidlo en grupos pequeños.

F.8 Escribe un diario.
You've just immigrated to Spain because your mother's job has been transferred to the Madrid office. Write a diary entry in Spanish mentioning all of the following points:
- Say how you feel about moving country.
- Describe one thing you are nervous about.
- Describe a neighbour you met today.
- Say what you plan to do this weekend.

F.8 – Criterios de éxito
- Make sure you include all four points.
- Start each point on a new line.
- Use the structure and phrases from pages 92 and 93.
- Make sure you are using the correct verb tenses.
- Check your work for spellings, accents and agreement of adjectives.

G. Los deberes de la Unidad 11

La gramática

G.1 Escribe el imperfecto de subjuntivo del verbo entre paréntesis.

1. Estaba triste de que mi amigo no _____ (poder) venir conmigo.
2. Si ellos me _____ (ofrecer) el trabajo, lo aceptaría.
3. No creí que tú _____ (llegar) a tiempo.
4. No creía que ellos _____ (suspender) el examen.
5. El profesor aconsejó que yo _____ (aprender) todos los verbos.
6. Si yo _____ (saber) la respuesta, te la diría.
7. Ella le consejó que _____ (ver) a un abogado.
8. Si tú no _____ (fumar), no estarías enfermo.
9. Era importante que el Rey _____ (estar) listo para la llegada del presidente.
10. Queríamos que nuestra hija _____ (tocar) el piano.

G.2 Escribe las frases en español.

1. The teacher asked me to read five poems.
2. My parents wanted me to study law.
3. It's good that you arrived together.
4. I wanted you to spend the day with our parents.
5. If I lived closer, I would visit my grandparents more often.
6. If I had more money, I would go to the concert this weekend.
7. She was surprised that I wrote her an email.
8. The doctor recommended that I ate fewer fats.
9. It was good that all the students did the homework.
10. I would like you to come to the party.

El vocabulario

G.3 Empareja el vocabulario con las definiciones de más abajo.

| una entrevista | la huelga | pedir limosna | los sin hogar | ganar |
| la hipoteca | la propina | el mendigo | el impuesto | un extranjero |

1. Una cantidad de dinero que hay que pagar al gobierno.
2. Dinero que se da voluntariamente para agradecer un servicio.
3. Una persona que viene de otro país.
4. Un pago mensual que debes hacer cuando compras una casa o un piso.
5. Un cese del trabajo con el fin de conseguir mejores condiciones laborales.
6. Mendigar.
7. Una conversación para que una empresa compruebe si un candidato reúne los requisitos necesarios para el trabajo.
8. La gente que duerme en la calle o en un albergue.
9. Una persona que pide limosna para vivir.
10. Adquirir dinero por trabajar.

¡Venga!

G.4 Traduce al español las siguientes palabras.
1. A refugee
2. A developed country
3. To improve
4. To take a gap year
5. To qualify as
6. An immigrant
7. To do work experience
8. To look for a job
9. To go abroad
10. To be homeless

G.5 Traduce al inglés las siguientes palabras.
1. Huir
2. Sobrevivir
3. La tasa de paro
4. Tener morriña
5. Cobrar el paro
6. El país anfitrión
7. El alquiler
8. El nivel de vida
9. La escasez de vivienda
10. Estar en bancarrota

La comprensión auditiva

G.6 Escucha y contesta a las preguntas en inglés.

CD 2 Track 64

1. What is Luke's job?
   - (a) Delivery man ☐
   - (b) Painter and decorator ☐
   - (c) Refuse collector ☐
2. Where is his job based?
   - (a) In the suburbs of Dublin ☐
   - (b) Dublin city centre ☐
   - (c) In Dublin and surrounding counties ☐
3. How long has he worked in that job?
   - (a) Five years ☐
   - (b) Fifteen years ☐
   - (c) Twenty-five years ☐
4. Mention one thing he likes about his job.
   _____
5. What is his annual salary?
   - (a) €23,000 ☐
   - (b) €35,000 ☐
   - (c) €33,000 ☐
6. What are his fears for the future?
   - (a) Losing his job in a recession ☐
   - (b) Not being able to pay his rent ☐
   - (c) Becoming homeless ☐
7. Give two reasons why he would not like his sons to follow his career path.
   _____
   _____

La comprensión lectora

G.7 Lee el texto y contesta a las preguntas en inglés.

LA PATATA

La patata es originaria de los Andes peruanos. Pizarro y los conquistadores españoles veían cómo los indígenas comían esos tubérculos que crecían bajo la tierra y que eran de diferentes colores: blancos, amarillos o morados. Al volver de sus viajes, los marineros traían las patatas en sus barcos y aprendieron a comerlas y cocinarlas. Sin embargo, los botánicos europeos no sabían qué hacer con la planta. Al principio, la pusieron en los jardines porque sus flores eran hermosas. En uno de los experimentos con la planta de la patata, los botánicos y médicos probaron las flores pero estas resultaron ser venenosas así que les dio miedo y prefirieron no investigar más. En Italia se empezaron a cultivar como verduras y, finalmente, Francia las popularizó como un alimento energético y saludable. Se cree que John Hawkins introdujo la patata en Irlanda después de uno de sus encuentros con barcos españoles en medio del océano.

1. Where did the potato plant originate from?
2. How did it get to Europe?
3. What did European botanists do with it first and why?
4. Why were they afraid to investigate further uses of the plant?
5. How is it believed the potato came to Ireland?

Escribir

G.8 Escribe las frases en español.

1. I hope to go to college to study Arts. My favourite subject is English and I'd like to qualify as an English teacher in the future.
2. If I don't get the points I need, I'll have to repeat the year.
3. I wouldn't like to live abroad because I know I'd be homesick, but if I can't find a job in Ireland I'll go to Australia with my sister.
4. I don't want to continue studying. I'm going to take a gap year and decide what to do later. I'd love to travel, but I'll have to earn some money first.
5. When I was in transition year I did two weeks' work experience in a local supermarket. It was so boring. I had to stack the shelves and sweep the floor every day.
6. I'd love to be a doctor because I want to help other people and I know the salary is quite good. Unfortunately, the points are very high.
7. I have a part-time job in a coffee shop in town. I work on Wednesday afternoons and Saturdays. I like earning my own money.
8. My parents won't allow me to work this year. They prefer me to spend the whole weekend studying!
9. It is a shame that there are so many homeless people sleeping on the streets. The government should do something to solve the shortage of housing.
10. It is hard for immigrants to adapt to life in a host country, especially if they encounter racism and xenophobia.

G.9 Escribe un mensaje.

You are staying with a Spanish family for the summer to improve your Spanish.
Leave a note in Spanish for the family, including all of the following points:
- You've found a part-time job in a local restaurant.
- You had an interview this afternoon and they offered you the job.
- You are going back to the shopping centre to buy a white shirt.
- You will be home for dinner at around 9:00pm.

G.10 Escribe tu opinión sobre la siguiente afirmación. HIGHER

El dinero hace la felicidad.

G.10 – Criterios de éxito
- Write 150 words or more.
- Structure your answer with an introduction, at least three points and a conclusion.
- Use the mind map below to guide your answer.
- Use the words and phrases from page 61.
- Check your work for spellings, accents and agreement of adjectives.

No se puede comprar la felicidad. Todo lo que me hace feliz en la vida es gratis – el amor, los amigos, la familia.

El dinero no nos dará la felicidad pero nos ayudará a vivir una vida más cómoda.

Es imposible ser feliz sin dinero ni casa ni trabajo.

EL DINERO HACE LA FELICIDAD

Tener mi propio dinero me permite hacer las cosas que me hacen feliz. Puedo salir con mis amigos y comprar lo que quiero gracias a mi sueldo.

No creo que los sin hogar sean felices. Se necesita algo de dinero para tener un nivel de vida básico.

G.11 Completa el diálogo.

You are spending the summer in Spain with your pen-pal Irene and her family. Irene's family owns a tapas bar and has given you a part-time job. You've just finished your first week. Complete in Spanish your side of the following dialogue.

Irene: ¿Qué tal el trabajo? ¿Te gusta?

Tú: Say you love it! It's hard work and the days are long, but the customers are very nice and you're learning a lot about Spanish food.

Irene: ¿Estás trabajando en la cocina?

Tú: Say you're working in the kitchen until your Spanish improves. Irene's dad said that when you are a bit more confident, you can start serving tables.

Irene: ¿Qué tienes que hacer en la cocina?

Tú: Say you're helping Pepe the cook to prepare the tapas. You peel potatoes, wash vegetables and make the chips. You're enjoying it because it gives you the chance to see how the different dishes are made.

Irene: ¿Cuál es tu plato favorito?

Tú: Say you haven't tried all the tapas, but you really like the Spanish omelette. Say you've never worked in a kitchen before and it's good experience and cooking is a great skill to learn.

Irene: ¡Muy bien! Voy a salir este fin de semana con Nuria y Antonio. ¿Quieres venir con nosotros?

Tú: Say yes of course. Say you hope her dad gives you a night off this weekend. If you don't have to work, you'd love to meet her friends.

G.12 Escribe una carta o un correo electrónico a una amiga.

Write a letter or email to your Spanish pen-pal Rosaura.
- Tell her that you finished your exams last week.
- Say how your exams went.
- Tell her you are hoping to get good grades to study Business in college next year.
- Tell her your plans for the summer holiday.
- Ask her about her plans for the summer.

G.12 – Criterios de éxito
- Start and end your letter or email appropriately.
- Make sure you include all the points and write at least two sentences per point.
- Use the structure and phrases from pages 33 and 34.
- Make sure you are using the correct verb tenses.
- Check your work for spellings, accents and agreement of adjectives.

Unidad 11 Autoevaluación

		😊	😐	😠
🗣️	I can describe my part-time job, summer job or work experience that I've done.			
	I can answer questions about my plans for the future.			
	I can discuss the advantages and disadvantages of having a job while at school.			
✏️	I can write a diary entry about a new job.			
	I can write an informal letter about why I need a job.			
	H I can write a formal letter applying for a job.			
	H I can give my opinion on immigration.			
	H I can translate a dialogue about applying for a college course.			
📖	I can understand the general sense of texts about jobs, unemployment, homelessness and immigration.			
🌐	I can recognise and use the imperfect subjunctive.			
🔊	I can follow conversations about part-time jobs and work experience.			
	I can understand reports on employment and immigration.			

✏️ **After completing the *autoevaluación* above, write your own simple learning targets for the next few weeks. Think about what you know well and what you need to revise. What topic or topics do you need to revisit? Fill in the chart below.**

Lo que ya sé de la Unidad 11	Lo que tengo que repasar de la Unidad 11

Unidad 12 Temas de actualidad

Communicative objectives

By the end of this unit you will be able to:
- Talk about current affairs, such as crime, poverty, accidents and terrorism
- Discuss learning to drive and the driving test

Contesta a las preguntas en inglés.

1. Which of the topics above do you already know quite well?
2. Which topics are you not really able to talk or write about in Spanish?
3. Choose one of the following topics from this unit: accidents, crime, poverty, terrorism. Make a graphic organiser about the topic in your copy and fill in all the vocabulary you already know related to the topic.

La gramática

› The passive voice
› Adverbs

El examen oral

› An interview about learning to drive

El examen escrito

› Write an informal letter or email about getting a driving licence
› Write a diary entry describing a robbery
› Translate a dialogue about volunteering
› Write a message to a friend about your driving test
› Formal letter:
  – Volunteering
› Write your opinion on:
  – Terrorism is never justified
  – Charity starts in the home
  – Poverty can never be eradicated
  – We have to do more for others

Habilidades de comprensión

› Listening and reading comprehension practice on the theme of current events

A. En la carretera

A.1 Lee el texto y contesta a las preguntas en inglés.

TRES MUERTOS EN UN ACCIDENTE EN LA N-323

Tres personas han fallecido y una cuarta ha resultado herida en un accidente ocurrido el jueves pasado a las ocho y media de la tarde en la carretera N-323 a las afueras de Jaén.

Según los testigos, el accidente se ha producido al chocar de manera frontal un coche y una furgoneta. Dicen que a causa del golpe dos personas quedaron atrapadas en el interior de los vehículos por lo que ha sido necesaria la movilización de los bomberos de Jaén, además de la Guardia Civil de Tráfico y la Empresa de Emergencias Sanitarias, que incluso llegó a desplazar un helicóptero a la zona.

A pesar de los esfuerzos de los operarios desplazados al lugar, no se ha podido hacer nada por salvar la vida de tres personas. Además ha habido un herido que ha sido asistido por los servicios médicos.

Fuentes del Subsector de Tráfico de la Guardia Civil han confirmado que los fallecidos son un matrimonio de Suiza y una niña de once años de Jaén mientras que el herido trasladado en estado grave al hospital es el padre de la niña fallecida, un hombre de cuarenta y tres años.

La Guardia Civil sigue investigando la causa del accidente pero cree que el conductor de la furgoneta conducía a una velocidad excesiva y por eso perdió el control.

1. Where and when did the accident occur?
2. What information did witnesses give?
3. Who or what came to help the victims?
4. What is known about the people who died?
5. What information is given about the injured person?
6. What is believed to be the cause of the accident?

En la carretera

la calle	the street/road
la carretera	the road
la autopista	the motorway
la rotonda	the roundabout
el semáforo	the traffic light
el cruce	the crossroads
el paso de peatones	the pedestrian crossing
el accidente	the accident
chocar contra	to crash into
atropellar	to knock down/run over
frenar	to brake
la velocidad excesiva	excessive speed

conducir bajo la influencia del alcohol	*to drink and drive*	sacar el carné de conducir	*to get a driver's licence*
el muerto/el fallecido	*the deceased*	el examen de conducir	*the driving test*
el/la herido/a	*the injured*	la gasolina	*petrol*
un carné de conducir	*a driver's licence*	la gasolinera	*petrol station*

A.2 Escucha y contesta a las preguntas en inglés.

1. When did the accident occur?
   (a) Monday 25 July ☐
   (b) Tuesday 25 July ☐
   (c) Monday 25 June ☐
   (d) Tuesday 25 June ☐

2. What is believed to be the cause of the accident? _____

3. What vehicles were involved in the accident? _____

4. How many people died and how many were injured?

   Number of deaths: _____

   Number of injuries: _____

5. What happened to the injured people? _____

6. What have the Guardia Civil advised? _____

A.3 Lee el blog de Raúl y contesta a las preguntas en español.

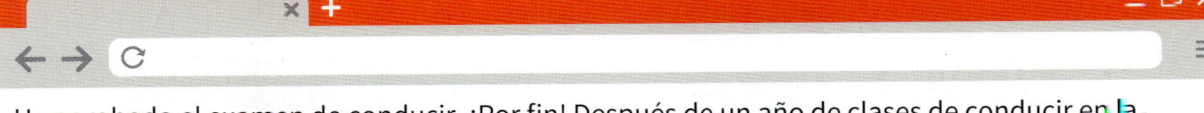

He aprobado el examen de conducir. ¡Por fin! Después de un año de clases de conducir en la autoescuela he sacado el carné de conducir. Estoy muy contento. Aprobé el teórico hace tres meses pero el práctico me puso muy nervioso. El examen fue bastante difícil pero había hecho muchas prácticas para prepararme bien. Lo mejor es que mi madre me prometió que si aprobaba el examen, me prestaría su coche este fin de semana. Voy a ir con mi novia a la playa, a Málaga. Espero que mi madre me preste el coche los fines de semana porque ella casi nunca lo usa los fines de semana. Voy a buscar un trabajo a media jornada para ahorrar dinero porque el año que viene quiero comprarme mi propio coche.

1. ¿Por qué está contento Raúl?
2. ¿Cuándo hizo el teórico?
3. ¿Qué pensó del examen práctico?
4. ¿Qué le había prometido su madre?
5. ¿Qué planes tiene Raúl para este fin de semana?
6. ¿Para qué quiere ahorrar dinero?

¡Venga!

A.4 Escucha el examen oral de John y contesta a las preguntas.

CD 2 Track 66

¿Tienes el carnet de conducir?
Todavía no. Doy clases en una autoescuela dos o tres veces al mes y por eso tengo el permiso de conductor en prácticas, pero no he hecho el examen de conducir. No estoy preparado para hacerlo todavía.

¿Las clases, son difíciles?
Depende de lo que haga. Tengo un muy buen profesor pero me cuesta usar la marcha atrás.

¿Tienes tu propio coche?
¡Qué va! Los coches cuestan muchísimo y como no trabajo, no podría pagar la gasolina. Mi madre me presta su coche para las clases.

¿Has hecho el examen teórico?
Sí, lo hice hace seis meses y lo aprobé sin problemas. Es un examen bastante fácil. Hay que saber todas las señales de tráfico y lo que significan los semáforos. ¡Es pan comido!

¿Piensas que es importante que los jóvenes sepan conducir?
Claro que sí. Es una destreza práctica para la vida. Por desgracia en Irlanda el precio del seguro del coche es carísimo para los jóvenes de menos de veinticinco años. No conozco a nadie de mi edad que pueda pagárselo.

¿Te gustaría tener tu propio coche?
Sí, me gustaría comprar un coche algún día, pero en Dublín, donde vivo, hay un buen servicio de transporte público. No necesito un coche ni para ir al centro de la ciudad ni para ir al colegio. Tal vez en el futuro me compre un coche de segunda mano pero por ahora prefiero gastar el dinero en otras cosas antes que en gasolina o en un seguro para el coche.

1. Contesta en inglés.
    (a) How often does John take driving lessons? _____
    (b) What does he find difficult about driving? _____
    (c) What problem do young Irish drivers face? _____

2. Contesta en español.
    (a) ¿Cuándo hizo el examen de teoría? _____
    (b) ¿Cómo fue el examen? _____
    (c) ¿Por qué no necesita un coche? _____

344 trescientos cuarenta y cuatro

3. Busca las siguientes expresiones en la entrevista.

   (a) I have a learner permit. _____

   (b) I haven't done the driving test. _____

   (c) My mum lends me her car. _____

A.5 Escribe en tu cuaderno las preguntas y las respuestas con frases completas.
1. ¿Tienes carné de conducir?
2. ¿Tienes tu propio coche?
3. ¿Has hecho el examen de teoría?
4. ¿Piensas que es importante que los jóvenes sepan conducir?

Practica las preguntas con tu compañero/a.

A.6 Escribe una carta o un correo electrónico a una amiga.

Your Spanish pen-pal María lives in Salamanca and you visited her last Easter. Write a letter/email to her in Spanish.
- Thank her for the great holiday in April.
- Say three things you liked in Salamanca.
- Tell her you did your driving test last week and say you passed.
- Describe how you are going to celebrate getting your driving licence.
- Tell her that you don't have any money, so you will have to get a job to pay for petrol.

Log on to **www.edcolearning.ie** to access mock oral exam videos.

A.6 – Criterios de éxito
- Start and end your letter or email appropriately.
- Make sure you include all the points and try to write at least two sentences per point.
- Use the structure and phrases from pages 33 and 34.
- Make sure you are using the correct verb tenses.
- Check your work for spellings, accents and agreement of adjectives.

B. El crimen

B.1 Lee el texto y contesta a las preguntas en inglés.

SORPRENDIDO UN LADRÓN CON 21 JAMONES EN UN CARRITO DE BEBÉ

La Policía Nacional ha sorprendido a un hombre de 29 años cuando transportaba por una calle de Santander 21 paletas de cerdo en un carrito de bebé modificado. El sujeto no pudo acreditar su procedencia, por lo que le fueron intervenidas.

Los agentes formaban parte del dispositivo electoral del domingo e iban a comenzar la jornada en el colegio Enrique Gran cuando observaron a un individuo en actitud sospechosa que portaba un carrito de bebé modificado que contenía gran cantidad de jamones tapados parcialmente con una caja de cartón.

Por ello, procedieron a su identificación así como a solicitarle información sobre la mercancía que portaba, pero él no pudo explicar el origen de las paletas ni aportar documentación de su identidad.

Source: elperiodico.com

1. Where was the thief caught?
2. What had he stolen and how was he transporting it?
3. Why were the police officers on their way to Enrique Gran school?
4. What could the thief not explain?
5. What did the officers ask him to show?

In Spain, elections are typically held on Sundays.

B.2 Escucha y contesta a las preguntas en inglés.

CD 2 Track 67

1. Where and when did the robbery occur? _____
2. How did the thieves gain entry to the shop? _____
3. What items were stolen? _____
4. What is the estimated value of the stolen goods? _____
5. Who do the police want to speak to? _____

El crimen

amenazar	to threaten
atacar	to assault
atracar	to hold up/mug
cometer un crimen	to commit a crime
herir	to injure
matar	to kill
disparar/tirotear	to shoot
robar	to rob
un arma	a gun
un asesinato	a murder
un asesino/una asesina	a murderer
un atraco	a hold-up/mugging
un ladrón/una ladrona	a thief
una multa	a fine
un preso/una presa	a prisoner
un robo	a robbery
un tiroteo	a shooting
el chantaje	blackmail
la cárcel	prison
la comisaría	police station
la ley	the law
la policía	the police
el/la agente de policía	police officer
el juez	judge
el juicio	trial
el jurado	jury
el/la testigo	witness
el tribunal	court

B.3 Empareja las definiciones de abajo con las palabras de la lista de arriba.

1. Un criminal que mata a otra persona.
2. Un edificio donde encierran a los criminales.
3. Un instrumento que se usa para defenderse o para herir a otra persona.
4. Una persona que está presente cuando se comete un crimen y que tiene conocimiento directo del crimen.
5. Una persona que está en prisión.
6. La oficina pública de la policía.
7. Una sanción económica que se impone por hacer algo contra la ley.
8. Quitarle la vida de otra persona.
9. Una persona que roba.
10. La persona que tiene más autoridad en un tribunal.

B.4 Escribe un diario.

You and your family arrived home from a holiday to discover that your house had been broken into and items stolen. Write a diary entry in Spanish mentioning all of the following points:

- Say how you feel after discovering the robbery.
- Describe three items that were stolen from your home.
- Say your parents called the police and they are coming to your house this afternoon.
- Say that your dad is going to install an alarm tomorrow.

B.4 – Criterios de éxito

- Make sure you include all four points.
- Start each point on a new line.
- Use the structure and phrases from pages 92 and 93.
- Make sure you are using the correct verb tenses.
- Check your work for spellings, accents and agreement of adjectives.

¡Venga!

B.5 Lee el texto y contesta a las preguntas.

ATRACAN UNA GASOLINERA A PUNTA DE PISTOLA CON UNA NOTA QUE REZABA: 'ESTO ES UN ATRACO'

1. La Policía Nacional ha detenido a dos hombres que robaron a punta de pistola en una gasolinera de Móstoles, después de entregar a una de las empleadas una nota que rezaba: 'Esto es un atraco'.

2. Así perpetraron el atraco en abril y ahora han sido arrestados. Según ha informado la Comisaría de Móstoles, los atracadores ya están en prisión y se les imputa un delito de robo con violencia e intimidación.

3. La investigación comenzó el pasado mes de abril, cuando la víctima, empleada de una gasolinera, realizó una llamada telefónica al 091 en la que informaba de que dos hombres habían accedido al establecimiento y se habían hecho con el dinero de la caja registradora, aprovechando que ella estaba sola.

4. Uno de ellos había sacado una pistola de la mochila, la había puesto sobre el mostrador y a continuación le dio una nota que decía 'esto es un atraco', señalándosela para que la leyese. El otro atracador pasó por detrás del mostrador y metió el dinero que le entregó la mujer en una bolsa, tras lo que ambos huyeron.

5. La trabajadora pudo ver que a uno de los atracadores le faltaban varios dedos en una mano, y este y otros detalles de su físico llevaron a su identificación y localización hace unos días. Además este hombre vestía con las mismas prendas de ropa con las que había perpetrado el robo. A partir de ahí los agentes identificaron y localizaron al segundo atracador, que también fue detenido.

6. Al detenerles se les intervino el arma de fuego que habían empleado en el robo, que resultó ser simulada. Tras pasar a disposición judicial, el juez decretó el ingreso en prisión de ambos: dos hombres colombianos de 21 y 32 años, uno de ellos ya condenado a prisión en su país.

Source: elperiodico.com

1. **Contesta en español.**
   (a) ¿Dónde ocurrió el atraco? (para 1)
   (b) ¿Cuándo ocurrió el atraco? (para 2)
   (c) ¿Quién llamó a la policía? (para 3)
   (d) ¿Qué sabemos de los ladrones? (para 6)
   (e) ¿Dónde están los ladrones ahora? (para 6)

2. **Contesta en inglés.**
   (a) What did the thieves give the woman when they entered her workplace? (para 1)
   (b) What did the thieves steal? (para 3)
   (c) What weapon did the thieves carry? (para 4)
   (d) Describe exactly what happened during the robbery. (para 4)
   (e) What details did the woman give the police that led to the thieves being identified? (para 5)

C. El terrorismo

C.1 El 11-M. Escucha y contesta a las preguntas en inglés.

1. Exactly where and on what date did these terrorist attacks occur? _____
2. How many people were killed and injured in the attacks? _____
3. Who was responsible for the attacks? _____
4. What was due to happen three days after the attacks? _____
5. How many people took to the streets to protest in Madrid? _____
6. What was surprising about the protests in Vigo? _____
7. What did the government organise to remember the victims?
   (a) Five days' mourning and a three-minute silence on Friday ☐
   (b) An official day of mourning and a five-minute silence in schools ☐
   (c) Three days' mourning and a five-minute silence on Friday ☐
8. Why did crowds of people flock to hospitals in Madrid?
   (a) To find information on injured relatives ☐
   (b) To donate blood ☐
   (c) To visit the victims of the attacks ☐

El terrorismo

los disturbios sociales	social unrest
la democracia	democracy
una dictadura	a dictatorship
los rebeldes	rebels
la guerra civil	civil war
una organización terrorista	a terrorist organisation
un/una terrorista	a terrorist
un atentado terrorista	a terrorist attack
una amenaza de bomba	a bomb scare
un coche bomba	a car bomb
un secuestro	a kidnapping
secuestrar	to kidnap
un/una rehén	a hostage
los yihadistas	jihadists
los estereotipos	stereotypes
el extremismo religioso	religious extremism
difundir miedo	to spread fear
radicalizar a los jóvenes	to radicalise young people
por motivos políticos	for political reasons
a través de video en línea	through videos online
las fuerzas de pacificación	the peacekeeping force
ser solidario/solidaria	to show solidarity
la paz	peace
la ONU	the UN
los derechos humanos	human rights
el Oriente Medio	the Middle East

C.2 Escribe las frases en español con la ayuda del vocabulario de arriba.

1. In the summer of 2017, there was a terrorist attack in Barcelona. According to the government, jihadists were responsible for the attack.
2. Terrorists radicalise young people through videos online. They use religion as a motive, but it is really religious extremism.
3. Peacekeeping forces are working in the Middle East to keep the peace and protect human rights.
4. We need to show solidarity with refugees who have fled their country for political reasons.
5. The main objectives of terrorism are to spread fear and to create social unrest.
6. The biggest terrorist attack in Spain was the bombs in Madrid in 2004.

¡Venga!

C.3 Lee el texto y contesta a las preguntas. HIGHER

¿POR QUÉ TEMEMOS TANTO AL TERRORISMO Y TAN POCO A LOS PELIGROS DIARIOS?

1. Entre 2005 y 2015, en Estados Unidos murieron 94 personas a manos de yihadistas, de acuerdo con New America Foundation. Durante el mismo periodo, 301.797 fallecieron por disparos, según Politifact.

2. A pesar de la notable diferencia que hay entre las dos cifras, y de que un americano tiene 3.210 probabilidades más de morir por el impacto de una bala que por un ataque terrorista, un estudio realizado por la Universidad Chapman, Los Ángeles, demostró que los estadounidenses tienen más miedo del terrorismo que de la ubicuidad de las armas de fuego… España cerró 2016 con 1.160 muertos en carretera, mientras que no hubo ningún fallecido por terrorismo yihadista.

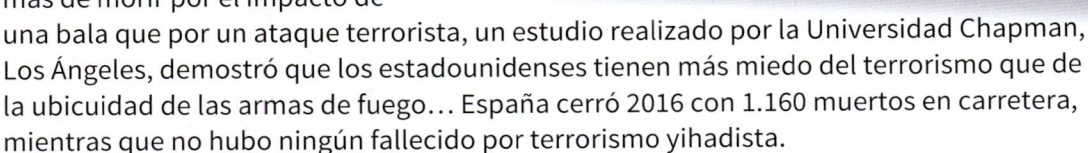

3. ¿Por qué el terrorismo, que ocurre puntualmente, nos suscita más terror que las tragedias que se desencadenan regularmente? Para empezar, no somos conscientes de las probabilidades que tenemos de vivir una situación u otra. De acuerdo con el asesor asociado de Behavioral Insights Group de Londres, Mark Egan, 'la mayoría de las personas no distinguen entre un riesgo de 1 entre 1.000 y un riesgo de 1 entre 1.000.000'.

4. Otro factor crucial es que nuestros cerebros están conectados a lo que hemos visto a lo largo de los años. Algo que, para analizar acontecimientos actuales, nos lleva a hacer juicios rápidos que no siempre están respaldados por el razonamiento lógico, como escribió la psiquiatra infantil, Maia Szalavitz, en *Psychology Today*. 'Nuestras emociones nos empujaron a hacer juicios que tras el 11-S eran razonables, pero puede que ya no lo sean.' 
   También indicó que el miedo que sentimos ante catástrofes singulares como el 11-S, o en el caso de España el 11-M, provoca que éstas queden incrustadas en nuestra memoria. 'Como resultado, sobrestimamos las probabilidades de eventos terribles pero infrecuentes y subestimamos lo arriesgados que son los eventos ordinarios,' explicó Szalavitz.

5. El científico de la Universidad Carnegie Mellon, Pensilvania, Baruch Fischhoff, dijo que el terrorismo es mucho más imprevisible que las tragedias ordinarias. Y esto nos aterroriza porque no hay forma de anticiparnos a ello. En cambio, a partir del número de accidentes de vehículos de motor que tuvieron lugar en el pasado, podemos estimar las probabilidades que, actualmente, tenemos de sufrir uno. Una evidencia que nos hace sentir más seguros.

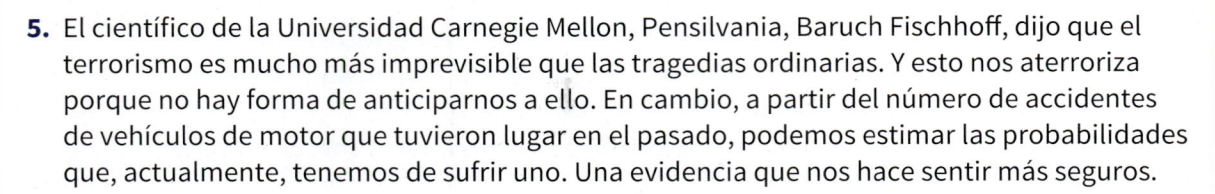

6. Pero con el terrorismo es diferente, 'podría cambiar, por lo que no es irracional que la gente reaccione de forma distinta ante un riesgo incierto,' añadió Fischhoff. El exprofesor de la Universidad de Wisconsin, Michael Rothschild, también señaló al gobierno como responsable de nuestro miedo por exagerar el riesgo terrorista. Aunque, el tratamiento de los acontecimientos por parte de los medios de comunicación también influye. Porque, con un tiroteo o un accidente de tráfico, no vemos imágenes que vayan más allá de los cordones policiales, ambulancias o coches siniestrados.

7. Pero, cuando se trata de un atentado, tenemos acceso a imágenes que nos muestran el sufrimiento, la destrucción y la maldad en su estado más puro. Esto nos induce a lo que los científicos llaman 'sesgo de disponibilidad', que significa que le damos más importancia a lo que recordamos con más exactitud. Además de explicarnos por qué tememos tanto al terrorismo, estos datos revelan que nos será mucho más útil prestar atención a peligros cotidianos que a atentados que ocurren en ocasiones remotas.

Source: playgroundmag.net

1. Answer the following questions in English according to the information given in the text.
   (a) What does the figure 301,797 refer to? (para 1)
   (b) What does the figure 1,160 refer to? (para 2)
   (c) Why does Szalavitz conclude that terrorist attacks are feared so much? (para 4)
   (d) In what way does Michael Rothschild say that the government is responsible for our fear of terrorism? (para 6)

2. Escribe en español las frases del texto que tengan el mismo sentido (más o menos) que las siguientes:
   (a) ocurrieron (para 5)
   (b) vehículos dañados (para 6)
   (c) concentrarse en amenazas diarias (para 7)

3. Explain in English the meaning of the following in their context:
   (a) … un estudio realizado por (para 2)
   (b) … nos hace sentir más seguros (para 5)
   (c) … por qué tememos tanto al terrorismo (para 7)

4. Explica (o expresa de otro modo) en español una de las frases siguientes:

   Durante el mismo periodo (para 1)

   o

   Otro factor crucial (para 4)

C.4 Debate: En grupos de tres o cuatro personas, debatid sobre una de las siguientes afirmaciones.
   (a) El terrorismo nunca está justificado.
   (b) La mayoría de los terroristas son jóvenes vulnerables marginalizados.
   (c) El miedo no ayuda a nadie.

C.4 – Criterios de éxito
- Divide the class into 'for' and 'against' the motion.
- In groups, brainstorm your ideas on the title.
- Work in groups to write speeches for or against the motion.
- Use words and phrases from page 61.
- Appoint one group member to perform the speech.

C.5 Escribe tu opinión sobre una de las afirmaciones del ejercicio C.4. HIGHER

C.5 – Criterios de éxito
- Write 150 words or more.
- Structure your answer with an introduction, at least three points and a conclusion.
- Use ideas and phrases from your group brainstorming in the previous activity.
- Check your work for spellings, accents and agreement of adjectives.

trescientos cincuenta y uno

D. La gramática: La voz pasiva

In the many texts you have read in Spanish, you will have come across the passive voice. You may already be using it yourself in Spanish, but have not formally studied it until now. Sentences can be formed in the active voice or the passive voice. In the active voice the subject of the sentence is doing an action, but in the passive voice the subject is the receiver of the action. Consider the following sentences:

Active: Cervantes wrote the book.
Passive: The book was written by Cervantes.

Active: Niamh makes those strawberry tarts.
Passive: Those strawberry tarts are made by Niamh.

In Spanish, there are two ways to form the passive voice:

1. *Ser* + past participle of the verb (+ *por*) and **2.** *Se* + third person (singular/plural)

La voz pasiva con ser

Ser + past participle (+ *por*)

Consider the following examples:

El miedo **fue difundido** *por los medios.* .... Fear was spread by the media.
La revista **fue leída** *por mi madre.* .... The magazine was read by my mother.
Los edificios **han sido destruidos** *por la bomba.* ..... The buildings have been destroyed by the bomb.
Las casas **serán pintadas** *por mis tíos.* .... The houses will be painted by my uncles.

- The passive voice with *ser* is less common in spoken Spanish, but more often used in formal written Spanish such as in journalistic texts.
- This passive can be used in any tense: simply change the verb *ser* to whatever tense is required.
- The past participle should agree in number and gender with the subject of the sentence.

D.1 Escribe las frases en la voz pasiva con el verbo ser.

Ejemplo: Cervantes escribió Don Quijote.   Don Quijote fue escrito por Cervantes.

1. Laura sacó las fotos de la familia.
2. Mi hermano escribirá un ensayo.
3. Los terroristas amenazan a la gente.
4. El gobierno hizo muchas promesas.
5. Las chicas entregarán los deberes mañana.
6. Chris Hemsworth interpreta el papel de Thor.
7. Los niños leyeron la novela.
8. Mi padre vio la película.
9. He invitado a mis amigos a la fiesta.
10. La policía liberó a los rehenes.

D.2 Escribe las frases en español.

1. That play was written by William Shakespeare.
2. *Guernica* was painted by Pablo Picasso.
3. The concert will take place in the central stadium.
4. The glasses were broken during his party.
5. That law was introduced ten years ago.
6. King Felipe was welcomed by the President of Ireland.
7. Rafael Nadal will be interviewed tonight.
8. The terrorists have been arrested by the police.
9. Many young people are influenced by images online.
10. Some neighbourhoods are exclusively made up of refugees.

La voz pasiva con se

Se + third person of the verb (singular/plural)

Consider the following examples:

Se estableció la ciudad hace 800 años. .... The city was established 800 years ago.
Se hicieron estos pasteles con almendras. .... These cakes were made with almonds.

- The verb is used in the third person singular when followed by a singular noun or an infinitive, but it is used in the third person plural if it is followed by a plural noun.

Se come paella en Valencia. .... Paella is eaten in Valencia.
Se puede ver la ciudad desde la torre. .... The city can be seen from the tower.
Se comen muchas patatas en Irlanda. .... Lots of potatoes are eaten in Ireland.

- This passive cannot be used when the subject is overtly named. For example, both of the following sentences are correct because the subject isn't named:

Se destruyó el castillo en 1542. .... The castle was destroyed in 1542.
El castillo *fue destruido* en 1542. .... The castle was destroyed in 1542.

- However, if you want to say who destroyed the castle, you can only use the passive with *ser*.

El castillo *fue destruido por* los Árabes en 1542. .... The castle was destroyed by the Arabs in 1542.

D.3 Rellena los espacios con la forma correcta del presente del verbo con se.

Ejemplo: __Se venden__ (vender) sellos aquí.

1. ¿Cómo _____ (decir) hola en inglés?
2. En aquel restaurante _____ (servir) platos típicos.
3. Creo que _____ (poder) aparcar cerca del teatro.
4. ¿Cómo _____ (escribir) tu apellido?
5. _____ (vender) agua aquí.
6. _____ (comer) muchas verduras en España.
7. ¿Cómo _____ (llegar) al parque?
8. _____ (cultivar) aceitunas en España.
9. En Galicia _____ (comer) mucho pulpo.
10. ¿A qué hora _____ (abrir) la oficina?

D.4 Escribe las frases en español en la voz pasiva con se.

1. Petrol is sold here.
2. The water park can be seen from the roundabout.
3. Fear is spread through videos online.
4. You can't drink alcohol and drive.
5. Guns are used to commit crimes.
6. Red wine is drunk with steak.
7. Those toys are made in factories in China.
8. Lots of eggs are used in a Spanish omelette.
9. Dinner is served at 9:00pm in the restaurant.
10. Grapes are grown in La Rioja.

E. La pobreza

E.1 Lee el texto y contesta a las preguntas.

LOS PAÍSES MÁS POBRES SON AFRICANOS

El Programa de Naciones Unidas para el Desarrollo (PNUD) realiza un informe anual sobre el índice de desarrollo humano que mide la esperanza de vida al nacer, la tasa de alfabetización y el PIB per cápita. En el último informe publicado (2016), los países más pobres eran, por este orden: República Centroafricana, Níger, Chad, Burkina Faso, Burundi, Guinea, Sudán del Sur y Mozambique.

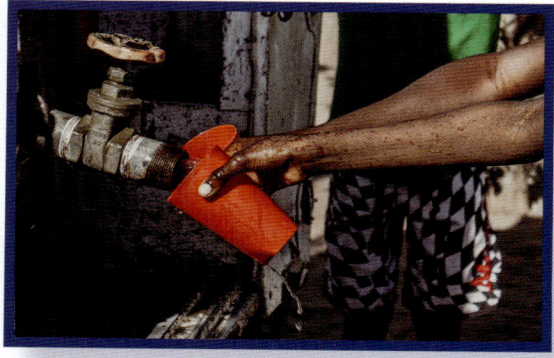

1. **República Centroafricana:**… Muchas familias centroafricanas han tenido que huir de sus hogares a causa de las guerras que han asolado al país desde hace años. En 2012 empezó una guerra que enfrentó a las fuerzas del Gobierno y al grupo armado Seleka. A pesar del acuerdo de paz firmado en 2015, la violencia sigue siendo común en el país más pobre del mundo.

2. **Níger:** El segundo país más pobre de África se enfrenta no solo al hambre y a la pobreza sino también a grandes epidemias como la malaria, agravada por la desnutrición. Todo esto empeora por las condiciones climáticas del país que provocan grandes sequías y que dificultan aún más el acceso al alimento. La esperanza de vida es de entre 61 y 63 años.

3. **Chad:**… Se enfrenta a graves problemas políticos debido a la corrupción. Existen permanentes enfrentamientos políticos violentos por ello es uno de los países más pobres.

4. **Burkina Faso:** Desde su independencia de Francia en los años 60, existe inestabilidad política. Su alto índice de crecimiento poblacional junto con la aridez de su suelo son factores que contribuyen de forma relevante a su índice de pobreza…

5. **Burundi:** A raíz de las revueltas provocadas por los conflictos políticos del año 2015, las calles de la capital, y las de todo el país, se llenaron de cadáveres. Por lo que respecta al problema de la violencia sexual, en la mayoría de los casos, la violación de mujeres y niñas ha sido cometida por los propios policías. La carestía y el cambio climático han hecho aún más inestable la economía, que es principalmente agrícola.

6. **Guinea:** Es un país rico en recursos naturales como minerales, diamantes, oro y aluminio. Su economía depende principalmente de la agricultura y minería. También fue uno de los países asolados por la epidemia de ébola de 2014 junto a Liberia y Sierra Leona, donde murieron más de 4500 personas en total.

7. **Sudán del Sur:** Después de la guerra, la pobreza y el hambre se extendieron entre la población…

8. **Mozambique:** Aunque el país es rico en recursos energéticos, minerales, forestales y marítimos entre otros, la población es extremadamente pobre. Esto se debe, entre otras muchas razones, a que los recursos son explotados por unos pocos poderosos para conseguir el máximo beneficio, dando lugar a elevados índices de desigualdad…

Source: ayudaenaccion.org

1. **Contesta en inglés.**
   (a) What factors were analysed by the United Nations for this report?
   (b) What are the reasons given for poverty in Burkina Faso?
   (c) The economy of which country has been affected by climate change?
   (d) What types of natural resources can be found in Mozambique?

2. **Contesta en español.**
   (a) ¿Cuándo ocurrió la guerra en la República Centroafricana?
   (b) ¿Cómo se llama la enfermedad que afecta a la gente de Níger?
   (c) ¿De qué país es Burkina Faso una antigua colonia?
   (d) Menciona tres recursos naturales que se encuentran en Guinea.

3. **Busca las siguientes expresiones en el texto de arriba.**
   (a) Life expectancy
   (b) The literacy rate
   (c) GDP
   (d) To flee their homes because of war
   (e) A peace agreement
   (f) Malnutrition
   (g) Corruption
   (h) Political instability
   (i) Population growth
   (j) Hunger

E.2 Un informe de la ONU sobre la pobreza. Escucha y decide si las siguientes afirmaciones son verdaderas o falsas.

CD 2 Track 69

		VERDADERO	FALSO
A.	La mayoría de los pobres viven en Asia y África.		
B.	Las tasas de pobreza en el mundo no se han reducido desde el año 2000.		
C.	Hay más mujeres pobres que hombres pobres.		
D.	El Día Internacional para le Erradicación de la Pobreza se celebra el 27 de octubre.		

La pobreza

los países en vías de desarrollo	developing countries
luchar por la supervivencia	to struggle to survive
la mortalidad infantil	infant mortality
ser analfabeto	to be illiterate
el analfabetismo	illiteracy
vivir por debajo del umbral de la pobreza	to live below the poverty line
los huérfanos	orphans
un orfelinato/orfanato	an orphanage
la deuda	debt
la caridad	charity
una organización benéfica	a charity organisation
malgastar el dinero	to misspend money
un comedor social	a soup kitchen
un voluntario	a volunteer
trabajo voluntario	voluntary work
ofrecerse como voluntario	to do voluntary work

E.3 Completa el diálogo.

You are in Madrid for three months to improve your Spanish. You've decided to volunteer part time at a local soup kitchen. You go to talk to Iria, who runs the organisation.
Complete in Spanish your side of the following dialogue.

Iria: ¿Por qué te interesa trabajar como voluntario?

Tú: Explain that you are in Madrid to improve your Spanish, so you would like to meet local people. Voluntary work would give you the opportunity to help others while using your Spanish.

Iria: No pagamos a los voluntarios. ¿No te interesaría buscar un trabajo pagado?

Tú: Tell her you've had a stressful year at school and you don't want a full-time job. You're lucky because you're staying with friends of your parents, so you don't need to earn money to pay rent or bills.

Iria: ¿Tienes experiencia como voluntario?

Tú: Say you did voluntary work with a charity organisation that helped homeless people in Dublin last summer. You really enjoyed it and you learned a lot from the experience.

Iria: ¿Qué hacías exactamente?

Tú: Explain that you worked on a team that collected donations from the public at concerts and events. The money was used to buy sleeping bags, blankets, food and hot drinks that you distributed among the homeless once a week.

Iria: Perfecto. Pues aquí no salimos a la calle, la gente sin hogar viene a nosotros. Los voluntarios tienen que preparar las comidas y servirlas aquí.

Tú: Say you don't think that will be a problem for you. You are not a very good cook, but you can learn quickly. It is a shame that there are so many poor people on the streets and you are happy to do something to help them.

E.4 Lee el texto y contesta a las preguntas. HIGHER

¿HAS PENSADO EN HACERTE VOLUNTURISTA?

1. El volunturismo – dícese del turismo que incluye un voluntariado humano. ¿Has pensado en hacerte volunturista? Puede ser una oportunidad de ganar experiencias inolvidables, aprender de nuevas culturas y viajar por el mundo. Hoy las agencias de viajes ofrecen la posibilidad de viajar 'con un objetivo' claro, trabajar para los demás, dejar atrás los privilegios y cambiar las cosas. Las estancias cortas de volunturismo se dirigen a jóvenes que quieren hacer algo diferente durante las vacaciones.

2. ¿Es una experiencia o un negocio? El volunturismo ya mueve a millones de personas y millones de dólares al año. Uno de los destinos más visitados por los que hacen trabajos de voluntariado durante sus vacaciones son los orfanatos. A este respecto, un informe de Unicef reveló hace poco que en Sri Lanka ha habido recientemente un aumento inusual en el número de orfanatos y que el 92% de huérfanos, no eran realmente huérfanos sino niños de familias pobres alistados para ofrecer oportunidades a voluntarios de sociedades ricas.

3. Otras organizaciones ofrecen la oportunidad de construir escuelas, casas o pozos pero en vez de pagar a la gente de la localidad, la organización cobra a los voluntarios. El resultado ofrece dudas ya que la gente del lugar pierde la oportunidad de trabajar. Según un estudio reciente, una casa construida por gente de Honduras cuesta 2.050 dólares. El mismo edificio hecho por voluntarios cuesta 32.000 – incluyendo los costos de sus viajes – lo que significa que se podrían construir 16 casas más si los voluntarios se quedaran en sus casas y enviaran el dinero a los hondureños.

Unidad 12 Temas de actualidad

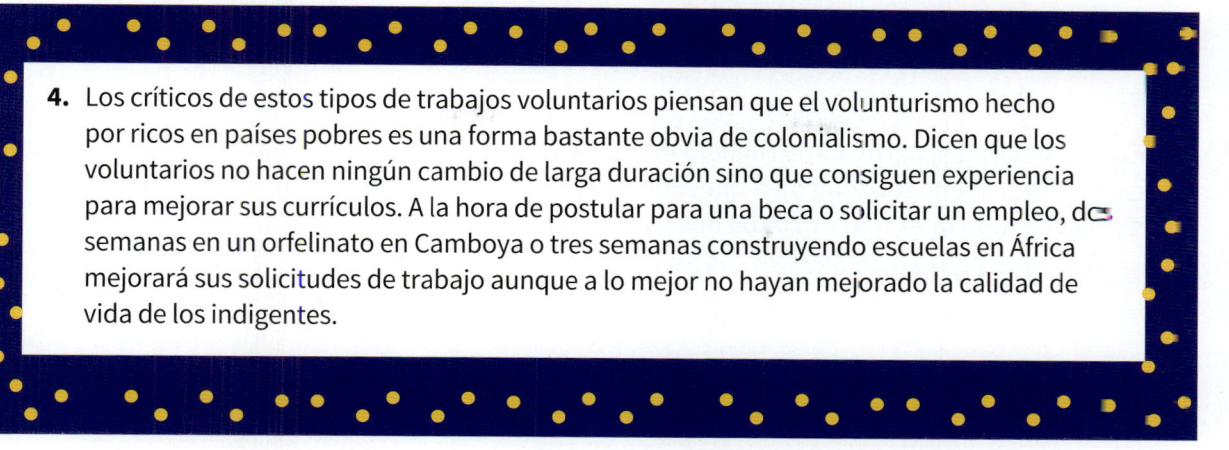

> **4.** Los críticos de estos tipos de trabajos voluntarios piensan que el volunturismo hecho por ricos en países pobres es una forma bastante obvia de colonialismo. Dicen que los voluntarios no hacen ningún cambio de larga duración sino que consiguen experiencia para mejorar sus currículos. A la hora de postular para una beca o solicitar un empleo, dos semanas en un orfelinato en Camboya o tres semanas construyendo escuelas en África mejorará sus solicitudes de trabajo aunque a lo mejor no hayan mejorado la calidad de vida de los indigentes.

1. Escribe las frases del texto que sean equivalentes (más o menos) a las siguientes:
   (a) un crecimiento inhabitual (para 2)
   (b) las consecuencias son inciertas (para 3)
   (c) la misma casa construida (para 3)
   (d) mandaran el dinero (para 3)
   (e) el nivel de vida de los pobres (para 4)
2. Write in English the meaning (in the context) of the following phrases:
   (a) que quieren hacer algo diferente (para 1)
   (b) en vez de pagar a la gente de la localidad (para 3)
   (c) postular para una beca (para 4)
3. Busca en el texto una palabra o frase que tenga el mismo sentido (más o menos) que las siguientes:
   (a) memorables (para 1)
   (b) propósito (para 1)
   (c) los otros (para 1)
   (d) los lugareños (para 3)
   (e) buscar trabajo (para 4)
4. As a partial summary of the content of the article, write in English the information requested.
   (a) What is said about orphans in Sri Lankan orphanages? (para 2)
   (b) What comparison is made between the cost of locals building a house in Honduras and the cost of volunteers building a house in Honduras? (para 3)
   (c) Why are some people very critical of the type of volunteer work described in the article? (para 4)

E.5 Debate: En grupos de tres o cuatro personas, debatid sobre una de las siguientes afirmaciones.
   (a) La caridad empieza en casa.
   (b) La pobreza nunca se va a erradicar porque no interesa.
   (c) Hay que hacer más por los demás.

E.5 – Criterios de éxito
- Divide the class into 'for' and 'against' the motion.
- In groups, brainstorm your ideas on the title.
- Work in groups to write speeches for or against the motion.
- Use words and phrases from page 61.
- Appoint one group member to perform the speech.

E.6 Escribe tu opinión sobre una de las afirmaciones del ejercicio E.5. HIGHER

E.6 – Criterios de éxito
- Write 150 words or more.
- Structure your answer with an introduction, at least three points and a conclusion.
- Use ideas and phrases from your group brainstorming in the previous activity.
- Check your work for spellings, accents and agreement of adjectives.

trescientos cincuenta y siete 357

F. Consejos para el examen escrito

1. EXAM TIMING

Exam candidates, particularly Higher Level students, need to be conscious of time during the exam. Don't spend too long on a question. If you get stuck, it is better to move on and come back to the question later. You might be able to figure it out with fresh eyes.

The following charts are guidelines for how to time your exam. These are simply estimates and can be adjusted to your individual needs.

Ordinary Level – Guide times

TIME	QUESTION	MARKS
5 minutes	Read through the whole paper carefully.	
90 minutes	**Section A** Reading comprehension	160 marks
30 minutes	**Section B** Informal letter or email	40 marks
15 minutes	**Section B** Note or diary	20 marks
10 minutes	Check back over the paper carefully. Make sure you've answered all the comprehension questions. If anything is left blank, have a guess.	

Higher Level – Guide times

TIME	QUESTION	MARKS
5 minutes	Read through the whole paper carefully.	
30 minutes	**Section A** Prescribed literature or journalistic text	50 marks
15 minutes	**Section A** 2 short reading comprehensions	20 marks
30 minutes	**Section B** Long reading comprehension	50 marks
30 minutes	**Section B** Link question (opinion)	50 marks
20 minutes	**Section C** Dialogue translation or formal letter	30 marks
15 minutes	**Section C** Diary entry or note	20 marks
5 minutes	Check back over the paper carefully. Make sure you've answered all the comprehension questions. If anything is left blank, have a guess.	

2. LISTENING COMPREHENSION

Use the few minutes before the exam begins to read through the paper carefully. Highlight or underline key words in the questions ('what time', 'date', 'why', 'possible problems', 'temperatures', etc.). Make sure you have studied the topic of weather, as it is a guaranteed section on the exam every year. Revise the vocabulary list on page 177 the night before the exam. Try not to leave any blank spaces. If you're not sure of an answer, go with your best guess. If it is wrong you get zero marks, but if you leave it blank you get zero anyway, so you're better off having a guess and potentially picking up some marks. If you've already filled in answers on the first or second hearing, double check your answers on the third hearing.

3. READING COMPREHENSION

- Look for clues as to what the text is about before you start reading. Look at the title, the questions and any image accompanying the text.
- Once you have an idea of the topic of the text, read through it carefully.
- Work through the questions. Make sure you take the answers from the paragraphs as indicated on the exam paper and pay attention to any instructions written in bold.
- If you get stuck on a question, move on and come back to it later.
- Write as much information as you can in your comprehension answers. Sometimes the marking scheme will require two, three or four points for full marks. So if you see a few points that answer the question, write them all down rather than just a single point. You will not be penalised for writing too much information, but you will be penalised if you leave out part of a required answer. If the question asks for FULL details, this is generally an indication that more than one point is required for full marks.
- For Higher Level students, the only time you shouldn't write anything extra is when you are asked to find synonyms. Remember, the synonym question needs you to find an exact word or phrase, so be careful not to include any extra words. If you are asked to find a synonym of a word you don't understand, try to figure it out grammatically if you can't figure out the meaning. For example, a feminine plural adjective could only be replaced by another feminine plural adjective, while a third person plural verb in the *pretérito indefinido* tense is likely to be replaced by another third person plural verb in the *pretérito indefinido* tense. Work out what part of speech is required (noun, verb, adjective, adverb). This will narrow down your possible options before having to make a guess.

4. WRITTEN WORK

Revise the following sections of your textbook for hints and tips on how to best approach these questions:

QUESTION	PAGE REFERENCE
Informal letter/email (Ordinary Level only)	32–4
Note writing	212–13
Diary entries	92–3
The link question (opinion)	60–62
Formal letter	236–7
Dialogue translation	265–6

Always plan your answers in advance. For example, in an opinion essay make sure you know your three points before you start writing. Use rough work paper to outline your points or brainstorm ideas and vocabulary. Always read back over each written piece when you've finished it. Check your work for spellings, verb tenses, adjective agreements and gender of nouns. Writing simple sentences in accurate Spanish will get you good grades. Higher Level students aiming for top marks can embellish their answers by using connectors to make longer sentences to develop an argument or by using adjectives and adverbs to add description.

trescientos cincuenta y nueve

Desarrollar una opinión

para empezar…	to begin with…	mientras	while
al principio…	in the beginning…	sin embargo	however
durante	during	por una parte	on one hand
mientras tanto	meanwhile	por otra parte	on the other hand
además	in addition/also	desafortunadamente	unfortunately
luego	then	finalmente	finally
entonces	so/then	para terminar	to finish

Los adverbios

In English, many adverbs end in **-ly**, for example, **perfectly, comfortably**. In Spanish, these adverbs are formed by taking the feminine form of the adjective and adding **-mente**.

ADJECTIVE	FEMININE FORM	MEANING	ADVERB	MEANING
básico	*básica*	basic	*básicamente*	basically
cómodo	*cómoda*	comfortable	*cómodamente*	comfortably
lento	*lenta*	slow	*lentamente*	slowly
perfecto	*perfecta*	perfect	*perfectamente*	perfectly

Adjectives that are the same in masculine and feminine forms simply add **-mente** to the adjective to form the adverb.

ADJECTIVE	MEANING	ADVERB	MEANING
constante	constant	*constantemente*	constantly
fácil	easy	*fácilmente*	easily
feliz	happy	*felizmente*	happily
alegre	cheerful	*alegremente*	cheerfully

- The following adverbs are not formed with **-mente**.

Adverbs of time
luego	later
entonces	then
siempre	always
a menudo	often
a veces	sometimes
nunca	never
pronto	soon
antes	before
después	after
hoy	today
mañana	tomorrow
ayer	yesterday
anteayer	the day before yesterday
pasado mañana	the day after tomorrow

Adverbs of place
cerca	near
lejos	far
delante	in front
detrás	behind
aquí	here
allí	there
encima	above
debajo	underneath

Adverbs of manner
bien	well
mal	badly
así	in this way
bastante	quite
de repente	suddenly
despacio	slowly
poco	little
por desgracia	unfortunately
mucho	a lot

5. PRESCRIBED LITERATURE — HIGHER

At Higher Level you have the option to answer questions on a prescribed novel rather than on the journalistic text. The novel changes every few years, but for Leaving Certificate 2021 the novel is *Relato de un Náufrago* by Gabriel García Márquez. If you are opting to answer this question, you should prepare yourself well by reading the novel carefully and thinking about the characters, themes and plot. Looking at past exam papers will give you ideas of the kinds of questions you could be asked to write about.

THE AUTHOR

Gabriel García Márquez (1927–2014) was a Colombian journalist and writer, considered to be one of the best Spanish language authors of all time. His most famous works include *Cien años de soledad* and *El amor en los tiempos de cólera*. In 1982 he was awarded the Nobel Prize for Literature.

THE NOVEL

Relato de un Náufrago ('The Story of a Shipwrecked Sailor') is a work of non-fiction, which was originally published in 1955 in fourteen instalments in *El Espectador* newspaper. Gabriel García Márquez ghost-wrote the story from the first-person perspective of a 20-year-old sailor, Luis Alejandro Velasco Rodríguez. The story was published as a book in 1970 and García Márquez gave the rights to the story to Velasco.

THE PLOT

The story gives readers an in-depth view of what it is like to be stranded at sea. Velasco (of the Colombian destroyer *Caldas*) is returning to Colombia after eight months in Alabama. Not long into the voyage, the ship is hit by strong waves and Velasco and seven others are washed overboard. Velasco is the only one who makes it to a life raft and after watching some of his shipmates drown, he spends ten days drifting in the raft. The search for the missing sailors is called off after four days and Velasco and his shipmates are declared dead. After ten days of drifting on the open sea, his raft arrives on the Colombian coast.

THE THEMES

The theme of solitude is explored in the book, as is the complexities of the human mind when faced with catastrophe.

THE CHARACTER

For most of the novel there is just one character to focus on, Luis Alejandro Velasco, a seaman returning to Colombia after a long stay in the United States. When stranded at sea, he is tested physically and mentally as he survives ten days without food or fresh water, battling with sharks, solitude and the blistering sun.

CONTROVERSY

The story serialised in *El Espectador* caused a political stir and embarassed the dictatorship of Rojas Pinilla. García Márquez exposed how the *Caldas* had been dangerously overloaded with a contraband cargo of household appliances such as televisions, refrigerators and stoves. The shipwreck was therefore due to negligence on the part of the Colombian Navy, who overloaded the ship, and not to the non-existent storm that was reported in the official account of the event.

G. Los deberes de la Unidad 12

La gramática

G.1 Escribe las frases en español en la voz pasiva.
1. A man was run over by a van.
2. An ambulance has been called.
3. The injured man is being brought to hospital by ambulance.
4. The family of the man will be informed.
5. The driving test can be done at the age of seventeen.
6. The necklace and the watches were stolen by the thieves.
7. The criminals were fined by the police.
8. The buildings were destroyed by the terrorists.
9. The hostages have been freed.
10. More help is needed for the poor.

El vocabulario

G.2 Traduce al español las siguientes palabras.
1. To get a driver's licence
2. A traffic light
3. To knock down/run over
4. To brake
5. The injured
6. The driving test
7. To crash into
8. A pedestrian crossing
9. Excessive speed
10. The motorway

G.3 Traduce al inglés las siguientes palabras.
1. Ser analfabeto
2. Los países en vías de desarrollo
3. El orfelinato
4. La caridad
5. Sobrevivir
6. La deuda
7. Una guerra civil
8. La paz
9. Difundir miedo
10. Un secuestro

La comprensión lectora

G.4 Lee el poema y contesta a las preguntas en inglés.

CASIDA DEL LLANTO

He cerrado mi balcón
Porque no quiero oír el llanto
Pero por detrás de los grises muros
No se oye otra cosa que el llanto.

Hay muy pocos ángeles que canten,
Hay muy pocos perros que ladren,
Mis violines caben en la palma de mi mano.

Pero el llanto es un perro inmenso,
El llanto es un ángel inmenso,
El llanto es un violín inmenso,
Las lágrimas amordazan al viento,
No se oye otra cosa que el llanto.

Federico García Lorca

The poet Federico García Lorca is widely recognised as one of the greatest Spanish poets of all time. He was born in Granada in 1898 but suffered an untimely death in 1936 at just 38 years old. It is believed he was assassinated by Nationalist militia during the Spanish Civil War.

1. Find two examples of the present subjunctive in the poem.
2. Find one example of the present perfect in the poem.
3. Find one example of a sentence in the passive voice.
4. Find one example of a verb in the present tense in the poem.
5. What do you think the poem is about? Is it happy or sad?

G.5 Lee el texto y contesta a las preguntas en inglés.

AUMENTA CIFRA DE INMIGRANTES DETENIDOS EN ESPAÑA TRAS CRUZAR EL MEDITERRÁNEO

1. Más de 3.116 inmigrantes han muerto ahogados cuando intentaban llegar a Europa por vía marítima en balsas de construcción casera. El equipo de Salvamento Marítimo trasladó este jueves a 93 inmigrantes, entre ellos a 40 menores de edad y a un bebé, que intentaban llegar a las costas del sur de España en una balsa precaria.

2. El grupo de inmigrantes fue encontrado por los funcionarios españoles, luego de que estos atravesaran el mar Mediterráneo para huir del conflicto interno que persiste desde hace 15 años en diferentes naciones sudafricanas.

3. El rescate fue realizado en dos embarcaciones; la *María Zambrano*, que atendió a dos hombres provenientes de la región africana del Magreb así como a otros 13 inmigrantes, 12 de ellos subsaharianos y uno de Siria, que viajaban en una balsa casera. Además, la embarcación *Concepción Arenal* encontró a 40 inmigrantes menores de edad, a dos personas mayores del Magreb, a 36 subsaharianos, a 11 mujeres y al recién nacido.

4. Finalmente los refugiados fueron trasladados al puerto sureño de Cádiz, donde deberán permanecer junto a los otros 87 inmigrantes que llegarán al mismo lugar tras ser rescatados el pasado jueves por el buque humanitario Open Arms.
   Hasta ahora, el Gobierno de España no se ha pronunciado sobre la situación legal de los nuevos inmigrantes aunque ya ha informado que ninguno de los 87 recibirán permisos de permanencia…

Source: telesurtv.net

1. How did 3,116 immigrants die? (para 1)
2. Give full details of the immigrants who were rescued on Thursday. (para 1)
3. Why were the immigrants fleeing to Spain and where did they come from? (para 2)
4. How many Syrians were rescued? (para 3)
5. Why is Cádiz mentioned? (para 4)
6. Will the refugees be allowed to stay in Spain? (para 4)

Escribir

G.6 Elige uno de los titulares de abajo y escribe un artículo para un periódico.

- **UN MUERTO Y DOS HERIDOS EN UN ACCIDENTE DE TRÁFICO**
- **UN COMEDOR SOCIAL ABRE EN GRANADA**
- **LA POLICÍA BUSCA A UN ASESINO**
- **LA ONU EXIGE PAZ EN ORIENTE MEDIO**
- **SORPRENDIDOS TRES LADRONES CON 500.000€**
- **TERREMOTO EN MÉXICO**
- **LA TASA DE ANALFABETISMO CRECE EN HAITÍ**
- **TRES MUERTOS EN UN ATENTADO TERRORISTA**

G.7 Escribe una carta formal o un correo electrónico. **HIGHER**

You read an article criticising young people for being selfish and doing nothing for the poor. You decide to write a letter/email in Spanish to the editor. (You may loosely base your letter/email on some/all of the points mentioned below.)

- Not all young people are selfish. Many make time to do something for others on a regular basis.
- Your school runs a programme for students to do voluntary work abroad.
- You volunteer on Saturdays in a local soup kitchen.
- It can be hard to find time for voluntary work because young people are under pressure to perform at school and have to juggle studies with hobbies and family time.
- It is not just the responsibility of young people to help the poor. The government and people in positions of power need to get involved.

G.7 – Criterios de éxito

- Start and end your letter or email appropriately.
- Use the structure outlined on pages 236 and 237 and include five points.
- Expand and develop each of your five points.
- Make sure you are using the correct verb tenses.
- Check your work for spellings, accents and agreement of adjectives.

G.8 Escribe un mensaje.

You had arranged to meet a Spanish friend at the cinema but forgot you have a driving lesson. Leave a note in Spanish for your friend, including all of the following points:

- You can't go to the cinema because you have a driving lesson.
- It is important to go to the lesson because your driving test is next week.
- Say you don't think you will go to David's party afterwards.
- Tell him you will send him a message later.

¡Venga!

Unidad 12 Autoevaluación

		😊	😐	😠
	I can discuss news topics such as accidents, crime and terrorism.			
	I can write a diary entry about a robbery.			
	I can write an informal letter about getting a driving licence.			
	H I can write a formal letter about volunteering.			
	H I can give my opinion on terrorism.			
	I can understand the general sense of texts about road accidents, robberies, crime, poverty and volunteering.			
	I can recognise and use the passive voice.			
	I can follow news reports and bulletins about a variety of current affairs, such as crime, poverty and terrorism.			

After completing the *autoevaluación* above, write your own simple learning targets for the next few weeks. Think about what you know well and what you need to revise. What topic or topics do you need to revisit? Fill in the chart below.

Lo que ya sé de la Unidad 12	Lo que tengo que repasar de la Unidad 12

trescientos sesenta y seis

Los verbos

Los verbos

LOS VERBOS REGULARES

LOS VERBOS EN –AR

Infinitive: BAILAR (*to dance*)

Present	Present continuous	Future	Conditional	Present subjunctive
bailo	estoy bailando	bailaré	bailaría	baile
bailas	estás bailando	bailarás	bailarías	bailes
baila	está bailando	bailará	bailaría	baile
bailamos	estamos bailando	bailaremos	bailaríamos	bailemos
bailáis	estáis bailando	bailaréis	bailaríais	bailéis
bailan	están bailando	bailarán	bailarían	bailen

Preterite	Imperfect	Present perfect	Past perfect	Imperfect subjunctive
bailé	bailaba	he bailado	había bailado	bailara/bailase
bailaste	bailabas	has bailado	habías bailado	bailaras/bailases
bailó	bailaba	ha bailado	había bailado	bailara/bailase
bailamos	bailábamos	hemos bailado	habíamos bailado	bailáramos/bailásemos
bailasteis	bailabais	habéis bailado	habíais bailado	bailarais/bailaseis
bailaron	bailaban	han bailado	habían bailado	bailaran/bailasen

Los verbos

LOS VERBOS EN -ER
Infinitive: COMER (to eat)

Present	Present continuous	Future	Conditional	Present subjunctive
como	estoy comiendo	comeré	comería	coma
comes	estás comiendo	comerás	comerías	comas
come	está comiendo	comerá	comería	coma
comemos	estamos comiendo	comeremos	comeríamos	comamos
coméis	estáis comiendo	comeréis	comeríais	comáis
comen	están comiendo	comerán	comerían	coman

Preterite	Imperfect	Present perfect	Past perfect	Imperfect subjunctive
comí	comía	he comido	había comido	comiera/comiese
comiste	comías	has comido	habías comido	comieras/comieses
comió	comía	ha comido	había comido	comiera/comiese
comimos	comíamos	hemos comido	habíamos comido	comiéramos/comiésemos
comisteis	comíais	habéis comido	habíais comido	comierais/comieseis
comieron	comían	han comido	habían comido	comieran/comiesen

LOS VERBOS EN -IR
Infinitive: VIVIR (to live)

Present	Present continuous	Future	Conditional	Present subjunctive
vivo	estoy viviendo	viviré	viviría	viva
vives	estás viviendo	vivirás	vivirías	vivas
vive	está viviendo	vivirá	viviría	viva
vivimos	estamos viviendo	viviremos	viviríamos	vivamos
vivís	estáis viviendo	viviréis	viviríais	viváis
viven	están viviendo	vivirán	vivirían	vivan

Preterite	Imperfect	Present perfect	Past perfect	Imperfect subjunctive
viví	vivía	he vivido	había vivido	viviera/viviese
viviste	vivías	has vivido	habías vivido	vivieras/vivieses
vivió	vivía	ha vivido	había vivido	viviera/viviese
vivimos	vivíamos	hemos vivido	habíamos vivido	viviéramos/viviésemos
vivisteis	vivíais	habéis vivido	habíais vivido	vivierais/vivieseis
vivieron	vivían	han vivido	habían vivido	vivieran/viviesen

LOS VERBOS IRREGULARES

DAR (to give)

Infinitive	Present	Future	Conditional	Present subjunctive
	doy	daré	daría	dé
	das	darás	darías	des
	da	dará	daría	dé
	damos	daremos	daríamos	demos
	dais	daréis	daríais	deis
	dan	darán	darían	den

Preterite	Imperfect	Present perfect	Past perfect	Imperfect subjunctive
di	daba	he dado	había dado	diera/diese
diste	dabas	has dado	habías dado	dieras/dieses
dio	daba	ha dado	había dado	diera/diese
dimos	dábamos	hemos dado	habíamos dado	diéramos/diésemos
disteis	dabais	habéis dado	habíais dado	dierais/dieseis
dieron	daban	han dado	habían dado	dieran/diesen

DECIR (to say)

Infinitive	Present	Future	Conditional	Present subjunctive
	digo	diré	diría	diga
	dices	dirás	dirías	digas
	dice	dirá	diría	diga
	decimos	diremos	diríamos	digamos
	decís	diréis	diríais	digáis
	dicen	dirán	dirían	digan

Preterite	Imperfect	Present perfect	Past perfect	Imperfect subjunctive
dije	decía	he dicho	había dicho	dijera/dijese
dijiste	decías	has dicho	habías dicho	dijeras/dijeses
dijo	decía	ha dicho	había dicho	dijera/dijese
dijimos	decíamos	hemos dicho	habíamos dicho	dijéramos/dijésemos
dijisteis	decíais	habéis dicho	habíais dicho	dijerais/dijeseis
dijeron	decían	han dicho	habían dicho	dijeran/dijesen

Los verbos

Infinitive	Present	Future	Conditional	Present subjunctive
ESTAR *(to be)*	estoy	estaré	estaría	esté
	estás	estarás	estarías	estés
	está	estará	estaría	esté
	estamos	estaremos	estaríamos	estemos
	estáis	estaréis	estaríais	estéis
	están	estarán	estarían	estén

Preterite	Imperfect	Present perfect	Past perfect	Imperfect subjunctive
estuve	estaba	he estado	había estado	estuviera/estuviese
estuviste	estabas	has estado	habías estado	estuvieras/estuvieses
estuvo	estaba	ha estado	había estado	estuviera/estuviese
estuvimos	estábamos	hemos estado	habíamos estado	estuviéramos/estuviésemos
estuvisteis	estabais	habéis estado	habíais estado	estuvierais/estuvieseis
estuvieron	estaban	han estado	habían estado	estuvieran/estuviesen

Infinitive	Present	Future	Conditional	Present subjunctive
HACER *(to make/do)*	hago	haré	haría	haga
	haces	harás	harías	hagas
	hace	hará	haría	haga
	hacemos	haremos	haríamos	hagamos
	hacéis	haréis	haríais	hagáis
	hacen	harán	harían	hagan

Preterite	Imperfect	Present perfect	Past perfect	Imperfect subjunctive
hice	hacía	he hecho	había hecho	hiciera/hiciese
hiciste	hacías	has hecho	habías hecho	hicieras/hicieses
hizo	hacía	ha hecho	había hecho	hiciera/hiciese
hicimos	hacíamos	hemos hecho	habíamos hecho	hiciéramos/hiciésemos
hicisteis	hacíais	habéis hecho	habíais hecho	hicierais/hicieseis
hicieron	hacían	han hecho	habían hecho	hicieran/hiciesen

¡Venga!

Infinitive	Present	Future	Conditional	Present subjunctive
IR (to go)	voy	iré	iría	vaya
	vas	irás	irías	vayas
	va	irá	iría	vaya
	vamos	iremos	iríamos	vayamos
	vais	iréis	iríais	vayáis
	van	irán	irían	vayan
Preterite	**Imperfect**	**Present perfect**	**Past perfect**	**Imperfect subjunctive**
fui	iba	he ido	había ido	fuera/fuese
fuiste	ibas	has ido	habías ido	fueras/fueses
fue	iba	ha ido	había ido	fuera/fuese
fuimos	íbamos	hemos ido	habíamos ido	fuéramos/fuésemos
fuisteis	ibais	habéis ido	habíais ido	fuerais/fueseis
fueron	iban	han ido	habían ido	fueran/fuesen

Infinitive	Present	Future	Conditional	Present subjunctive
JUGAR (to play)	juego	jugaré	jugaría	juegue
	juegas	jugarás	jugarías	juegues
	juega	jugará	jugaría	juegue
	jugamos	jugaremos	jugaríamos	juguemos
	jugáis	jugaréis	jugaríais	juguéis
	juegan	jugarán	jugarían	jueguen
Preterite	**Imperfect**	**Present perfect**	**Past perfect**	**Imperfect subjunctive**
jugué	jugaba	he jugado	había jugado	jugara/jugase
jugaste	jugabas	has jugado	habías jugado	jugaras/jugases
jugó	jugaba	ha jugado	había jugado	jugara/jugase
jugamos	jugábamos	hemos jugado	habíamos jugado	jugáramos/jugásemos
jugasteis	jugabais	habéis jugado	habíais jugado	jugarais/jugaseis
jugaron	jugaban	han jugado	habían jugado	jugaran/jugasen

Los verbos

Infinitive	Present	Future	Conditional	Present subjunctive
PODER (*to be able to*)	puedo	podré	podría	pueda
	puedes	podrás	podrías	puedas
	puede	podrá	podría	pueda
	podemos	podremos	podríamos	podamos
	podéis	podréis	podríais	podáis
	pueden	podrán	podrían	puedan
Preterite	**Imperfect**	**Present perfect**	**Past perfect**	**Imperfect subjunctive**
pude	podía	he podido	había podido	pudiera/pudiese
pudiste	podías	has podido	habías podido	pudieras/pudieses
pudo	podía	ha podido	había podido	pudiera/pudiese
pudimos	podíamos	hemos podido	habíamos podido	pudiéramos/pudiésemos
pudisteis	podíais	habéis podido	habíais podido	pudierais/pudieseis
pudieron	podían	han podido	habían podido	pudieran/pudiesen

Infinitive	Present	Future	Conditional	Present subjunctive
PONER (*to put*)	pongo	pondré	pondría	ponga
	pones	pondrás	pondrías	pongas
	pone	pondrá	pondría	ponga
	ponemos	pondremos	pondríamos	pongamos
	ponéis	pondréis	pondríais	pongáis
	ponen	pondrán	pondrían	pongan
Preterite	**Imperfect**	**Present perfect**	**Past perfect**	**Imperfect subjunctive**
puse	ponía	he puesto	había puesto	pusiera/pusiese
pusiste	ponías	has puesto	habías puesto	pusieras/pusieses
puso	ponía	ha puesto	había puesto	pusiera/pusiese
pusimos	poníamos	hemos puesto	habíamos puesto	pusiéramos/pusiésemos
pusisteis	poníais	habéis puesto	habíais puesto	pusierais/pusieseis
pusieron	ponían	han puesto	habían puesto	pusieran/pusiesen

¡Venga!

QUERER (to want/wish/love)

Infinitive	Present	Future	Conditional	Present subjunctive
	quiero	querré	querría	quiera
	quieres	querrás	querrías	quieras
	quiere	querrá	querría	quiera
	queremos	querremos	querríamos	queramos
	queréis	querréis	querríais	queráis
	quieren	querrán	querrían	quieran

Preterite	Imperfect	Present perfect	Past perfect	Imperfect subjunctive
quise	quería	he querido	había querido	quisiera/quisiese
quisiste	querías	has querido	habías querido	quisieras/quisieses
quiso	quería	ha querido	había querido	quisiera/quisiese
quisimos	queríamos	hemos querido	habíamos querido	quisiéramos/quisiésemos
quisisteis	queríais	habéis querido	habíais querido	quisierais/quisieseis
quisieron	querían	han querido	habían querido	quisieran/quisiesen

SABER (to know)

Infinitive	Present	Future	Conditional	Present subjunctive
	sé	sabré	sabría	sepa
	sabes	sabrás	sabrías	sepas
	sabe	sabrá	sabría	sepa
	sabemos	sabremos	sabríamos	sepamos
	sabéis	sabréis	sabríais	sepáis
	saben	sabrán	sabrían	sepan

Preterite	Imperfect	Present perfect	Past perfect	Imperfect subjunctive
supe	sabía	he sabido	había sabido	supiera/supiese
supiste	sabías	has sabido	habías sabido	supieras/supieses
supo	sabía	ha sabido	había sabido	supiera/supiese
supimos	sabíamos	hemos sabido	habíamos sabido	supiéramos/supiésemos
supisteis	sabíais	habéis sabido	habíais sabido	supierais/supieseis
supieron	sabían	han sabido	habían sabido	supieran/supiesen

Los verbos

Infinitive	Present	Future	Conditional	Present subjunctive
SALIR (to go out)	salgo	saldré	saldría	salga
	sales	saldrás	saldrías	salgas
	sale	saldrá	saldría	salga
	salimos	saldremos	saldríamos	salgamos
	salís	saldréis	saldríais	salgáis
	salen	saldrán	saldrían	salgan
Preterite	**Imperfect**	**Present perfect**	**Past perfect**	**Imperfect subjunctive**
salí	salía	he salido	había salido	saliera/saliese
saliste	salías	has salido	habías salido	salieras/salieses
salió	salía	ha salido	había salido	saliera/saliese
salimos	salíamos	hemos salido	habíamos salido	saliéramos/saliésemos
salisteis	salíais	habéis salido	habíais salido	salierais/salieseis
salieron	salían	han salido	habían salido	salieran/saliesen

Infinitive	Present	Future	Conditional	Present subjunctive
SER (to be)	soy	seré	sería	sea
	eres	serás	serías	seas
	es	será	sería	sea
	somos	seremos	seríamos	seamos
	sois	seréis	seríais	seáis
	son	serán	serían	sean
Preterite	**Imperfect**	**Present perfect**	**Past perfect**	**Imperfect subjunctive**
fui	era	he sido	había sido	fuera/fuese
fuiste	eras	has sido	habías sido	fueras/fueses
fue	era	ha sido	había sido	fuera/fuese
fuimos	éramos	hemos sido	habíamos sido	fuéramos/fuésemos
fuisteis	erais	habéis sido	habíais sido	fuerais/fueseis
fueron	eran	han sido	habían sido	fueran/fuesen

¡Venga!

TENER (to have)

Infinitive	Present	Future	Conditional	Present subjunctive
	tengo	tendré	tendría	tenga
	tienes	tendrás	tendrías	tengas
	tiene	tendrá	tendría	tenga
	tenemos	tendremos	tendríamos	tengamos
	tenéis	tendréis	tendríais	tengáis
	tienen	tendrán	tendrían	tengan

Preterite	Imperfect	Present perfect	Past perfect	Imperfect subjunctive
tuve	tenía	he tenido	había tenido	tuviera/tuviese
tuviste	tenías	has tenido	habías tenido	tuvieras/tuvieses
tuvo	tenía	ha tenido	había tenido	tuviera/tuviese
tuvimos	teníamos	hemos tenido	habíamos tenido	tuviéramos/tuviésemos
tuvisteis	teníais	habéis tenido	habíais tenido	tuvierais/tuvieseis
tuvieron	tenían	han tenido	habían tenido	tuvieran/tuviesen

VENIR (to come)

Infinitive	Present	Future	Conditional	Present subjunctive
	vengo	vendré	vendría	venga
	vienes	vendrás	vendrías	vengas
	viene	vendrá	vendría	venga
	venimos	vendremos	vendríamos	vengamos
	venís	vendréis	vendríais	vengáis
	vienen	vendrán	vendrían	vengan

Preterite	Imperfect	Present perfect	Past perfect	Imperfect subjunctive
vine	venía	he venido	había venido	viniera/viniese
viniste	venías	has venido	habías venido	vinieras/vinieses
vino	venía	ha venido	había venido	viniera/viniese
vinimos	veníamos	hemos venido	habíamos venido	viniéramos/viniésemos
vinisteis	veníais	habéis venido	habíais venido	vinierais/vinieseis
vinieron	venían	han venido	habían venido	vinieran/viniesen

Los verbos

Infinitive	Present	Future	Conditional	Present subjunctive
VER (to see)	veo	veré	vería	vea
	ves	verás	verías	veas
	ve	verá	vería	vea
	vemos	veremos	veríamos	veamos
	veis	veréis	veríais	veáis
	ven	verán	verían	vean
Preterite	**Imperfect**	**Present perfect**	**Past perfect**	**Imperfect subjunctive**
vi	veía	he visto	había visto	viera/viese
viste	veías	has visto	habías visto	vieras/vieses
vio	veía	ha visto	había visto	viera/viese
vimos	veíamos	hemos visto	habíamos visto	viéramos/viésemos
visteis	veíais	habéis visto	habíais visto	vierais/vieseis
vieron	veían	han visto	habían visto	vieran/viesen

COPYRIGHT ACKNOWLEDGEMENTS (PHOTOS)

Shutterstock.com Page 1: MJTH, fizkes, Africa Studio; Page 2: Darren Baker, Carballo, AshTproductions; Page 3: stockfour, Dima Sobko, AlenaPo; Page 4: Cookie Studio, Monkey Business Images; Page 5: HeinSchlebusch; Page 6: Vector A, Vadim Georgiev; Page 7: WAYHOME studio; Page 8: mrkornflakes; Page 9: Evgeniya Grande, By Borjaika, Steve Cukrov, diignat, Valentine Katirlo, Victoria Chudinova; Page 11: Vasily Menshov; Page 12: Yana_P; Page 13: East, Lisa Kolbasa; Page 14: Cookie Studio, visivastudio, Andrey Yurlov; Page 15: Daniel M Ernst, mimagephotography; Page 17: lazyllama; Page 18: barbajones; Page 19: spaxiax; Page 20: Alena Ozerova, Valery Bareta; Page 21: Heijo, nelea33; Page 22: hvostik; Page 23: MPH Photos, MvanCaspel; Page 24: 4 PM production; Page 25: Monkey Business Images; Page 26: Antonio Guillem; Page 27: pathdoc; Page 28: studiovin; Page 30: fizkes; Page 32: Sean Pavone; Page 34: Eszter Szadeczky-Kardoss; Page 35: Monticello; Page 36: Marco Iacobucci EPP; Page 37: Kathy Hutchins; Page 38: Stephen Barnes; Page 39: jjmtphotography; Page 41: Mike Flippo, Brocreative, ANK46; Page 42: Alexander Raths, cristovao, cheapbooks; Page 43: cheapbooks, New Africa, Andy Dean Photography; Page 44: ThiagoSantos, cheapbooks; Page 45: Monkey Business Images; Page 46: Fabio Diena; Page 50: Kostenko Maxim; Page 51: Kostenko Maxim, LightField Studios, Monkey Business Images; Page 52: ALPA PROD, Roman Samborskyi, Syda Productions, feelartfeelant, LightField Studios, zsolt_uveges, Jaromir Chalabala, 4 PM production, melnikof, Monkey Business Images; Page 53: irinacapel, Alexander Raths, Pixel-Shot, Maria Sbytova, Zivica Kerkez, Prostock-studio, Michal Ludwiczak, Foodpictures, Alohaflaminggo, encierro, Menzl Guenter; Page 54: Monkey Business Images; Page 55: Africa Studio; Page 56: Laboko, granata68; Page 57: Evgeny Atamanenko; Page 59: Maks Narodenko; Page 60: Mind Pro Studio; Page 61: Marish; Page 63: Milles Vector Studio (repeated image, first use); Page 64: B-D-S Piotr Marcinski, Kinga; Page 65: Monkey Business Images; Page 66: GoodStudio; Page 68: urfin; Page 69: Tudoran Andrei; Page 70: SpeedKingz; Page 71: Olga Zarytska; Page 73: Mark Nazh, Monkey Business Images, PKpix; Page 74: Poznyakov, Shift Drive; Page 75: Christine Bird, oneinchpunch; Page 76: Monkey Business Images; Page 77: antoniodiaz; Page 78: rustamank, Cienpies Design; Page 79: vasara, savageultralight; Page 80: gst, Lopolo; Page 81: Monkey Business Images, Ljupco Smokovski; Page 82: Food Travel Stockforlife; Page 83: Isaphoto2016; Page 85: luisrsphoto; Page 86: Sviatlana Barchan; Page 87: gkrphoto; Page 88: DisobeyArt, Catalin Petolea; Page 89: Emilija Miljkovic; Page 90: Halfpoint; Page 91: Africa Studio; Page 92: mspoint; Page 93: Narith Thongphasuk; Page 94: Carballo; Page 95: MicroOne; Page 97: fizkes, sirtravelalot; Page 98: vladmark; Page 99: Roman Samborskyi, Chinnapong, Elena Schweitzer; Page 100: Antonio Guillem; Page 103: BigMouse, Lipik Stock Media; Page 104: rvlsoft; Page 105: dotshock, Melinda Nagy; Page 107: Alexander Lukatskiy, Roman Borodaev, Balate Dorin; Page 108: Ceri Breeze, Mick Harper, Patryk Kosmider, John And Penny, John And Penny; Page 109: Photographee.eu; Page 111: Andy Dean Photography; Page 113: Madrugada Verde, PT Images; Page 114: tovovan; Page 116: Kiev.Victor; Page 117: jamegaw; Page 118: Oleksiy Mark, Ruklay Pousajja, Hannamariah, Sean Pavone; Page 119: Marianna Ianovska, Vadim Nefedoff; Page 120: Mikhail Sedov, Rawpixel.com; Page 121: Lukasz Janyst; Page 122: Alberto Masnovo; Page 123: Rodrigo Cuel; Page 124: oneinchpunch, Madrugada Verde; Page 125: WitR; Page 126: leonori, r.classen; Page 128: Andrew Atkinson; Page 130: GreenArt; Page 131: Rudy Balasko; Page 132: Michaelpuche, Richard Peterson; Page 133: Matt Benoit, Ceri Breeze, Hristo Anestev; Page 135: Monkey Business Images, New Africa, Stokkete; Page 136: memedozaslanphotography, stockfour; Page 137: Phase4Studios; Page 138: lineartestpilot; Page 140: lassedesignen; Page 141: CLS Digital Arts; Page 144: tanewpix789; Page 146: Monkey Business Images; Page 147: New Africa, Manuela Durson; Page 148: pickingpok; Page 150: Monkey Business Images, Antonio Guillem, Monkey Business Images; Page 151: Daisy Daisy, Rawpixel.com; Page 152: Anne Zwagers; Page 153: Halfpoint, Jacob Lund; Page 154: Silvi Photo, fizkes; Page 155: oksana2010, Mallmo; Page 157: VladisChern, Antonio Guillem, Larina Marina; Page 158: Remizov, Rawpixel.com. Page 159: Narcis Parfenti, PR_Vector, vladwel; Page 160: Vaclav P3k. Page 161: Marques; Page 162: Alena Ozerova, Martyn Jandula; Page 164: Art_Photo; Page 165: Nik Merkulov; Page 167: VLADJ55, T. Lesia; Page 168: victorsaboya; Page 170: Pikoso.kz, Roman Samborskyi; Page 171: reisegraf.ch; Page 172: Anton_Ivanov; Page 173: Julian Peters Photography; Page 174: Irina Fischer; Page 176: Laenz; Page 177: Oleg Vyshnevsky, Buffalostocker; Page 178: Aztec Images; Page 179: VladimirCeresnak; Page 180: Bernhard Staehli; Page 182: pedrosala; Page 184: Rawpixel.com, NadyaRa; Page 185: Galyna Andrushko, pirke; Page 186: BigMouse, by-studio; Page 187: Lightspring, monticello; Page 188: Olivier Le Moal; Page 189: Moise Sebastian, Monkey Business Images, Sergei Domashenko, Dmitry Molchanov; Page 191: patpitchaya, Dean Drobot, TORWAISTUDIO; Page 192: wavebreakmedia, Monkey Business Images, junpinzon; Page 193: Tatiana Popova; Page 195: Monkey Business Images; Page 196: Gelner Tivadar; Page 197: koimages, Dragon Images; Page 198: Maxisport; Page 200: vladm, fizkes, file404, CandyBox Images; Page 202: Monkey Business Images, ESB Professional; Page 203: Pixel-Shot, Elena Schweitzer, Africa Studio;

Page 204: Pocholo Calapre; Page 205: Suhaimi Sulaiman, Seregam; Page 206: Stepanek Photography, Prostock-studio; Page 207: Monkey Business Images; SpeedKingz; Page 210: Alica in Wonderland; Page 211: Cesare Andrea Ferrari, Davizro Photography; Page 212: rnl; Page 213: MANDY GODBEHEAR; Page 215: Fer Gregory, Estrada Anton Page 217: Mega Pixel; Page 218: rawf8, Daxiao Productions, cunaplus; Page 219: jeep2499; Sergey Ryzhov; Page 220: Miguel Couto; Page 221: Alexander Mak; Page 223: George Rudy, Nazarova Mariia; Page 224: Ico Maker; Page 225: SpeedKingz, Trueffelpix; Page 226: Bodnar Taras; Page 227: BigTunaOnline, pedrosek; Page 228: Iryna Tiumentseva; Page 231: Ninefiver Media, Catarina Belova; Page 232: Lepusinensis; Page 233: Monkey Business Images; Page 234: Aycub kayor; Page 235: Lenka Horavova; Page 236: fizkes; Page 238: koosen; Lilu330; Page 239: fad82, antoniodiaz; Page 241: Mr. Whiskey, VGstockstudio; Page 243: F8 studio; Page 244: Sahacha Nilkumhang; Page 245: Roman Chekhovskoy, lantapix; Page 247: Marina Sterina; Page 249: William Perugini, fizkes, Anton Albert; Page 250: Monkey Business Images; Page 251: Brent Hofacker; Page 252: GMEV PHOTO, graletta, vvoe, FooTToo; Page 253: Anna_Pustynnikova, paulista; Page 254: Ryzhkov Photography, Goran Bogicevic; Page 255: Mike_shots, Brainsil, Oliver Hofmann; Page 256: Ina Bagira, Slawomir Fajer, Twin Sails; Page 257: Africa Studio, Undrey, Syda Productions; Page 258: asife, Monkey Business Images; Page 259: MIA Studio; Page 260: AdamEdwards, Dorottya Mathe; Page 262: Natali Zakharova, Elizaveta Galitckaia, Artem Avetisyan; Page 263: Irina Rogova, Natasha Breen; Page 264: Carmen Maniega; Page 266: Backguitar1; Page 267: Anna Lurye; Page 268: Jacek Chabraszewski; Page 269: LightField Studios; Page 270: Vector things, Page 271: Butterfly Hunter; Page 273: Vandathai, Elenadesign; Page 274: beats1; Page 277: Allen.G, oneinchpunch, mozustollens; Page 278: Syda Productions, Ebtika, Dan Rentea, Valua Vitaly, Cookie Studio; Page 279: fizkes; Page 280: Africa Studio; Page 281: Kilroy79; Page 282: Rawpixel.com; Page 283: urfin, Grisha Bruev; Page 284: Robson90, Veja, Vivita, The Art of Pics, Manuel Esteban, Tobias Steiner, David Herraez Calzada, Georges Hanna, Navistock, Alex Gukalov, GD, Liuikson, 10incheslab; Page 286: lev radin, FashionStock.com; Page 291: Nina design; Page 293: splashseven; Page 294: Yory Frenklakh; Page 296: Morrowind, Besjunior; Page 297: Anne Leven; Page 298: tanuha2001, Kaspars Grinvalds; Page 299: ShotPrime Studio; Page 300: 13_Phunkod; Page 301: Antonina Vlasova; Page 302: gresei; Page 304: snorkulencija; Page 305: Changthailand, Elnur; Page 306: Belish, Pixel-Shot; Page 307: F. J. CARNEROS, Syda Productions; Page 309: Monkey Business Images; goodluz; SpeedKingz; Page 310: ESB Professional, Andrey_Popov, David Tadevosian, Iakov Filimonov, Monkey Business Images; Page 311: frantic00; Page 313: Tyler Olson, carballo; Page 314: Marian Fil, Koldunov, ESB Professional, Lucky Business; Page 315: fiphoto; Page 316: Lipik Stock Media; Page 318: Nirat.pix, aerogondo2; Page 320: ygraphego; Page 321: Sergey Nivens, tratong; Page 323: JaturunThakard, Yauhen_D; Page 324: Victoria Labadie, Andrey_Popov; Page 325: Oleg Totskyi; Page 326: Srdjan Randjelovic, Victority; Page 327: Oleksiy Mark; Page 328: Saeschie Wagner; Page 329: mikeledray, sakhorn; Page 330: By Anton Gvozdikov, StratfordProductions, Rido; Page 331: Gorlov-Studio, Photographee.eu; Page 332: Rex Wholster, Steve Heap; Page 333 IM_photo; Page 334: NaughtyNut; Page 335: Media Union; Page 336: Capricorn Studio, ImYanis; Page 338: Pawel Kazmierczak; Page 339: beats1, Evgeny Atamanenko; Page 341: Zolnierek, Christopher Elwell, Rawpixel.com; Page 342: DeoSum; Page 343: Alexander Raths; Page 344: AJR_photo; Page 345: ymichaeljung, saiko3p; Page 346: boyphare; Page 347: Cindy Kessel; Page 348: vivooo; Page 349: Fernando Batista; Page 350: Lena Osokina, Kenneth Dedeu; Page 352: spatuletail; Page 353: LightField Studios; Page 354: Reaz Ahta; Page 355: Sunshine Seeds; Page 362: frantic00; Lasse Ansaharju; Page 363: Eseniia Zagrebaeva; Page 364: Gabriele Maltinti, Free Wind 2014; Page 365: Dmytro Zinkevych; Page 367: RossHelen Olga Danylenko, chaoss.

Alamy Page 9: Radius Images; Page 16: ZUMA Press, Inc., dpa picture alliance archive; Page 37: PictureLux/The Hollywood Archive; Page 38: Radharc Images; Page 163: Clynt Garnham Publishing; Page 164: zixia; Page 165: H.S. Photos; Page 223: Sergey Skleznev; Page 278: Kzenon; Page 284: Newscast Online Limited; Page 285: PhotoEdit; Page 287: Everett Collection Inc; Page 295: Israel Horga Garcia; Page 362: ton koene.

Getty Images Page 36: Nicolò Campo; Page 46: Murray Close; Page 144: Carlos R. Alvarez, Carlos R. Alvarez; Page 193: KENA BETANCUR; Page 246: Pascal Le Segretain, Juan Naharro Gimenez, Pablo Cuadra; Page 247: Carlos Alvarez; Page 361: Ulf Andersen; Page 363: Pictorial Press Ltd.

Rex Features Page 214: Columbia/GK/Living/Kobal/Shutterstock, Laokoon Filmgroup/Kobal/Shutterstock, Anonymous Content/Kobal/Shutterstock, Focus Features/Working Title/Kobal/Shutterstock.

iStock Page 264: minemero; Page 275: nito100.

COPYRIGHT ACKNOWLEDGEMENTS (TEXT)

Unit 1 'FELIPE VI DE ESPAÑA' (adapted) from https://www.revistalove.es/famoso/felipe-vi-espana; 'SALE COMO PAN CALIENTE: el precio de la camiseta de Cristiano con Juventus, que ya se vende en Turín' (adapted) from https://depor.com/futbol-internacional/italia/cristiano-ronaldo-juventus-precio-camisetas-venden-turin-fichaje-80651/, depor.com; 'MILLIE BOBBY BROWN' (adapted) from https://www.buscabiografias.com/biografia/verDetalle/10433/Millie%20Bobby%20Brown, courtesy of buscabiografias.com; 'GALICIA JUEGA AL FÚTBOL IRLANDÉS: La selección gallega protagoniza el primer partido internacional del juego gaélico' (adapted) from https://elpais.com/ccaa/2012/08/14/galicia/1344973293_029054.html, courtesy of Elpais.com, Raúl Ríos

Unit 2 'BIOGRAFÍA DE ENRIQUE IGLESIAS' from https://historia-biografia.com/enrique-iglesias/, courtesy of historia-biografia.com; 'LAS TAREAS DOMÉSTICAS Y LOS MÁS JÓVENES' from https://www.hacerfamilia.com/jovenes/noticia-mas-90-jovenes-apuestan-reparto-tareas-domesticas-garantizar-felicidad-familia-20130430105532.html, courtesy of hacerfamilia.com; 'LAS TAREAS DEL HOGAR SIGUEN SIENDO COSA DE MUJERES' from https://www.diariopopular.com.ar/general/las-tareas-del-hogar-siguen-siendo-cosa-mujeres-n237703, diariopopular.com; 'LOS DERECHOS DE LAS MUJERES' (adapted) from https://ayudaenaccion.org/ong/blog/mujer/derechos-de-la-mujer/ (12/01/2018), courtesy of ayudaenaccion.org; 'LA SORPRESA DE UNA FAMILIA DE ALCALÁ DE HENARES AL VOLVER A SU CHALET EN TORREVIEJA' from https://www.miracorredor.tv/la-sorpresa-de-una-familia-de-alcala-de-henares-al-volver-a-su-chalet-en-torrevieja/, courtesy of miracorredor.tv; 'GUÍA ORIENTATIVA DE ACTIVIDADES QUE EL NIÑO ES CAPAZ DE REALIZAR POR EDADES' (adapted) from https://elmetodomontessori.com/tabla-de-tareas-domesticas-para-ninos-segun-su-edad/, courtesy of Elena Merina, elmetodomontessori.com; 'EFECTOS SECUNDARIOS DE UNOS PADRES SOBREPROTECTORES' from https://www.etapainfantil.com/efectos-secundarios-padres-sobreprotectores by Mª José Roldán, courtesy of etapainfantil.com

Unit 3 'ESE ES UN AMIGO, POEMA PARA UN AMIGO SINCERO' (extract) from https://norfipc.com/amor/frases-y-poemas-sobre-el-valor-de-los-amigos-y-la-amistad.php, John Burroughs; 'CÓMO SE DEFINE LA AMISTAD EN LA ERA DE LAS REDES SOCIALES' (adapted) from https://www.lanacion.com.ar/1940549-como-se-define-la-amistad-en-la-era-de-las-redes-sociales by Débora Slotnisky, courtesy of lanacion.com; 'EL ESTRÉS ADOLESCENTE' (adapted) from https://www.euroresidentes.com/estilo-de-vida/adolescentes/el-estrs-adolescente by Andrea Méndez, courtesy of euroresidentes.com; 'EL CONSUMO DE ALCOHOL ENTRE MENORES EN ESPAÑA' (adapted) from http://www.europapress.es/epsocial/infancia/noticia-fad-pide-sociedad-campana-asuma-suyo-problema-alcohol-menores-haga-algo-20161221133805.html, courtesy of Fundación de Ayuda contra la Drogadicción (FAD) and europapress.es; '¿QUÉ ES EL BOTELLÓN?' (adapted) from https://cuidateplus.marca.com/familia/adolescencia/diccionario/botellon.html, courtesy of cuidateplus.marca.com

Unit 4 'LOS PAÍSES DONDE MEJOR SE VIVE DEL MUNDO' (adapted) from https://www.periodistadigital.com/economia/instituciones/2018/01/21/los-6-paises-donde-mejor-se-vive-del-mundo.shtml, courtesy of periodistadigital.com; 'MI BARRIO ' (adapted) from https://www.elmundo.es/elmundo/2007/04/10/ciudadanom/1176204893.html by M. LÓPEZ, courtesy of unidadeditorial.es; 'VIVIR EN EL CAMPO, SUEÑO PARA ALGUNOS, PESADILLA PARA OTROS' (adapted) from https://elpais.com/internacional/2015/08/28/actualidad/1440792839_104461.html, courtesy of Elpais.com, The World Bank, Julio César Casma; 'ABANDONO RURAL Más de 100 organizaciones buscan soluciones para evitar la despoblación' from http://vidasana.org/noticias/abandono-rural-mas-de-100-organizaciones-buscan-soluciones-para-evitar-la-despoblacion, courtesy of visadana.org; 'UN PERRO PERSIGUE EL TAXI EN EL QUE VIAJA SU DUEÑA DESPUÉS DE QUE ÉSTA LO ABANDONARA EN MEDELLÍN' from https://elpais.com/elpais/2018/10/15/mundo_animal/1539618442_664662.html, courtesy of Elpais.com

Unit 5 'LOS REYES LLEVAN A SUS HIJAS DE VUELTA AL COLE' from https://www.elplural.com/sociedad/leonor-princesa-vuelta-al-cole-reyes-colegio-sofia-infanta_202819102, courtesy of elplural.com; 'ANSIEDAD ANTE LOS EXÁMENES ' (adapted) from https://kidshealth.org/es/teens/test-anxiety-esp.html by Kathryn Ellen Woods Hoffses, PHD, courtesy of kidshealth.org from Nemours; '¿QUÉ ES EL ACOSO ESCOLAR?' (adapted) from www.acoso-escolar.es and https://aepae.es/, courtesy of acoso-escolar.es; 'LA IMPORTANCIA DE APRENDER IDIOMAS' from https://blogs.deperu.com/curiosidades/la-importancia-de-aprender-idiomas/, courtesy of blogs.deperu.com

Unit 6 'EL DÍA QUE ME QUIERAS' by Amado Nervo; 'VIAJAR A NUEVOS LUGARES ABRE LA MENTE Y AYUDA A TOMAR "DECISIONES VITALES"' (adapted) from https://www.diariodelviajero.com/noticias/viajar-a-nuevos-lugares-abre-la-mente-y-ayuda-a-tomar-decisiones-vitales, @https: //twitter.com/MissIndieStyle, diariodelviajero.com; 'MACHU PICCHU ELEGIDA COMO "MEJOR ATRACCIÓN TURÍSTICA DE 2017"' (adapted) from https://www.boletomachupicchu.com/machu-picchu-mejor-atraccion-turistica-2017/, courtesy of boletomachupicchu.com. 'LLEGA EL MES MÁS PELIGROSO PARA LOS HURACANES EN CUBA' (adapted) from https://www.elnuevodia.com/corresponsalias/cuba/nota/llegaelmesmaspeligrosoparaloshuracanesencuba-2449237/, Benjamín Morales, elnuevodia.com; 'ESCRITO EN BLANCO' by Eduardo Mitre; 'CAMBIO CLIMÁTICO: El problema' (adapted) from es.greenpeace.org, courtesy of es.greenpeace.org; 'IMPORTANCIA DEL RECICLAJE' (adapted) from http://www.importancia.org/reciclaje.php, importancia.org; 'LOS NUEVOS CONTENEDORES DE BASURA EN BOGOTÁ' (adapted) from https://www.lafm.com.co/bogota/asi-operan-los-nuevos-contenedores-de-basura-en-bogota by Laura María Sánchez Pico, lafm.com.co; '10 CONSEJOS PARA PROTEGER EL MEDIO AMBIENTE' from https://www.conmishijos.com/educacion/valores/10-consejos-para-proteger-el-medio-ambiente/, courtesy of conmishijos.com

Unit 7 'RAFAEL NADAL' (adapted) from https://www.biografiasyvidas.com/reportaje/rafael_nadal/, courtesy of biografiasyvidas.com; 'LOS BENEFICIOS DE LEER' (adapted) from https://www.actitudfem.com/guia/libros/resenas/10-beneficios-de-leer-un-libro by Lorena Ramírez, actitudfem.com; 'LOS BEBÉS QUE ESCUCHAN MÚSICA RECONOCEN MEJOR EL LENGUAJE' (adapted) from https://elpais.com/elpais/2017/05/30/mamas_papas/1496139155_963100.html, courtesy of Carolina García, Elpais.com; 'LOS DEPORTES MÁS POPULARES EN ESPAÑA' from http://sorianoticias.com/noticia/2018-03-13-los-deportes-mas-populares-espana-45892, sorianoticias.com; '"LA CASA DE PAPEL" SE LLEVA EL EMMY INTERNACIONAL A MEJOR DRAMA' (adapted from https://elpais.com/cultura/2018/11/20/television/1542682489_459415.html, courtesy of Elpais.com

Unit 8 'EL USO DE INTERNET ENTRE LOS ADOLESCENTES' from https://www.miperiodicodigital.com 2017/grupos/elperiscopio-133/, Lucia Marín Martínez, miperiodicodigital.com; 'LOS RIESGOS DE LOS VIDEOJUEGOS' from http://www.elportaldelhombre.com/con-hijos/item/444-los-riesgos-de-los-videojuegos by Manuel Fernández Antón, elportaldelhombre.com; 'INSTAGRAM: "Influencers" virtuales con millones de seguidores, ¿farsa o nueva tendencia?' (adapted) from https://retina.elpais.com/retina/2019/01/16/tendencias/1547650139_601816.html, courtesy of Retina Elpais.com; 'EL GOBIERNO ESTUDIA PROHIBIR LOS MÓVILES EN LOS COLEGIOS' (adapted) from https://elpais.com/politica/2018/09/07/actualidad/1536350437_789517.html, courtesy of Elpais.com; '¿POR QUÉ ES TAN BAJA LA VELOCIDAD DE INTERNET EN VENEZUELA? (adapted) from https://elucabista.com/2017/04/16/por-que-es-tan-lenta-la-internet-en-venezuela/, Luis Martínez, elucabista.com; 'TOP 5 INFLUENCERS ESPAÑOLES MÁS RELEVANTES EN INSTAGRAM… ' (adapted) from https://www.brandesign.es/redes-sociales/top-5-influencers-espanoles-mas-relevantes-en-instagram/, courtesy of brandesign.es

Unit 9 'COMER BIEN Y SANO EN LA ADOLESCENCIA' (adapted) from https://enfamilia.aeped.es/edades-etapas/comer-sano-adolescencia, courtesy of enfamilia.aeped.es; 'ESTAS SON LAS DOS PRINCIPALES CAUSAS DE LA OBESIDAD INFANTIL EN ESPAÑA' (adapted) from https://www.abc.es/familia/vida-sana/abci-estas-principales-causas-obesidad-infantil-espana-201811040140_noticia.html, courtesy of abc.es, read more at ABC.es; 'SALUD MENTAL' from https://medlineplus.gov/spanish/mentalhealth.html, courtesy of medlineplus.gov; 'MÉXICO OCUPA EL PRIMER LUGAR EN OBESIDAD INFANTIL A NIVEL INTERNACIONAL' from https://www.diariolasamericas.com/america-latina/mexico-ocupa-el-primer-lugar-obesidad-infantil-nivel-internacional-n4138597, courtesy of diariolasamericas.com

Unit 10 '¿POR QUÉ LA GENTE PREFIERE LAS COMPRAS ONLINE A LAS TIENDAS FÍSICAS?' from http://www.cpxnews.com/2018/02/22/por-que-la-gente-esta-prefiriendo-las-compras-online-en-lugar-de-las-tiendas-fisicas/, cpxnews.com; 'LAS PASARELAS DE MODA SUSPENDEN EN DIVERSIDAD' (adapted) from https://elpais.com/elpais/2019/04/02/estilo/1554210988_474965.html, courtesy of Elpais.com; 'EL PODER DE LA PUBLICIDAD SOBRE EL CONSUMIDOR' (adapted) from https://www.revistainforetail.com/noticiadet/el-poder-de-la-publicidad-sobre-el-consumidor/1a5c0f82dd3d369074f128061379c832, courtesy of revistainforetail.com; 'EL PODER DE LA PUBLICIDAD EN LOS NIÑOS' from https://www.marketingdirecto.com/anunciantes-general/anunciantes/el-poder-de-la-publicidad-en-los-ninos, courtesy of marketingdirecto.com; 'INSTAGRAM, LA PEOR RED PARA LA SALUD MENTAL DE LOS ADOLESCENTES' (adapted) from https://elpais.com/tecnologia/2017/05/19/actualidad/1495189858_566160.html, courtesy of Javier Salas, Elpais.com; 'LOS IDEALES ACTUALES DE BELLEZA Y SU RELACIÓN CON LOS TRASTORNOS ALIMENTARIOS EN JÓVENES' from https://misionesonline.net/2017/06/24/los-ideales-actuales-belleza-relacion-los-trastornos-alimentarios-jovenes, courtesy of misionesonline.net

Unit 11 'EL PROBLEMA DEL PARO JUVENIL, EN PRIMERA PERSONA' (adapted) from https://www.abc.es/economia/20131113/abci-paro-empleo-juvenil-testimonios-201311122203.html, courtesy of abc.es, read more at ABC.es; 'LOS MENDIGOS DE LA CAPITAL PREFIEREN DORMIR EN LA CALLE QUE EN LOS ALBERGUES' (adapted) from https://www.20minutos.es/noticia/310449/0/mendigos/capital/calle/#xtor=AD-15&xts=467263, courtesy of 20minutos.es; 'RELATOS DE MIGRANTES: LA OTRA CARA DE LA BÚSQUEDA DEL "SUEÑO AMERICANO"' from https://www.perfil.com/noticias/internacional/relatos-de-migrantes-la-otra-cara-de-la-busqueda-del-sueno-americano.phtml, courtesy of perfil.com; 'MI VIDA COMO INMIGRANTE EN ESTADOS UNIDOS' (adapted) from https://elnuevosol.net/2018/05/mi-vida-de-inmigrante-en-estados-unidos/, courtesy of KIMBERLY GONZÁLEZ, elnuevosol.net; LA PATATA (adapted), courtesy of Marta Sanz Fernández

Unit 12 'SORPRENDIDO UN LADRÓN CON 21 JAMONES EN UN CARRITO DE BEBÉ' (adapted) from https://www.elperiodico.com/es/sociedad/20190528/jamones-carrito-bebe-7477099, Elperiodico.com and Europa Press; 'ATRACAN UNA GASOLINERA A PUNTA DE PISTOLA CON UNA NOTA QUE REZABA: "ESTO ES UN ATRACO"' (adapted) from https://www.elperiodico.com/es/madrid/20190527/atraco-gasolinera-pistola-madrid-7475792, courtesy of elperiodico.com; '¿POR QUÉ TEMEMOS TANTO AL TERRORISMO Y TAN POCO A LOS PELIGROS DIARIOS?' (adapted) from https://www.playgroundmag.net/now/mayor-terror-terrorismo_22626542.html, playgroundmag.net; 'LOS PAÍSES MÁS POBRES SON AFRICANOS' (adapted) https://ayudaenaccion.org/ong/blog/ayuda-humanitaria/paises-mas-pobres-mundo-africa/, courtesy of ayudaenaccion.org; 'CASIDA DEL LLANTO' by Federico García Lorca; 'AUMENTA CIFRA DE INMIGRANTES DETENIDOS EN ESPAÑA TRAS CRUZAR EL MEDITERRÁNEO' (adapted) from https://www.telesurtv.net/news/rescate-inmigrantes-mediterraneo-espana-europa-20180810-0033.html, telesurtv.net